이토록
인간적인
능력

경험 빈곤의 시대, 삶의 주도권을 지키는 12가지 힘

이토록 인간적인 능력

Human Being

Reclaim 12 Vital Skills We're Losing to Technology

그레이엄 리 지음 | 안진이 옮김

더퀘스트

이토록 인간적인 능력

초판 발행 · 2026년 2월 19일

지은이 · 그레이엄 리
옮긴이 · 안진이
발행인 · 이종원
발행처 · (주)도서출판 길벗
브랜드 · 더퀘스트
출판사 등록일 · 1990년 12월 24일
주소 · 서울시 마포구 월드컵로 10길 56(서교동)
대표전화 · 02)332-0931 | **팩스** · 02)323-0586
홈페이지 · www.gilbut.co.kr | **이메일** · gilbut@gilbut.co.kr
대량구매 및 납품 문의 · 02)330-9708

기획 및 책임편집 · 박윤조(joecool@gilbut.co.kr) | **편집** · 안아람, 이민주 | **제작** · 이준호, 손일순, 이진혁
마케팅 · 정경원, 김선영, 정지연, 이지원, 이지현 | **영업관리** · 김명자, 심선숙 | **독자지원** · 윤정아

교정교열 및 전산편집 · 이은경 | **표지디자인** · [★] 규 | **CTP 출력, 인쇄, 제본** · 예림인쇄

ISBN 979-11-407-1765-1 03100
(길벗 도서번호 040294)

값 22,000원

머리말

인간다움이란 무엇일까? 물론 우리는 유전자로 다른 종들과 구별되며, 우리의 신체와 뇌의 진화는 생존에 결정적인 역할을 했다. 하지만 나는 단지 신체 구조가 아니라 우리의 활동과 속성과 능력이 인간다움을 결정한다고 주장하고 싶다. 능동적인 삶, 온전히 인간다운 삶을 살려면 세상에 깊이 관여하고 세상을 이해하며 세상 속에서 우리의 위치를 알아야 한다. 이 책에서 소개하는 12가지 능력은 지난날 인간 존재의 일상 대부분을 지탱해왔으며 오늘날에도 여전히 그렇다. 이 기본적인 능력들과 주변 환경과의 상호작용이 인간다움의 중심에 놓여 있다.

미국의 철학자 랠프 왈도 에머슨Ralph Waldo Emerson이 1841년에 발표한 〈자립Self-Reliance〉이라는 에세이는 근대가 속도를 내기 시작하던 때의 어느 순간을 간결하게 포착했다. 철도 여행, 전신과 같은 수많은 발명이 사람들의 삶에 극적인 영향을 끼치기 시작하던 시기였다. 삶이 점점 안락해지던 시대에 자립적으로 생활하고 자신의 능력을 신뢰하라는 그의 호소는 감동을 불러일으켰다.

그 이후에도 인류의 생활방식을 극적으로 변화시킨 중요한 순간이 여러 번 있었다. 그중 하나는 1950년대 TV의 대중화였다. 얼마 지나지 않아 우리는 하루에 몇 시간을 깜빡이는 화면 앞에서 보내게 되었고, 1960년대 말에는 5억 3,000만 명이 각자 자기 집 거실에서 인류의 달 착륙 장면을 실시간으로 시청했다.

1980년대에 VHS, 케이블 및 위성 TV, 비디오 게임 콘솔, PC가 등장하면서 더 큰 변화가 일어났다. 우리는 화면 앞에서 더 많은 시간을 보냈지만 직접 클릭하기, 되감기, 녹화하기, 조작하기, 재생하기를 했으므로 조금 덜 수동적이었다. 1990년대에 인터넷이 널리 보급되면서 이 모든 기술이 한데 모이기 시작했고, 2000년대에는 다용도 모바일 기기가 나오고 처리 속도가 빨라지면서 이동 중에도 기술을 활용하게 되었다. 그리고 오늘날에는 컴퓨터와 기술의 지속적인 발전으로 AI(인공지능)가 과거 어느 때보다 복잡한 작업을 수행하고 인간의 능력을 잠식한다. 200년쯤 전 에머슨이 경험한 기술 변화는 먼 옛날 이야기가 되었다.

하지만 기술로부터의 자유에 대한 에머슨의 생각은 오늘날에도 똑같이 유효하다. 우리는 거의 모든 일을 대신 해주는 디지털 기술에 둘러싸여 있으며, 그 결과 이전에는 볼 수 없었던 새로운 가능성과 생활의 편의를 획득했다. 한편으로 에머슨이 말한 '자립'이라는 개념이 어느 때보다 중요해졌다. '자립'이란 우리 고유의 능력 또는 학습된 능력을 활용한다는 뜻이다.

나의 일상적인 업무는 대부분 디지털 기술 교육에 초점을 맞추고 있다. 시간이 흐르면서 나는 기술 활용이 우리의 전반적인 능력에 해로운 영향을 끼친다는 사실을 알아차렸고, 내가 지금까지 수행한 광범위한 연구의 결과도 똑같다. 귀찮은 일들을 컴퓨터에 맡기면 우리가 스스로 하는 일은 줄어든다. 물론 첨단 기술은 도움이 된다. 우리가 굳이 하고 싶지 않은 일이 많으니까. 하지만 우리가 필요해서 습득한 읽기와 쓰기, 기억력, 길 찾기, 사교 같은 기본적인 능력을 전자기기에 의존할 경우 시간이 지나면서 그런 능력들이 빠른 속도로 저하될 가능성이 있다. 결과적으로 우리가 디지털 기술을 통해 얻는 혜택에는 상당한 비용이 따른다.

이 책에서 나는 여러 시대와 대륙을 넘나들며 오늘날 우리에게는 특별해 보이지만 과거에는 보편적이었던 인간의 능력들을 드러내고 예찬할 것이다. 과거의 이야기들과 지금 우리가 사는 모습을 비교하면서, 기술 활용이 우리의 핵심 역량뿐만 아니라 인간다움의 본질까지 훼손하고 있다는 것을 보여주려 한다.

기술이 우리의 능동적인 순간들을 대체하면서 인간의 자연스러운 능력에 대한 요구가 줄어들면 인간 존재의 범위가 축소될 위험이 있다. 핵심 기술들을 디지털 기기와 알고리즘에 외주화하면 과거에는 유연했던 우리의 근육과 정신이 느슨해진다. 하지만 우리는 삶의 질에 끼치는 부정적인 영향을 너무 쉽게 받아들인다. 더 심각한 문제는 우리가 전자기기에 점점 많이 의존하는 것을 불가피한 일처럼 받아들이는 것이다. 그리고 미래에 인간 신체가 하드웨어와 융합되거나 하드웨어로 대체된다는 트랜스휴머니즘transhumanism(과학과 기술을 통해 인간이 정신적·신체적 한계를 넘어서는 존재가 될 수 있다는 주장–옮긴이)적 전망은 공적 담론이 기술 발전에 초점을 맞추도록 유도하고 인간에 대한 사색의 여지를 거의 남기지 않는다.

온전한 인간이 되려는 노력은 가치 있는 일이며, 다행히 우리

시대의 다른 시급한 문제들과 달리 개개인이 당장 오늘부터 일상 속에서 주체적으로 실천할 수 있다. 맨 먼저 할 일은? 곧바로 전자기기로 손을 뻗지 않는 것이다. 그뿐만이 아니다. 우리는 모두 인간이라는 이유만으로 이 책에서 소개하는 선천적인 능력 또는 학습된 능력을 탁월하게 구사할 잠재력을 타고났다. 과거에 인류가 이룩한 수많은 업적은 우리가 그 잠재력을 최대치까지 끌어낼 수 있음을 보여준다. 인간은 본래 새로운 능력을 습득하고 연마하는 존재다. 우리의 진짜 능력이 어디까지인지 알아보려면, 지금 당장 시작하라.

차례

7장 그리기

8장 만들기

9장 기억하기

10장 꿈꾸기

11장 생각하기

12장 시간 인식

1장

길 찾기

NAVIGATION

우리가 채택하는 길 찾기 방법은 미묘하지만 강력한 힘으로 우리의 세계관을 변화시킨다. 폴리네시아의 자연주의 항해사들과 유럽 탐험가들 사이의 근본적인 차이는 어떤 지도에 의존하느냐였다.

폴리네시아의 항해술

근대 초기의 유명한 유럽 탐험가들이 광활한 미지의 땅에 처음 발을 들여놓을 때마다 그들은 인간의 얼굴을 만났다. 거의 모든 땅에, 심지어는 아주 멀리 떨어진 외딴 섬에도, 항해 도구의 도움을 받지 않고 그들보다 훨씬 일찍부터 탐험 여행을 떠났던 사람들이 집단을 이뤄 살고 있었다. 지구 표면의 3분의 1을 차지하는 태평양 분지에 사람이 살기 시작한 것은 유럽인들이 그곳에 최초로 상륙하기 수천 년 전이었다. 태평양 섬 주민들은 아메리카 대륙에서 오스트랄라시아(오스트레일리아·뉴질랜드·남서태평양 제도를 포함하는 지역)에 이르기까지 태평양 전역에 걸쳐 거주했으며, 그들 중 다수는 변방의 믿기지 않을 만큼 작은 섬에 살았다.

1억 6,500만 제곱킬로미터에 이르는 이 광활한 바다에서 제임스 쿡James Cook 선장과 같은 탐험가들은 언어와 풍습의 놀라운 통일성을 발견했다. 그 지역에 도착했을 때 쿡 선장과 선원들은 어안이 벙벙했다. '이 사람들은 다 어디서 온 거지? 그리고 이렇게 멀리 떨어진 섬들까지 어떻게 이동했지?'

쿡 선장이 HMS 엔데버호를 타고 1769년에 도착한 타히티섬은 천국 같은 곳이었다. 현무암 노두에서 돋아난 초록빛 새싹이 반짝이고, 모래사장을 따라 늘어선 코코넛 나무 사이로 드문드문 오두막이 보였다. 어느 방향을 보나 푸른 바다가 빛났고 이웃한 작은 섬들까지 한눈에 다 들어왔다. 주민들은 바다 너머를 관측했으며, 그곳의 섬들은 서로 연결된 땅덩어리들 속의 작은 바위에 지나지 않았다. 타히티섬 주민들과 이웃한 폴리네시아 사람들은 전무후무한 방식으로 바다를 읽어냈다.

쿡이 애초에 항해에 나선 것은 테라 오스트랄리스 인코그니타Terra Australis Incognita를 찾기 위해서였다. 테라 오스트랄리스 인코그니타는 로마시대에 북반구의 대륙과 균형을 맞추기 위해 남반구의 대척점에도 육지가 있으리라는 가정 아래 최초로 제기된 가상의 대륙이다. 탐험을 위해 도움이 필요했던 쿡은 타히티섬에서 고위 성직자이자 현지의 천문학 및 항해술 책임자인 투파이아Tupaia를 소개받았다. 1769년 8월 15일 투파이아는 쿡과 그의 선원들을 위해 태평양 지도를 그리기 시작했는데, 그 사본은 현재 대영도서관에 보관되어 있다. 그 지도에는 타히티에서 이스터와 피지까지 이어져 폴리네시아 삼각지대의 대부분을 포함하며 뉴질랜드에 조금 못 미치는 근사한 상상 속 풍경이 그려져 있다. 지도에서 두 섬 사이의 가장 먼 거리는 4,000킬로미터가 넘는다. 투파이아는 그의 부족이 여러 세대에 걸쳐 축적한 뛰어난 길 찾기 능력과 항해 지식의 일부를 보여줬다. 이어 엔데버호에 합류한 그는 폴리네시아의 섬들을 항해하던 6개월 동안 수로 안내를 맡았다.

엔데버호가 빙빙 돌면서 수천 킬로미터를 항해했지만 투파이아는 언제 어디서든 자신이 사는 섬의 방향을 알고 있었다. 선원들은 투파이아가 어떻게 그걸 알아내는지 깊이 탐구하려고 하지 않았다. 자신들의 기술력만 대단한 줄 알았던 그들은 섬의 원주민들도 정교하고 선진적인 항해술을 보유하고 있으리라고는 생각지도 못했다. 당대의 신기술에 의존해 바다에서 배의 위치를 해도에 표시하고 경도와 위도를 측정했던 엔데버호로서는 섬 원주민들이 그런 기술 없이도 길을 완벽하게 찾아낸다는 이야기가 당황스러웠다. 유럽인 탐험가들은 투파이아의 우수한 실력의 바탕이 되는 기술을 설명하려고 애쓰다가 폴리네시아인의 항해술을 수수께끼 같은 육감이라며 신비화했다. 그러나 투파이아가 엔데버호에 승선해서 보여준 침묵과 사색적인 평온은 신에게 올리는 기도가 아니었다. 그는 주변 세계의 변화에 면밀하게 주의를 기울였다. 선원들은 투파이아가 정교한 관찰력을 사용해 미묘하게 변화하는 신호들을 포착하며 올바른 방향으로 나아가도록 이끌고 있다는 사실을 눈치채지 못했다.

쿡 선장과 선원들이 투파이아의 항해법을 파악하지 못한 이유는 쉽게 알 수 있다. 바다를 항해할 때는 수평선이 사라지는 곳까지 파도가 밀려가고 뚜렷한 이정표라고는 전혀 없는 망망대해가 펼쳐진다. 육지에서는 상점의 간판이나 건물, 특이한 나무를 보고 길을 기억해낼 수 있지만, 바다에서는 더 많은 노력이 필요하다. 물과 파도의 움직임, 바람과 구름의 움직임, 아래로는 수중생물, 위로는 새, 머리 위로는 해와 달과 별 등 오로지 감각으로만 포착할 수 있는 요소들을 최대한 활용해야 한다. 일본어로 '후부츠시fuubutsushi'는 계절이 바뀌기 시작할 때 맨 처음 직관적으로 느끼는 감각을 가리킨다. 지루하게 느껴졌던 긴 시간이 지나가고, 주변 세계가 달라진 것을 감지하기 시작하는 순간이 온다. 폴리네시아인 항해사들은 바다를 누빌 때 이런 종류의 온갖 작은 신호를 주의 깊게 찾았고 모든 변화의 가능성을 살폈다. 그들의 정신은 활발하게 움직이면서 오늘날 우리가 잘 알지도 못하는 다양한 출처에서 끊임없이 데이터를 수집했다. 엔데버호에서 투파이아는 풍향이나 기온 같은 요소에서 새로운 정보를 얻으면서 예기치 못한 상황을 찾고 있었다. 신호는 눈에 잘 띄지 않았고, 항상 있지도 않았다. 구름의 변화나 파도가 높아지는 현상을 연구하는 데 몇 시간씩 걸리기도 했다. 변화무쌍한 바다에서 신뢰할 수 있는 결론을 도출하기 위해서는 숙련이 필요했다. 온갖 다양한 조건에서 항해하는 선박을 안내하려면 어느 한 가지 현상만으로는 충분하지 않았다. 그래서 투파이아 같은 항해사들은 마치 범죄 현장에서 정황 증거를 수집하는 형사처럼 때로는 사소해 보이는 것들을 포함해 다양하게 관찰한 내용을 결합했다. 광활한 바다에서 파도의 모양을 정밀하게 판별해 해류의 존재나 방향을 확인했고, 파도 윗부분이 수면에서 부서지는 모양을 주의 깊게 관찰하거나 파도 뒤에서 불어오는 바람의 세기를 기준으로 파도의 크기를 측정하기도 했다. 파도 내에 또는 해류의 수면 바로 아래에 형성되는 층을 분석하고, 서로 반대 방향으로 흘러가던 물이 합류하는 지점에 모이는 부유물의 구불구불한 선들을 관찰했다. 날치는 물속으로 다시 들어갈 때 반드시 해류를 마주 보기 때문에 항상 주시의 대상이었다.

놀swell(크고 사납게 움직이는 물결 – 옮긴이)은 가장 구별하기 어려운 특징 중 하나로 악명이 높았다. 바다의 파도와 놀의 패턴은 서로 다른 방향으로, 서로 다른 모양과 높이와 길이와 속도로 움직이면서 복잡하게 교차하고 엮인다. 먼 곳에서 온 놀은 파장이 더 길고, 항해하는 선박 밑에서 천천히 오르락내리락하면서 점점 커진다. 경험 많은 선원이라면 수천 킬로미터 떨어진 곳에서 시작된 아주 약한 놀에서 신호를 얻어 태평양을 건너는 항로를 찾을 수 있다. 그는 시각정보보다는 느낌에 의존할 것이다. 배가 파도 위로 넘어갈 때 선원이 작업용 데크에 설치된 초소에 들어가서 바닥에 누워 배가 앞뒤와 좌우로 어떻게 흔들리는지를 가늠하는 것은 흔한 관행이었다. 심지어는 고환에 전해지는 느낌을 통해 파도를 정밀하게 측정하기도 했다.

또한 폴리네시아 선원들은 수면 아래 깊은 곳에서 방출되는 빛의 줄기와 깜박거림과 인광을 찾아다녔다. 폴리네시아인들이 '수중 번개'라고 부르던, 인근의 섬에서 순간적으로 발산되는 형광 파편들은 육지에서 적어도 50킬로미터 떨어진 곳에서 밤에 제일 잘 보였다. 비가 보슬보슬 내리는 어두운 밤에는 대개 인근의 섬에서 나오는 빛을 보며 길을 찾았다.

낮에는 가물거리는 빛의 기둥들이 섬 위로 높이 솟아올랐는데, 열대 백사장의 뜨거운 햇빛과 고요한 석호에서 반사된 빛이었다. 연줄에 묶인 것처럼 천천히 움직이는 구름은 수평선 너머에 육지가 있다는 표시였다. 그런 구름에 더 가까이 다가가면 선원들은 머리 위 구름의 색과 밝기를 구별할 수 있었다. 숲이 무성한 섬은 짙은 초록빛을 내뿜었고, 아주 연한 분홍빛은 밑에 암초가 있다는 신호였다. 장기간에 걸친 구름의 움직임은 다른 어떤 초기 신호보다도 오랫동안, 더 자세히 관찰했다. 잔잔한 날에는 쌍을 이룬 구름이 섬 위로 마치 눈썹처럼 솟아올랐다.

바다에서 길을 잃는 것은 심각한 위험을 초래한다. 1830년 마셜 제도에는 강한 돌풍이 불어닥쳐 100척 이상의 카누 선단 중 단한 척만이 살아남았다. 실패한 항해에 관한 이야기와 민담을 들은 사람들은 방향을 잃지 않으려고 정신을 바짝 차리곤 했지만, 실제로 그런 사건은 드물었다. 대개는 선원들이 자유롭게 활용하도록 훈련받은 여러 가지 신호만으로도 항로를 다시 잡는 데 충분한 지침이 되었다. 대강의 방향을 알려주는 중요한 지표는 태양이었다. 선원들은 하루가 시작될 때와 끝날 때 태양의 위치를 세심하게 기록했고, 새벽과 황혼 사이 시간에는 머릿속에서 자동으로 계산했다. 태양의 경로에서 달라진 부분을 보정하는 작업은 1년 내내 이뤄졌지만, 그래도 오류의 가능성은 있었다. 반면 밤에 하는 항해는 훨씬 정확했다.

폴리네시아인들은 하늘을 하나의 구형 천장으로 간주하고 별들이 그 위를 지나가는 경로를 추적했다. 항해사들은 밤하늘의 많은 부분을 알아야 했고, 별과 별자리를 충분히 암기하고 있어야 별이 몇 개밖에 보이지 않을 때도 자신의 위치를 알 수 있었다. 쿡 선장이 만난 타히티인들은 어느 달에 어느 별이 보일지, 어느 시각에 별이 수평선 위로 뜰지, 어떤 계절에 별들이 나타나고 사라질지를 예측할 줄 알았다. 하늘을 주의 깊게 관찰하던 선원들은 별들이 나타나는 시각이 날마다 빨라져서, 지금 저녁에 뜨는 별이 6개월 뒤에는 아침에 나타나고 1년의 절반 정도는 밤하늘에서 완전히 사라진다는 것을 알아차렸다. 하늘에 낮게 뜨는 별들은 길 찾기에 활용하기가 제일 쉬웠고, 별 하나가 수평선 아래로 사라지면 그 역할을 대신할 다른 별을 선택했다. 항해사들은 수많은 별을 머릿속의 '항성 나침반'(별의 위치를 기준으로 방위를 표시하는 고대의 항해 도구－옮긴이)에 통합해서 시각화한 뒤 1년 중 어느 시기에나 방향을 알아내는 데 이용했다. 편리하게 하나의 축 위에 있는 별들을 골라서 그 별이 떠오를 때와 질 때 두 번 위치를 측정해서, 지구의 북극과 남극처럼 정반대 지점의 위치를 잡았다. 캐럴라인 제도에서 사용하던 항성 나침반에는 이런 기본점이 32개 있었다.

폴리네시아인들은 모든 항해 지식을 결합해서 그들의 머릿속에 들어 있던 매우 근사하고 역동적인 지도에 담아냈다. '에탁Etak'이라 불리던 이 지도는 오늘날 우리가 사용하는 지도와는 완전히 다르다. 항해는 선원들의 머릿속에서 몇 단계로 나뉘고, 각 단계는 별의 위치나 잘 알려진 섬으로 표시된다. 항해 중일 때 카누의 방향은 어떤 고정된 좌표에 맞추는데, 대개 그 좌표는 멀리 떨어진 다른 섬으로 설정하고 나머지 세계는 표류하는 것으로 본다. 마치 자동차 조수석에 앉아 창밖을 바라볼 때 가까운 풍경은 휙휙 스쳐 지나가지만 멀리 있는 절벽 꼭대기는 정지 상태인 것과 비슷하다. 선원은 카누의 움직임에 집중하는 대신 고정된 좌표를 기준으로 출발지와 목적지의 방위를 추적한다. 안정적인 위치를 설정함으로써 배의 방향을 이리저리 바꾸는 고충을 덜고 폭풍우를 만나 표류할 위험도 줄일 수 있었다. 항해 중에 지나치는 섬들을 통해 배의 항로가 맞는지 확인하고, 파도·해류·바람을 이용해 항로를 유지하면서 항해한 거리와 남은 항해 시간을 측정했다. 에탁은 일종의 움직이는 준거틀을 만들었는데, 이는 어떤 관찰도 추가할 수 있고 답을 찾을 수 있는 정신적 저장소였다.

에탁 시스템은 항해 중인 배의 갑판에 서서 주변 섬들의 상대적인 움직임을 관찰하는 한 개인의 시각을 발전시킨 것으로, 역사 속 대부분의 시간 동안 인류가 항해했던 방식에서 자연스럽게 만들어졌다. 식량을 찾아 모험을 떠난 먼 옛날 사람들은 일이 끝나면 마을로 돌아올 수 있어야 했다. 그들은 계속 뒤를 돌아보며 출발 지점의 위치를 확인했고, 마을 또는 야영지와의 연결을 유지하는 동시에 조금씩 더 먼 곳까지 이동했기 때문에 악천후를 만났을 때나 다른 위험에 직면했을 때 쉽게 후퇴할 수 있었다. 아프리카 동부와 남부에 살던 초기 호모 사피엔스가 꾸준히 퍼져나가서 지구 곳곳에 거주하게 된 유일한 비결이 그것이다.

오늘날 우리는 완전히 다른 방식으로 항해(이 책에서 저자는 '항해하다'와 '길을 찾다'라는 중의적 의미로 navigate라는 단어를 사용했다–옮긴이)한다. 수백 년 동안 서양의 항해술은 자신의 위치를 중심으로 보고 어디든 간에 계산의 기준점으로 삼았다. 현대의 GPS(위성항법 시스템)는 이런 방법을 가장 명료하게 표현한 기술로, 사용자와 함께 움직이는 3차원의 '자기중심적' 관점에서 길 안내를 제공한다. 이 방법은 새로운 장소에서 길을 찾기가 더 쉽다는 뚜렷한 장점이 있지만 우리가 여행하는 장소와의 개인적 연계를 단절시킨다. 폴리네시아 항해술의 강점은 자기중심적egocentric 방법과 환경중심적allocentric 방법(외향적 방법)을 결합해서 언제든지 현재 위치를 파악할 수 있다는 것이다. 항성 나침반은 해류, 파도, 구름의 움직임을 바탕으로 한 항해술과 마찬가지로 개인의 시각에서 활용하는 방법이었다. 반면 에탁 시스템은 항해술사들이 자기 자신이 아닌 다른 장소들을 기준으로 섬의 위치를 파악하는 환경중심적 방법이었다. 폴리네시아 항해술사들은 주의를 외부로 돌렸고, 이동하는 동안 눈에 띄는 지형적 특징을 기준으로 자신의 위치를 잡았다.

낯선 도시의 호텔에서 집으로 돌아가는 길을 찾을 때 우리는 폴리네시아인들의 방법을 사용해서 길을 몇 번 건넜는지 세거나 기억에 남아 있는 화려한 건물을 찾아볼 수도 있다. 하지만 요즘에는 휴대전화에 의존해서 현재 위치를 파악하는 경우가 더 많다. 항해 도구의 기술적 발전의 오랜 역사 속에서 가장 최근에 발명된 장치인 GPS는 우리 자신을 세상의 확고한 중심으로 만든다. 폴리네시아인들은 자기중심적 관점과 환경중심적 관점을 결합해서 훨씬 더 넓은 시야를 확보했으며, 투파이아의 지도가 온전한 형태를 갖춘 최후의 증거물이다.

동굴에서 발견된 구석기시대 초기의 그림들을 오픈소스 소프트웨어 도구인 스텔라리움stellarium으로 분석한 최신 학술 연구에 따르면 인류는 4만 년 넘게 하늘을 그림으로 표시했으며, 모든 고대 문명은 예술의 경지에 이른 폴리네시아인들의 항해술과 비슷하고 정밀도 면에서는 거의 똑같은 기술을 가지고 있었다. 역사학자들에 따르면 장거리 항해의 역사는 적어도 중석기시대에 시작되었고, 로마인들이 육로로 진출하기 3,000년 전에 유럽 북서부를 연결하는 정밀한 해로 네트워크가 형성되었다. 바이킹은 하루에 150~250킬로미터를 순조롭게 항해했으며, 구름 한 점 없고 별이 총총 빛나는 밤이 매우 드문 온대의 바다를 가로질러 영국 최북단의 셰틀랜드 제도에서 아이슬란드까지 일주일 만에 이동할 수 있었다. 아메리카 대륙의 초기 정착민들은 아메리카 원주민이 최대 150킬로미터 떨어진 장소의 방향을 가리킬 수 있고, 더 자세히 알려달라고 하면 그곳까지 가는 길에 나오는 이정표들을 정밀하게 묘사해준다고 증언했다. 오스트레일리아 대륙의 원주민들도 폴리네시아인과 거의 같은 방식으로 머릿속 지도를 만들어냈고, 언제나 목적지와 집의 정확한 방위를 알고 있었다. 하지만 서양인들은 비교적 최근까지도 오스트레일리아 원주민들이 지도와 별자리를 그린 방법을 완전히 이해하지 못하고 있었다.

인간의 선천적인 길 찾기 능력을 간과했던 쿡은 폴리네시아인들이 애초에 어떻게 태평양 섬에 거주하게 되었느냐는 질문의 답을 끝내 찾지 못했다. 사실 동남아시아에서 오세아니아의 사람이 사는 거의 모든 섬까지는 항해 거리가 300킬로미터를 넘지 않는다. 이 정도 거리면 폴리네시아 선원들이 정찰 항해를 하기에 무리가 없었다. 그러나 훨씬 멀리 떨어진 이스터섬, 하와이, 뉴질랜드까지 항해한 사실은 이것만으로 설명되지 않는다. 폴리네시아인들이 뉴질랜드로 이주한 시기는 약 1,000년 전으로 추정된다. 뉴질랜드는 타히티섬에서 3,600킬로미터 떨어져 있는데, 폴리네시아의 쌍동선 카누를 타고 그렇게 멀리 떨어진 미지의 세계로 간다는 것은 불가능한 일로 보인다.

당시 쿡이 몰랐던 사실은 폴리네시아인들이 3,000년 넘게 철새의 이동을 관찰하고 해석해서 육지를 발견해왔다는 것이다. 오늘날에는 폴리네시아인들이 처음 태평양을 건너갈 때 매년 타히티에서 뉴질랜드까지 남서쪽으로 이동하는 긴꼬리뻐꾸기를 따라갔다는 것이 정설로 받아들여진다. 최근 과학적 연구 결과에 따르면 새들 역시 인지능력을 활용해 서식지를 알아보고 머릿속에 지도를 그리며, 감각 신호와 태양과 별들에서 단서를 얻어 길을 찾는다.

지구상에 기록으로 남아 있는 새들의 이동 중에 가장 먼 거리는 1만 4,000킬로미터에 이른다. 인간의 자연스러운 항해술과 마찬가지로, 철새의 이동에 대해 서구인들이 인식하고 이해한 것은 최근의 일이다. 20세기 초부터 서구인들은 새들에게 체계적으로 꼬리표를 붙이기 시작했는데, 그 새들은 멀리 떨어진 지역에서 발견되곤 했다. 그 이후로 포유류와 곤충을 포함한 수많은 동물 종이 고도로 발달한 탐색 능력을 지녔다는 사실이 밝혀졌다. 예컨대 숲쥐는 나뭇잎과 나뭇가지 같은 눈에 띄는 물체들을 주워서 길을 탐색하는 동안 이정표로 사용하고, 다음 장소로 이동할 때가 되면 그 물체들을 옮긴다. 특수 제작한 수상 플라네타륨(천체 투영기)을 사용해 물범이 밤에 먹이를 찾는 방법을 알아본 2008년의 한 연구는 물범이 폴리네시아 선원들과 똑같이 머리 위의 별을 따라가며 길을 찾는다는 사실을 밝혀냈다.

인간과 동물이 모두 가지고 있는 선천적이고 위력적인 길 찾기 능력에 우리가 오랫동안 무지했던 이유는 무엇일까? 1911년 독일의 민족학자 에른스트 자르페르트Ernst Sarfert가 폴리네시아인의 이동을 연구하기 시작하고 1970년대에 데이비드 루이스David Lewis와 토머스 글래드윈Thomas Gladwin이 더 포괄적인 후속 연구를 하고 나서부터 비로소 쿡이 간과했던 놀라운 기술에 대한 전체적인 그림이 그려지기 시작했다. 그 무렵에는 폴리네시아의 항해 기술이 눈에 띄게 쇠퇴해서 투파이아가 보여준 정교한 기술에 한참 못 미쳤다. 쿡이 도착한 이후 서양의 항해 도구가 폴리네시아에 점점 많이 보급되었으므로 선원들이 자신의 고유한 능력에 의존할 필요가 줄어들었다. 오늘날 살아 있는 사람들 가운데 과거의 자연스러운 길 찾기 기술을 간직하고 있는 사람은 세계 어디에도 없어 보인다. 다행히 GPS 내비게이션이 일상에 도입되기 전에 수행된 연구들이 있다. 수십 년 전에 진행된 폴리네시아 항해술 연구는 고대의 길 찾기 문화에 관해 유일하게 남아 있는 실질적이고 일관성 있는 기록이다.

*

쿡이 태평양 항해를 타히티섬에서 시작한 이유는 그 섬에 천문 관측소를 설치해 120년마다 한 번씩 금성이 태양면을 통과하는 희귀한 현상을 알아보기 위해서였다. 금성의 이동경로를 자세히 관찰하는 것은 천문학적 계산을 개선하고 유럽 선박들이 공해에서 위치를 파악할 때 겪는 어려움을 극복하는 데 중요한 단계로 여겨졌다. 오래전부터 선원들은 육분의를 사용해서 천체의 높이와 각도를 관측해 위도를 판단했지만, 선박의 경도를 파악하는 것은 몹시 어려운 일이었다. 쿡이 엔데버호에 탑재한 최신 경도 측정 장치도 완벽과는 거리가 멀었다. 해도가 아무리 자세해도 바다에서 현재 지점의 정확한 위치를 파악할 수가 없었다. 오랜 세월 동안 지도에서 자기나침반, 육분의에 이르는 항해 도구의 혁신이 누적되고, 프랑스의 수학자이자 철학자였던 르네 데카르트René Descartes가 발명한 수치 체계인 데카르트 좌표계를 사용해 자신의 위치를 지도에 수학적으로 표시하면서 유럽인들은 점점 자기중심적 세계관에 적응했다. 도구를 사용하는 항해는 쉽고 신속했으며, 정확도까지 개선되면서 점차 선천적인 능력에 의존하지 않게 되었다. 켈트족이나 바이킹족의 항해를 뒷받침했던 문화적 지식과 전통은 후손들에게 잊힌 지 오래다.

쿡의 일기에는 투파이아의 지도에서 영향을 받은 흔적이 없다. 쿡은 그 지도를 아예 읽을 수 없었기 때문이다. 최근에는 그 지도의 근간이 되는 관점을 해석하려는 학문적인 연구가 여러 편 나왔다. 공통된 의견은 투파이아가 태평양 항해에 대한 자신의 관점을 손님들이 이해할 수 있는 형식으로 표현하려 했다는 것이다. 그가 에탁 세계관을 유럽식 2차원 지도로 옮긴 것은 인상적이다. 그의 이러한 노력 덕분에 쿡도 그 결과를 인정했지만, 그 지도의 내용을 온전히 이해하지는 못했다.

우리가 채택하는 길 찾기 방법은 미묘하지만 강력한 힘으로 우리의 세계관을 변화시킨다. 폴리네시아의 자연주의 항해사들과 유럽 탐험가들의 근본적인 차이는 어떤 지도에 의존하느냐였다. 지도는 세상의 모습을 추상적이고 고정된 틀에 담아내지만, 이는 실제 현실과는 크게 다른 모습이다. 예를 들어 오늘날 우리가 사용하는 2차원 세계지도는 1569년에 처음 고안된 메르카토르Mercator 투영법을 토대로 하며, 구형의 지구를 평평하게 변형하기 때문에 넓은 지리적 영역의 크기와 모양이 왜곡된다. 쿡이 만난 폴리네시아인들은 지도를 사용하지는 않았지만, 각자의 항해 기억을 토대로 다양한 지형을 엮어 만든 태피스트리처럼 풍부한 인지 지도를 보유하고 있었다. 쿡과 그의 선원들은 근사한 지도와 최신 항해 장비를 가지고 있었지만, 그 너머를 볼 수는 없었다.

호주머니 속 길 찾기 시스템

쿡은 1772년 두 번째 태평양 항해에 나섰다. 이번에는 경도를 정확하게 측정하기 위해 새로 발명된 해양 크로노미터chronometer의 도움을 받았다. 독학으로 시계 제작자가 된 존 해리슨John Harrison이 고안한 H4 크로노미터는 해상 여행에 혁명을 일으켰을뿐더러 영국이 바다를 지배하며 대영제국으로 성장하는 발판을 마련했다. 쿡은 정확도 높은 태평양 해도를 제작할 수 있었고, 다른 사람들도 그의 뒤를 따랐다. 이 해양 크로노미터는 천체 관측을 통해 확정한 현재 위치의 시간과 그리니치 표준시를 비교했다. 해양 크로노미터는 누구나 지구상에서 자신의 정확한 위치를 확인할 수 있게 해준 중대한 발명이었다. 20세기 중반까지 사용된 해양 크로노미터는 오늘날 디지털 길 찾기 앱을 지원하는 GPS의 선조 격이었다.

GPS는 지구 궤도를 도는 여러 개의 위성에 의존한다. 최초의 GPS 위성은 1967년 미군이 발사했다. 각 위성은 지상에서 2만 킬로미터 떨어진 우주에서 현재 위치와 메시지를 보낸 시각을 상세히 기록한 신호를 전송한다. 휴대전화에 들어 있는 GPS 칩은 적어도 네 개의 위성으로부터 희미한 신호를 수집해 사용자의 위치를 오차 범위 30센티미터 내에서 매우 정확하게 파악한다. 이 원리는 해리슨이 크로노미터에 적용한 원리와 정확히 똑같고, 에탁 시스템과도 매우 유사하다. 폴리네시아 선원이 별들의 경로를 관찰해서 위치를 파악했다면, GPS는 인공 천체에 의존해 동일한 작업을 한다.

GPS는 놀랍도록 정확하며 여행을 편리하게 만들어준다. 그리고 놀랍도록 빠르게 우리의 호주머니에 들어왔다. 그동안 우리는 디지털 길 찾기 앱을 수백 년 동안 사용한 지도의 쌍방향 버전으로 간주했다. 사실 길 찾기 앱은 단순히 지도를 변형한 것이 아니다. 전통적인 지도를 사용할 때 우리는 현재 위치를 파악하고, 그 위치에서 목적지까지 어떻게 연결되는지를 시각화해서 스스로 경로를 알아내는 과정에서 우리 자신의 머릿속 지도를 만들어낸다. 지도를 제대로 읽으면서 우리는 공간감각을 키우고 길 찾기 능력을 연마하며, 스스로 여정을 변경하고 만들어내면서 자신감을 얻기도 한다. 초보자 중에는 지도를 충분히 자세히 살펴보는 사람이 거의 없다. 지도 한 장이 보여주는 모든 것을 파악하고 그 정보를 기반으로 행동하는 능력을 계발하기까지는 시간이 걸린다. 하지만 학계의 연구 결과에 따르면 전통적인 지도를 많이 사용할수록 지도 없이 돌아다니기가 쉬워진다. 또한 지도를 능숙하게 활용하는 사람들은 이동경로를 그림으로 정확히 그려내고 주변 환경의 시각적 요소들을 기억해내는 능력이 훨씬 뛰어나다.

내비게이션은 우리 대신 이 모든 인지 작업을 수행하면서 최적의 경로를 신속하게 계산하고 우리에게 간단한 단계별 지침을 제공한다. 최초로 상용화된 차량용 컴퓨터 내비게이션 시스템은 1985년에 출시되었다. 이 시스템의 이름은 '에탁'이었는데, 위성 내비게이션이 출발지와 목적지의 위치를 정확히 파악하고 여정을 단계별로 나눈다는 점에서 폴리네시아의 에탁 시스템과 흡사한 방식으로 작동하기 때문에 적절한 명칭이었다. 결정적인 차이점은 당연히 경로 계획이 모두 자동으로 수립된다는 것이다. 과거에 우리는 길을 찾기 위해 갖가지 도구에 자주 의존하긴 했지만, 우리 자신의 위치를 스스로 파악하고 우리의 감각을 활용했다는 점에서 의사결정에서는 항상 능동적인 역할을 했다. 경로 계획 앱은 우리가 과정에 거의 개입하지 않고도 길을 가게 해준다는 점에서 완전히 새로운 현상이다. 자동화되고 신뢰도와 정확도가 높은 위성 내비게이션은 머릿속 지도를 작성하는 데 필요한 환경적 단서로부터 우리를 분리시킨다. 반면 우리 조상들은 주변 환경과 목적지에 세심한 주의를 기울이며 열정적으로 주변 환경을 탐색했다. 폴리네시아의 항해술은 물리학·생물학·기상학·천문학 등과 관련된 개념들, 곧 우리가 사는 세계의 작동 메커니즘과 법칙을 활용한 것이었다.

우리는 의식하지 못할 수도 있지만, 오늘날 여행할 때 우리의 전반적인 감각 경험과 인지적 경험은 상당 부분 억제된다. 길 찾기 앱은 주의 분산과 혼란을 피하려고 의도적으로 정보를 단순하게 표시한다. 주변 세계의 무한한 세부 정보를 만화 같은 건물과 획일적인 녹색 덩어리로 바꾸고, 지형은 도형과 선으로 축약한다. 우리가 그 경로를 따라 순조롭게 이동하는 동안, 우연한 사건이라든가 길을 잘못 들어서 새로운 것을 배울 기회는 완전히 제거된다. GPS를 사용하면 지금 어디에 있는지, 지금까지 어디를 지났는지, 어느 방향으로 가고 있는지를 파악하지 않고도 길을 찾을 수 있다. 이러한 경이로운 변화는 우리에게 지대한 영향을 끼친다. 그중 하나는 주변 환경에 우리 자신을 훨씬 덜 맞추게 되는 것이다. 과거에는 위치를 알아내기 위해 주변 환경과 긴밀한 상호작용이 필요했지만, 이제는 위치라는 문제가 중요하지 않다. 그리고 우리가 주변 환경을 입력하지 않아서 공간 기억이 형성되지 못하기 때문에, 나중에 집으로 돌아가는 길을 찾거나 전에 가봤던 길을 기억해내는 능력은 저하된다. 더욱 걱정스러운 것은 우리가 길 찾기 자체만이 아니라 인간의 여러 가지 선천적이고 기본적인 능력들을 잃어버릴 우려가 있다는 사실이다.

GPS 내비게이션 기술의 초창기인 1970년대는 인간의 공간정보 처리 방식에 관한 연구에서 신경학적으로 중요한 발전이 있었던 시기와 일치한다. 유니버시티칼리지런던UCL의 존 오키프John O'Keefe 교수가 수행한 실험에서 '장소세포place cell'가 발견된 것이다. 장소세포는 해마라는 뇌 영역에 있는 개별 신경세포로서, 쥐가 같은 장소를 방문할 때마다 발화하다가 시간이 지나면 방 하나의 지도를 형성한다. 2005년에는 노르웨이 과학기술대학교의 메이브릿 모세르May-Britt Moser와 에드바르 모세르Edvard Moser 부부 연구진이 장소세포를 보완하는 '격자세포grid cell'를 발견했다. 격자세포는 쥐가 좌표계를 생성하고 정확한 위치를 파악할 수 있도록 해준다. 2010년 UCL에서 수행된 후속 연구는 인간에게도 똑같은 뇌 영역과 격자세포가 있다는 사실을 알아냈다. 나중에는 신체 내부의 나침반에 해당하는 머리방향세포head-direction cell와 함께 목적지까지의 거리를 예측하는 부분이 뇌에서 정확히 어디인지가 밝혀졌다. 스마트폰 덕택에 누구나 GPS 내비게이션을 사용할 수 있게 된 바로 그 시기(아이폰은 2007년에 최초로 출시되었다)에, 학계에서는 이제 겨우 우리 뇌에 있는 종합적인 위치추적 시스템의 물리적 특성을 발견하기 시작했다. 2011년에는 런던의 택시 기사들이 면허 시험 '더 날리지The Knowledge'를 통과하는 과정에서 2만 5,000개의 도로를 학습한 결과 그들의 해마 크기가 커졌다는 사실을 밝혀낸 UCL의 중요한 연구가 신문 지면을 장식했다. '더 날리지'란 런던에서 택시 기사 면허를 취득하기 위해 반드시 통과해야 하는 유명한 시험이다. 그런 능력이 필요하지 않게 되면 대뇌 피질의 부피는 감소했다.

의미심장한 발견들은 GPS 내비게이션의 잠재적 영향에 대한 우려로 이어졌다. 뇌의 선천적인 능력은 경험을 통해 변화한다는 신경가소성neuroplasticity에 대한 이해가 높아지면서, 길 찾기 기술 향상을 위해 집중적인 훈련을 받는 사람들을 대상으로 한 연구가 이뤄졌다. 이번에도 해마에서 똑같은 생리적 성장이 관찰되었다. 그 반대의 일이 벌어지면 어떻게 될까? GPS가 우리의 인지능력을 저하시킬 가능성이 있을까? 런던의 택시 기사 연구를 주도한 UCL 연구진은 인간을 대상으로 그 문제를 철저하게 연구하는 작업은 몹시 어렵고 비용이 많이 들어갈 것이라고 경고했다. 이 문제를 극복하기 위해 수많은 시도가 이뤄진 끝에, 이제는 GPS가 우리의 공간 기억에 부정적 영향을 끼치고 원래는 사용되어야 할 뇌의 일부 기능을 무력화한다는 연구 결과가 점점 많아지고 있다.

지금까지 가장 선명한 견해를 제시한 연구는 2020년 몬트리올의 맥길대학교에서 발표한 연구였다. 이 연구는 장기간 수집한 결과를 종합해서, GPS에 많이 의존할수록 인지능력이 급격히 저하된다는 결론을 얻었다. 우리 스스로 길을 찾더라도 이미 저하된 능력이 갑자기 회복되지는 않는다. GPS는 주변 환경과 관련된 정보를 입력하고 회상하는 능력을 손상시키고 정확한 인지 지도를 형성하는 성향을 감소시킨다. 최근에는 증강현실 안경을 끼고 GPS로 길을 찾는 일의 영향에 관한 연구가 완료되었는데, 이번에도 택시 기사들의 해마에 생긴 변화에 대비되는 측정 가능한 신경생물학적 영향이 발견되었다. 10~12주라는 짧은 기간이 경과한 뒤에 측정했는데도 GPS 기술에 대한 의존도가 높아진 것이다. 차세대 GPS 기기는 더 친밀한 방식으로 우리의 일상생활에 스며들 것으로 예상되지만 웨어러블 기기가 초래할 수 있는 생리적·심리적 영향에 관한 광범위한 연구는 아직 없다.

2014년 노벨 생리의학상은 1970년대부터 장소세포와 격자세포를 연구한 존 오키프, 메이브릿 모세르, 에드바르 모세르에게 돌아갔다. 이들의 연구는 인간이 복잡한 환경을 탐색하는 방법에 관한 실증적 증거를 최초로 제공함으로써 특수 세포가 고도의 인지 기능을 수행하기 위해 함께 작동하는 방식을 이해하는 데서 패러다임 전환의 계기가 되었다. 노벨위원회는 이들의 발견을 두고 "기억, 사고, 계획과 같은 다른 인지 과정을 이해하는 새로운 길을 열었다"라고 평가했다. 그 이후 정말로 새로운 길이 열렸다. 최근에 프린스턴대학교에서 진행한 연구는 주변 환경에 관한 머릿속 지도를 만드는 뇌 영역들이 기억과 학습에서 훨씬 더 광범위한 역할을 한다는 사실을 밝혀냈다. 해마 영역에서는 다양한 과제를 수행하는 공통의 메커니즘이 발견되었다. 이제 우리가 새로운 장소를 방문할 때 단순히 머릿속 지도를 만드는 데 그치지 않고 그 자리에서 기억을 형성한다는 사실이 밝혀져 있다. 뇌는 단순히 위치를 입력하는 것만이 아니라 일상적인 경험의 더 온전한 다른 특징들을 받아들이고 저장하는데, 신경학자들은 이를 '일화기억episodic memory'이라 부른다. 뇌가 공간을 인식하는 원리에 따르면 우리는 머릿속에 저장소를 만들어 우리에게 일어나는 사건들을 저장한다. 고대의 기억법이 정보를 저장하기 위해 가상의 장소들을 시각화하는 방법을 썼던 이유가 바로 여기에 있다. 어떤 일이 벌어졌던 장소를 생각하면 나중에 그 일을 기억해내기가 훨씬 쉽다.

우리는 기본적으로 기억에 의존해서 주변 세계를 이해하기 때문에 오늘날 탐색과 기억의 긴밀한 상호작용에 대한 이해를 높이는 것은 미래를 위한 일이기도 하다. 그리고 공간적 사고는 추상적 사고, 상상력, 나아가 언어능력과 같은 다른 핵심적인 인지 기능들과 연결된다. 오늘날 과학자들은 능동적으로 길을 찾는 활동이 줄어들면 알츠하이머병이나 치매가 더 일찍 발병할 수도 있다고 우려한다. 그렇다면 GPS는 우리의 기억력과 인지능력에 얼마나 큰 영향을 끼칠까?

안타깝게도 과학이 모든 걸 규명하지는 못한다. 임상 약리학 연구 및 실험에서는 공식화된 절차가 규정되어 있지만, 우리의 인지능력을 대신하거나 향상시키는 첨단 기기의 안전성을 보장하는 기준은 존재하지 않는다. 길 찾기에 필요한 인지적 수고를 덜어주기 위해 고안된 GPS 기기는 그런 기기의 사용으로 야기될 수 있는 정신적 또는 의학적 위험에 관한 어떤 과학적 조사도 없이 시장에 출시되었다. 이처럼 GPS가 우리의 정신에 실제로 어떤 작용을 하는지에 관한 조사는 부족하며 아직 초기 단계에 머물러 있다.

*

폴리네시아 선원들은 머리 쓰는 법을 훈련했다. 정식 교육은 육지에서 시작되었다. 카누 정박지에 함께 앉아 조약돌로 도표를 만들어 별의 위치를 머릿속에 새겼다. 길버트섬 주민들은 사각형 초가지붕을 얹은 홀 안에 앉아서 높은 보와 서까래를 밤하늘이라고 치고 나뭇가지의 배열로 별들의 경로와 섬들 사이의 놀을 표시했다. 에탁 시스템을 사용하려면 엄청난 양의 지식이 필요했지만, 학습은 대부분 바다에서 이뤄졌다. 선배 항해사들은 파도와 구름의 움직임을 보여주고 햇빛이나 기온이 변할 때마다 알려줬다. 이런 세부사항은 직접 보거나 느껴야만 했다. 견습생들은 예기치 못한 상황이나 이상한 징후가 있는지를 주의 깊게 관찰하는 법을 배웠다. 폴리네시아 항해술에 통달했던 마지막 항해사들과 협업한 연구자들은 때때로 도저히 이해할 수 없는 모호함 때문에 힘들어했다. 어떤 개념은 쉽게 이해했지만, 말로 설명하기 어려운 개념이 많은 데다 언어 장벽까지 있었다. 폴리네시아 항해술은 수없이 많은 카누 항해를 거치면서 개인적인 경험과 시행착오를 통해 어렵게 얻은 것이었다. 한 사람의 선원이 숙련된 항해사로 성장하려면 한 번에 하나씩 어려움을 이겨내는 수밖에 없었다.

태평양 섬 주민들은 '잘 지내세요?'라고 말하지 않고 '어디 가세요?'라는 말로 인사를 나눈다. 그들의 현실적인 지식은 즉흥성과 모험에 대한 관점으로 이어졌다. 세상에서 나아갈 길을 알고 주변 환경을 이해할 때 현실감각을 가지고 살아가게 된다. 우리는 인간으로서 우리의 정체성이 우리가 있는 장소, 문자 그대로 우리의 삶이 '일어나는take place'(영어로는 '장소를 취하는'이라는 뜻이다 – 옮긴이) 곳과 아주 밀접하게 연결된다는 사실을 잊고 살아간다. 1970년대에 고대 생활양식의 마지막 흔적이 발견된 태평양의 외딴 섬들은 목적의식과 성취감이 가득한 활기찬 곳이었지만, 오늘날에는 현대 항해술이 지역의 항해 문화를 소멸시키는 데 한몫하고 있다.

1976년, 폴리네시아의 '호쿨레아Hōkūle'a'라는 쌍동선 카누가 현대적인 항해 도구를 전혀 싣지 않고 하와이에서 타히티까지 약 4,000킬로미터의 항해를 시작했다. 폴리네시아 항해술로도 그렇게 멀리 떨어진 육지의 위치를 찾아낼 수 있다는 잠재력을 입증하는 것이 목적이었다. 항해는 성공적이었다. 호쿨레아호는 이후 수십 년 동안 하와이를 출발해 폴리네시아와 미크로네시아를 거쳐 일본, 캐나다. 미국 본토까지 수많은 항해를 마쳤다. 호쿨레아호 선원들은 옛 폴리네시아 항해법의 흔적이 아직 남아 있는 캐럴라인 제도 출신의 항해사 마우 피아일루그Mau Piailug에게서 가르침을 받을 수 있었지만, 대개는 스스로 항해술을 익혀야 했다. 길 찾기는 누구나 수련할 수 있는 인간의 기본 능력이다. 하지만 우리에게는 첨단 기술에 너무 쉽게 가려지는 세상과의 연결을 연습하고 발전시키며 연마할 기회가 필요하다.

자연스러운 길 찾기 능력 키우기

북유럽의 여러 나라에서는 학교에서 오리엔티어링(지도와 나침반을 이용해 목표물을 찾는 활동 – 옮긴이)을 일반 교과과정의 일부로 가르친다. 이처럼 길 찾기를 집중적으로 배우는 시간은 다양한 관련 교과에 걸쳐 있으며, 언제든지 현재 위치와 목적지를 파악할 수 있는 능력을 키워준다. 길 찾기는 익숙한 장소에서 발자취를 더듬는 것부터 처음 방문한 도시를 탐험하는 것까지 일상생활의 기본 요소다. 능숙한 길 찾기는 주변 환경을 지각하는 방식, 주변 환경의 유용한 부분에 주의를 기울이는 방법, 그런 특징을 나중에도 기억해내는 능력 등 순간순간을 살아가는 방식에 내재된 여러 가지 핵심 역량에 달려 있다. 길을 찾는 방법은 우리를 현실과 연결하는 인상 및 기억과 불가분의 관계에 있으며, 길 찾기 능력이 향상될수록 우리의 지각은 더 생생하고 정교해진다. 올바른 길 찾기는 단순히 실용성이나 웰빙의 문제가 아니라 근본적으로 우리가 이 세상에 존재하는 방식의 필수적인 토대다. 안타깝게도 고대 문명에서 세대를 거듭하며 항해 지식을 물려주던 긴 통과의례가 오늘날에는 완전히 단절되어, 대다수 사람은 기초적인 길 찾기 훈련을 받지 못하고 있으며 대부분의 학교 교과과정에서도 길 찾기는 아예 자취를 감췄다. 폴리네시아인들은 오랜 세월 동안 수없이 항해하며 연장자들로부터 세상을 탐색하는 방법에 대한 복잡하고 상세한 사항을 꾸준히 배웠지만, 오늘날 우리가 보유한 지식은 어떤 사전 예방 지침이나 교육도 없이 어릴 때부터 지도와 전자기기를 사용하면서 습득한 것이다.

오늘날 고질적인 GPS 의존과 그 결과인 길 찾기 능력의 쇠퇴를 극복하는 과제는 개개인의 몫으로 남았다. 자연적인 길 찾기는 우리 문화에서 오랫동안 잊힌 분야라서 도움을 받을 곳도 마땅치 않다. 그러나 길 찾기 능력을 되찾을 기회는 바로 눈앞에 있다. 휴대전화를 내려놓고 바깥을 보면 된다. 주변을 꼼꼼히 관찰하는 습관은 연습으로 쉽게 만들 수 있으며 꾸준히 노력하면 길 찾기 능력을 눈에 띄게 키울 수 있다.

이동경로에 주의 기울이기

자연적인 길 찾기 능력을 계발하기 위해 가장 먼저 해야 할 중요한 일은 모든 내비게이션 보조 장치, 특히 휴대전화와 기타 GPS 장치의 개입을 줄이고 주로 자신의 감각에 의지하는 것이다. 내비게이션 앱 사용은 습관이 되므로 앱 의존도를 낮추려면 특별한 노력이 필요하다. 처음에 유용한 방법으로 '한쪽 다리 법칙one-leg rule'이 있다. 어떤 곳에 처음 간다면 갈 때는 GPS를 사용하되 돌아오는 길에는 GPS를 끄는 것이다. 그러면 목적지까지 이동하는 동안 길에 더 절박하게 주의를 기울일 필요가 생겨나고, 돌아올 때 길을 찾을 수 있도록 주요 지형지물과 표지판을 머릿속에 담게 된다. 집으로 돌아갈 때는 길을 알려주는 지형지물을 찾는 것 외에 다른 선택지가 없으므로 자연히 집중력이 높아진다. 더 좋은 방법은 '외길 조랑말 규칙one-trip pony rule'에 따라 전에 GPS를 사용해서 갔던 경로에서는 GPS에 의존하지 않는 것이다. 이런 방법을 사용하면 내비게이션 앱을 지속적인 보조 도구가 아니라 새로운 길을 가르쳐주는 유용한 도구로 여기게 된다.

또 하나의 유용한 방법은 거주지 주변에 있을 때는 무조건 GPS를 끄는 '우리 동네 규칙home rule'이다. 길 찾기 도구를 사용하지 않고 집에서 어딘가에 다녀오는 것은 자연스러운 시작으로, 우리 선조들이 집으로 돌아오기 위한 연결고리를 유지하면서 점점 멀리 나갔던 방법과 비슷하다. 이동은 도보로 하는 것이 제일 좋다. 도보로 이동할 때는 주변 환경에 물리적으로 적응할 수 있기 때문이다. 특히 도시 지역에서 우리는 집과 사무실, 자주 방문하는 다른 장소를 기준으로 작은 반경 내의 주변 환경에 관한 지식의 주머니를 가지고 있다. 좀처럼 이 장소들을 연결해서 생각하지 않을 뿐이다. 낯선 길을 따라 새로운 곳으로 갈 때는 흔한 도로 표지판처럼 길 찾기에 도움이 될 세부 정보에 더 주의를 기울이게 된다.

프랑스의 선구적인 비행기 조종사 앙투안 드 생텍쥐페리Antoine de Saint-Exupéry는 비행의 초창기였던 1900년대 초반에 비행기를 몰고 남유럽에서 서아프리카 해안을 향해 이동했다. 그는 전통적인 지도와 도표에만 의존하지 않고 비행기에서 내려다보이는 풍경에서 기억에 남을 만한 특징을 찾았다. 산비탈에 얼굴이 여러 개 있다고 상상하면서 무시무시한 눈과 툭 튀어나온 코를 찾아냈다. 우리도 똑같이 할 수 있다. 특히 도시 환경에는 눈에 띄는 장소가 많다. 유쾌한 시선으로 대칭이 어긋난 곳이나 어색한 배열이 없는지, 또는 이상한 이름이 붙은 도로, 한쪽으로 기울어진 건물, 도로의 기복, 특이한 모양의 나무 등 예상치 못한 요소를 찾아보자.

지금! 시작해보기

- **내비게이션 사용 줄이기**: '한쪽 다리 규칙' '외길 조랑말 규칙' '우리 동네 규칙'을 지키면서 다녀보자.
- **집에서 가까운 장소에 다녀오는 것부터 시작하기**: 새로운 경로를 발굴하고, 한 번도 안 가본 동네에 가보고, 길 찾기 앱 없이 집으로 돌아가기에 도전하자.

무심코 길을 걷는 것과 주의를 기울이며 길을 걷는 것은 하늘과 땅 차이다. '무심코'란 말 그대로 정신이 그곳에 있지 않다는 뜻이다. GPS에 의존하면 길을 찾으려고 화면만 들여다보게 되거나, 길을 찾을 것이라고 안심한 나머지 다른 생각에 빠진 채로 이동하게 된다. '한쪽 다리 규칙' '외길 조랑말 규칙' '우리 동네 규칙'을 활용해 길 찾기 앱 사용을 줄이면 정말로 위치를 알고 있을 때만 무심한 상태로 이동하고 그 외의 시간에는 주의를 기울이게 된다. 주의를 기울이지 않으면 안 되니까.

스스로 길을 찾는 요령

똑똑한 길 찾기는 관찰과 추론의 조합이다. 주변에서 찾을 수 있는 정보를 모으고, 논리적 추론을 거쳐 어떤 문제를 깊이 생각해서 답을 얻어야 한다. 길을 잘 찾는 사람들은 항상 지금 가는 방향과 장소, 위치를 염두에 두면서 방문하는 장소들을 서로 연관 지어 파악한다. 폴리네시아 항해술의 가장 인상적인 면이 바로 '조합'이다. 폴리네시아 선원들은 광범위한 자연 현상에서 얻은 이질적인 세부 정보를 조합해서 지금 어디에 있고 다음번에 어디로 가야 할지를 추론한다. 우리가 하나의 페이지에 실린 글을 읽을 때처럼 그 선원들은 세상을 읽어냈고, 일련의 신호들을 통해 논리적 결론을 구했다. 우리도 똑같이 할 수 있다. 처음에는 일부러라도 혼자 길을 떠나라. 그래야 대화에 정신이 팔리거나 뜻하지 않게 다른 누군가의 안내를 받는 일이 없다. 머릿속에 집중을 위한 공간을 허락하고, 수많은 지표를 조합한 단서를 해석하라.

거리, 건물, 지면 자체를 읽으면 어떤 지도로도 포착되지 않는 단서를 얻을 수 있다. 예를 들어 교회 건물은 동서 방향으로 놓이고 정문을 서쪽 끝에 두며, 거의 모든 테니스 코트는 남북 방향이라는 사실을 알아두면 도움이 된다. 그리고 중심 시가지의 일반적인 구성을 익히는 데는 오래 걸리지 않는다. 특히 미국이나 그 밖에 새로 만들어진 대도시 지역은 격자 모양으로 구획되어 있어서 알아보기 쉽다. 심지어 시카고, 덴버, 캔자스시티 같은 도시는 나침반 방향을 따라 정렬되어 있다. 모든 도시 공간은 산기슭에 위치하거나 강가에 늘어서 있거나 항구 중심으로 모여 있는 등 어떤 식으로든 자연적인 배치 형태를 띤다.

바로 눈앞에 보이는 것만이 아니라 모든 감각에 최대한 의존하자. 특히 길 찾기에는 청각이 대단히 중요하므로, 헤드폰을 착용하면 길 찾기의 수많은 단서를 놓치게 된다는 점에 유의해야 한다. 우리는 항상 소리를 들으며 살고, 특히 도시에서는 머리가 멍할 정도로 큰 소리를 듣는다. 그래서 시간을 들여 소리가 어디에서 나는지 알아보고 위치를 파악한다면 소리를 통해 길을 찾아가는 것도 가능하다. 번화한 거리의 웅성대는 소리는 상당히 멀리까지 전달되며, 바람이 센 날에는 음악과 군중의 말소리도 똑같이 멀리까지 전해진다. 소음은 시각적 지형물과 똑같은 방식으로 방향을 찾는 데 활용하거나 목적지에 도달하는 데 유용한 목표물로 설정할 수 있다. 후각을 동원하면 그 동네의 식당 또는 양조장을 쉽게 찾을 수 있고, 신선한 바다 냄새는 해안에서 수백 미터 떨어진 곳에서도 맡을 수 있다. 자신의 느낌을 신뢰하는 법을 배워보자.

타고난 방향감각 같은 것은 없다. 지금 어디로 가고 있는지를 알아내려면 매번 관찰하고 추론해야 한다. 잠시 발걸음을 멈추고 360도로 주변을 둘러보면서 산맥이나 고층빌딩의 윤곽을 지평선에 배치하고, 방향 잡기에 활용하기 좋은 지형지물을 정하고, 머리 위 태양의 위치를 확인하자. 시골이라면 언덕의 형태, 계곡의 방향, 나무가 바람에 휘어지는 모양 등의 신호를 서로 연관 지어 방향을 찾는다. 시야가 트여 있다면 지면의 패턴과 형태에 관한 그림을 그리고 그 특징을 읽어낼 수도 있다. 특히 언덕과 강은 관계가 밀접해서 수천 년 전에 빙하와 빙상이 이동한 방향을 드러낸다. 아래쪽으로 흘러내리는 하천은 직선에 가까운 선을 그리며 흐르는 경향이 있고, 오로지 평지에서만 굽어져 흐른다. 처음에는 무작위로 보이거나 혼란스러워 보이는 풍경일지라도 조금 더 주의 깊게 관찰하면 패턴과 신호가 보이기 시작하고, 그러면 풍경을 더 잘 이해하고 그 속에서 길을 찾아갈 수 있다. 주변 환경에 대해 세밀하고 개인적인 관점을 형성해나갈 때 스스로 길을 찾는 능력도 향상된다.

지금! 시작해보기

- **의도적으로 휴대전화 전원 끄기**: 꼭 필요할 때만 내비게이션을 사용하는 습관을 들이자.
- **지역의 명물을 알아보기**: 걸어서 또는 차를 몰고 다닐 때 동네를 구석구석 살펴보고, 방향을 알아내는 데 도움이 되는 새로운 지리적 표지를 찾아보자.
- **길을 잃어도 괜찮다**: 더 복잡한 경로를 선택해서 도전하자. 주변 환경에서 발견한 단서에만 의존해서 목적지에 도달해보자.

나만의 인지 지도 구축하기

우리의 기억이 공간적 성격을 띤다는 것은 기억을 사용하면 금방 반응한다는 뜻이다. 이동할 때 주의를 기울이고 스스로 경로를 알아내는 일이 많아질수록 우리 개개인이 만들어가는 인지 지도가 상세해진다. 마찬가지로 전략적인 지도 읽기 및 지도 만들기 기법을 활용하면 학습의 속도를 높이고 정신적 시야를 확대하는 데 유리하다.

간단한 변화를 통해 지리 감각을 빠르게 키우는 방법이 하나 있다. 디지털 지도를 인쇄된 지도로 바꾸는 것이다. 탁자 하나를 차지할 만큼 큰 영국 국립지리원Ordnance Survey 지도를 비롯한 고품질 지도들은 활용할 수 있는 정보의 총량이 많은 것을 비롯해 여러 가지 장점이 있지만, 우리가 방문할 장소의 지형을 이해하기 위해서는 다양하고 풍부한 기호와 상징을 해석해야 한다. 반면 길 찾기 앱이 쉽게 단계별로 방향을 안내해줄 때 우리는 스스로 인지적 작업을 수행하지 못하고 그 과정에서 독자적인 기억을 형성하지도 못한다. 지도를 제대로 읽으면 우리가 마주치는 물리적 단서와 세부 정보를 비교하고 대조할 수 있으며, 지도의 격자 시스템 덕분에 더 넓은 시야로 먼저 바라보고 나서 특정한 장소에 집중하게 된다. 우리가 사는 지역을 폭넓게 이해하고 서로 다른 지역들을 연결하기에 더없이 좋은 방법이다.

간단하지만 우리의 인지 지도를 발전시키는 데 도움이 되는 또 하나의 방법은 디지털 지도를 읽는 방법을 바꾸는 것이다. GPS 길찾기 앱들은 자기중심적 시야를 표준으로 채택하고 있어서 지도의 방향을 사용자에게 자동으로 맞춰준다. 이러한 혁신은 전통적으로 지도를 읽을 때 필요했던 지적 작업의 상당 부분을 제거하는 데 크게 기여했다. 하지만 대부분의 앱에서 버튼 하나만 누르면 이 설정을 해제할 수 있고, 이 설정을 해제하는 순간 GPS 지도는 환경중심적으로 바뀌면서 인쇄된 지도 방식에 더 가까워진다. 이 방법을 쓰면 갑자기 사용자는 자신의 몸이 향하고 있는 방향에 맞춰 지도를 읽어내야 하므로, 결과적으로 지도에 표시된 지물들과 자신의 위치가 어떤 관계인지를 더 잘 이해하게 된다. 도보로 이동하는 중에는 휴대전화에서 사용하는 모든 지도를 환경중심적 시야로 유지하는 것이 좋다. 자동차로 복잡한 일방통행 도로가 있는 신도시에서 이동할 때나 어딘가에 빠르게 가야 할 때라면 내비게이션의 표준인 자기중심적 길 찾기 기능을 활용하면 매우 유용하다. 하지만 그러한 경우가 아니라면 자동차에서도 환경중심적 시야를 사용해야 인지 지도를 강화하는 데 도움이 된다.

지도를 제대로 활용할수록 앞으로 뭐가 나올지를 잘 기억하게 되고 길 찾기 실수가 줄어든다. 여정의 특정한 구간을 탐험하기 전에 지도를 꼼꼼하게 들여다보고, 가는 길에 눈여겨봐야 할 중요한 지점들을 기억하자. 그러고 나서는 디지털 지도든 인쇄된 지도든 간에 지도를 치우고, 종이 한 장을 꺼내 이동하려고 하는 경로를 간략하게 그려보자. 이동할 때는 기준 지점을 확인하면서(꼭 필요하다면 지도나 약도를 참조하면서) 얼마나 왔는지 확인하는 습관을 길러라. 항상 자신이 어디에 있는지를 자연스럽게 감지하는 능력이 서서히 계발될 것이다.

반드시 기억하고 싶은 여정이 있다면, 이동이 끝난 뒤 머릿속으로 갔던 길을 되짚어보면서 거리 이름·도로명·이동한 방향·인상적인 장소 등을 얼마나 기억해낼 수 있는지 테스트해보자. 이동하는 동안에는 북쪽이 어디인지를 머릿속에 고정해놓고, 나중에 간단히 약도를 그릴 때도 북쪽이 어딘지를 염두에 두면 좋다. 스마트폰에는 대개 나침반이 기본으로 탑재되어 있으므로, 방위에 대한 인식을 유지하기 위해 나침반을 사용하는 연습을 하는 것도 좋다. 처음에는 종이에 써보기만 해도 큰 도움이 되지만, 점차 펜과 종이에 의존하지 않고 머릿속에 지도를 그리는 것이 자연스러운 습관으로 자리잡는다.

길거나 복잡한 경로를 계획하고 기억하는 것은 길 찾기에서 가장 복잡한 과제로서 시간과 연습을 요구한다. 간단한 경로의 경우 두 지점 사이에 선 하나만 그으면 되지만, 복잡한 경로를 계획하려면 여정의 여러 구간을 결정해야 한다. 폴리네시아인들도 이와 비슷한 문제를 해결하려고 에탁 시스템을 만들었다. 우리 역시 길 찾기에 점점 능숙해지면서 자연스럽게 똑같은 방법을 개발하게 될 것이다. 눈에 잘 띄는 지표를 기준으로 자신의 위치를 파악하고, 이동하는 동안에는 어디까지 왔는지를 세심하게 관찰하자. 도시를 가로지르는 낯설고 복잡한 경로를 계획해서 실제로 어떻게 이동하는지 테스트해보자. 인쇄된 지도를 참조해서 스스로 지도를 그려보고 그걸 외운 다음에 출발한다. 경로에서 이탈하고 있다면 빠르게 알아차리고 경로를 수정해본 다음에 다시 지도를 보거나 누군가에게 도움을 청하라. 시간이 흐르면 점점 멀리 이동할 수 있게 된다.

폴리네시아인들이 머릿속에 간직하고 있던 것과 같은 풍부한 인지적 지도를 이용해보자. 오늘날 우리가 자유롭게 활용하는 디지털 내비게이션 기술은 전에 없이 풍부한 정보를 제공한다. 우리는 그 정보를 이용해 경로를 계획하고, 혹시 길을 잘못 들었을 경우 돌아오는 길을 찾아서 복귀할 수 있다. 스마트폰 나침반이나 온라인 지도 같은 디지털 내비게이션 도구를 조금씩만, 적절한 방법으로 사용할 때 우리는 주변 환경과 다시 연결된다.

지금! 시작해보기

- **고품질로 인쇄한 동네 지도 마련하기**: 지도를 벽에 붙이거나 탁자 위에 펼쳐놓고 따로 시간을 내어 자세히 살펴본다.
- **GPS 장치의 '자기중심적' 보기 설정 해제하기**: 평소 사용하는 디지털 지도의 방향이 항상 북쪽을 향하게 한다.
- **직접 지도를 그리며 여정 계획하기**: 인쇄된 지도 또는 디지털 지도를 참조해 집에서 여정을 계획한 다음, 나중에 기억하기 쉽도록 그 여정을 단순화해서 종이에 그려본다.
- **더 복잡한 경로로 테스트하기**: 처음 가보는 지역에서 긴 경로를 계획하고 암기한 다음, 꼭 필요한 경우가 아니면 메모나 지도를 보지 않겠다는 목표를 세우고 출발하자.

Human
Being

2장

움직이기

MOTION

달리기야말로 우리의 몸이 지금 우리가 알고 있는 모습인 주된 이유다. 달리기는 단순히 우리가 하고 싶어서 하는 행동이 아니라 인간이라는 종의 정체성의 핵심이다.

조상들의 달리기 실력

2017년 4월, 22세 여성 마리아 로레나 라미레스María Lorena Ramírez가 50킬로미터를 달리는 산악 울트라마라톤 대회 '울트라트레일 세로 로호UltraTrail Cerro Rojo'에 참가하기 위해 멕시코 푸에블라주에 도착했다. 라미레스는 대회를 위해 정식으로 훈련한 적도 없고 전문 장비도 착용하고 있지 않았다. 직접 만든 치마와 가죽끈 샌들 차림으로 달렸으며, 에너지 초콜릿이나 젤리도 가지고 있지 않았다. 라미레스는 힘차게 출발해서 일정한 속도를 유지했다. 시간이 지날수록 12개국에서 온 500명의 다른 선수들은 속도가 느려지거나 뒤처지기 시작했다. 가벼운 걸음과 유연한 몸놀림으로 달리는 라미레스는 곧 아무도 따라잡지 못할 선두 자리를 차지했다. 세계적인 명성을 지닌 그 마라톤 대회에서 라미레스가 1위로 결승선을 통과하자 러닝 커뮤니티에서 난리가 났다. 라미네스는 7시간 20분 동안 일정한 보폭을 유지했고, 코스 곳곳에서 라이크라 옷을 갖춰 입은 다른 러너들을 제쳤다. 우승을 차지한 이후 라미레스는 거리를 늘려 최대 100킬로미터의 장거리 레이스에 참가하고 국제대회에도 출전했다. 라미레스는 지금도 마라톤을 계속하고 있으며 세계 각지에서 개최되는 울트라마라톤 대회에서 높은 순위에 오른다.

하지만 어떤 이들에게는 라미레스의 타고난 재능이 그리 놀랍지 않다. 그녀는 멕시코 치와와주에 있는 시에라 마드레 옥시덴탈 산맥의 코퍼 캐니언에서 태어나 지금도 그곳 가족 농장에서 염소를 키우며 산다. 침엽수림으로 이뤄진 해발 3,000미터 높이의 산을 품고 있는 이 지역에는 6만 명쯤 되는 원주민 라라무리족Rarámuri이 살고 있다. 발이라는 뜻의 '라라'와 달리다라는 뜻의 '무리'가 합쳐진 라라무리족은 '발이 가벼운 사람들'이라고 자부한다. 그들은 어린 시절부터 노년기까지 식물성 섬유로 만든, 아니 오늘날에는 자동차 타이어 고무로 만든 샌들을 신고 험난한 땅에서 걷고 뛰고 경사가 가파른 계곡을 오른다. 코퍼 캐니언에는 도로가 거의 없으므로 대부분의 농사는 동력 장비 없이 이뤄지며, 아이들은 대여섯 살만 되면 염소와 양과 소를 몰고 산비탈을 오르기 시작한다. 2019년 35세 이상의 라라무리족 남성 집단을 대상으로 수행한 연구에 따르면 이들은 매일 평균 1만 8,800보를 걸어 15킬로미터를 이동했다. 오늘날 건강관리 전문가들이 권장하는 1만 보의 두 배에 가까운 수치였다. 이들이 걸어다닌 곳은 대부분 경사가 가파른 길이었고, 부족의 고령자들도 1,000미터 높이까지는 정기적으로 올라갔다. 멀리 떨어진 도시의 영향으로 비만을 비롯한 만성질환 지표가 증가하기 시작했지만, 라라무리족 공동체 전반의 심혈관 건강은 매우 우수하다.

장거리 달리기는 라미레스 집안의 내력이다. 7남매 중 3남매는 아버지 산티아고와 함께 최근 치와와 울트라마라톤 대회에서 마리아 로레나와 함께 달렸고, 그녀의 오빠인 마리오도 푸에블라 대회에 출전해 30킬로미터 종목에서 10위를 차지했다. 산티아고는 그의 아버지, 할아버지와 똑같이 어릴 적부터 달리기를 했다. 라라무리족에게 달리기는 활동이라기보다 삶의 방식이고, 주된 교통수단이며, 다양한 집단이 모여 축제를 즐길 기회다. 탄탄한 체력이 필요한 라라히파레 도보 경주는 라라무리족 문화의 핵심적인 부분이며, 대개 즉흥적으로 대회가 열리고 마을끼리 서로 경쟁한다. 단단한 나무 공을 차면서 65킬로미터 이상의 거리를 달리는데, 다양한 연령대의 팀이 밤새 이어달리기를 하다가 체력이 약한 주자들부터 서서히 탈락한다.

최근 울트라마라톤에 대한 관심이 급증하면서 다른 지역의 선수들도 라라무리족의 경이로운 기록 뒤에 숨겨진 훈련법을 배우기 위해 이 지역을 찾아온다. 하지만 특별한 비밀은 없다. 100킬로미터를 달린다는 것은 울트라마라톤에 참가하는 다른 선수들에게나 라미레스에게나 똑같이 힘든 일이며, 라라무리족의 우수한 선수들이 체력을 키우는 방법은 그저 훈련에 매진하는 것이다. 라라무리족 선수들은 우리와 유전자 구성이 기본적으로 동일하며 선천적인 능력도 비슷하다. 다만 그들은 일상생활에서 그 능력을 더 능동적으로 활용한다. 지금도 유지되고 있는 그들의 전통문화에서 우리는 과거에 인간이 두 발을 사용해 얼마나 멀리까지 이동했는지를 엿볼 수 있다. 인류는 항상 경이로울 만큼 먼 거리를 이동할 수 있었고, 두 발을 사용한 이동은 오랫동안 인류의 주된 존재방식이었다. 사실 걷기와 달리기는 인류의 생물학적 진화의 토대가 되는 고유한 능력이다.

오늘날 라미레스 집안이 보여주는 달리기 능력은 그 지역뿐만 아니라 아메리카 대륙 어디서나 흔히 볼 수 있었던 것이다. 1만 4,000년쯤 전 인류가 아메리카에 도착한 이래로, 오로지 도보로만 이용하는 산길과 거리들이 광활한 북아메리카와 남아메리카를 얽히고설키며 가로질렀다. 종국에는 캐나다의 허드슨만에서 멕시코만까지 이어지고 더 멀리까지도 나아가는 길들이 발견되었다. 이런 길들의 형태는 다양했다. 단순한 개간지와 오솔길이 있는가 하면 200킬로미터에 이르는 구불구불한 도로도 있었고, 뉴멕시코주 차코 협곡에서 발견된 낭떠러지 위의 계단도 있었다. 유카탄반도의 마야인들이 닦은 하얀 석회암 길이든, 미국 중부의 대부분을 관통하는 관목림 길이든, 시에라네바다산맥이나 안데스산맥의 산길이든 간에 사람들은 길이 있는 땅이면 어디든지 두 발로 이동했다.

1940년대부터 아메리카 대륙에 처음 발을 들여놓은 에스파냐 사람들과 포르투갈 사람들이 남긴 기록에는 아메리카 원주민의 달리기 실력이 자주 등장한다. 원주민들은 말을 탄 식민지 정복자들을 피해 두 발로 달아날 수 있었다. 1519년 멕시코에 도착한 에스파냐 정복자 에르난 코르테스Hernán Cortés는 원주민들이 400킬로미터 떨어진 테녹티틀란(오늘날의 멕시코시티)에 있는 아즈텍 제국의 황제 몬테수마Montezuma에게 매우 빠르게 달려가서 황제의 배와 선원들, 총과 말에 관한 메시지를 전달했다고 보고했다. 실제로 그곳까지 달려간 원주민들은 테녹티틀란에서 150킬로미터 떨어진 걸프만에서 잡은 신선한 물고기를 몬테수마의 부엌에 가져다주었다. 당시 유럽인들이 남긴 일지와 보고서에는 원주민들의 육체적 건강과 체력과 지구력에 감탄하는 내용이 많다. 에스파냐가 아메리카를 정복한 이후 벌어진 전투에서 원주민 전령들은 장거리를 기마부대보다 빠르게 주파했으며, 16세기 에스파냐에서 리마와 쿠스코 사이에 우편물이 도착하려면 12일이 걸렸던 반면 원주민 전령들은 같은 거리를 사흘 만에 완주했다고 한다.

북아메리카에서도 유럽 정착민들은 원주민들이 도보로 이동하는 속도와 범위에 놀라움을 금치 못했다. 인류학자와 역사학자, 여행가와 원주민들이 기록으로 남긴 생생한 사례도 많다. 이러한 기록은 그리 멀지 않은 과거에 인류가 지금보다 훨씬 뛰어난 신체 능력을 지녔으며 오늘날 우리 대부분이 생각지도 못하는 거리를 횡단할 수 있었다는 사실을 알려준다.

달리기는 빠른 소통과 교역의 비결이었다. 아메리카 원주민 부족에서는 전령의 지위를 가진 개인들이 물자를 운반하거나 긴급한 소식을 전달하는 책무를 맡았다. 또한 그들은 최신 문물과 외부 문화를 전달하는 데 필요불가결한 존재로 존중을 받았다. 사람들은 중요한 사건을 알리기 위해 상형문자가 새겨진 가죽이나 매듭과 색채로 꾸민 끈이 달린 가죽을 손에 들고 그물망처럼 복잡하게 얽힌 오솔길과 지름길을 따라 달렸다. 대개는 교대로 달렸는데, 오늘날과 마찬가지로 어떤 서신이든 운반하는 속도가 가장 중요했기 때문이다. 특히 적의 공격 가능성과 관련된 내용이라면 더더욱 그랬다. 그래서 전령들은 그에 맞는 훈련을 받으며 비상사태에 대비했다. 50대 중반이었던 메스콰키족Mesquakie의 어느 전령은 위스콘신주 그린베이에서 출발해 600킬로미터 넘게 달려 미주리강의 소크족Sauk 인디언들에게 적의 공격이 임박했다고 알렸다는 기록이 남아 있다. 공동체의 생존을 결정할 수도 있는 임무였다.

인류학자 트루먼 마이컬슨Truman Michelson은 1900년대 초 북아메리카 원주민 문화에 대한 광범위한 현장 조사 프로그램을 통해 수많은 부족의 훈련량이 비슷하다는 사실을 발견했다. 달리기 선수들은 어린 시절부터 보폭과 에너지 비축량을 관리하는 훈련을 받았다. 달리기 전략이야말로 가장 중요했으므로 부족의 아이들에게 여정을 계획하고 속도를 조절하는 방법을 가르치는 데 오랜 시간을 할애했다. 여러 아메리카 원주민 공동체에는 이솝우화의 〈토끼와 거북이〉와 비슷한 이야기들이 전해지고 있었다. 이런 이야기들은 달리기를 배우는 사람에게 장거리를 달리는 동안 어떻게 체력을 유지하고 적절한 호흡법을 활용할지, 그리고 언제 전력 질주가 필요한지를 알려줬다. 달리기는 여러 유형으로 구분되었는데, 각 유형에는 뭔가를 피하는 동작이라든가 빈틈없는 속도 조절 등을 묘사하는 이름이 붙어 있었다.

근력 훈련도 보편적으로 이뤄졌다. 처음에는 작은 돌멩이를 들고 달리다가 나중에는 바위를 들고 오르막길을 달리는 연습을 했다. 달리기 선수들은 다양한 무게의 통나무를 운반하는 훈련도 했는데, 그중에는 60킬로그램이 넘는 것도 있었다. 선수들은 뭔가를 들고 달리는 도중 몸에 가해지는 압력을 조절하기 위해 부지런히 오른손과 왼손으로 물건을 번갈아 잡았고, 발목에도 무거운 물체를 매달았다. 대개 전력 질주 훈련은 오전에 하고 마라톤 훈련은 오후에 했다. 일반적인 훈련법은 물 한 모금을 입에 머금고 코로만 호흡하며 달리면서 체력을 키우는 것이었는데, 어떤 이들은 물 대신 고드름을 입에 물기도 했다. 부족 행사에서 달리기를 하려는 사람이나 군인들은 더 극단적인 훈련을 받았다. 예를 들면 메스콰키족 달리기 선수들은 금욕 서약을 하고 매우 엄격한 식단을 준수했다. 그들은 봄이 오면 맨발로 걸어서 발바닥 피부 두께가 거의 1센티미터에 이를 때까지 훈련했다. 나바호족Navajo은 겨울에 눈밭에서 구르거나 얼음 목욕을 하고 나서 달리기 훈련을 했고, 아무리 추운 날이라도 새벽이면 모카신과 샅바만 걸치고 어둠 속에서 달리기를 하는 것이 보통이었다.

아메리카 원주민의 달리기에 관한 문헌은 대개 지구력·속도·거리 면에서 가장 탁월한 기록에 초점을 맞추고 있지만, 원주민들에게 달리기는 모든 연령대가 참여하는 일상적인 활동이었다. 원로들은 가능한 곳이면 어디에서나 달리기를 하도록 권장했고, 부족 전체가 다양한 방법으로 달리기를 연습했다. 빠른 발놀림은 찬사를 받았고, 달리기 실력은 자긍심의 중요한 원천이었다.

아메리카 원주민의 달리기, 아니 모든 문화권의 달리기는 추격 사냥persistence hunting에 뿌리를 두고 있다. 추격 사냥은 동물을 쫓아다니는 하나의 방법으로, 인류의 가장 오래된 기록에 따르면 대다수 사회와 지역에 존재했던 관습이다. 사냥꾼들은 적절한 목표물을 찾아낸 다음 그 동물이 속도를 늦추거나, 쓰러지거나, 매복 또는 덫에 걸릴 때까지 두 발로 계속 따라갔다. 아메리카 대륙 곳곳에 살았던 원주민들의 생활에서 추격 사냥이 중요한 부분이었다는 증거가 많이 있으며, 라라무리족에 관한 2020년의 한 연구는 지금은 사라져 가는 이런 삶의 방식을 마지막으로 엿볼 기회를 제공한다. 현재 이 지역에서는 소총 사냥, 채굴, 벌목이 수시로 이뤄지며 추격 사냥에 관한 마지막 기록은 2011년의 것이다. 현재 생존해 있는 사냥꾼들은 여름이든 겨울이든 조건을 가리지 않고 사슴, 멧돼지, 또는 토끼나 다람쥐 같은 작은 동물들을 추격했다고 증언한다. 한 번 사냥을 나가면 보통 4~6시간, 길게는 2~3일까지 걸렸고, 아침 일찍 출발해서 동물의 발자국을 따라가기 어려울 만큼 어두워질 때까지 사냥을 계속했다. 그들은 사냥하는 내내 일정하고 적절한 속도로 달렸으며, 필요한 경우 간간이 전력 질주를 하거나 걸으면서 시간당 평균 10킬로미터 정도를 이동했다. 오늘날의 울트라마라톤 선수들도 걷기와 달리기를 조합해서 이와 비슷한 속도를 낸다. 추격 사냥은 적게는 세 명에서 많게는 15명의 참가자가 무리를 이뤄 수행하며, 모두 힘을 합쳐 전략적으로 동물을 쫓아간다. 사냥을 나가는 사람은 공동체에서 가장 힘세고 체력 좋은 사람들이었다. 추격전은 장시간 이어지고, 어렵고, 가장 높은 수준의 지구력을 요구하기 때문에 피로가 누적되어 중도 포기하는 일도 흔했다.

라라무리족은 원래 치와와주 주변 지역에 많이 살았지만 16세기에 에스파냐 식민지 개척자들을 피해 시에라 마드레 옥시덴탈 산맥으로 이주했다. 높은 봉우리 아래 오렌지나무 숲이 카펫처럼 깔린 열대 협곡들이 겨울철 추위를 피하기에 충분한 휴식처를 제공한 덕분에 라라무리족은 1년 내내 이 지역에서 살 수 있었다. 이 지역은 외딴곳이어서 오랜 세월 동안 멕시코의 시장경제에 완전히 통합되지 않았지만 결국에는 생활의 변화를 피할 수 없었다. 라미레스 집안은 멕시코의 보편적인 생활권과 멀리 떨어져 있는데도 그들의 원주민 문화는 점차 현대 생활방식의 영향을 받고 있다. 그리고 라라무리족은 여전히 대다수 현대인보다 훨씬 활동적이지만, 추격 사냥을 삶의 방식으로 삼았던 과거만큼 힘을 많이 쓰지는 않는다. 수백 년 전 라라무리족의 하루 평균 걸음 수는 오늘날의 1만 8,800보를 훨씬 넘었을 것이다.

인류의 일상적인 달리기가 본래 어떤 모습이었는지 알아보려면 화석 기록과 인체의 작동 원리를 살펴봐야 한다. 고생물학 및 민족지학 연구에 따르면 추격 사냥은 아프리카에서 처음 시작되어 인류 역사의 대부분의 시간 동안 지속되었다. 인류진화생물학자들에 따르면 동아프리카 그레이트 리프트 밸리와 그 주변 지역에서 수렵채집 생활이 성공적이었다는 사실이 오늘날 인간 신체의 형태를 설명해준다. 약 600만 년 전, 인류의 조상은 다른 영장류와 갈라지기 시작했고, 숲을 벗어나 탁 트인 평원이나 반쯤 트인 평원으로 나갔다. 평원에는 식물이 훨씬 적었으므로 식량을 찾기 위해 멀리까지 이동해야 했고, 식단에는 점점 육류가 많아졌다. 추격 사냥은 생존을 위해 꼭 필요해졌고, 세월이 흐르면서 인간은 먼 거리를 안전하게 달리기 위해 해부학적으로나 생리적으로나 광범위하게 적응하고 진화했다.

우리는 직립보행을 당연하게 생각하기 쉽지만, 새나 캥거루를 제외한 대부분의 동물에게는 똑바로 선다는 것이 드문 일이다. 생물학자들도 직립보행이 인류의 진화 과정에서 최초의 큰 변화였을 것이라고 이야기한다. 두 발로 걷게 되면서 두 손이 자유로워진 인류는 도구를 사용하고 장시간 달리기 능력을 키울 기회를 얻었다. 똑바로 서서 걷거나 달리면 체온 조절이 더 잘 되고 태양광선에 직접 노출되는 범위가 줄어들어 장거리 이동에 훨씬 효율적이다. 인류는 네 발을 모두 사용해서 달릴 때의 단기적인 빠르기와 힘을 지구력과 바꾼 셈이다. 예컨대 치타는 시속 100킬로미터로 달릴 수 있지만 단 30초 동안만 그 속도를 낼 수 있고, 인간처럼 먼 거리는 절대 달릴 수 없다. 인류는 무리를 지어 가장 약한 먹잇감을 쫓아다니는 동안 점점 환경에 적응해 장거리 이동에 유리한 방향으로 진화했다.

예를 들어 몸의 대부분에서 털이 점차 줄어들고 오늘날과 같이 땀샘이 발달하자 인류는 적당히 시원한 날이면 100킬로미터가 넘는 거리를 쉬지 않고 달릴 수 있게 되었다. 울트라마라톤 선수는 땀으로만 체중 10킬로그램을 줄일 수도 있다. 우리 몸이 저절로 체온을 낮추는 과정에서 염분과 수분의 균형을 섬세하게 맞추고 열을 발산하기 위해 혈액을 피부까지 보내기 때문이다. 이처럼 땀을 흘리는 특성은 매우 드물다. 건조한 육지에 사는 동물은 대부분 땀을 흘리는 대신 수분을 저장하도록 진화했다. 이러한 차이는 인간이 장거리를 이동하며 사냥감을 앞지르기에 유리한 또 하나의 특징이다.

우리의 발 또한 땅에 닿을 때 충격을 줄여 에너지를 더 아끼는 메커니즘을 만들어냈다. 착지하는 순간 아킬레스건이 늘어나며, 발가락부터 힘차게 들어 올려지면서 발이 튀어오른다. 오늘날 우리에게 남은 짧은 발가락은 손과 마찬가지로 높은 곳에 올라갈 때 사용했을 다섯 개의 발가락에서 진화했다. 지금 우리는 체중을 실을 때만 지면에 잠깐 닿는 발가락 덕분에 달릴 때 최고 속도를 낼 수 있다. 전속력으로 질주할 때 우리의 몸은 사실 지면에 거의 닿지 않는다. 우리는 다리 근육의 빠른 수축 섬유와 느린 수축 섬유의 특별한 조합을 이용해 힘과 지구력을 동시에 발휘하며, 세로 방향으로 휘어진 발 아치와 엉덩이의 대둔근이 발달한 덕택에 오랫동안 달릴 수 있다.

달릴 때 우리 몸은 수백 개의 근육이 정교하게 움직이는 것을 동기화하여 우리 뜻대로 조절할 수 있는 강력한 반사운동으로 통합한다. 몸의 모든 부분이 하나로 통합되어 엄청난 효율을 만들어내는 것이다. 두 팔은 두 다리의 움직임에 맞춰 흔들리고, 호흡과 심장박동은 일정한 리듬으로 유지된다. 빠르게 움직일 때 보폭이 커지면 몸이 엄청나게 불안정해질 수도 있지만, 우리는 고개를 들고 전방을 주시하면서 완벽하게 균형을 잡는다. 미세 조정은 내이의 반고리관과 털처럼 생긴 감각세포가 담당한다.

우리는 쉽게 걷고 달리지만 그 이면에는 엄청난 복잡성이 숨겨져 있으며, 살과 뼈 안에 깊숙이 박힌 지능을 활용해 움직인다. 지금은 멸종된 호미닌hominin(인간의 조상으로 분류되는 유인원 – 옮긴이)의 화석 기록을 장기간 비교 분석한 결과, 호모 속屬(호모 사피엔스와 호모 네안데르탈렌시스와 호모 에렉투스 같은 멸종된 종이 여기에 포함된다)의 몸 전체에 수많은 적응의 흔적이 있었다. 그런 적응이 있었기에 우리가 걷고 달리고 이동하는 동안 움직임을 섬세하게 조율할 수 있는 것이다. 다시 말하면 달리기야말로 우리의 몸이 지금 우리가 알고 있는 모습인 주된 이유다. 달리기는 단순히 우리가 하고 싶어서 하는 행동이 아니라 인간이라는 종의 정체성의 핵심이다.

울트라마라톤 대회에서 관중이 마리아 로레나 라미레스의 달리기 실력을 보고 놀라는 이유는 그들이 장시간의 훈련 일정과 첨단 스포츠웨어를 성공과 동일시하기 때문이다. 마찬가지로 아메리카 대륙의 초기 정착민들이 원주민의 속도와 지구력에 놀랐던 이유는 그들 자신의 능력과 극명하게 대비되었기 때문이다. 그때까지 서구 사회의 발전은 주로 농업과 기술이 발달한 결과였고, 서구인의 일상생활은 크게 바뀌어서 걷거나 뛰거나 신체 운동을 할 필요성이 이미 많이 감소한 상태였다. 그 이후로도 그런 추세는 계속되어, 우리의 도보 이동 거리와 운동량은 수백 년간 엄청나게 줄어들었다. 하지만 가장 급격한 변화는 지난 수십 년 사이에 일어났다. 스크린이 등장한 것이다. 처음에는 TV, 다음으로 PC와 오락기, 그리고 오늘날 우리가 사용하는 각양각색의 전자기기들은 우리의 이동성에 지대한 영향을 끼쳤다.

이러한 변화가 우리의 건강과 웰빙에 얼마나 광범위하게 해로움을 끼치는지는 이제야 명백하게 밝혀지고 있다. 하지만 라미레스 집안은 오늘날 무엇이 여전히 가능한지를 우리에게 보여준다. 우리 대부분은 먼 옛날부터 인간이 했던 것과 똑같이 걷고 달리고 운동하는 능력을 지니고 있다. 두 발로 서고 움직이는 것은 선천적인 능력이지만, 오늘날 그 능력을 발휘하기 위해서는 조금 더 적극적인 노력이 필요하다.

역사상 가장 오래 앉아서 지내는 인류

1980년, 기술자이자 미래학자인 스튜어트 브랜드Stewart Brand는 인류학자 피터 나보코프Peter Nabokov와 마거릿 매클린Margaret MacLean에게 자신이 발행하는 계간지 《공진화CoEvolution》에 표지 기사를 써달라고 요청했다. 〈아메리카 원주민이 달리는 방식Ways of Native American Running〉이라는 제목의 이 기사는 현존하는 역사 기록의 파편들을 조합해서 인류의 타고난 달리기 문화에 관해 오늘날 우리가 가진 미약한 지식을 최초로 정리했다. 수, 나바호, 크로, 페놉스콧, 앨라배마-쿠샤타 보호구역에 수십 년간 거주하면서 연구했던 나보코프는 코네티컷주 뉴헤이븐의 '인간관계 지역 파일Human Relations Area Files' 에 보관된 현존하는 민족지학적 문서 전체를 키워드로 검색하면서 연구의 범위를 넓혔다. 그 결과 그가 출간한《인디언 달리기Indian Running》(1987)는 아메리카 원주민의 달리기, 나아가 세계의 모든 전통적인 달리기 문명을 포괄적으로 다룬 유일한 책으로 남아 있다. 이 책에 글과 그림으로 수록된 설명은 과거에 인류가 장거리 걷기와 달리기를 얼마나 자주 했는지를 보여주지만, 한편으로 지난 수천 년 동안의 달리기 기록 대부분이 완전히 소실되었다는 가슴 아픈 사실도 알려준다.

오늘날 스튜어트 브랜드는 유용한 기술 도구의 집대성을 표방하는 미국의 반문화 잡지 《홀어스카탈로그Whole Earth Catalog》(계간《공진화》는 이 잡지에서 파생되었다)를 창간한 사람으로 널리 알려져 있다. 그는 초기에 간행한 잡지 표지에 지구라는 행성이 우주에 위태롭게 떠다니는 낯선 위성사진 이미지를 실어 세계인에게 운명공동체라는 의식과 적응 전략에 관한 감각을 일깨웠다. 현대 기술의 잠재력을 포착하는 동시에 시간에 관한 심오한 견해를 통해 인류의 과거와 미래를 온전히 아우르는 브랜드의 능력은 최근 그가 샌프란시스코에 설립한 롱나우재단Long Now Foundation에서도 발견된다. 롱나우재단은 앞으로 수만 년에 걸쳐 확장될 사회적 변화에 관한 관점을 장려하는 문화연구 기관이다. 인류의 오랜 시간을 고찰하려는 브랜드의 노력은 오늘날의 시각에서 보면 대단한 선견지명이 있는 작업이었다.《홀어스카탈로그》의 지면에 담긴 기술 도구들과 그 이후에 꽃핀 디지털 기술의 혁신은 고작 수십 년 동안 존재했던 반면, 인간의 사회와 문화는 수백 수천 년에 걸쳐 존재했다.

인류 진화의 역사를 육상경기 트랙으로 생각하고 최초로 두 발로 걸었던 인류의 조상을 출발점에 세운다면, 그들의 후손이 우리가 사는 현재에 해당하는 결승선에 도달하기까지 달린 시간은 총 560만 년에 달한다. 이 기간을 100미터 단거리 달리기로 보면, 인류의 가장 직접적인 조상인 호모 에렉투스는 66미터를 달린 지점인 190만 년 전에 도착했으며, 호모 사피엔스는 결승선까지 고작 4미터 하고도 몇 걸음 남은 20만 년 전에 등장했다. 하지만 우리의 일상생활에 지각변동을 일으킨 최초의 거대한 발전인 농경의 시작은 1만 2,000년 전으로, 진화의 역사를 상징하는 100미터 트랙에서 결승선을 고작 20센티미터 앞둔 지점이었다. 농사를 짓게 되면서 사회의 점점 많은 부분이 식량을 얻기 위한 매일의 노동에서 해방되었으므로, 현대 문명의 많은 부분은 농사라는 변화를 기반으로 만들어졌다고 할 수 있다.

진화론적으로 볼 때 1만 2,000년은 매우 짧은 기간으로 약 500세대에 불과하며, 우리 몸이 사회 변화에 적응하기에는 턱없이 부족한 시간이다. 560만 년 전에 존재했던 것으로 밝혀진 최초의 이족보행 유인원이 인류의 조상 중 최초로 직립보행을 했다면, 그 시점은 오늘날 우리와 22만 5,000세대만큼 떨어져 있다. 이는 농경의 시작 시점에서 현재까지의 약 450배에 해당하는 시간이다. 진화를 통해 생물학적 변화가 생기려면 수만에서 수십만 세대라는 시간이 필요하다. 따라서 인간 신체를 해부학적으로 볼 때 키나 턱 크기 같은 일부 특징에는 변화가 있었지만, 오늘날 우리의 신체는 우리의 생활방식과 잘 맞지 않는데도 수렵채집 시대 조상들의 신체와 거의 똑같이 설계되어 있다.

산업혁명과 기술혁명 역시 인간을 점점 덜 움직이게 만든 요인이다. 18세기와 19세기에 유럽과 북아메리카 등지에서 시골에서 도시로 이주하는 사람이 늘어났다. 주로 들판에서 일하며 시간을 보내던 사람들이 공장에서 새로운 기계를 제어하며 앉아서 일하게 되었다. 또한 19세기와 20세기의 기술 발전은 현대적인 사무실의 출현을 촉진했다. 모르스의 전신, 벨의 전화, 에디슨의 구술 녹음기를 이용하면 행정 업무를 공장이나 창고와 분리된 공간에서 수행할 수 있었으므로 사람들은 근무시간 중 점점 많은 시간을 책상 앞에서 보냈다. 기차, 자동차, 비행기 같은 다양한 교통수단이 발명되자 인간이 도보로 이동하는 양은 더 많이 줄어들었다. 하지만 지난 수백 년 동안의 모든 사회적·기술적 변화 중에서 좌식생활을 촉진한 가장 큰 요인은(인류 역사를 통틀어 가장 많이 앉아 있는 세대가 바로 우리다) 스크린의 출현이다. 스크린은 인류가 두 발로 걸어다닌 560만 년이라는 시간을 100미터 트랙에 비유할 때 결승선에서 고작 0.1밀리미터 떨어진 시점에 나타났다. 0.1밀리미터는 오늘날의 사진 판정 기술로도 포착할 수 없는 길이인 만큼, 인간이 신체적 변화에 적응할 시간은 없었다고 봐야 한다.

2015년 케임브리지대학교에서 30만 명이 넘는 사람을 대상으로 수행한 중요한 연구에 따르면 활동 부족은 조기 사망의 가장 큰 위험 요인이며, 매년 유럽에서 67만 6,000명이 사망하는 원인이다. 비만으로 사망하는 사람 수의 2배 이상이 활동 부족으로 사망한다. 케임브리지대학교의 연구는 진화생물학자들이 오랫동안 주장했던 '불일치 이론mismatch theory'을 가장 뚜렷하게 확인하면서, 인류가 초창기에 생존을 위해 진화시킨 신체적 특징들이 현대 사회에는 부적합하다는 점을 설명한다. 조상들의 시대에는 계절이 변화무쌍하고 사냥의 성공 여부가 불확실했으므로 풍요로운 시기와 고난과 궁핍의 시기를 끊임없이 오갔다. 역사적으로 인간의 신체는 풍요로운 시기에 속도를 늦추고 여분의 음식은 모두 지방으로 저장하는 방향으로 적응했다. 이러한 이동과 활동의 감소는 앞으로 다가올 궁핍의 시기에 대비해 에너지를 저장하는 자연스러운 보호장치로서, 미리 저장해둔 열량을 태우며 살아남기 위한 준비였다. 하지만 어떤 동물들은 장기간의 활동 감소에 잘 적응하도록 진화한 반면 인간은 활동 감소에 완전히 적응하지 못했다. 역사 속에서 인류가 장기간 사냥과 채집을 중단한 경우는 드물었다. 예를 들자면 곰의 뼈는 6개월의 동면 후에도 약해지지 않지만, 인간의 뼈는 날마다 하던 운동을 중단하면 매우 약해진다. 그리고 오늘날 대부분의 나라에서는 음식이 풍족한 것이 표준이 되었는데도 우리 몸은 이 결정적인 변화를 알아차리지 못한다. 좌식생활을 할 때 우리의 몸은 항상 그랬던 것처럼 지방을 축적한다. 과거에 진화적 이점이었던 것이 이제는 건강에 커다란 적이 되었다.

20세기부터 의학의 발전으로 사망률은 극적으로 낮아졌지만 유병률은 반대 방향으로 변화했다. 이제 우리는 우리 조상보다 훨씬 오래 사는데도 과도한 체중 증가와 2형 당뇨병에서 심장병, 뇌졸중에 이르는 만성질환으로 삶의 질이 낮아지고 있다. 생활에서 운동이 빠져 있고, 그 때문에 병에 걸렸다가 회복되지 못하는 경우가 많다. 좌식생활은 오늘날 우리가 앓는 수많은 신체적·정신적 질병의 근본 원인이다. 1950년대에 TV가 대량으로 보급된 것은 우리가 좌식생활을 하게 된 결정적 계기였다. 그로부터 고작 15년 만에 우리 사회의 수많은 사람이 거의 움직이지 않는 상태로 긴 시간을 보내게 되었다. 당시에는 인식하지 못했지만, TV 방송 시간표가 일상생활에 통합되면서 인류의 방랑하는 본성에 중대한 변화가 생겨났다. 움직이는 이미지들은 우리의 마음을 사로잡고 우리의 주의를 통제했다. 느닷없이 화면에 등장한 문화적 순간들은 너무나 참신하고 신비로웠으므로 우리는 매료된 채 그것들을 환영했다. 그때 우리는 새로 산 TV에서 접하는 이미지들(처음에는 흑백이었고 나중에는 컬러로 바뀌었다) 때문에 상당히 긴 시간 동안 전혀 움직이지 않게 되고 전에 없던 주의 산만과 운동 부족의 혼합물이 생성된다는 사실을 알아차리지 못했다. 오늘날 영국의 성인들은 평균적으로 깨어 있는 시간의 약 3분의 1을 다양한 기기로 TV와 동영상을 시청하며 보낸다. 영국의 방송통신 규제 기관인 오프콤Ofcom에 따르면 2019년에 영국인의 하루 평균 동영상 시청 시간은 4시간 53분이었고, 코로나19 팬데믹의 영향으로 2021년에는 이 수치가 5시간 19분으로 늘어났다.

인간은 주변 환경을 주의 깊게 살피고 변화를 감지하도록 진화해왔기 때문에 관심 있는 대상에 오랜 시간 집중할 수 있으며, 주의가 분산되지 않도록 뇌의 전전두엽피질이 다른 감각 입력을 억제한다. 우리가 뭔가에 집중할 때 차단되는 주요 활동 중 하나는 신체의 움직임이다. 이런 현상은 밖에 있을 때 가장 두드러지게 나타난다. 예를 들어 시끄러운 사이렌 소리가 들릴 때 우리는 제대로 주의를 기울이기 위해 발걸음을 멈추곤 한다. 스크린 앞에 있을 때도 똑같은 일이 벌어진다. 스크린의 이미지가 우리의 주의를 계속 사로잡기 때문에 대부분의 신체 자각이 감소한다. 물론 TV를 보면서 셔츠를 다림질하거나 운동을 할 수도 있지만, 전반적으로 그런 경우는 많지 않으며 스크린 앞에 있는 시간의 대부분은 가만히 앉아 있다. 심지어 TV 앞에서 식사할 때도 동작을 잠시 멈추는 바람에 입으로 가져가던 숟가락이나 컵, 유리잔이 허공에 뜨는 일이 종종 생긴다.

TV가 등장한 이래로 가정의 스크린 수는 급증했으며, 모든 스크린은 우리의 주의를 고정하고 몸의 움직임을 없앤다. TV는 처음 보급된 이후로 줄곧 시청자 참여를 늘렸으며 현대 스마트 TV의 수많은 옵션은 모바일 앱과 거의 동일하게 설정된다. 하지만 스크린에 온갖 대화형 옵션이 표시되는데도 우리는 TV나 스트리밍 서비스를 시청할 때 대체로 수동적이다. 이메일에 답장을 하거나, 은행 잔고를 확인하거나, 인터넷 검색을 하는 등의 디지털 업무를 수행할 때는 스크린에 더 직접적인 주의를 기울이지만, 이것이 신체적 웰빙에 좋은 일은 아니다. 영화 한 편이나 드라마 한 편은 우리를 살짝 스치고 지나갈 수도 있지만, 오늘날의 다른 디지털 경험은 우리에게 훨씬 많은 것을 요구하며 더 강력한 힘으로 우리를 붙잡아 두기 때문이다. 전 세계의 성인은 일반적으로 매일 3~4시간 동안 모바일 기기를 사용하며, 이 시간 동안 복잡한 신체적 움직임을 수행하기란 사실상 불가능하다. 이동 중에 사용하도록 설계되어 있는 휴대전화도 실제로 사용하면서 몸을 움직이는 시간은 매우 적다. 휴대전화를 손에 들고 사용하면서 움직일 때 우리의 신체 능력은 감소한다. 문자메시지를 보내면서 어정쩡하게 서 있거나 사람들 틈을 비집고 들어간다고 생각해보라. 모바일 기기를 사용할 때 우리는 주로 앉아 있거나, 누워 있거나, 길모퉁이에서 발걸음을 멈추거나, 가만히 서 있다. 그래서 역설적으로 모바일 기기가 휴대성이 높을수록 우리는 새롭고 다양한 장소에 '앉아' 있게 된다. TV가 거실에 침투해 우리를 소파와 한 몸으로 만든 것처럼 모바일 기기, 노트북 컴퓨터, 태블릿은 어디서나 우리를 부동자세로 만든다.

우리 몸이 사회와 생활방식의 변화에 적응하려면 아주 오랜 시간이 필요하지만, 새로운 환경에 대한 인간의 심리적 적응은 빠른 편이다. 우리가 일상적인 디지털 습관과 스크린 앞에 앉아 있는 시간의 증가를 당연하게 받아들이는 데는 그리 오래 걸리지 않았다. 대개는 건강이 나빠지고 나서야 현재의 생활방식과 우리에게 닥칠 수 있는 건강 문제를 제대로 인식하게 된다. 2015년 케임브리지대학교의 연구가 발표된 이후 스크린 사용으로 앉아 있는 시간이 늘어난 영향을 조사하기 위한 연구 프로그램과 학술적 조사가 많이 진행되었는데, 그 결과 다음과 같은 뚜렷한 상관관계가 입증되었다. 디지털 기기에서 멀어지는 활동적인 회복 시간 없이 스크린 앞에 오랫동안 앉아 있으면 신체 건강과 정신 건강에 모두 해롭다.

우리 몸의 근육, 특히 몸통을 안정시키는 등 코어 근육은 시간이 지나면서 서서히 퇴화한다. 장시간 의자에 앉아 있으면 다리 근육을 사용해 체중을 지탱하지 않기 때문에 장시간 침대에 누워 있는 것과 거의 똑같은 영향이 있다. 그리고 의자에 등받이, 머리 받침, 팔걸이가 있으면 상체 근육도 많이 사용하지 않을 가능성이 크다. 지구력을 발휘하는 데 필요한 느린 근섬유가 손실되면서 조직이 약해지는데, 특히 몸통과 복부 근육이 빠른 속도로 약해지고 피로해진다. 몇 시간씩 앉아 있으면 관절을 움직이지 않게 되며, 근육은 충분히 이완하지 않으면 금방 짧아진다. 스크린 앞에서 보내는 시간은 우리의 고관절 굴곡근을 영구적으로 수축시킬 수도 있다.

고관절 굴곡근이 너무 조여지면 골반이 앞으로 기울어지고 허리가 지나치게 휘어지기 때문이다. 이처럼 몸이 앞으로 쏠리는 것을 상쇄하기 위해 허벅지 뒤쪽의 햄스트링 근육은 골반을 뒤쪽으로 기울인다. 몸이 이런 식으로 정렬되면 어깨가 앞으로 굽어지는 편평등flat-back 체형으로 바뀔 가능성이 있다. 오늘날 수많은 사람이 앓는 요통 역시 지나치게 오래 앉아 있어서 생긴 자세 불균형의 결과다.

나보코프의 《인디언 달리기》에 나오는 설명과 라미레스 집안의 여러 세대에 걸친 달리기 선수들의 모습에서 알 수 있듯이, 아메리카 원주민 사회에서는 모두가 어릴 때부터 달리기 연습을 했고 나이가 들어서까지 남녀 모두 장거리 달리기를 계속했다. 나이가 들면 단거리 달리기를 비롯한 고강도 운동의 수행 능력이 떨어지고 유산소 운동 능력도 감소한다. 하지만 최근 연구에 따르면 우리 몸의 지구력은 훨씬 오래 유지될 수 있다. 예컨대 독일의 생리학·해부학 연구소는 운동선수가 아닌 사람이 달리기를 할 경우 50세 이전에는 나이와 관련된 지구력 감퇴가 크지 않고 50세 이후에도 지구력은 천천히 감소한다는 사실을 발견했다. 달리기를 하는 여성들을 분석한 결과 무산소 대사에서 유산소 대사로, 탄수화물 대사에서 지방 대사로 전환하는 시점이 남성과 동일하게 나타났다. 다시 말해서 남성과 여성은 근육량, 근섬유 유형, 최대 산소 섭취량(VO_2 max)에 차이가 있지만 장거리 달리기에 필요한 생리적·대사적 과정은 다르지 않다.

오늘날 우리 사회에서는 누구나 진화 유산의 직접적인 결과로 걷고 달리는 고유의 성향을 간직하고 있다. 이제는 장거리 이동이 생물학적 필수 조건이 아닌데도 우리는 연령이나 성별과 무관하게 아주 먼 거리를 걷거나 달리는 선천적인 능력을 공통으로 가지고 있다. 스크린을 활용하는 소통과 업무와 오락이 출현한 이래 일상생활 방식이 급격하게 달라졌기 때문에, 조상에게서 물려받은 신체 능력을 유지하고 싶다면 의식적으로 그 신체 능력을 사용하기로 결심해야 한다. 오늘날 규칙적으로 걷기와 달리기를 하려면 대단한 노력과 의지력이 필요한 것처럼 보이지만, 반드시 그렇지는 않다. 지금 우리가 전례 없는 상황에 놓여 있다는 사실을 자각하고 습관과 일상생활 방식을 조금만 새롭게 바꿔보는 것만으로도 유의미한 변화가 가능하며, 첨단 기술과 광범위한 디지털 트렌드의 영향으로부터 신체 건강과 정신적 웰빙을 보호하기에 충분하다.

다시 움직이기

케임브리지대학교가 중요한 연구를 발표한 바로 그해에 영국 왕립의학아카데미에서도 〈운동: 기적의 치료법과 운동을 장려하는 의사의 역할The Miracle Cure and the Role of the Doctor in Promoting It〉이라는 획기적인 보고서를 발표했다. 이 기관은 생명을 위협하는 각종 질병을 예방하는 데 의약품보다 운동이 효과적이라는 것을 보여주기 위해 광범위한 증거를 수집했다. 일주일에 150분만 빠르게 걷기를 하면, 다시 말해 주 5회 30분간 중간 강도의 운동을 하면 뇌졸중·각종 암·우울증·심장병·치매 발병 위험이 최소 30퍼센트 줄어들고 골관절염·고혈압·2형 당뇨병에 걸릴 확률은 50퍼센트 감소한다고 밝혀졌다. 그 이후 세계보건기구WHO에서도 좌식생활의 위험성에 관해 조사하고 2020년 말에 더욱 강력한 자체 지침을 발표했다. 현재 WHO는 주당 최소 150~300분의 중간 강도 운동과 75~150분의 고강도 운동을 권장하며 더 확실한 건강관리를 위해 집중적인 근력운동도 제시하고 있다.

영국 인구의 25퍼센트가 '신체 활동을 전혀 하지 않는다'라는 조사 결과를 생각하면, 운동을 한다는 것은 생활방식에 상당한 전환점을 가져올 가능성이 높다. 영국의 비영리단체인 스포츠·레크리에이션연합은 최근 남성의 40퍼센트가 정부에서 목표로 제시한 만큼의 신체 활동을 했다고 스스로 생각하지만 실제로 그 목표치에 도달한 사람은 6퍼센트밖에 안 된다고 밝혔다. 만일 어떤 사람이 승용차 또는 대중교통으로 출근을 하거나 재택근무를 하고, 선진국 성인의 대다수가 그렇듯 앉아서 일하는 직업을 가졌다면 이미 신체 운동의 기회는 현저히 감소한 것이다. 게다가 업무 외의 여가까지 스크린 앞에서 보낸다면 그 사람의 일상적인 신체 활동은 앉아 있는 자세의 변형에 불과한 셈이다.

의식적으로 더 많이 움직이기 위한 첫 단계는 자신이 실제로 앉아서 보내는 시간이 얼마나 되는가를 관찰하는 것이다. 원인은 사소하고 일상적인 것처럼 보이지만 며칠, 몇 주, 몇 달, 몇 년이 흐르면 운동 부족은 우리의 건강을 위협하는 가장 큰 요소 중 하나가 된다. 운동 부족은 음주, 과식, 흡연만큼이나 위험하다. 어떤 이들은 운동 부족이 더 위험하다고 말한다.

다행히 우리는 체력과 체격을 꽤 빠르게 적응시키는 잠재력을 지니고 태어났다. 생활의 변화는 즐거운 일이므로 너무 힘을 들이지 않아도 된다. 몸의 소리에 귀 기울이고 무리하지 않는 것이 가장 중요하다. 마라톤과 각종 러닝 대회가 인기를 끌고, 기록을 추적하고 측정하는 웨어러블 기기의 영향으로 운동량을 갑자기 늘리는 경우가 지나치게 많다. 오늘날 달리기에서 발생하는 부상은 대부분 여기서 비롯된다. 몸이 회복하고 개선될 시간을 충분히 주려면 작고 점진적으로 변화를 줘야 한다. 달리기는 큰 해방감과 보람을 선사하지만, 건강을 온전히 회복하기 위해 달리기가 반드시 필요하지는 않다. 충분히 움직이기만 한다면 걷기만으로도 몸매와 건강을 유지할 수 있다. 걷거나 달릴 수 없는 사람도 다른 방법으로 활동량을 유지하면서 건강을 지킬 수 있다. 중요한 것은 움직일 수 있을 때 계속 움직이는 것이며, 여기에 도움이 되는 유용한 기법은 많다.

얼마나 오래 앉아 있나?

하루에 앉거나 누워서 보내는 시간이 얼마나 되는지 측정해보면 깜짝 놀랄 수도 있다. 일상에서 좌식생활을 어느 정도로 하는가를 제대로 파악해야 활동량을 늘리기 위해 어떤 변화가 필요한지를 정확히 알 수 있다. 앉아 있는 시간을 규칙적인 간격으로 자주 측정하면 더욱 좋다.

만보계는 하루에 얼마나 많이 움직이는지 추적하기 위해 일반적으로 추천하는 수단으로, 평소에 얼마나 움직이는지를 알려주기 때문에 시작 단계에서 유용하다. 하루 1만 보를 목표로 삼으라는 일반적인 지침은 누구나 알고 있겠지만, 보통 사람은 집이나 사무실에서 잠깐씩 움직여도 하루 4,000~5,000보를 걷는다. 의사들은 하루 5,000보보다 적게 걷는 생활방식을 좌식생활로 간주한다. 앱에 지나치게 의존하거나 종일 의식적으로 휴대전화를 들고 다니는 대신 온라인에서 조약돌 크기의 간단한 만보계를 25달러가 안 되는 가격에 구입해서 주머니에 쏙 넣자. 며칠 동안 그 만보계를 휴대하고 다니면서 현재 자신의 기본값을 알아낸 다음, 만보계는 서랍에 보관하라. 나중에 다시 만보계를 꺼내 활동량이 얼마나 늘었는지 확인할 수도 있지만, 날마다 걸음 수를 측정할 필요는 없다. 자신의 몸에 귀를 기울이고 실제 기분이 어떤지 파악하는 것도 그에 못지않게 중요하다.

만보계는 모바일 건강 앱에도 있고 별도의 기기로도 많이 보급되어 있지만, 소비자 시장에는 서서 보낸 시간과 앉아서 보낸 시간을 측정하는 신뢰도 높은 도구가 없다. 학계의 연구자들은 일반적으로 앉아 있는 시간을 연구할 때 액티브팔activPAL이라는 가속도계를 사용한다. 액티브팔은 누워 있는 시간, 앉아 있는 시간, 서 있는 시간을 정확히 모니터링하고 출퇴근, 걷기, 달리기를 구별하지만, 일반 대중이 이 제품을 저렴한 가격에 구입하기는 어렵다.

다행히 우리가 앉아 있는 시간을 추적하는 데는 작은 노트와 펜만 있으면 된다. 표준 요일(평일이 좋다)을 하루 선택하라. 그날은 어디를 가든 메모장을 가지고 다니면서 새로운 활동을 시작할 때마다 정확한 시각을 기록하고 누워 있는지, 앉아 있는지, 서 있는지를 표시하라. 기록은 정직하게 해서 평범한 하루를 속속들이 파악해야 한다. 며칠 동안 일과를 추적하면서 그날그날 달라지는 요소를 찾아보면 더 좋다. 아마도 우리 자신이 대부분의 시간을 고정된 자세로 보내며, 간혹 서 있더라도 그 시간이 길지 않다는 것을 발견할 것이다. 좌식생활을 유발하는 주된 요인을 찾아보라. 일터에서 책상을 벗어나 휴식을 취하지 않는가? 저녁 내내 TV를 시청하는가? 외출을 많이 하는 편인가? 하루의 리듬을 명확하게 파악하고, 언제 부동자세가 되는지를 주의 깊게 살펴보자.

지금! 시작해보기

- **활동량 확인하기**: 작은 만보계를 구입해서 며칠 동안 주머니에 넣고 다녀보자.
- **앉아 있는 시간이 얼마나 많은지 알아보기**: 하루나 이틀 동안 메모장을 가지고 다니면서 누워 있는 시간, 앉아 있는 시간, 서 있는 시간을 기록한다.
- **좌식생활의 주요 원인 찾기**: 매일의 일과를 돌아보면서 활동량을 떨어뜨리는 습관이 무엇인지 생각해보자.
- **경각심 유지하기**: 내가 언제 움직임을 멈추는지를 의식적으로 관찰하고, 때때로 기본 활동량을 다시 측정한다.

신체 활동의 기본값을 높이는 루틴

몇 가지만 조정하고 변화시켜도 하루 중 신체 활동을 하는 시간을 쉽게 늘릴 수 있으며, 그렇게 시간이 지나면 새롭고 건강한 루틴이 만들어진다. 맨 처음 쉽게 할 수 있는 일은 출퇴근 시간을 검토하는 것이다. 자가용이나 대중교통을 이용해 출퇴근하는 경우, 일부 구간을 걷기나 달리기로 바꿀 수 있겠는가? 지하철역까지 차를 몰고 가는 대신 걸어가거나, 사무실에서 조금 더 떨어진 곳에 주차하면 된다. 매일 또는 정기적으로 방문해야 하는 곳까지 걸어서 이동할 방법을 찾아내는 순간 신체 활동의 기본값을 높이는 루틴이 형성된다. 달리기보다 걷기로 시작하라. 거리가 멀어서 힘들다면 돌아오는 길에만 걷고, 집에서는 하루를 정리하고 휴식을 취하며 회복하라. 좋은 러닝 가방에 투자하면 노트북과 갈아입을 옷을 들고 다니기가 편해지므로 출퇴근길의 일부 또는 전부를 달리기 코스로 활용할 수 있다. 출퇴근길 중 짧은 구간부터 시작하고, 중간중간 며칠 동안 휴식을 취하라. 근육과 체력을 조금씩 키우면서 더 먼 거리에 도전하고 새로운 경로를 탐색할 수 있다.

출퇴근 시간을 이용하기 어렵거나 재택근무를 한다면 자동차나 대중교통으로 짧은 거리를 자주 이동하는 경우를 생각해보고 어느 구간을 걷기로 대체할지 정한다. 예를 들면 아이를 학교에 데려다줄 때나 슈퍼마켓에 다녀올 때 걸어간다. 잠깐씩이라도 좋으니 두 발로 움직일 기회를 여러 번 만들면 효과가 누적되어 큰 변화를 만들 수 있다. 30~60분마다 책상 앞을 벗어나 잠시 휴식을 취하라는 권장사항도 기억하라. 며칠 동안 타이머를 맞춰두면 규칙적으로 자리에서 일어나는 습관이 금방 만들어질 것이다. 한 시간 정도 간격으로 목, 어깨, 등, 다리 스트레칭을 해주면 긴장을 완화하고 자세를 개선하는 데 큰 도움이 된다. 걸으면서 이야기하는 회의도 자리에서 일어나는 또 하나의 좋은 방법이다. 동료와 뭔가를 의논해야 하거나 전화 통화가 필요할 때 사무실 주변을 산책하거나 바깥으로 나가는 것을 고려해보라. 재택근무를 하는 경우 휴식시간에 잠깐씩 간단한 운동을 배치하면 좋다. 하루 중 특정 시간을 정해놓고 스쿼트, 런지, 푸시업, 점핑잭을 몇 번씩 하면 혈액순환이 개선되고 몸매도 달라진다.

스탠딩 책상도 앉아서 보내는 시간을 획기적으로 줄이는 훌륭한 방법이다. 처음에는 스탠딩 책상이 매력적으로 느껴지지 않을 수도 있지만, 일단 써보면 두 발로 서 있기를 좋아하는 우리의 타고난 성향이 표출되면서 장시간 사용해도 편안하게 느껴질 것이다. 사무직에 종사하는 경우 많은 시간을 스크린을 사용하면서 보내므로, 스탠딩 책상으로 바꾸면 그만큼의 시간이 좌식생활에서 해방된다. 스탠딩 책상은 다리 근육, 코어, 상체에 모두 도움이 되며 칼로리 소모량도 늘려준다. 대다수 사람은 서서 일할 때 주의력과 생산성이 높아지며, 자연스럽게 자세가 개선되고, 척추 압박과 허리 통증의 위험이 줄어든다.

지금! 시작해보기

- **출퇴근길에 걷거나 달릴 기회 만들기**: 통근 시간이 길더라도 도보로 이동할 수 있는 구간을 찾아보자.
- **자동차로 단거리 이동 피하기**: 정기적으로 차를 타고 이동하는 일정 중 도보로 대체 가능한 것을 찾아본다.
- **며칠 동안 1시간마다 알람 설정하기**: 휴대전화 타이머를 활용해서 규칙적으로 책상 앞을 벗어나는 습관을 들인 다음, 타이머를 끄고 규칙적인 휴식을 유지하자.
- **하루 동안 스탠딩 책상 써보기**: 편안함, 주의력, 생산성에 변화가 느껴지는가?

체력과 지구력 키우기

계단 오르기는 조깅보다 분당 소모 열량이 더 많으므로 어떤 치료사라도 계단 오르기를 고강도 운동으로 간주할 것이다. 엘리베이터와 에스컬레이터 대신 계단을 이용하면 뼈·관절·근육의 힘을 키우고 유지하는 데 도움이 되며, 매일의 일과 안에서 고강도 트레이닝HIT 운동에 최대한 가까운 효과를 얻을 수 있다.

근력을 단련하는 활동을 몇 가지 더 꾸준히 하면 근육, 인대, 힘줄의 가동 범위를 넓히는 데 도움이 많이 된다. 또 무릎, 엉덩이, 발목을 비롯한 주요 관절을 강화해 부상 위험을 더 줄일 수 있다. 근육량을 유지하기 위해 몇 가지 예방적인 조치를 취하면 장바구니가 훨씬 가볍게 느껴지고 집안일이 훨씬 쉬워질 뿐만 아니라 걷거나 달릴 때도 더 큰 힘과 지구력을 발휘하게 된다.

굳이 헬스장에 등록하지 않아도 된다. 우리에게 필요한 운동량을 채우려면 일상에서 걷거나 달리는 것만으로도 충분하지만, 매일의 운동 일정표에 근력운동이나 고강도 운동을 하나쯤 추가하고 싶다면 뒷마당이나 거실에서 할 수 있고 단 몇 분 만에 집중적인 운동 효과가 나는 케틀벨 스윙이 괜찮은 선택이다. 케틀벨은 러시아에서 유래한 도구로서 주철 또는 강철로 만든 바닥이 평평한 공에 손잡이를 부착한 것이다. 원래는 시장에서 곡물 무게를 달 때 추로 사용했지만, 시간이 지나면서 근력운동에 사용하면 건강과 몸매 관리에 좋다는 사실이 알려졌다. 케틀벨을 휘두를 때는 상체와 하체의 근육과 코어에 힘이 들어가며, 등·둔근·햄스트링·종아리로 이어지는 근육인 후면 사슬의 힘이 길러져서 앞으로 나아가는 움직임에 도움이 된다. 인터넷에서 잠깐만 검색을 해보면 케틀벨 스윙을 안전하게 하는 방법을 알려주는 동영상과 기사를 많이 찾을 수 있다. 처음에는 자신에게 가장 적합한 무게를 신중하게 결정해서 며칠에 한 번씩 적은 횟수로 시작하고, 점차 횟수를 늘려나가면서 효과를 느껴보자.

지금! 시작해보기

- **계단 이용하기**: 엘리베이터와 에스컬레이터는 되도록 피하고 일과에 짧은 HIIT 운동을 추가하자.
- **케틀벨 구입하기**: 적은 횟수로 시작해서 주간 일정에 케틀벨 스윙을 추가하자.
- **전력 질주 시간 마련하기**: 짧은 거리를 몇 번 반복하라. 오르막길이면 더욱 좋다. 몇 주 동안 반복하며 효과를 확인하자.

많이 걷고 많이 달릴수록 체력이 강해지지만, 정기적으로 단거리 전력 질주를 반복하면 힘과 체력이 향상되어 먼 거리나 가파른 오르막도 덜 힘들게 느껴진다. 일과 중에 잠깐 시간을 내서 짧은 거리를 몇 차례 전력 질주해보자. 가능하다면 오르막을 선택해서 뛰어 올라갔다가 걸어서 내려오라. 처음 시도할 때는 3회 반복하고, 나중에는 5회 반복하다가 7회까지 늘려보자. 유산소 운동의 한계에 다다를 때까지 달렸으면 완전히 회복한 뒤 다시 달린다. 보통은 몇 분이면 호흡을 고르기에 충분하다. 몇 차례만 반복하면 걷기와 달리기가 훨씬 즐겁게 느껴질 것이다. 힘과 체력이 키워지므로 전력 질주가 점점 쉬워지고 자연스러운 수준의 강도와 긴장에 몸이 차츰 적응할 것이다. 1~2주에 한 번 전력 질주를 반복적으로 하는 것만으로 충분하며 그 자체로 스크린을 벗어나 활력을 충전하는 활동이 된다. 어쩌면 전력 질주를 즐기게 될지도 모른다!

'모든 감각을 동원해' 자연 속에서 달리기

충분히 긴 거리를 달리며 그 경험에 몰입하다 보면 어느새 풍경에 깊이 젖어들어 그 일부가 되어 있는 자신을 발견한다. 바위와 자갈의 단단한 물성이 온몸에 울려퍼지고, 우리의 체중을 지탱하는 흙과 풀의 부드러움이 느껴진다. 소음과 냄새는 나타났다 사라졌다 한다. 디지털 경험은 대부분 시각에 국한되지만, 바깥에서 걷거나 달릴 때는 모든 감각이 동원되므로 주변의 실제 세계와 더 긴밀하게 연결된다. 달릴 때는 눈만이 아니라 몸으로도 세상을 본다. 그리고 몸으로 많이 볼수록 몸의 해석 능력도 좋아진다. 디지털 콘텐츠는 사용자에게 단순히 전달만 되는 반면, 걷거나 달릴 때는 사용자가 통제권을 가지고 자신이 만들어내는 경험에서 능동적인 역할을 할 수 있다. 그러니 다음번에 걷기나 달리기를 하러 나가면 도로가 아닌 곳을 선택하고 이동하는 동안 세계를 더 주의 깊게 이해해보자. 걷거나 달릴 때의 감각적 경험에 집중하라. 햇살과 바람이 피부에 닿는 촉감, 다양한 표면에 발이 닿는 소리, 근육이 늘어나는 감각을 느껴보라. 호흡이 몸의 움직임과 심장박동 리듬에 어떻게 맞춰지는지 느껴보라. 땅의 질감이 어떻게 달라지는지 발의 감각에 집중하고 주변의 자연을 온전히 받아들이려고 노력해보자.

지금! 시작해보기

- **걷거나 달릴 때 주의 기울이기**: 머릿속 생각에 빠져들지 말고 신체 감각에 초점을 맞추자.
- **모든 감각을 동원해 주변 환경 느끼기**: 풍경이 끼치는 영향에 주목하고 자연 속에 있다는 기쁨을 만끽하자.
- **휴대전화는 집에 두고 가기**: 음악이나 팟캐스트는 듣지 말고, 웨어러블 기기나 속도계도 빼둘 것.
- **몸에 귀 기울이기**: 통증과 불편함을 주의 깊게 살피고, 속도를 늦추거나 되돌아갈 때가 오면 본능을 믿어본다.

어디에 가는지를 다른 사람에게 알려주고, 휴대전화는 가방 속에 넣어둬라. 주변 환경과의 연결을 단절시키는 음악이나 팟캐스트는 듣지 마라. 되도록 웨어러블 기기를 사용하지 말고, 시간이나 거리를 과도하게 측정하지도 마라. 자신의 몸에 귀를 기울이면서 언제 돌아가면 좋을지를 잘 판단하라. 운동능력과 이동거리는 자연스럽게 향상되겠지만 인내심을 가져야 한다. 걷기나 달리기를 하다가 입는 부상은 대부분 예방이 가능하다. 작은 통증에도 귀를 기울이고, 몸이 그만하자고 이야기할 때는 무리하지 마라.

달리면서 명상하기

장거리를 걷거나 달리면 자연스럽게 생각이 정리되기 시작한다. 자신이 움직이는 리듬 속에서 평온함을 찾을 수 있으며, 특히 무른 땅이나 굴곡 있는 땅을 지날 때나 붐비는 거리를 헤쳐갈 때처럼 요령이 필요한 순간에는 온전히 집중해야 한다. 처음에는 경직되어 있던 팔다리가 이완되면서 달리기가 꼭 하늘을 나는 것처럼 느껴지고 주변 풍경은 휙휙 스쳐 지나간다. 조금씩 걷고 달리기만 해도 우울증이 개선되고 기분이 좋아지고 잠도 잘 자게 된다.

달리기는 가장 순수한 방식으로 우리 자신을 우리의 신체 및 호흡과 연결한다. 머릿속의 잡다한 생각에서 벗어나 신체와 호흡에 집중하는 여러 가지 기법이 있다. 걷거나 달릴 때 가슴으로 호흡하는 대신 '복식 호흡'을 통해 폐활량을 최대로 사용해보라. 횡격막 호흡이라고도 불리는 복식 호흡은 자연스럽고 효율적인 호흡법이며 아기들이 숨을 쉬는 방식이기도 하다. 가슴이 아닌 복부에 공기를 채우는 데 집중해보자. 복식 호흡을 제대로 하면 배꼽이 쑥 나오는 것이 느껴진다. 이동 중에 연습해보고, 복식 호흡이 편안해지면 양쪽 발을 번갈아 내디딜 때 숨을 내쉬어서 지면에 닿을 때의 충격이 몸의 좌우에 골고루 분산되도록 하라. 이렇게 하면 부상 위험이나 불편이 줄어든다. 숨을 내쉴 때 횡격막이 이완하면 코어의 안정성이 흔들리면서 발의 충격이 코어로 더 많이 전달된다. 만일 숨을 내쉴 때마다 같은 발로 땅을 디딘다면 몸의 절반에 가해지는 충격이 두 배가 된다. 3 대 2 비율로 호흡하면서 숨을 들이마실 때 1-2-3보를 걷고 숨을 내쉴 때 1-2보를 내디디면 몸의 양쪽에 가해지는 힘이 균형을 이룬다. 이 패턴은 금세 익숙해질 것이고, 호흡에 집중하다 보면 생각과 걱정은 발걸음의 리듬에 녹아들어 사라진다.

지금! 시작해보기

- **걷거나 달릴 때 복식 호흡하기**: 가슴이 아닌 복부에 공기를 채우고, 숨을 들이마실 때마다 배꼽이 쑥 나와야 한다.
- **발을 내디디면서 숨 내쉬기**: 양쪽 발을 번갈아 내디디면서 숨을 내쉰다. 복식 호흡을 할 때 들숨과 날숨의 비율을 3 대 2로 맞춰보자.
- **호흡에 집중하고 생각은 내려놓기**: 호흡의 리듬을 걸음걸이와 일치시키고 흐름을 타면 된다.

3장

대화하기

CONVERSATION

근대의 커피하우스를 특징짓는 밀집된 공간, 음성을 뒷받침하는 동작·몸짓·눈맞춤 등은 바로 다윈이 면밀하게 연구했던 인간 표정의 요소들이며, 우리가 온라인으로 대화할 때 가장 많이 놓치는 것들이다.

스쳐 지나가는 표정

1872년, 찰스 다윈Charles Darwin은 13년 먼저 출간된 《종의 기원On the Origin of Species》에 가려져 오늘날 그의 잊힌 걸작이라 불리는 책을 출간했다. 《인간과 동물의 감정 표현The Expression of the Emotions in Man and Animals》이라는 제목의 이 책은 우리가 당연하게 여기는 인간의 여러 특성, 예컨대 놀란 순간 눈썹을 치켜올리거나 화가 날 때 비웃는 행동의 기원에 대한 최초의 탐구였다. 다윈은 진화생물학을 연구하는 동안 유전적 요인과 일상생활의 사교적 측면 사이의 상호작용 가능성에 관한 생각으로 노트를 가득 채웠다. 그는 인간의 표정이 세계적으로 일관되게 나타난다는 사실을 발견했다. 이러한 발견은 문자를 사용하는 문화권과 문자를 사용하지 않는 문화권에 관한 최근의 여러 연구 결과와도 일치한다. 또한 당시에는 논란이 되었지만, 다윈은 감정이 인간만의 특징이 아니고 다른 종에서도 발견된다고 주장했다. 다윈은 인간의 표정이 감정을 알려주는 가장 풍부한 정보원일 뿐 아니라 인류의 현재와 진화론적 과거를 연결하는 고리라고 생각했다. 예를 들면 우리는 왜 화가 날 때 윗입술을 들어올릴까? 다윈의 주장에 따르면 수천 년 전 영장류 조상들이 위협을 느낄 때 이를 드러내 신호를 보내고 공격을 준비했기 때문이다. 우리는 화가 날 때 짧은 순간일지라도 눈을 부릅떠서 흰자위를 보이고 눈썹을 아래로 바짝 당겨 강한 눈빛을 보내면서 상대에게 더 위협적이고 무섭게 보이도록 한다. 우리가 의사소통에 사용하는 표정과 신체 동작의 해부학적 구조는 먼 옛날부터 우리의 유전자 코드에 깊이 각인된 것이다.

다윈은 사람들과 주고받은 서신을 모두 간직했고 노트는 알파벳 순서로 깔끔하게 정리했다. 1948년, 다윈의 기록물은 대부분 케임브리지대학교 도서관으로 옮겨졌다. 알파벳 M과 N이 붙은 노트에는 주로 감정 표현에 관한 그의 견해가 담겨 있지만, 다른 노트에서도 인간 의사소통의 모든 측면에 관한 풍부한 관찰이 발견된다. 인간의 상호작용은 다윈이 그 유명한 진화론을 발표하기 한참 전인 젊은 시절부터 고민하기 시작한 주제였으며 그가 평생을 두고 계속하고 싶어했던 프로젝트였다. 그는 특히 언어의 기원에 관심이 많았고, 자기 아이들의 언어 발달에 관한 연구를 포함해 언어라는 주제로 광범위한 연구를 수행했다. 하지만 그의 가장 큰 관심사는 인간 의사소통의 신체적·진화론적 의미를 이해하는 것이었고, 여기에는 표정만이 아니라 우리가 대화할 때 사용하는 몸짓을 비롯한 모든 비언어적 단서가 포함된다.

케임브리지대학교에는 다윈이 의뢰하여 제작한 원본 사진·스케치·그림·판화 모음도 보관되어 있는데, 이런 기록들은 인간의 대화를 이해하기 위한 그의 심오한 노력을 뚜렷이 보여준다. 다윈은 인간의 비언어적 표현인 표정과 몸짓은 근육의 수축과 움직임의 복잡한 조합으로 이뤄지고, 대개 짧은 시간 동안 여러 단계가 빠르게 지나가면서 드러난다는 점을 알아냈다. 인간의 자연스러운 표정을 더 자세히 연구하고 싶은 마음이 간절했던 다윈은 기존 방식으로는 표정의 표본을 수집할 수 없다는 사실을 깨닫고 대안적인 자료를 찾기 시작했다. 처음에는 전통적인 미술작품을 연구하며 다양한 시대와 문화권에 속하는 사람들의 표정에서 일관성과 주제를 찾으려 했지만, 얼마 지나지 않아 당시의 최신 발명품이었던 사진 기술을 이용해서 그의 연구 주제인 표정과 몸짓 하나하나를 더 자세히 보여줄 방법을 고민하기 시작했다.

당시에 사진 촬영은 느리고 어색한 과정이었으므로 웃음, 슬픔, 분노의 진실한 표현이 사진에 포착되는 일은 드물었다. 다윈은 매체의 한계를 극복하기 위해 연속 사진 촬영을 준비해야 했고, 뜻하지 않게 다른 해결책도 찾아냈다. 그는 프랑스 신경학자 기욤벤자민 뒤셴느 드 불로뉴Guillaume-Benjamin Duchenne de Boulogne의 연구를 알게 되었는데, 뒤셴느는 전기 탐침을 사용해 사진 촬영이 가능할 만큼 오랫동안 다양하고 뚜렷한 표정을 인위적으로 유도해냈다. 뒤셴느는 사람을 의자에 앉히고 머리가 두 개의 막대 사이에 놓이도록 했는데, 두 개의 막대는 배터리와 얼굴의 각기 다른 부분으로 이어지는 전선에 연결되어 있었다. 그는 특정한 얼굴 근육에 전류를 흘려보내는 방법으로 다양한 표정을 짓는 움직임을 만들어냈다. (그의 연구는 나중에 표정의 미묘한 변화를 감지하고 분석해서 얼굴 특징을 기반으로 개인을 식별하는 안면인식 기술의 발달에도 영향을 끼쳤다.) 뒤셴느에게서 최종 인화된 사진을 받은 다윈은 시각적으로 방해되는 전선을 빼버리기 위해 사진을 목판화로 다시 제작하기로 했다. 《인간과 동물의 감정 표현》은 이런 식으로 인쇄된 사진, 또는 인간의 감정을 포착한 이미지가 실린 최초의 과학서적 중 하나였다. 독자들은 다윈이 어떻게 인간 감정을 그토록 자연스럽고 현실적으로 묘사해냈는지 알지 못했다. 사진의 탁월함 덕분에 이 책은 주류 사회에서 성공을 거뒀다.

우리의 얼굴은 1만 가지가 넘는 표정을 지을 수 있다. 표정은 성인 영어 사용자가 주로 사용하는 평균 2만 개의 어휘를 한층 풍요롭게 만들어준다. 표정은 인간 진화의 산물이며 우리가 느끼는 감정을 다른 사람과 쉽고 빠르게 공유하는 수단으로 일상생활을 매우 효율적으로 수행하게 해준다. 우리는 감정에 의존해서 어떤 상황을 자동으로 평가하고, 중요하다고 생각하는 일에 대처할 준비를 한다. 보통 우리는 자신의 순간적인 반응을 의식하지 못하지만, 그 순간적인 반응은 우리에게 동기를 부여하고 활동의 동력이 된다. 표정과 몸짓으로 다른 사람에게 보내는 감정 신호는 거의 즉각적으로 발생하는데, 가장 알아차리기 어려운 미세한 표정은 5분의 1초 이내에 얼굴을 스쳐 간다. 우리는 비언어적 단서를 적게 드러낼 수는 있지만 완전히 억제하는 것은 사실상 불가능하다. 호모 사피엔스로서 우리가 받은 유산은 집단적인 성격을 띠기 때문이다. 과거에 우리는 큰 무리를 이뤄 살았기에 생존하고 번영했으며, 서로의 걱정과 숨겨진 감정을 금방 이해했기에 단합해서 행동할 수 있었다. 우리가 사람들의 얼굴에서 읽어내는 것이야말로 우리의 인간성을 드러내며 어떤 말보다 끈끈하게 서로를 이어준다.

*

다윈은 영국 왕립학회에서 활동했으며, 1839년 서른 살의 나이에 정회원으로 선출되어 평생 회원 자격을 유지했다. 그는 런던에서 열리는 왕립학회 회의와 토론회에 참석했고, 1858년에는 앨프리드 러셀 월리스Alfred Russel Wallace와 공동으로 자연선택에 의한 진화 이론에 관한 논문을 발표했다. 현재 다윈-월리스 논문으로 불리는 이 논문은 역사상 가장 중요한 과학논문 중 하나로 간주된다. 다윈이 살던 시대에 왕립학회는 과학적 토론과 논쟁이 벌어지는 중요한 공간으로서 그 시대의 지적·문화적 토양을 형성하는 데 기여했다. 회의와 공개 강연의 지적이고 활기찬 분위기는 사람들이 아이디어를 교환하기에 좋은 환경을 제공했으며, 왕립학회 창립 회원들은 커피하우스에서 정기적으로 만나 실험에 관해 토론하고 논쟁을 벌였다. 1703년부터 1727년까지 왕립학회 회장을 맡았던 물리학자 아이작 뉴턴Isaac Newton이 런던 와핑 지구에 위치한 고대 그리스풍 커피하우스에서 돌고래를 해부했다는 기록도 남아 있다.

최초의 커피하우스는 1651년 옥스퍼드에서 문을 열었고, 학생들과 과학자들이 모여 독서하고 학습하고 토론하는 인기 있는 장소가 되었다. 시끄러운 맥줏집이나 선술집과 달리 커피하우스에서는 진지하고 개방적인 예의범절이 빠르게 자리잡았다. 이듬해 런던에 커피하우스가 생길 무렵에는 런던의 인구가 급속히 늘어나고 있었다. 1650년에서 1700년 사이에 런던 인구는 37만 5,000명에서 49만 명으로 증가했다. 대화재가 발생해 여러 마을이 집단 이주하면서 상황은 더 나빠졌다. 사회적 네트워크 부족으로 어려움을 겪는 이주민들은 전문직 일자리와 인맥을 찾기 위해 커피하우스를 일차적인 근거지로 이용하기 시작했다. 커피하우스는 단시간 내에 도시 전역으로 빠르게 퍼져나갔다. 대저택의 살롱 같은 사교모임에서 지위와 서열을 인정하는 가운데 보편적으로 지켜지던 의례적 규칙은 폐기되었고, 사람들은 금세 편안함을 느꼈다. 새뮤얼 피프스Samuel Pepys, 조너선 스위프트Jonathan Swift, 새뮤얼 존슨Samuel Johnson 같은 영국 문인들은 커피하우스에서 자연스럽게 이뤄진 느긋하고 자발적인 대화들을 기록으로 남겼다.

방문객들은 1페니를 내고 커피, 대화 상대, 신문, 강연, 지적 토론을 얻었다. '페니대학'이라는 별명으로 불리던 커피하우스는 최신 소식을 접하거나 친구를 만나기 위해 사람들이 자주 들르는 장소였다. 과학자 로버트 훅Robert Hooke은 1672년부터 1680년 사이에 최소 64곳, 많게는 하루에 세 곳의 서로 다른 커피하우스를 방문했다고 일기에 썼다. 훅은 커피하우스에서 하인·숙련 노동자·귀족에 이르기까지 다양한 사람이 가진 지식을 습득했으며, 사람들과의 대화가 실험실에서 하는 연구를 보완하는 중요한 역할을 한다고 생각했다.

대도시였던 런던의 곳곳에 커피하우스가 확산된 시기는 영국이 전 세계에 식민지를 건설하고 상업 제국을 확장하던 시기와 일치한다. 커피하우스는 정보 공유의 대명사가 되었다. 커피하우스는 사업과 관련된 최신 소식을 듣거나 새로운 기회를 찾을 수 있는 장소였다. 런던 증권거래소 역시 17세기 후반 런던 금융가의 익스체인지 앨리에 위치한 조너선 커피하우스에서 시작되었다. 그곳은 영국이 해외로 진출하는 데 필요한 자금의 대부분을 조달했던 금융혁명의 시발점이었다. 1686년 타워스트리트에 설립된 로이드 커피하우스는 선원·상인·선주들이 즐겨 찾는 만남의 장소였고, 그곳에서 항해에 관한 소식을 교환하다가 오늘날까지 존재하는 런던 로

이드 보험시장이 탄생했다. 커피하우스는 우체국, 직업소개소, 사업장 주소지로 기능을 확장하면서 런던 전역의 상업 활동 중심지가 되었다. 커피하우스 안에는 도매 상품부터 선박이나 예술작품까지 온갖 것을 판매하는 경매장이 속속 생겨났고, 점차 외국 물품이나 색다른 물품에 대한 취향을 반영해 오래된 책, 고급 의류, 심지어는 코끼리나 코뿔소 같은 진기한 수집품까지 판매하게 되었다. 글로벌 소비가 막 시작되던 시기에 이러한 물품 판매는 수많은 사람을 한자리에 모으는 역할을 했다.

하지만 이 모든 상거래와 활동에도 불구하고 커피하우스는 어디까지나 비공식적인 장소로서 고객들의 자유로운 행동과 후원에 의존했다. 커피하우스는 보통 하나의 큰 공간이었지만 경우에 따라 여러 개의 밀폐된 공간으로 이뤄져 있었으며, 사람으로 북적이고 대화와 에너지가 넘치는 곳이었다. 그 누구도 커피하우스에서 벌어지는 거창한 논쟁들을 심판하지 않았다. 커피하우스에서는 대화의 기술을 익히는 것이 바람직한 자질로 여겨졌고, 당대의 정기간행물에는 상대를 편안하게 해주는 방법 또는 열띤 논쟁 중에 자제력을 발휘하는 방법을 알려주는 기사가 실렸다. 사람들은 특히 상대의 정치적 열정이나 종교적 견해를 짐작해서 상대에게 맞춰주는 요령을 익히고 싶어했다. 사람들은 글로 대화 잘하는 법을 배우기도 했지만 주로 대화에 직접 참여하면서 요령을 습득했다. 대개는 한가운데 놓인 큰 테이블이 대화의 중심이었는데, 새로 온 사람들도 바로 토론에 뛰어들 수 있었고, 집단별로 관심사를 탐구하기 위해 작은 테이블이 따로 마련되기도 했다. 생각과 아이디어는 발언, 동의한다는 의사 표시, 찬성 또는 반대한다는 외침 소리를 통해 방 전체에 퍼져나갔다. 숙련된 연사들은 주변 상황에 따라 주장의 근거를 세우고 일관성을 유지할 줄 알았고, 누군가가 야유를 보내거나 중간에 끼어들더라도 점잖게 처리할 수 있었다.

역사학자 토머스 배빙턴 매컬레이Thomas Babington Macaulay의 표현처럼 커피하우스는 '제4의 영역'에서 여론을 수렴하고 소통하는 장소로 발전했다. 이곳에서는 출신과 무관하게 누구나 모여 앉아 의견을 밝히고 논리를 전개할 수 있었다. 런던 시내 곳곳에, 그리고 영국의 다른 도시에 있었던 모든 커피하우스에서 진행된 활기차고 북적대는 대화는 집단의 힘을 모아 사회 변화를 이끌어냈는데, 오늘날 소셜미디어의 영향으로 우리가 경험하고 있는 문화적 변화와도 유사점이 뚜렷하게 발견된다. 우리가 사용하는 전자기기의 소셜 플랫폼·문자메시지·이메일·화상전화 같은 기능도 대화를 나누는 방식을 변화시켰으며 쇼핑을 하고, 일을 하고, 모임을 하고, 뉴스를 받아들이는 데 지대한 영향을 끼쳤다. 하지만 근대 초기 커피하우스에서 이뤄진 대화에는 독특한 물리적 특성이 있었다. 건물 자체의 밀집된 공간, 그 안에서 공유된 사적인 공간, 그리고 음성을 보조하는 동작·몸짓·눈맞춤 같은 것들이 바로 다윈이 면밀하게 연구했던 인간 표정의 요소들이며 우리가 온라인으로 대화할 때 가장 많이 놓치는 것들이다.

*

다윈은 얼굴의 움직임과 함께 몸짓이 의사소통의 근간이라는 사실을 발견했다. 그가 알아낸 바에 따르면 표정의 언어가 인류의 모든 집단에 보편적으로 나타나는 것과 달리 몸짓 언어는 집단별로 제각각이고 가변적이다. 우리가 말을 할 때 두 손을 비롯한 몸의 여러 부분을 사용하는 이유에 대해서는 다윈이 조금 빗나갔다. 그 이유를 또다시 인류 진화의 역사에서 찾은 것은 옳았지만, 그는 우리가 몸짓을 사용하는 것이 대부분 우리의 말을 강조하고 힘을 넣거나 꾸미기 위해서라는 당대의 널리 알려진 가설을 수용했다. 최근 들어서야 몸짓에 관한 학문적 연구가 폭발적으로 증가하면서 우리가 훨씬 심오한 이유로 몸짓에 의존한다는 것이 밝혀졌다. 연구 결과에 따르면 언어와 몸짓은 서로 깊이 연관되어 있으며, 손과 몸의 움직임은 우리의 생각과 아이디어를 다른 사람에게 표현하는 데 도움이 될 뿐 아니라 애초에 그 생각을 생성하는 데도 도움이 된다. 다시 말하면 우리는 대화 상대만이 아니라 우리 자신을 위해 생각을 정돈하려고 몸짓을 만들어낸다.

몸의 미세한 움직임을 모두 동원해서 생각을 물리적으로 정돈하고 소통하면 우리가 하는 말의 영향력이 커진다. 우리가 상대와 마주 보고 대화하면서 몸짓을 활용할 때의 지각 상태는 삶의 모든 경험에 관여하는 것과 동일한 신경 경로의 활성화에 좌우된다. 손의 움직임은 머릿속에서 과거 사건들을 떠올리게 해주고, 하나의 생각 안에 온전히 들어가게 해주기도 한다. 우리는 말을 하면서 생각을 거의 신체적으로 조작한다. 손동작으로 생각을 확장하고 탐색하면서 지각적 세부사항을 추가하는 것이다. 따라서 몸짓 역시 창의적 사고를 촉진하고 새로운 방향으로 생각을 발전시키는 데 도움이 된다.

몸짓은 경청에도 도움이 된다. 우리는 다른 사람의 몸짓 언어를 머릿속으로 시뮬레이션하는 능력을 타고나서, 누군가의 몸짓을 볼 때면 뇌에서 거울신경세포가 활성화되어 마치 우리 자신이 똑같은 동작을 하는 것처럼 느낀다. 친구가 서글프게 어깨를 움츠리고 얼굴을 일그러뜨릴 때 우리는 그 친구의 몸짓 언어로 촉발된 동일한 감정이 직관적으로 일렁이는 것을 경험하며 진정으로 공감할 수 있다.

*

다윈은《인간과 동물의 감정 표현》이 출간되기 1년 전에 인류 진화의 역사를 더 깊이 탐구한《인간의 유래The Descent of Man》를 출간했으며 "몸짓 언어는 명료한 음성언어가 발명되기 전에 인간 가족 구성원들 간의 보편적인 의사소통 수단이었다"라는 결론을 제시했다. 다윈은 비언어적 형태의 의사소통이 조상들의 생존에 결정적인 역할을 했으며, 결국에는 비언어적 소통의 뿌리 깊은 유연성과 직관적인 활용법이 인간의 언어에 통합되었다고 굳게 믿었다. 이 이론은 언어학과 인지심리학과 신경과학의 최근 연구로 계속 뒷받침되고 있다. 언어 처리와 몸짓 인식을 담당하는 뇌 영역은 밀접하게 연결되어 있으며, 만일 우리가 서로의 몸짓을 보지 못한다면 많은 맥락 정보를 놓치게 되어 서로를 이해하기가 훨씬 어려워진다.

신체적인 대화는 하나의 라이브 공연이다. 각자의 행동이 지닌 복잡한 패턴과 규칙이 상대방의 행동에서 영향을 받기도 하고 상대방에게 영향을 끼치기도 한다는 점에서 대화는 우리가 생각하는 것보다 무대 공연이나 콘서트와 훨씬 더 비슷하다. 다윈의 업적을 이

어받은 학술 연구들이 각기 다른 인간 표정을 기록하고 설명하려고 노력해왔으며, 오늘날 연구자들은 동영상을 활용해 대화를 더 자세히 분석할 수 있다. 과학자들이 일상적인 상호작용을 촬영한 동영상을 느리게 재생하여 미세한 몸짓 반응을 관찰한 결과, 사람들이 매우 미묘한 방식으로 서로의 몸짓에 반응한다는 사실을 발견했다. 청자의 동작은 화자와 리듬이 일치하며 화자가 하는 말의 단어와 음절에 동기화한다. 컵을 들어 올리고 커피를 마시는 동작이 동시에 이뤄지며, 의자를 움직인다거나 두 다리를 펴는 것과 같은 주요 동작이 시작되고 끝나는 시점이 일치하는 경우가 많다. 심지어는 눈의 움직임과 깜박임, 입의 움직임도 대화 상대와 똑같은 빠르기로 맞춰지는 현상이 발견되었다.

다윈 자신도 수줍음이 많고 사회불안이 있어서 공적인 자리에서는 힘들어했지만, 그런 어려움을 극복하는 나름의 방법을 찾아내 가까운 친구들과 당대의 과학자·지식인·유명인사들로 이뤄진 넓은 인맥을 만들었다. 그는 사려 깊고 매력적으로 대화하는 사람이었다. 독일의 식물학자 안톤 케르너 폰 마릴라운Anton Kerner von Marilaun은 "다윈은 누군가와 이야기를 나눌 때 굉장히 잘 들어줬기 때문에 상대방이 주저 없이 자유롭게 자신을 표현할 수 있었다"라고 묘사했다.

최근의 학술 연구에 따르면 어떤 대화에서나 서로를 면밀하게 주시하는 능력인 '공동 주의joint attention'가 중요하다. 공동 주의 능력은 서로에 대한 가장 깊은 수준의 이해에 도달하게 해준다. 우리는 자신의 정신적·감정적 경험을 활용해서 다른 사람을 움직이는 동기를 이해하려고 하며, 상상력의 도움을 받아 경험의 범위를 넓혀서 다른 사람의 마음속에서 어떤 일이 벌어지고 있는지를 짐작한다. 우리는 직접 만날 때 이른바 '사회인지social cognition'을 정확하게 해낼 확률이 가장 높다. 사회인지란 대화를 통해 얻는 정보를 처리하고 활용해서 상대의 행동을 설명하고 예측하는 타고난 능력으로 누구나 계발할 수 있다. 우리는 얼굴을 마주 보고 대화할 때 공감을 더 많이 하고, 지각력이 좋아지고, 섬세해지고, 균형을 잘 잡는다.

대화가 한창일 때, 대화에 몰두한 채 직관적으로 반응하거나 감동할 때, 우리는 관점을 공유하고 다른 사람의 세계관을 우리 자신의 시각과 융합할 수 있다. 사람을 직접 만날 때 달라지는 중요한 점 하나는 우리가 서로에게 주의를 기울이는 방식이 곧 직접적인 경험이자 뭔가를 배울 수 있는 실체라는 것이다. 서로에게 주의를 기울이는 행동 중 어떤 것은 아주 단순해서 그 힘과 중요성이 간과되기 쉽다. 예컨대 '힐끗 쳐다보기'는 복잡하고 다층적인 생각을 공유하거나 어떤 문제에 관한 우리의 견해를 수정 또는 조율하는 쉬운 방법이다. 시선 따라가기, 곧 다른 사람이 보는 곳을 같이 바라보는 행동은 우리가 너무 쉽고 당연하게 여기는 신체적 대화의 또 다른 중요한 측면이다. 시선 따라가기가 없다면 우리는 공통의 집중을 확장해 우리 주변의 3차원 세계를 받아들이고 문자 그대로, 때로는 비유적 의미에서도 공통의 기반을 확립할 수 없다.

다윈은 우리가 소통하는 방식, 특히 표정과 몸짓 언어를 개선할 수 있다고 굳게 믿었다. 그는 신체적 소통에 관한 연구를 영어에 한정하지 않으려고 노력했고, 1867년에는 '표현에 관한 질문지'라는 제목의 설문지를 만들어 대영제국의 여러 거점에 있는 통신원들에게 보냈다. 다윈은 세계 각지의 여러 집단 내부에서 이뤄지는 신체적 소통이 서로 매우 비슷하다는 사실을 발견했다. 또 소통 방식에 차이가 있더라도 사람들은 완벽하게 학습하고 적응할 수 있다는 사실도 알아냈다. 진화와 자연선택에 관한 다윈의 주장은 당대에 격렬한 논쟁의 대상이었고 사회 전반에서 반대도 만만치 않았다. 그가 자기 생각을 책으로 펴내기까지 20년이 걸렸는데, 그동안 순전히 동료들 및 친구들과의 광범위한 대화와 토론 덕분에 그는 주장의 약점을 파악하고 논리를 다듬는 데 필요한 피드백을 수집할 수 있었다.

그 이후로 대화는 누구나 연습할 기회만 있으면 향상시킬 수 있는 기술임이 명백하게 입증되었다. 여럿이 만날 때도 자세의 변화와 신체 움직임을 읽으면 모두의 생각이 비슷하게 조율되고 있는지 아닌지를 가늠할 수 있으며, 숙련된 화자는 누군가가 대화가 흘러가는 방향을 마음에 들어하지 않는다는 최초의 징후를 그의 몸짓 언어만으로도 곧바로 알아차린다. 사회인지가 가장 높은 수준에 이르면 진정한 정신의 만남이 가능해진다. 그럴 때 우리는 서로에게 온전하게 주의를 집중하고, 공통의 이해를 형성하고, 서서히 새로운 합의를 도출한다.

하지만 온라인으로 만나면 진화의 산물인 표정과 소통을 위한 몸짓의 도움을 거의 받을 수가 없다. 다행히 대면 대화는 우리가 필요로 할 때 언제나 그 자리에 있다. 17~18세기 커피하우스에서 발견할 수 있었던 자신감과 지각력과 자제력을 우리가 조금이라도 되찾으려면 어떻게 해야 할까? 그리고 우리가 온라인일 때도 그런 대화 기술 중 일부를 활용할 수 있을까?

이모티콘과 '움짤'의 진화

냉전이 한창이던 1960년대 초, 2차 세계대전 후 미군이 설립한 싱크탱크인 랜드 연구소RAND Corporation에서 일하던 엔지니어 폴 배런Paul Baran은 핵폭발로 일부가 꺼지더라도 계속 작동할 수 있는 새로운 통신 시스템을 개발하는 임무를 맡았다. 배런은 통신할 내용을 작은 조각으로 나누어 분산시키는 '분산 네트워크'를 발명했다. 이 방식을 이용하면 네트워크의 일부가 끊어지더라도 나머지 부분은 계속 전달할 수 있었다. 배런은 1964년 이 새로운 시스템에 관한 논문을 발표했고, 그 내용은 몇 년 뒤 미국 국방부의 아르파넷ARPAnet이라는 형태로 모습을 드러냈다. 아르파넷은 하나의 혁신으로서 오늘날의 인터넷으로 발전했다.

디지털 기술 덕분에 우리는 어디에 있든지 소통할 수 있는 놀라운 능력을 얻게 되었다. 세계 어디든 이메일을 보내거나 화상전화로 쉽게 연결할 수 있다는 것은 엄청난 사치이고 특권이다. 우리의 메시지를 아주 작은 정보 묶음으로 쪼개 멀리까지 전달하는 탈집중화된 통신 네트워크는 상상을 초월할 만큼 강력하다. 그러나 시간이 갈수록 우리는 멀리 떨어진 사람과 신속하게 소통하기 위해 또는 건강상의 이유 등으로 직접 만나기가 불가능한 경우뿐 아니라, 대면 대화가 충분히 가능할 때도 이 시스템을 사용하고 있다.

오늘날 우리가 사용하는 소셜미디어와 디지털 미디어 도구들은 인간이 현실세계에서 실제로 상호작용하는 방식을 시뮬레이션한 것이다. 전문가가 설계한 이 도구들은 자연스러운 대면 만남의 복잡성에 최대한 가까워지려고 노력한다. 이 도구들의 기능은 훌륭하다. 대부분의 커뮤니케이션 앱은 기본적인 문자메시지부터 고화질 영상통화에 이르기까지 다양한 선택지를 제공한다. 하지만 영상통화조차도 각 사용자의 물리적 위치에서 일어나는 실제 사건들의 극히 일부에 해당하는 2차원적 단면밖에 포착하지 못한다. 사람들 사이 연결의 완전한 실체를 온라인에 복제할 방법은 없다. 현재로서는 아무리 정교한 가상현실 기술도 인간 신체의 움직임을 반영하는 데 한계가 있으며, 디지털 환경은 우리의 물리적 세계만큼 감각적으로 풍부하고 복합적일 수 없기 때문이다.

오늘날의 카페는 1600년대 후반의 커피하우스와는 매우 다르다. 스타벅스의 한 지점에서 사방의 벽면을 근대 초기의 커피하우스와 똑같이 만들고 실내도 비슷하게 꾸민다고 치자. 공동체가 형성될 가능성도 있기야 하겠지만, 오늘날 우리가 마주할 확률이 높은 광경은 수많은 사람이 혼자 자리에 앉아 화면을 들여다보는 모습이다. 디지털 기술의 탈중심적 성격은 우리의 집단적 사교 잠재력을 분산시키는 불행한 결과를 초래할 가능성이 있다. 집단적 사교활동을 하는 대신 우리는 점점 더 개별적인 개인들의 집합체가 되어간다. 줄을 서거나 교통 체증에 갇혀 있을 때와 비슷하게, 우리 모두가 같은 물리적 공간에 있더라도 우리의 주의와 생각은 각기 다른 곳에 분산되어 있다. 디지털 소통이 습관이 되고 나아가 강박이 된 나머지, 우리는 종종 디지털 소통을 기본값으로 사용한다. 예를 들어 얼굴을 맞대고 대화하면 더 효율적이고 즐거울 상황인데도 옆자리에 앉은 동료에게 이메일을 보내곤 한다. 소통을 디지털 기술에 의존할수록 우리의 친밀감은 거리감으로 바뀌고 같은 공간에 있다는 감각으로부터 점차 멀어진다.

*

1982년 9월 19일 아침, 카네기멜론대학교의 컴퓨터공학자인 스콧 팔먼Scott Fahlman 교수는 최초로 웃는 얼굴 이모티콘인 :)을 사용했다. 그는 내부 컴퓨터 게시판에 이 이모티콘을 입력하고는, 학생들에게 농담조로 글을 올릴 때는 다른 것과 구분되도록 이모티콘으로 표시해달라는 권장사항을 메모로 남겼다. 디지털 네트워크의 비물질성은 인터넷 회사들이 항상 명시적으로 약속했던 내용이다. 초창기 인터넷 회사들은 가상 통신이나 종이 없는 사무실이 효율을 높인다고 홍보했지만, 그것이 사람들 사이의 관계에 부정적으로 작용하리라고는 미처 예상하지 못했다. 대부분의 디지털 커뮤니케이션에 표정이 부족해서 생기는 어려움을 일찍부터 간파한 팔먼은 그런 문제를 해결할 합리적인 방법을 찾아내려고 노력한 사람들 중 하나였다.

1999년에 이르러서야 일본의 NTT 도코모라는 통신사에서 일하던 화가이자 디자이너 구리타 시게타카栗田穣崇가 176개로 구성된 최초의 이모티콘(일본어로는 '이모지'로, '그림'을 뜻하는 '에e'와 '문자'를 뜻하는 '모지moji'를 합쳐 만든 단어) 세트를 발명했다. 한정된 공간에서 정보 또는 감정을 전달하는 데 사용 가능한 단순한 아이콘을 만드는 임무를 맡은 구리타는 이모티콘만이 아니라 일본어 한자인 간지, 거리 간판, 만화에서 영감을 얻었다. 이모티콘 사용은 2000년대 초반 스마트폰과 소셜미디어가 출현하면서 일본 외의 다른 나라로도 전파되었고, 지금은 온라인 통신에서 필수적인 요소다. 다윈은 예측했을지도 모르겠지만, 얼굴 있는 이모티콘은 전 세계가 이해한다.

오늘날 우리가 각종 앱에서 만나는 다양한 색색의 이모티콘은 문자메시지와 우리가 그 메시지를 입력할 때 느끼는 감정 사이의 간극을 메우기 위해 시간을 두고 발전해왔다. 이모티콘은 참신하고 장난스럽고 재미있어 보이기도 하지만, 만화처럼 단순하기 때문에 실제 사람의 얼굴에 나타나는 온갖 미묘한 감정을 다 담을 수는 없다. 유니코드 컨소시엄Unicode Consortium은 정기적으로 새로운 이모티콘을 출시하는데, 최신 버전인 15.0에는 3,664개의 이모티콘이 포함되어 있다. 이는 한 사람이 지을 수 있는 표정의 개수인 10,000개에는 한참 못 미친다. 물론 이모티콘은 글로 소통하는 과정을 더 원활하게 해주고 오해를 줄여주지만, 우리에게 이모티콘이 필요하다는 사실과 이모티콘이 현실의 얼굴보다 조잡하다는 사실은 우리가 온라인 문자로 소통할 때 무엇을 놓치는지를 뚜렷이 보여준다.

이모티콘의 한계를 극복하기 위해 사람의 표정과 몸짓을 모방한 다양한 디지털 기호가 점점 인기를 끌고 있다. 요즘에는 메시지에 사전에 디자인된 이미지나 애니메이션을 '스티커'라는 이름으로 추가해 특정한 감정을 전달하거나 개성을 강화한다. 2014년에 비트스트립스Bitstrips라는 캐나다 회사에서 개발한 비트모지Bitmoji 아바타는 사용자 맞춤형으로 만들 수 있어서 사용자가 다양한 느낌과 감정을 표현하는 것처럼 보인다. 또 2017년 애플Apple은 최신 아이폰과 아이패드의 트루뎁스 카메라 시스템을 사용해 사용자의 움직임을 추적하고 표정을 더 정확하게 모방하는 '미모지Memojis'라는 자체 이모티콘을 출시했다.

이 모든 새로운 발명은 우리가 온라인에서 전달하는 표정을 조금 더 섬세하게 만들어줄 수 있지만, 우리의 전신을 3차원으로 매우 정확하게 재현해서 대화 상대방에게 생생하게 전해주지 않는 한 우리의 얼굴 특징이나 몸짓을 온전히 모방하기란 불가능하다. 고개를 끄덕이거나, 미소를 짓거나, 찡그리거나, 눈썹을 올리는 것과 같은 얼굴의 움직임은 매우 다양하고 복잡한 방식으로 우리의 말을 보완하고 보충한다. 우리의 얼굴은 서로에게 순간적으로 유효한 피드백을 저절로 전달하며 대화 중에 행동을 조절하도록 도와준다. 얼굴이 사라지는 온라인에서는 대화 내용을 책임감 있게 조절하기가 훨씬 어렵다. 논쟁이 격해지면 말할 것도 없다.

인간은 말을 하든 글을 쓰든 언제나 언어의 본질인 선형성의 제약을 받았다. 선형성이란 한 단어가 다른 단어에 연속되는 성격을 뜻한다. 몸짓에는 그런 제약이 전혀 없다. 몸짓은 어디서나 사용 가능하며 우리의 말을 더 풍부하게 만들어주는 유연하고 시각적인 소통 방식이다. 물론 온라인에서 소통할 때는 몸짓이 대부분 제거되지만, 소셜미디어는 시간의 흐름과 함께 성숙해져서 점점 시각적으로 변했다. '엄지척'을 비롯한 몸짓 아이콘은 이제 보편화되었고, 오늘날에는 사진이나 동영상을 삽입한 게시물이 많이 올라온다. 1987년 컴퓨서브CompuServe라는 회사의 한 팀이 개발한 GIFGraphics Interchange Format(그래픽 교환 형식)는 비교적 최근에 폭발적인 인기를 얻었다. 오늘날 GIF, 이른바 '움짤'은 대부분 영화나 오래된 TV 프로그램에서 발췌한 짧은 동영상으로 구성되며, 대개는 유명인이 어떤 몸짓을 하거나 과장된 표정을 짓는 모습을 보여준다. 대부분의 채팅 앱에서는 미리 만들어진 움짤을 선택해서 사용 가능하며, 우리는 주로 생각을 재미있게 전달하고 싶거나 적절한 단어를 찾기가 어려울 때 이를 사용한다. 요즘에는 움짤의 자리를 '시네마그래프cinemagraphs'가 대신하는 경우가 많다. 시네마그래프는 정지된 사진의 특정 부분만 반복적으로 움직이게 만든 것으로, 분노나 유머, 기발함, 경외감 등의 기분이나 분위기를 자아내는 것이 특징이다.

GIF, 시네마그래프, 반복 동영상은 정지된 이미지가 포착할 수 없는 활동을 반복과 움직임으로 전달한다. 이런 이미지들은 어떤 사람이 고개를 끄덕이거나 손을 흔들거나 활짝 웃는 모습을 보여주기 위해 주로 사용되며 실제 몸짓과 마찬가지로 동의를 표시할 수도 있다. 손가락으로 화면을 몇 번만 넘기면 이런 이미지를 활용할 수 있지만, 이런 이미지를 생성하는 데 필요한 물리적 움직임이 없으므로 영향력은 실제 움직임보다 작다.

실제 대화 중에 재빨리 휴대전화를 들여다보는 행위는 대수롭지 않게 느껴질 수도 있지만 누적되면 그 피해가 커질 수도 있다. 비록 짧은 순간일지라도 우리가 의존하는 눈빛과 몸짓의 흐름이 깨지고, 얼굴을 마주할 때 쉽게 형성할 수 있는 친밀감이 무너질 위험이 있다. 요즘에는 테이블에 둘러앉아 각자 자기 앞에 휴대전화를 내려놓는 것이 전혀 실례되는 일로 여겨지지 않지만, 간혹 우리는 고개를 숙이고 아래쪽을 보며 테이블 바깥의 세계에 집중하고 있는 자신을 발견한다.

기술 활용의 결과로 몇 주, 몇 달, 몇 년 동안 대면 만남이 중단되거나 연기되면서 서로 온전히 연결될 기회가 감소하고 단절감이 커지고 있다. 아예 만남을 피하고 메시지로 대신하는 경우는 말할 것도 없다. 일반적으로 우리는 주변 사람들에게 신경을 써야 한다는 사실을 알면서도 우리 자신이 다른 어딘가에 있어야 할지도 모른다는 걱정을 내려놓지 못한다. 그래서 알림을 확인하면서도 대화에 집중하고 있다는 착각을 유지하는 일에 매우 능숙해진다. 반대로 메시지 도착을 알리는 소리를 의도적으로 무시하고 누군가에게 온전히 집중한다면, 정말로 경청하고 있으며 대화가 자연스러운 방향으로 흘러갈 수 있다고 상대에게 알리는 셈이다.

눈맞춤은 인간이 가장 간단하고 직관적으로 소통하는 방법이다. 눈을 마주칠 때마다 우리는 서로에게 집중하고 있다는 확신을 얻는다. 눈맞춤은 다른 사람의 생각이나 경험 안에 온전히 들어가는 중요한 수단이기도 하다. 우리는 빠르게 스쳐가는 시선을 공유한다. 대화를 시작할 때는 잠깐 '첫 시선'이 오가고, 서로 의견이 일치할 때 '잘 안다는 시선'을 교환하고, 상대의 주의를 다른 데로 돌릴 때면 '지시 시선'을 공유한다. 눈맞춤의 기원은 인류가 하나의 종으로 진화하기 시작한 먼 옛날로 거슬러 올라간다. 인간의 가장 오래된 뇌 영역 중 하나인 소뇌가 수천 년에 걸쳐 발달한 결과, 시선의 방향을 바꿀 때 머리와 눈의 움직임은 자동으로 조정된다. 전정안구반사는 머리를 빠르게 움직이는 동안에도 안정적인 시각을 유지하게 해주는 중요한 메커니즘이다. 그 덕분에 복잡한 신체 동작을 하거나 빠르게 달리는 중에도 능숙하게 다른 사람과 눈을 맞추고 그 상태를 유지한다. 우리는 매우 직관적으로 시선을 공유하면서도 이를 의식하지 못하는 경우가 많지만, 눈맞춤은 마음 상태를 공유하는 데 쓰일 뿐만 아니라 인간 발달의 여러 단계에 필요하며 일상에서 행복을 느끼는 데에도 필수적이다. 심지어 놀랍고 극적인 순간에도(예컨대 은행강도 사건이 발생했다고 하자) 우리는 경험을 공유하려는 강렬한 욕구에 휩싸인 나머지 다음 순간 벌어질 일을 놓칠 위험을 감수하면서까지 몸을 돌려 옆 사람과 그 경험을 공유한다.

눈맞춤을 못 하면 어떤 결과가 초래되는지는 영상통화에서 가장 뚜렷하게 확인된다. 영상통화를 할 때는 각자 다른 장소에서 카메라가 작동하므로 대면할 때와 똑같이 시선을 교환하기란 불가능하다. 우리는 상대가 바라보는 곳을 눈으로 따라갈 수 없고, 우리가 말하는 동안에는 주의를 공유하려는 가장 중요한 본능에 반응해서 필연적으로 두 눈을 화면에 고정하게 된다. 그러면 눈맞춤과 비슷한 상황이 되어 그것이 진짜 눈맞춤이라고 우리 뇌를 속이기도 하지만, 여기에는 몇 가지 해로운 결과가 따른다.

모든 사람이 다른 모든 사람을 계속 바라보는 영상통화의 표준 상태를 현실세계로 가져온다면 매우 강렬한 만남이 될 것이다. 누군가를 직접 만날 때 우리는 꽤 많은 시간 동안 주변의 다른 일들로 시선을 분산시키고, 긴 눈맞춤은 감정이 고조되는 순간을 위해 남겨둔다. 또 전자기기의 카메라 위치 때문에 우리의 머리와 어깨가 화면의 대부분을 채우게 되는데, 그럴 때면 평상시에 우리가 아주 친밀한 사람에게만 허용할 정도의 근접감을 생성한다. 영상통화 중에 가상으로 만들어지는 근접감과 눈맞춤은 인간의 정신이 신체 접촉을 해독하도록 진화한 과정과 충돌한다. 만일 실제 세계에서 누군가가 그 정도로 가까이 다가온다면 그것을 성적인 접근이나 폭력적인 위협으로 해석하는 것이 가장 직관적인 반응이다. 오랜 시간 동안 서로를 가까이서 응시하고 있으면 본능적으로 경계를 늦추지 못하게 되고, 이런 상태는 지속 가능하지 않다. 이것이 우리가 영상통화를 하면 피곤해지는 주된 이유 중 하나다.

상호 연결된 컴퓨터 네트워크가 디지털 대화를 뒷받침하는 방식은 우리의 몸과 마음이 감당하기 어렵다. 인류는 진화를 거듭하는 동안 줄곧 협력하는 종으로서 환경에 적응했다. 우리는 다른 사람들과 함께 있어야 번영한다. 기술이 주변 환경으로부터 우리를 분리하는 힘을 가진 덕분에 우리는 동시에 여러 장소에서 사람들과 어울릴 수 있다. 우리는 타고난 사교성 때문에 최대한 폭넓게 활동하고 싶은 강렬한 유혹을 느끼지만, 물리적으로 우리를 둘러싼 사람들과 너무 많이 단절될 경우 결국에는 제대로 된 사교적 접촉을 모두 잃는다. 진실한 대화 기술을 기르려면 시간과 노력이 필요하다. 문자메시지, 온라인 채팅, 소셜미디어 앱의 확산 속에서 직접 만나 온전히 소통하는 능력을 회복하고 강화하기 위해 적극적인 조치가 필요할 수도 있다.

대화의 기술 연마하기

대화는 향상이 가능한 능력이다. 모든 사람은 다른 사람에게 주의를 기울이는 직관적인 능력을 타고나며, 우리는 어릴 때부터 서로의 눈빛과 중요한 몸짓을 읽어내는 방법을 배운다. 하지만 다른 선천적인 능력들과 마찬가지로 대화 능력도 훨씬 높은 수준으로 끌어올릴 수 있다. 충실한 대화란 적극적으로 귀를 기울이고, 소식과 견해를 공유하며, 서로에게 사려 깊게 반응하는 것으로 많은 시간과 인내와 집중력을 요구한다.

전화와 인터넷이 널리 보급되기 불과 몇 세대 전만 해도 사람들이 하루 중 몇 시간 동안 대면 대화를 나눴을지를 생각해보면 감회가 새롭다. 문자가 발명되기 전, 그러니까 인류가 존재했던 대부분의 시간 동안, 누군가와 대화하는 유일한 방법은 다른 사람과 함께 있는 것이었다. 우리의 소통 수단은 점점 디지털화하고 사회도 그에 맞춰 변화하고 있지만, 다른 사람과 직접 만나 소통하고 협력하도록 만들어진 진화의 유산은 변하지 않았다. 런던 커피하우스에서 대화를 즐기던 사람들은 한 가지 측면에서 오늘날의 우리보다 확실히 유리했다. 인쇄기 발명을 비롯한 새로운 형태의 문자 소통이 사회를 막 변화시키기 시작하던 시대에 살았다는 것이다. 서로 대면하지 않고는 제대로 소통할 수 없다는 현실적인 제약이 있었으므로(한참 지나서 편지를 받아볼 수는 있었다) 그 시대에는 다른 사람과 함께하는 시간의 질이 달랐다. 커피하우스 안에 있는 사람들은 누군가를 만날 때마다 그 사람에게 주의를 집중해야 했다. 그 사람과 헤어지고 나면 한동안 다시 대화를 나눌 방법이 없었기 때문이다. 당시에는 다른 사람과 함께 보내는 시간이 훨씬 많았기 때문에 대화의 기술을 연습할 기회도 충분했다. 사람들은 대화 속에서 상대의 눈썹이 아주 살짝 올라간다거나 목소리 높이가 변하는 것과 같은 미세한 변화를 하나하나 알아차렸고, 온몸의 소통 수단을 빠르게 활용하면서 능숙하게 반응했다.

17세기와 18세기에 커피하우스에서 사람들이 부지런히 대면 대화를 나누며 관심과 집중력을 투입한 결과로 얻은 통찰의 일부는 오늘날 에세이 형태로 보존되어 있다. 당대에 작성된 에세이들은 정기간행물과 소책자로 만들어져 런던 전역에 배포되었다. 오늘날 우리는 어디에 있든 사람들과 연결될 수 있다는 행운을 누리고 있으며, 온라인과 오프라인 양쪽에서 소통 방식을 조금만 바꾸면 다른 사람과 함께하는 시간을 최대한으로 활용할 수 있다.

대면 대화의 기술 (1) : 언제 해야 할까

반드시 누군가를 직접 만나야 할 때가 있다. 결혼식이나 장례식 같은 인생의 중요한 행사는 가까운 사람들과 충분한 시간을 공유해야 그 행사에 맞게 집중할 수 있으며, 복잡하고 민감한 주제를 다룰 때도 직접 만나 대화를 나눠야 서로 이해하고 협력하는 데 도움이 된다. 온라인에서는 사람들의 안부를 쉽게 알 수 있고 대다수 사람이 소셜미디어 앱에서 상시 접속 상태를 유지하려고 노력하기 때문에 어떤 변화가 생기자마자 공유하려는 유혹이 매우 크다. 하지만 옛날에는 사람들이 중요한 소식을 전하려면 한참을 기다려야 했다는 점을 한번 생각해보자. 마침내 상대를 만날 일이 생기면 그동안 공유하려고 준비했던 중요한 소식들이 대화에 활기를 더했다. 오늘날에는 온라인에서 수시로 접촉하기 때문에 누군가를 직접 만나면 이미 아는 내용을 다시 늘어놓거나 덜 중요한 주제로 전환할 수밖에 없다. 어느 쪽이든 간에 마침내 상대를 만났다는 기쁨은 덜할 수 있다.

《걸리버 여행기Gulliver's Travels》로 잘 알려진 영국계 아일랜드인 작가이자 풍자가인 조너선 스위프트는 커피하우스를 자주 찾았다. 1713년에 쓴 〈대화에서 에세이의 힌트를 얻다Hints Towards an Essay on Conversation〉라는 에세이에서 스위프트는 대면 대화를 통해 다른 사람의 관점과 경험과 견해를 세밀하게 파악하는 방법을 구체적으로 설명하고, 그것이 의미 있는 관계를 맺고 서로 이해하는 데 얼마나 중요한 일인가를 강조한다. 특히 스위프트는 다른 사람의 관점이 자신의 관점과 다르더라도 열린 마음으로 귀를 기울여보라고 제안한다. 또 대화가 자연스럽게 발전하는 데 필요한 공간을 남겨두어야 하므로 자기 이야기만 너무 많이 하지 말라고 충고한다.

디지털 대화는 대면 대화보다 인과관계가 약하고 기억에 덜 남는다는 점을 늘 염두에 두자. 문자 메시지, 채팅, 영상통화에 의존하다 보면 직접 만났을 때 대화의 질이 떨어질 위험이 있다. 사회생활에 다시 활력을 불어넣고 싶다면 디지털 메시지를 되도록 일정 조정이나 그 밖에 필수적인 사항에만 사용해보라. 온라인으로 소식을 전하거나 메시지로 상대방의 안부를 확인하는 일을 중단하고, 소식과 안부는 직접 만날 때를 위해 아껴두자. 물론 나에게 오는 메시지에는 응답하고 싶겠지만, 온라인 대화에 조금 덜 적극적으로 임하면 직접 만날 약속을 더 빨리 잡게 되고 실제로 만났을 때의 에너지 수준과 집중도가 눈에 띄게 달라진다. 당연히 지리적 거리와 같은 이유로 직접 만나기 어려운 상황도 있다. 이런 경우에는 메시지 교환에 의존하기보다 음성통화나 영상통화로 소식을 전하면 대화에서 훨씬 많은 것을 얻을 수 있다.

어려운 대화나 감정이 많이 개입되는 대화를 온라인으로 옮기고 싶은 충동이 드는 것은 흔한 일이지만, 이런 대화야말로 직접 얼굴을 마주해야 잘 된다. 아무리 어렵게 느껴지더라도 사람을 직접 만나서 이야기하는 것이 문제를 푸는 가장 좋은 방법인 경우가 많다. 난감하거나 복잡한 대화를 우리 자신과 상대방에 관해 더 알아볼 기회라고 생각하자. 문자메시지나 이메일을 보내고 싶어질 때마다 직접 만나서 대화를 나누면 최종 결과에 우리가 더 많이 개입할 수 있다고 생각하자.

지금! 시작해보기

- **디지털 메시지 줄이기**: 직접 만나 전할 소식은 메시지로 보내지 말고 남겨둔다. 실제로 만났을 때 이것이 활력이나 집중도에 어떤 영향을 끼치는지 관찰해보자.
- **대화 시간 확보하기**: 순전히 안부를 나누기 위해 시간을 할애해 친구를 만나보자.

대면 대화의 기술 (2) : 경청하는 기술

스위프트는 가장 중요한 대화 기술 중 하나는 '경청'이라고 강조한다. 대화에서 조용히 듣기를 더 많이 하고, 중심이 되려고 하기보다 대화의 주도권을 다른 사람에게 기꺼이 양보하는 사람이 주변 사람들에게 더 사려 깊게 반응할 수 있고, 시간이 지날수록 말도 잘하게 된다는 것이다. 스위프트는 '능동적 듣기'를 제안한다. 질문을 다시 확인하고 상대가 한 말을 다른 표현으로 반복하면서 말뜻을 정확히 이해하라는 것이다.

직접 만나 대화할 때는 함께 이야기하는 사람들의 동작, 몸짓, 표정을 종합해서 받아들이려고 노력해보라. 상대가 나른하게 등을 기대고 있는가, 아니면 눈을 크게 뜨고 몸을 앞으로 내밀고 있는가? 상대방이 초조하게 꼼지락거리는가, 아니면 차분한가? 반복되는 '신호'가 발견되는가? 우리는 생각보다 훨씬 많은 생각과 감정을 몸짓으로 표현하기 때문에 다른 사람의 몸짓을 주의 깊게 관찰하면 많은 것을 알아낼 수 있다.

능동적인 듣기를 한번 해보고 뭐가 달라지는지 알아보라. 친구가 지금 하는 말에 의식적으로 최대한 집중하고 내면의 소리는 잠재우려고 노력하라. 대화 중에 우리는 종종 재치 있는 한마디를 던지거나 의견을 표명하고 싶어지고, 친구가 하는 말을 따라가는 데 사용하는 시간만큼이나 많은 시간을 다음에 내가 뭐라고 말할지 생각하는 데 사용한다. 디지털 소통의 강렬한 자극은 이런 본능을 가속하기 때문에 이런 현상이 나타나면 바로 알아차리고 의식적으로 진정시켜야 한다. 상대가 전달하려고 하는 단어와 생각을 흡수하는 데 더 많은 시간을 할애하라. 만일 대화를 따라가기가 조금 어렵다고 느낀다면 스위프트의 조언대로 상대에게 들은 말을 다른 표현으로 바꿔 확인하면서 공통의 토대를 유지하라.

자신의 몸짓을 관찰하는 것도 도움이 된다. 두 팔을 몸 앞에서 열어두는가, 아니면 팔짱을 자주 끼는가? 가장 적극적으로 몸짓을 사용할 때가 언제인가? 자주 반복하는 손동작이 있는가? 사람들을 편안하게 해주기 위해 자신이 어떤 동작을 하면 좋겠는지도 생각해보라. 신체 접촉은 가장 내밀하게 감정을 나누는 소통의 형태로서 온라인에서는 당연히 불가능하다. 마음이 통했다고 느낄 때 친구의 팔이나 어깨를 톡톡 쳐보고 어떤 효과가 있는지 확인해보라.

지금! 시작해보기

- **대면 대화에서 능동적으로 경청하기**: 친구가 하는 말에 의식적으로 최대한 집중하고, 내면의 소리는 잠재우려고 노력하자.
- **다른 말로 바꿔보기**: 말뜻을 명확히 확인하기 위해 질문을 던지고 상대가 한 말을 다른 표현으로 다시 말해보자. 그러면 서로를 이해하기가 쉬워진다.
- **신체 동작, 몸짓, 표정에 신경 쓰기**: 자기 말을 강조하거나 보완하기 위한 상대방의 신체적 행동을 유심히 보라.
- **나의 몸짓 언어 관찰하기**: 내가 언제 몸짓을 가장 활발하게 하는지를 알아내고, 사람들을 더 편안하게 해주려면 어떤 신체적 행동을 해야 할지 생각해보자.

대면 대화의 기술 (3) : 사교불안 극복하기

최초의 영어 대사전을 편찬한 사람이자 문학 평론가인 새뮤얼 존슨도 1700년대에 커피하우스를 자주 찾았다. 그는 자신이 정기적으로 발간했던 《램블러The Rambler》에 수록한 여러 편의 에세이에서 대화에 자주 참여해 대화 기술을 갈고닦는 일이 얼마나 중요한가를 길게 설명했다. 존슨은 타인과의 의미 있는 상호작용이 개인의 성장과 행복에 필수적이며, 자극과 통찰이 풍부한 대화에 참여해야 끈끈한 관계를 맺고 공동체 의식을 배양할 수 있다고 생각했다. 또 그는 대화 기술을 연마하면 만남이 즐거워지고 삶이 전반적으로 만족스러워진다고 주장했다.

존슨의 견해에 따르면 대화는 누구나 저절로 잘할 수 있는 것이 아니며, 말재주를 타고난 사람이라도 대화의 기술을 탁월하게 구사하기 위해서는 연습하고 연마해야 한다. 시간이 지나면 대화의 개방적인 성격에 익숙해지고, 자신을 더 명확하고 효과적으로 표현할 줄 알게 되고, 잘 듣고 사려 깊게 반응하는 능력을 키울 수 있다. 하지만 때로는 어려움을 극복해야 한다. 투렛증후군Tourette's syndrome을 비롯해 갖가지 정신건강 문제를 안고 있었던 존슨은 평생 신체적·정서적인 어려움을 겪었으며, 때로 불안하거나 남의 시선을 의식하게 될 때에도 대화를 이어나가야만 했을 것이다. 그는 대화를 잘 이어갔고, 재치 있고 매력적인 대화로 명성을 얻었으며, 저명한 작가·지식인·정치인들과 폭넓게 교류했다.

오늘날 대화 기술을 연마하는 데 방해가 되는 가장 큰 장애물 중 하나가 첨단 기술이다. 온라인 소통을 많이 할수록 오프라인에서 사교불안을 느끼고 불편해질 가능성이 커진다. 서면 답장이나 소셜미디어 게시물을 어떻게 작성할지 고민할 때마다 우리는 페르소나를 만드는데, 누군가를 직접 만나서 물리적 대화에 실시간으로 참여할 때 이 페르소나는 순식간에 해체될 수 있다. 이런 대화는 온라인과 비교할 수 없을 만큼 복잡하고 미묘하며 빠른 속도로 전개되기 때문이다. 존슨은 개방적이고 즉흥적인 대화가 인간이 배우고 성장하는 중요한 방법이라고 생각했다. 그러나 안타깝게도 디지털 소통에 지나치게 의존하다 보면 직접 만남이 두려워지고 결국 온라인에서 보내는 시간이 점점 늘어나는 결과를 초래할 수 있다.

사람들과 함께 있을 때 낯가림이나 불안감이 심하다면, 사람들과 어울리는 상황을 자기도 모르게 피하고 있다면, 왜 그런지 스스

지금! 시작해보기

- **나의 사교불안 관찰하기**: 대화할 때 부끄러웠거나 어색했던 순간들을 기준으로, 어떤 유형의 대면 대화를 더 연습해야 할지 판단해본다.
- **침묵과 싸우지 않기**: 대화의 공백을 메우려는 충동을 이겨내자. 침묵이 불편하게 느껴진다면 그 느낌이 언제, 어떻게 해소되는지를 관찰해본다.

로 생각해보자. 사교적인 자리가 어색한 것은 불편한 일이지만, 머뭇거리거나 얼굴을 붉히거나 말을 더듬는 순간들을 잘 관찰하면 연습이 필요한 대면 대화의 유형을 알아낼 수 있다.

또 존슨은 대화란 자연스러운 흐름을 탈 때 제일 잘 진행되므로 대화를 억지로 또는 과도하게 구성하지 않는 것이 좋다고 생각했다. 안타깝게도 사교적인 자리에서 불편함을 느낄 때 사람들은 잠시 느긋하게 앉아 침묵이 흐르도록 두기보다 대화에 당장 끼어들어 공백을 메우려 한다. 이런 행동을 하는 자신을 발견하면 자제하려고 노력해보자. 불편한 감정을 무시하거나 억누르지 말고 내면으로 주의를 돌려 그 감정이 지나갈 때까지 주시하라. 다른 사람과 함께 있을 때 말을 하지 않아도 편안함을 느끼는 것은 말을 하는 것만큼이나 강력한 연결의 수단이다.

디지털 대화의 기술 (1) : 영상통화

오늘날 직접 만남과 가장 가까운 디지털 방식인 영상통화에는 실제 만남과 대비되는 특징도 많다는 점을 염두에 두자. 하지만 사소한 것 몇 가지만 바꿔도 대화가 더 자연스러워진다. 우선 화면에서 자신의 모습을 보여주는 사각형 동영상을 숨김 처리하라. 대다수 영상통화 플랫폼은 사용자의 모습이 촬영되고 있다는 표시로 이런 화면을 기본값으로 제공하지만, 자기 모습이 보이면 부자연스럽고 주의가 분산되며 때로는 자신의 몸짓과 표정을 자신에게 보여주는 '몸짓 거울'이 되어 스트레스를 유발한다.

브라우저 창의 크기를 줄이면 일반적인 대화에서 우리가 자연스럽게 유지하는 거리와 비슷한 환경을 만들 수 있다. 노트북 컴퓨터에 외부 키보드를 연결해도 사용자와 화면 속 얼굴들 사이의 공간이 넓어져 도움이 된다.

사용자와 컴퓨터 사이에 물리적 공간을 더 확보하면 두 손을 움직일 공간이 생긴다. 영상통화를 하면서 꼭 앉아 있을 필요는 없다. 말을 하면서 책상 주변을 거닐어보자. 영상통화에서 처음으로 일어나 움직일 때 너무 민망하게 느껴진다면 잠시 카메라를 꺼놓기를 권한다.

너무 오랫동안 화면을 정면으로 응시하는 것을 피하기 위해 가끔 카메라를 꺼서 스스로에게 휴식을 부여하라. 특히 여럿이 영상통화를 하거나 장시간 회의할 때는 잠깐씩 영상통화 자체를 차단하라. 대화의 흐름을 계속 따라가면서 두 눈으로 방 안을 둘러볼 수도 있지만, 지금 있는 물리적 장소 안에 다시 자리잡는 동안에는 사람을 피곤하게 하는 강렬한 가상 눈맞춤에서 벗어날 수 있다. 이런 휴식은 꼭 필요하다.

지금! 시작해보기

- **'내 모습 숨기기' 버튼 사용하기**: 영상통화에서 자신의 모습을 보지 않으면 스트레스와 정신적 부담이 줄어든다.
- **노트북 컴퓨터에 외부 키보드 연결하기**: 화상회의 중에 자신과 화면의 얼굴들 사이에 자연스러운 공간감이 형성되고, 손짓을 하거나 몸을 움직일 수 있는 여유 공간도 넓어진다.

디지털 대화의 기술 (2) : 키보드에서 한 발짝 떨어지기

커피하우스 시대의 또 하나의 유명한 작가인 조지프 애디슨Joseph Addison은 예의범절과 대화 기술을 주로 다룬 잡지인 《스펙테이터The Spectator》의 편집자로 가장 잘 알려져 있었다. 1711년 《스펙테이터》에 게재한 〈분노에 대하여On Anger〉라는 에세이에서 애디슨은 대화 중 분노를 조절하는 방법에 관해 조언했다. 화가 난 상태에서 충동적으로 말하거나 행동하면 나중에 후회할 확률이 높으니 조심해야 한다고 그는 주장한다. 이런 마음가짐은 온라인에서 더 필요할 수도 있다. 문자로 된 메시지로는 감정을 온전히 전달할 수 없고 표정과 몸짓이 부족하므로 디지털 채널은 격하게 충돌하는 대화를 나누기에는 매우 부적합하다. 메시지, 게시물, 이메일을 작성하는 동안 분노 또는 부정적 감정이 솟아오른다면 잠시 멈추고 휴식을 취하자. 생각이 정리되고 나서 전자기기로 돌아가야 한다. 온라인에서 표현된 분노는 절대로 좋게 해석되지 않으며, 잠깐 분노를 표출했더라도 오랫동안 디지털 형식으로 남아 있게 된다.

지금! 시작해보기

- **화난 상태에서 타이핑하지 않기**: 화가 날 때는 잠시 휴식을 취하자. 냉정한 마음으로 응답할 준비가 되고 나서 전자기기로 돌아간다.

디지털 대화의 기술 (3) : 온전히 집중하기

커피하우스 시대의 작가들이 가장 많이 다룬 주제 중 하나는 대화에 온전히 집중하는 일의 중요성이다. 스위프트, 존슨, 애디슨은 모두 말할 때와 다른 사람의 말을 들을 때 온전히 주의를 집중해야 한다는 이야기를 자주 했다. 온라인에서 우리는 대화에 온전히 집중할 때가 드물다. 디지털 도구는 대화를 단순화하며, 결과적으로 우리의 집중력을 적게 요구한다. 그래서 일반적으로 우리는 다른 일을 처리하면서 문자메시지를 읽고, 보내고, 온라인 채팅에 참여한다. 사람들과 연결되기는 하지만 그 연결은 간헐적으로만 확보되며 온전히 집중하지 못할 때가 많다.

디지털 상호작용과 대면 대화가 어떻게 다른지 생각해보자. 일반적으로 대면 대화에서 상대방에게 온전히 집중하지 않는 것은 무례한 행동으로 여겨진다. 온라인으로 대화할 때도 대면 대화와 똑같은 수준으로 참여하고 집중해보라. 이메일을 작성하거나 메시지에 응답할 때는 다른 활동이나 생각은 잠시 제쳐두자. 중요한 대화를 나눠야 하는데 직접 만날 수 없다면 실제 만남의 몇 가지 조건을 모방해보라. 하루를 마무리하는 시점에 급하지 않은 이메일, 메시지 교환, 전화 통화(메시지보다 통화가 낫다)에 사용할 시간을 따로 마련하면 소식과 생각을 충분히 공유하고 가족과 친구들이 하는 말도 귀담아듣게 된다.

지금! 시작해보기

- **조용한 시간을 만들어서 사교용 메시지 처리하기**: 충분히 생각하고 답장할 기회를 스스로에게 주자. 혹시 대면 대화나 전화 통화가 적절하지는 않을까?

Human
Being

4장

혼자 있기

SOLITUDE

《로빈슨 크루소》의 실제 모델인 셀커크는 수도사나 은둔자가 힘들게 노력해야 달성할 수 있는 수준의 고립을 뜻하지 않게 경험했다. 그가 무인도에서 성취한 고독과 그 뒤로 겪은 실패에서 우리는 무엇을 배울 수 있을까?

로빈슨 크루소의 조난

1713년,《스펙테이터》의 공동 창간인 리처드 스틸Richard Steele은 런던의 어느 커피하우스에서 스코틀랜드의 사략선(전쟁 중인 국가의 승인을 받아 적의 상선을 공격하는 민간 선박 – 옮긴이) 선원이자 해군 장교였던 알렉산더 셀커크Alexander Selkirk와 마주 앉아 그의 이야기를 들었다. 셀커크는 거칠고 단단한 매력을 발산했지만, 스틸에게는 그의 평온한 표정이 가장 인상적이었다. 셀커크는 자신이 선장에 대항해 반란을 일으킨 뒤 칠레 서부 해안에서 580킬로미터 떨어진 후안페르난데스 제도에 고립되어 생활했던 이야기를 들려줬다. 거의 빈손으로 섬에 들어간 그는 생존하기 위해 섬 생활에 빠르게 적응하고 섬 생활의 리듬에 순응해야 했다. 고립된 상태로 꼬박 4년 동안 머무르던 그가 운 좋게 구조되었을 때, 그를 구조한 사람들과 동료 선원들의 증언이 고국의 독자에게도 전해지기 시작했다. 그러나 스틸이 그를 만난 후 기사를 작성한 순간, 그가 얻을 훗날의 명성은 확고해졌다. 그 기사는 대니얼 디포Daniel Defoe의 손에 들어갔고, 디포는 그 이야기를 각색해서 영어로 쓰인 초창기 소설들 중 하나인《로빈슨 크루소Robinson Crusoe》를 썼다.《로빈슨 크루소》는 출간되자마자 당대 독자들에게 큰 호응을 얻었다. 셀커크의 이야기가 그때나 지금이나 사람들을 매혹시키는 이유는 무엇보다도 갑작스러운 고립과 장기간 강제된 고독이다.

셀커크는 방탕한 청년 시절을 보내다가 에스파냐 왕위계승 전쟁 중에 남태평양으로 향하는 사략선 항해에 여러 차례 합류했다. 1703년에는 싱크포츠호에 몸을 실었다. 아카풀코에서 값나가는 짐을 싣고 남태평양을 건너 마닐라까지 항해하는 에스파냐 상선들을 찾아내 약탈하기 위한 원정이었다. 항해는 민간 자금으로 이뤄졌지만 당시 영국과 에스파냐가 전쟁 중이었으므로 앤 여왕을 위한 일이기도 했다. 원정대의 지휘는 저명한 탐험가로서 세계일주 항해를 세 번이나 다녀온 최초의 인물인 윌리엄 댐피어William Dampier가 맡았고, 댐피어는 토머스 스트래들링Thomas Stradling을 선장으로 임명했다.

대서양을 건너 케이프혼을 선회하는 싱크포츠호의 항해는 순탄하지 못했다. 선실은 비좁았고 다수 선원이 괴혈병에 걸렸으며 배의 항로를 책임졌던 셀커크는 스트래들링 선장의 결정에 분노가 쌓여가고 있었다.

1704년 9월 싱크포츠호가 후안페르난데스 제도의 마스아티에라에 정박했을 때는 선원 중 다수가 이미 사망한 뒤였다. 생존자들은 굶주리고 병들었으며 해진 옷을 입고 있었다. 셀커크는 스트래들링 선장에게 항의하고 반대 여론을 조성하기 시작했다. 불만이 고조되었고 급기야 셀커크가 선장에게 주먹을 휘둘렀다. 그는 반란을 선동했다는 혐의를 받았고, 스트래들링은 그의 짐이 든 궤짝과 옷과 침구와 함께 그를 해변에 데려다놓으라고 명령했다.

셀커크는 마스아티에라의 바위투성이 말굽 모양 만에서 6개월 동안 자신이 생활했던 배가 떠나는 모습을 지켜봤다. 당시에는 사람이 살지 않았던 그 섬은 길이 19킬로미터, 폭 6킬로미터에 불과했다. 동쪽으로는 가파른 절벽이 바다 위로 솟아 있고 섬 중앙에는 두 개의 산이 자리하고 있다. 태평양의 산들바람이 산봉우리를 만나면 차가워지고, 수증기가 응축되어 비가 되어 쏟아져 내린다. 호우와 자갈이 많은 개울이 지표면 유출수를 해안으로 운반한다. 계곡에서는 달콤한 냄새를 풍기는 백단향 나무와 키 큰 양치류와 덤불 사이로 세찬 바람이 불고, 구름은 섬에서 가장 높은 봉우리를 가리고, 햇살은 낮은 언덕과 해변을 감싼다. 무인도라는 상징은 매혹적인 낙원인 동시에 생존하기 힘든 환경이라는 이미지로 우리 문화에 깊이 뿌리 내리고 있는데, 마스아티에라는 둘 다에 해당하는 섬이었다.

셀커크에게는 권총, 화약과 총알, 주머니칼, 음식을 끓여 먹을 수 있는 냄비가 있었다. 소지품 중에는 성경과 기도서도 있었고, 이제 쓸모없어진 항해 도구와 해도도 있었다. 배에서 슬쩍해온 음식과 몇 모금의 술은 금세 없어졌다. 영원히 섬에 갇혀서 다시는 사람의 얼굴을 못 볼 수도 있다는 괴로운 생각이 서서히 밀려왔다. 하지만 갈증과 배고픔이라는 극심한 고통에 주의가 집중되자 그는 공포와 절망을 잠시 잊고 새로운 상황에 빠르게 적응해나갔다. 시냇물로 세면과 식수를 해결하기 시작했고, 순무와 미나리와 야생 딸기를 발견했으며, 날카로운 칼로 거북과 가재를 찔러 잡는 법을 조금씩 익혔다. 그는 바쁘게 생활했다. 돌멩이를 모아 화덕을 만들고 식량을 보관할 창고를 짓는가 하면, 나무 속을 파내 그릇과 통을 만들었다. 잠을 자는 동안 비바람과 야생동물로부터 몸을 보호하기 위해 피멘토 나무로 오두막을 짓고 백단향 나무를 엮어 지붕을 올렸다. 마지막 총알을 써버린 뒤로는 두 발로 염소를 쫓아다니기 시작했고, 얼마 지나지 않아 염소를 잡을 수 있을 만큼 힘도 세졌다.

하지만 이 모든 활동 속에서 셀커크는 매번 마스아티에라의 광활하고 무거운 고요함에 압도당할 수밖에 없었다. 그 섬은 대륙에서 너무 멀리 떨어져 있었으므로 뗏목을 만드는 것은 탈출을 위한 현실적인 해결책이 아니었다. 구조될 확률이 가장 높은 방법은 지나가는 배에게 도움을 청하는 것이었지만, 만일 에스파냐 국적의 배라면 그의 존재를 달가워하지 않을 것이므로 그 방법도 위험했다. 셀커크는 섬에서 가장 높은 벼랑 위의 한 장소를 골라 망루로 삼고 수평선을 바라보며 선박의 움직임을 찾는 데 많은 시간을 썼다. 이곳은 오늘날까지도 '셀커크의 망루'로 불린다. 망루에서 그는 아침 해가 산의 윤곽선을 훑으며 따뜻한 빛을 뿌려줄 때부터 저녁 별들이 바다 위를 맴돌 때까지 섬 풍경을 한눈에 볼 수 있었다. 그는 천천히 회전하는 지구의 리듬과 일체가 되어 계절의 흐름을 차분하게 지켜봤다. 셀커크는 원초적인 고독을 맛봤다. 그것을 능가하는 고독은 세계 어디에도 없었을 것이다. 그 경험은 그에게 어떤 영향을 끼쳤을까? 그의 세계관이 바뀌었을까?

고대 그리스 철학이든, 전 세계의 은둔 생활과 수도원의 전통이든, 뉴에이지 수행이든 간에 거의 모든 철학 또는 종교의 중심 교리에는 고독이 내면 성찰과 자기이해의 필수 조건이라는 전제가 포함된다. 인류는 언제나 시끌벅적한 일상에서 벗어나 평온과 고요 속에서 가장 까다로운 질문들에 대한 답을 찾았으며 내면의 대화를 통해 우리가 사는 세계의 상호 연관성을 성찰했다. 우리의 주의를 빼앗아가는 일상에서 벗어날 때 우리는 새로운 것으로 눈을 돌리고, 대안적 사고방식을 발견하며, 정말로 어떻게 살고 싶은지를 고민하기 시작한다. 아리스토텔레스, 플라톤, 보에티우스, 몽테뉴, 소로, 울프와 같은 사상가들도 바쁜 사교생활을 되돌아보고 준비하려면 혼자 있는 시간이 필수라고 생각했다.

역사적으로 동서양을 막론하고 모든 종교와 사상 체계는 모든 것을 하나로 통합하는 근원적인 토대, 곧 보편적인 연결이 존재한다는 추상적인 개념을 반복적으로 제시한다. 인류가 항상 영적 수행에 힘썼던 것도 인간의 내면세계와 복잡하고 혼란스러운 외부세계를 근본적으로 연결하기 위해서였다. 그러나 단순히 교리를 따르거나 어떤 종교를 믿는 것만으로는 직접적이고 생생한 경험만큼 선명한 통찰을 얻지 못한다. 살아 있다는 것의 '본질'에 가까워지기 위해서는 우리 자신의 삶 속에서 경험하는 현실을 스스로 발견해야 한다.

옛 경전과 성인들의 전기는 하나같이 인간 존재의 진정한 의미와 더 큰 실체를 깨달으려면 자아를 초월하고 단순한 삶을 추구해야 한다고 가르친다. 셀커크는 뜻하지 않게 수도사나 은둔자가 힘들게 노력해야 달성할 수 있는 수준의 고립을 경험했다. 산만한 정신, 분석적으로 사고하는 습관, 정신없는 사교활동은 우리가 이 세계의 상호 연결된 물질적 현실을 이해하고 각성하지 못하게 만드는 주된 장애물로 알려져 있는데, 셀커크는 이런 장애물들이 없는 상태로 섬에서 시간을 보내는 동안 시야가 점점 더 열려갔다. 대화를 나눌 사람이 하나도 없었으므로 그의 언어능력은 쇠퇴하기 시작했고, 태어나면서부터 선입견에 젖은 단어들로 세상을 해석하던 뿌리 깊은 습관도 점차 사라져갔다.

셀커크는 기쁨의 가장 순수한 형태 중 하나인 '경이로움'을 다시 느끼기 시작했다. 밤에는 시각의 부재를 보완하기 위해 다른 감각들이 더 열심히 활동했을 테니 아마도 경이로움을 처음 느낀 것은 밤이었을 듯하다. 그는 전반적인 인식이 예민해지는 경험을 하기 시작했다. 망루에 있으면 지평선이 아주 조금씩 위로 휘어져 올라가는 것을 알아차렸고, 고개를 들어 하늘을 보면 별들이 다르게 보이기 시작했다. 하늘의 별들은 섬의 지질학적 시간대를 초월해 까마득한 옛날의 유산을 가리키는 아주 작은 점으로 보였다. 그 모든 것의 광활함에 압도된 나머지 생각이 멈추거나 오락가락했다.

그처럼 복잡하고 웅장한 경험에 맞닥뜨리자 셀커크의 추론 능력은 때때로 완전히 무너졌다. 낮 동안에는 그의 눈이 점점 더 많이 열렸다. 나무 밑을 환히 밝히는 아침 햇살을 통해 빛의 구체적인 성질을 거의 손으로 만지듯이 느꼈다. 그리고 섬에 사는 야생동물들의 미세한 움직임과 식물들의 피고 짐을 알아차린 순간, 그는 생명의 영원한 소멸과 필연적인 재탄생을 감지할 수 있었다. 생각은 한계에 도달했고, 마침내 때때로 이성과 이해력으로는 자신이 경험하는 심오함을 감당하지 못하는 지경에 이르렀다. 셀커크는 마스아티에라 섬의 역동적인 변화를 받아들이고 새로운 삶 속에서 그 숭고함을 말없이 감상할 여유를 찾았다.

또한 셀커크는 내면을 들여다보는 데 익숙해졌다. 방해 요소가 거의 없는 상태에서 자신의 마음을 더 직접적으로 경험하기 시작했고, 자신의 내면 상태가 현실의 삶에 영향을 끼친다는 것을 점차 알게 되었다. 자연 세계에 더 많은 관심을 기울이면서 이에 대한 자신의 반응을 인식하기 시작했다. 그는 자신이 세상을 바라보는 모습을 목격하면서 생각에 대한 통제력을 서서히 높여갔다. 그러면서 머릿속으로 자신이 일으킨 반란의 장면들을 되새겼고, 결국 사회로부터 버림받고 단절되는 결과를 자초했다는 현실을 받아들이게 되었다. 그 섬에 대한 평가는 완전히 바뀌어서 그는 섬의 푸르른 식물과 변화무쌍한 하루하루를 사랑하게 되었다. 사물의 보이지 않는 질서가 점점 눈에 들어오고, 자신을 둘러싼 세계와의 일체감과 연대감을 느꼈다. 무엇보다 자신을 있는 그대로 마주하고 자신의 두려움도 솔직히 인정하게 되었다. 고향에 있을 때 결정을 내리지 못했던 일들이 갑자기 명쾌해졌고, 차츰 자신이 어떤 사람인지도 정확히 알게 되었다.

셀커크는 어느 날 낚시를 하러 나갔다가 숨이 멎을 만큼 놀랐다. 저 멀리 파도 위로 크림색 돛이 경쾌하게 움직이고 있었다. 그는 최대한 빨리 헤엄쳐 해변으로 돌아가서 준비하기 시작했다. 셀커크가 추방당한 이후 댐피어는 브리스톨 시의원들을 설득해 새로운 탐험에 필요한 자금을 확보했다. 바다에서 또다시 문제가 발생하자 선장 우즈 로저스Woodes Rogers는 배를 정박시키고 쉬어갈 장소로 마스아티에라 섬에 주목했다. 셀커크는 문명과 다시 연결될 일생일대의 기회가 왔다고 확신하고 배의 주의를 끌기 위해 모닥불을 피웠다. 불행히도 배에 타고 있던 선원들은 그 불꽃을 적이 있다는 신호로 착각하고 공격용 무기를 준비했고, 만에서 멀어졌다가 다시 선회해 은밀하게 상륙했다. 셀커크는 망루로 대피했다가 선원들이 영국군이라고 판단한 뒤에야 그들에게 다가갔다.

로저스 선장은 귀국한 뒤 자신의 모험담을《유람선 타고 세계일주A Cruising Voyage Round the World》라는 책으로 출간했는데, 선원들이 셀커크를 처음 만난 순간을 상당한 지면을 할애해 기술했다. 로저스는 "염소 가죽으로 옷을 만들어 입은 남자가 있었는데, 그는 염소 가죽의 본래 주인보다 더 야생동물처럼 보였고" "자기가 원하는 것을" 말했지만 "말을 반으로 쪼갠 것처럼 이야기해서" 알아들을 수가 없었다고 회상했다. 로저스와 선원들은 곧 셀커크의 강인함과 자립심에 깊은 인상을 받았고, 특히 그의 자제력에 감탄했다. 셀커크는 동료들의 추천을 받아 2등 항해사로 임명되어 21명의 선원을 지휘했고, 새로 맡은 임무를 훌륭히 수행했다. 그는 어떤 음모나 다툼에도 가담하지 않고 자신에게 맡겨진 일을 빠짐없이 해냈다. 다른 배들을 나포하고 약탈해 큰돈을 벌고 나서 항해를 계속하던 중에 셀커크는 선장으로 승진해 모든 선원과 값나가는 화물을 책임지게 되었다. 그는 부자가 되어 고향에 돌아왔다.

셀커크에 대한 로저스의 묘사는 조난한 사람에 관한 최초의 기록으로 영국에서 관심을 모았다. 리처드 스틸이 커피하우스에서 셀커크를 만나기로 한 계기도 그 책이었다. 나중에 스틸은 셀커크가 "강인하면서도 유쾌한 동시에 진지한 표정"을 짓고 있었고 "마치 깊은 생각에 잠긴 사람처럼 평범한 일에는 무관심"했다고 전했다. 셀커크는 섬 생활 중 정말로 곤란했던 일도 들려줬다. 한번은 산꼭대기로 뛰어 올라가다가 염소를 잡으려고 무리하게 몸을 뻗은 탓에 절벽 밑으로 떨어져 세게 부딪혔고, 사흘 동안 꼼짝도 못하고 누워 있었다고 했다. 하지만 전반적으로 그는 마스아티에라에서 보낸 시간을 매우 긍정적으로 회상했다. 섬에는 늘 생기와 고요함이 있었다. 그는 자신이 나중에는 새로운 환경에 완전히 적응했다고 설명했다.

몇 달 뒤 스틸은 길거리에서 셀커크와 우연히 마주쳤고 몇 마디 말을 주고받았는데, 과거에 무인도에 살았던 사람의 흔적은 남아 있지 않았다. 도시 생활의 영향을 받기 시작했고, 스틸의 표현에 따르면 "얼굴에서 풍기는 분위기가 매우 달라져" 있었다. 고향에 돌아온 지 몇 년이 지나자 셀커크의 나쁜 습관이 되살아났다. 폭력적인 성향이 더 심해져서 결국 그는 폭행 혐의로 기소되었다. 그러나 그는 공판에 출석하지 않았으며 얼마 후 더 많은 기회를 잡으려고 바다로 나갔다. 셀커크는 HMS웨이머스호에서 장교로 복무하던 중 선원들 사이에 돌았던 황열병에 걸려 1721년 12월 13일에 숨졌고, 그의 시신은 바다에 던져졌다.

셀커크는 고독을 통해 남들이 부러워할 평온함을 찾는 데 성공했지만, 섬 생활을 고향으로 가져올 수는 없었으므로 사회에 돌아온 뒤에는 그 평온을 유지하지 못했다. 그의 이야기는 낯설지 않다. 인류는 혼자 있을 때 느끼는 평화로움과 통찰을 다른 사람과 함께하는 삶에서도 보존하려고 끊임없이 노력했다. 이를 가장 명확하게 표현한 구절은 기원전 2세기경에 작성된 고대 힌두 경전인《바가바드기타Bhagavad Gītā》에서 찾을 수 있다. 책임과 직업에 헌신하는 바쁜 삶을 살아야 할지, 아니면 가정을 꾸리기를 포기하고 수행자로 살아갈지를 고민하는 사람에게《바가바드기타》는 둘 다 이루는 방법을 알려준다. 우리가 하는 행동의 결과에 대한 집착을 내려놓고 자아와 우주의 진정한 본성에 관해 깊이 생각할 여유를 찾는다면, 깨달음을 얻어 해방되는 동시에 책임을 지고 행동하는 삶을 살 수 있다는 것이다. 하지만 이 길이 얼마나 어려운지는 오랜 세월에 걸쳐 입증된 바 있다. 우리는 사회적 압력 때문에 종종 개인의 이익을 위해 행동하며, 인간 특유의 집착하는 성향 때문에 판단이 흐려지기도 한다.

오늘날 우리도 매우 비슷한 문제와 씨름하고 있으며, 디지털 생활의 산만함 속에서 방해받지 않고 조용한 시간을 가지려면 치열하게 노력해야 한다. 온라인에 접속할 때 정신을 분산시키는 수많은 디지털 요소 속에서 독립적인 사고와 자아 성찰 능력을 유지하기란 정말 어렵다. 셀커크가 무인도에서 성취한 고독에서 우리는 무엇을 배울 수 있을까? 또 그가 고향에 돌아온 뒤 겪은 실패에서 어떤 교훈을 얻을 수 있을까?

혼자 보내는 시간의 역사

마스아티에라 섬은 관광객을 유치하기 위해 로빈슨 크루소 섬으로 이름을 바꿨고, 현재 997명이 거주하고 있다. 휴대전화 수신과 와이파이 사용이 가능하지만 섬 생활은 여전히 느리게 돌아간다. 방문객들은 6인승 소형 경비행기와 30분 걸리는 보트를 타고 들어오며, 우편물은 칠레 본토에서 운영하는 지원 보트로 월 2회만 배달된다. 섬의 지리적 위치에 따른 물리적 여건은 지금도 똑같지만, 섬 주민들이 경험하는 고독의 수준은 셀커크가 300년 전에 경험했던 것과 전혀 다르다. 주민들은 칠레 본토에 사는 사람들과 마찬가지로 채팅 메시지를 이용하고, 최신 드라마를 스트리밍해서 시청하며, 대중문화에 민감하다.

미래학자 아서 C. 클라크Arthur C. Clarke는 "충분히 발달한 기술은 마법과 구별되지 않는다"라고 말한 적이 있다. 셀커크가 섬에 체류하는 동안 동료들과 소통하려면 텔레파시를 보내거나 유리병에 메시지를 담아 띄워 보내고 운이 아주 좋기를 바라는 수밖에 없었지만, 오늘날 우리는 어디에나 있는 디지털 네트워크와 지구 반대편까지 연결되는 '마법'을 당연한 것으로 취급한다. 인간 특유의 사교성을 지닌 우리는 사회와 언제 연결되고 언제 단절되는 것이 자연스러운가를 적극적으로 고려하거나 숙고하지 않은 채로 통신 기술을 수용했고, 그 과정에서 외부세계가 우리 삶의 지극히 개인적인 부분에까지 침투하는 것을 허용했다. 셀커크의 완전한 고독은 18세기 기준으로도 이례적이었지만, 일반적으로 그 시대 사람들은 방해받지 않고 혼자 보내는 시간이 오늘날 우리보다 훨씬 많았다. 과거의 인류는 오늘날보다 다른 사람과 함께 보내는 시간이 더 길었지만, 그들은 적어도 혼자 있을 때는 다른 사람과 거의 완전히 단절되어 있었다. 인류가 존재했던 대부분의 시간 동안 자유시간이라는 특권을 누렸던 사람들은 자유시간을 다른 사람과 만나는 활동적인 시간과 홀로 사색에 잠기는 시간으로 나눠 썼다.

최초의 인류 문명은 개개인의 자유시간에 꽃을 피웠다. 예를 들어 고대 그리스에서는 '비오스 테오레티코스bios theoretikos'라 불리는 관조하는 삶이 인간의 존재에 심오한 목적을 부여하는 유일한 길로 여겨졌다. '여가'를 뜻하는 그리스어 Scholé(스콜레)는 영어 단어 school(학교)과 그 파생어의 기원이 되었다. 우리가 어떤 문제를 제대로 해결하려면 길게 이어지는 생각이 필요하며, 그런 생각은 혼자 있을 때나 우리 자신이 직접 선택한 소수의 사람들과 함께 있을 때 제일 잘 떠오른다. 진정한 사색은 깨어 있는 무위無爲의 시간과 전적으로 집중하는 시간을 오가며 이뤄지는데, 이런 시간을 가지기 위해서는 일정 수준의 침묵과 고요가 필요하다. 고독할 때 우리의 정신은 생각하는 행위 자체를 경험하고, 우리 자신이 생각하고 성찰한 내용을 검토하며, 다양한 각도에서 생각을 재점검하고, 그 과정에서 지식과 이해를 증진한다. 우리는 혼자 있는 순간에 자신을 더 잘 인식하며, 혼자 시간을 보내는 것만으로도 창의력과 집중력과 문제해결력이 향상된다는 과학적 연구 결과도 나와 있다. 침묵과 고요는 우리 뇌에서 기억과 학습을 담당하는 부위인 해마 내부에 새로운 세포의 성장을 촉진한다고 알려져 있다.

하지만 당연히 고독은 외로움과도 밀접한 관련이 있다. 외로움은 타인과 단절되고 의미 있는 사회적 접촉이나 관계가 부족하다는 느낌이다. 혼자 있을 때는 외로움이 실패처럼 느껴지기도 한다. 우리는 미처 의식하지 못하는 사이에 개인적인 시간의 대부분을 단절된 느낌을 받지 않도록 생활을 계획하는 데 사용하기 때문이다. 그런 충동 때문에 다른 사람의 반응에 매우 민감하며 남과 잘 어울리거나 인기를 끌려고 노력한다. 하지만 주관적인 존재인 우리는 항상 어느 정도는 다른 사람들에게서 떨어져나온 느낌을 받는다. 외로움은 모든 형태의 의도적인 고독에 선행하는 현상이며, 보통은 불편이나 불쾌함을 느끼는 과정을 거치고 나서야 혼자 있어도 편안해진다.

셸커크는 몇 년 동안 그런 연습을 하면서 고독에 익숙해졌다. 그가 오랜 시간 사람과 접촉하지 않고 지내다가 도시로 돌아왔을 때 사교불안을 경험한 것은 놀라운 일이 아니다. 그는 술에서 도피처를 찾았고, 이전처럼 주정뱅이 생활로 돌아가서 점점 더 공격적인 다툼에 휘말리게 되었다. 섬에서는 외로움을 견디며 구조될 때까지 참고 기다리는 것 외에 선택지가 없었던 반면, 문명사회로 돌아온 뒤에는 가까운 곳에 유혹이 있어서 힘든 감정으로부터 일시적인 위안을 얻을 수 있었지만 그런 생활은 그의 상황을 더 나쁘게 만들 뿐이었다.

현대 사회에서 외로움이 심각한 문제로 떠오른 것은 대면 대화 감소의 직접적인 결과였고, 이런 경향은 세계적인 코로나19 팬데믹으로 더 심해졌다. 인간이라는 종은 진짜 인간과의 대화에 반응하도록 만들어졌다. 우리는 채팅 메시지, 이메일과 문자메시지, 최신 뉴스를 통해 다른 방법으로 연결을 유지하지만 이런 연결의 효과는 실시간 대면 대화가 우리에게 주는 심리적 웰빙 증진과는 비교가 되지 않는다. 일반적으로 우리는 외로움에서 오는 고통이나 불편을 잊으려고 디지털 콘텐츠·음식·술·TV처럼 유쾌한 자극을 찾는데, 이는 실존적인 병리의 근원을 치유해주지 못하며 오히려 이로 인해 문제를 장기화하거나 악화시키는 습관에 빠져든다. 마음속의 불편을 덜어내기 위해 우리가 항상 곁에 두는 디지털 기기들은 사실 우리가 곤경에 처한 원인이다. 우리가 가장 먼저 찾는 피난처는 메시지를 확인하는 것이지만, 온라인에서 화면의 안내에 따라 뭔가를 보고 클릭하고 스크롤하며 수동적인 시간을 즐기는 경우도 많다. 그럴 때 우리는 능동적으로 뭔가를 입력하거나 의식적으로 방향을 정하지 않는다. 우리가 '휴식'이라고 스스로에게 이야기하는 활동은 결국 그 자체가 목표가 되어버리고, 불안한 마음을 다른 데로 돌렸다면 누렸을지도 모르는 더 생산적이고 창의적인 시간을 잃어버린다.

인간은 본질적으로 가만히 앉아서 아무것도 하지 않기가 힘들다. 환경의 모든 변화를 감지하려고 하는 인간의 정신이 가만히 있는 것을 방해하기 때문이다. 오늘날 대개는 온라인에 접속해서 내용을 훑어보려는 유혹이 지루함이라는 불편한 감정을 이긴다. 하지만 날마다 느끼는 긴장감, 특히 지금 하는 생각을 계속하고 지금 하는 일에 집중을 유지하고 온전히 몰입하려고 애쓸 때의 긴장감에서 고독을 되찾는 방법을 찾아볼 수 있다. 종교적·영적 수련의 전통은 오랜 세월 동안 우리가 생각을 정돈하고 주의를 집중하게 하는 방법 또는 의식을 받아들이고 발전시켰다. 형태를 불문하고 모든 명상법과 종교의식의 공통점은 방황하며 꿈틀거리는 우리의 주의를 붙잡아서 다시 내면으로 향하게 한다는 점이다. 일반적으로 명상 수련은 호흡에 집중하거나 속으로 외우는 문구에 집중하면서 마음을 가라앉히고, 요가와 중국의 전통 수행법인 기공은 우리의 몸동작에 주의를 기울이면서 고요한 에너지를 키우며, 기도나 묵상은 머릿속의 생각을 잠재우기 위해 암기한 문장을 반복하는 형식을 취한다. 최근에는 마음을 가라앉히는 실천법으로 마음챙김mindfulness이 떠올랐는데, 종교적·영적 수련과 사실상 같은 방법을 현대의 삶에 더 부합하도록 재구성했다고 볼 수 있다. 이 모든 유익한 수행을 하려면 바쁜 생활 속에서 따로 시간을 내야 하는데, 적어도 처음에는 이것이 가장 어렵다.

2,000여 년 전《바가바드기타》에서 제시한 주된 질문은 오늘날 우리에게도 절박한 과제로 다가온다. 혼자 조용히 수행하는 순간에 발견할 수 있는 건강한 생각과 관점을 어떻게 일상생활에 적용할 수 있을까? 우리의 주의를 사로잡고 조종하는 디지털 기술의 정교

한 방식에 맞서려면, 전자기기와 떨어져 있을 때만이 아니라 전자기기를 들고 다니거나 사용할 때도 활용 가능한 기술과 수련이 필요하지만 그 필요성에 대한 인식은 놀라울 만큼 부족하다. 오늘날 마음챙김 서적이나 모바일 앱에서 제공되는 표준적인 회복 솔루션은 매일 20분 명상, 매주 요가 수련, 주말 디톡스 휴가로 이뤄진다. 이러한 해결책은 온라인의 요구로부터 완전히 단절되는 시간을 확보하는 데는 유용하지만, 온라인과 오프라인 모두에서 우리의 고독을 완전하게 보호하지는 못하며, 오늘날 사람들에게 실제로 디지털 기술을 사용하고 참여하면서도 자기 생각과 평온을 보호하는 방법을 알려주는 주류 지침은 사실상 존재하지 않는다. 그 디지털 기술이 우리의 주의를 날마다 훔쳐가서 장사를 하는데도.

널리 알려지지는 않았지만 이런 문제에 적용하기 좋은 이론을 제시한 사상가로 아르메니아의 철학자 게오르기 구르지예프George Gurdjieff가 있다. 구르지예프는 청년 시절 이란, 중앙아시아, 인도, 티베트 등지를 여행하면서 자기계발에 관한 새롭고 독창적인 철학을 수립한 뒤 1912년 모스크바에 도착했다. 그는 자신의 사상체계에 '제4의 길'이라는 이름을 붙였다. 수도승, 요가 수행자, 은둔자들의 영적 수행 방법을 평범한 사람의 일상생활에 적용하기는 거의 불가능하다고 생각했기 때문이다. 현자, 이슬람 수도승, 영성 지도자들과 만난 뒤 그는 자신의 가르침을 통합해 하나의 일관된 원칙을 정립했다. 그는 사람들이 자신이 생각하는 바와 달리 일상에서 자신이 생각하는 과정을 거의 통제하지 못하고 반자동적으로 삶을 살아간다고 주장했다. 그러므로 외부의 영향과 주의를 분산시키는 요소들로부터 의도적으로 자신을 분리하는 행위를 통해서만 자기 생각과 감정에 집중할 수 있다. 주의력에 관한 후속 연구와 사용자 경험 테스트 결과들은 그의 주장이 옳음을 입증했다. 우리가 살면서 내리는 결정들은 상당 부분 외부의 힘 또는 우리에게 내재된 기대에 좌우되며, 디지털 기술과 상호작용할 때는 화면에서 보는 단서에 전적으로 의존한다. 실제로 우리가 일상생활에서 사용하는 소프트웨어는 우리의 주의를 통제하도록 정교하게 설계되어 있다. 이처럼 기본값이 자동 조종 모드로 설정된 환경에서 우리의 뇌는 매우 잘 작동하며 우리는 외적 동기에 따라 다음 행동을 결정하는 데 익숙해진다. 특히 광고업계는 이러한 원리를 잘 알고 있다. 거리의 광고판에 표시된 단순하지만 강렬한 문구와 선언들이 우리의 의견에 영향을 끼칠 확률은 생각보다 훨씬 높다. 구르지예프는 수도승, 요가 수행자, 은둔자들의 전통적인 수행법을 활용해 일상생활 속에서 생각에 대한 통제권을 되찾자고 주장했다는 점에서 혁신적이었다. 그가 제시한 방법은 오늘날 우리가 디지털 생활을 포기하지 않고도 우리의 자아 인식, 자율성, 고독을 보호하기 위해 활용 가능한 하나의 방법으로서 생명력을 유지하고 있다.

우리가 휴대전화를 확인하게 만드는 막연한 불안감은 대부분 우리 개개인이 인지하지 못하는 영역에 존재한다. 우리는 순간적으로 불편하고 부정적인 감정이 솟아나는 것을 느끼지만, 그 감정과 정면 대결해서 근본적인 원인을 알아내려고 하기보다는 스스로 만들어낸 다음번 디지털 과제로 눈을 돌린다. 기술은 너무 쉽게 현재를 회피하게 해준다. 하지만 우리가 모든 디지털 경험을 차단하고 아무런 목적도 없이 무엇을 응시하지 않는 상태로 조용히 앉아 있을 때, 그러니까 정말로 멈춰 있을 때 우리는 생각을 스스로 관리할 책임을 지게 된다. 그렇다고 내면이 갑자기 고요해지지는 않는다. 오히려 더 시끄러워지고 유혹이 찾아올 수도 있다. 시간을 들여서 생각이 자연스럽게 흘러가는 과정을 관찰하면 하나의 생각이 우리의 모든 지각 경험을 지배할 수 있다는 것을 알게 된다. 모든 명상법의 핵심 원칙은 주의를 다른 어딘가에 집중시켜서 생각의 속도를 늦추거나 이상적으로는 완전히 멈추는 것이다. 주의를 돌리는 데 성공하면 심오하고 상쾌한 고요함이 느껴지기 시작한다. 마치 원기를 회복하는 듯한 이러한 상태는 명상이 끝나고 나서도 한동안 지속되곤 한다. 명상에 조금 더 익숙해지면 잡념이 떠오르기 시작하는 순간을 쉽게 알아차리고 주의를 되돌려서 잡념을 더 잘 통제하게 된다.

구르지예프는 디지털 기술에 우리의 집중력을 도둑맞지 않을 방법을 알려준다. 그 방법대로 하면 우리 자신이 무심코 온라인에 접속할 때를 더 잘 포착하고 우리가 의도하지 않은 경로를 따라 클릭을 계속한다는 사실을 더 예리하게 감지할 수 있다. 디지털 기기가 우리의 생각과 행동에 끼치는 영향을 구체적으로 인식하고 있을 때 우리는 혼자만의 시간과 개인적인 동기를 보호하기 위해 변화를 일으킬 힘을 얻는다.

구르지예프는 일상생활에서 현재에 집중하는 방법에 관해 실용적으로 조언한다. 자동적인 패턴을 깨고 현재의 순간을 자각하기 위한 연습을 하라는 것이다. 수시로 머릿속으로 '그만'이라고 외치고 모든 행동을 멈춰보라. 그러면 우리의 생각과 감정을 점검하게 되고, 현재에 집중할 수 있는 조건이 만들어진다. 또한 구르지예프는 모든 경험에 닻을 내리고 몰입하기 위해 물리적 신체와 다시 연결되는 방법을 강조했다. 새 생명의 탄생이라는 기쁨의 순간이나 사랑하는 사람의 죽음과 같은 결정적인 순간에 짧지만 온전한 삶을 경험하면서 우리가 모든 감각에 극도로 예민해진다는 것이다. 이처럼 깊은 각성의 순간이야말로 고립에 관한 관념이 바뀌고, 우리가 주변 세계와 어떻게 연결되어 있는지를 저절로 온전히 이해하게 되는 순간이다. 그는 이를 '자기기억하기self-remembering'라고 불렀으며, 이런 순간을 의식적으로 관찰하고 그때의 내적 경험을 속속들이 탐구하면 그처럼 생생한 자각 상태를 어디서나 재현할 수 있다고 주장했다. 오늘날 구르지예프의 연구는 온라인에서나 오프라인에서 고독을 겁내기보다 즐기면서 맥락과 관점을 유지하는 방법을 알려준다. 오늘날 우리는 고독을 보호하기 위해 몇 가지 조치를 취할 수 있고, 한두 가지만 변화시켜도 셀커크가 남태평양에서 조난 생활을 하면서 누렸던 사고와 존재의 전환을 만들어갈 수 있다.

고독도 연습이 필요하다

우리는 혼자서도 잘 지낼 수 있는 선천적인 능력을 지니고 있지만, 혼자 있을 때 불안을 떨치기 위해서는 연습이 필요하다. 시간이 지나면 혼자 있어도 괜찮다는 자신감이 생겨나고 내면의 자원을 더 잘 활용하게 된다. 첫 번째 단계는 때때로 모든 연결을 차단하는 데 필요한 공간을 확보하는 것이다. 간단하면서도 효과적인 몇 가지 조치를 통해 디지털 기기의 인풋 수준을 통제할 수 있다. 명상과 호흡법 같은 전통적인 방법을 활용해 디지털 생활의 긴장을 단시간에 완화할 수 있고 혼자 있는 시간의 질을 높일 수도 있다.

일시적 차단과 재충전은 중요하지만 그것만으로는 고독과 개성을 온전히 보호할 수 없다. 조심하지 않으면 다른 사람들과 연결하기 위해 사용하는 디지털 네트워크가 우리를 집단사고에 노출시키고 중립적이지 않은 관점으로 유도할 수도 있다. 우리를 디지털 세상에 연결하는 동아줄은 심리적 성격이 강하기 때문에, 디지털 접속은 기기가 꺼져 있을 때조차도 마음속 깊은 곳의 생각들을 어지럽힐 수 있다. 하지만 그 동아줄은 또한 본능에 따라 움직이므로 통제하려고 마음먹으면 달라진다. 화면을 보고 있을 때의 자각 수준만 조절해도 기술이 우리의 결정, 사고, 기분에 끼치는 영향을 알아차릴 수 있다. 온라인에서 보내는 시간이 개인의 삶에 어떤 영향을 끼치는지 정확히 파악하는 방법을 배우면 오프라인일 때조차도 기술의 영향을 받는다는 사실을 쉽게 알아차릴 수 있다. 혼자 있을 때나 심심할 때 휴대전화에 손을 뻗으려는 충동을 알아차리면 그 충동을 조절하기가 쉬워지고, 심지어는 충동을 아예 없앨 수도 있다.

오프라인 방해 줄이기

휴대전화 알림은 혼자 있을 때 집중을 방해하는 주된 요인이며, 설정을 조금만 변경하면 쉽게 알림을 꺼놓을 수 있다. 문자메시지나 전화를 받을 때마다 사용자의 주의를 끌기 위한 소리 또는 진동 알림은 일반적으로 디지털 기기의 표준으로 설정되어 있다. 초기 설정 그대로 사용하면 뭔가에 집중하고 싶을 때마다 휴대전화를 무음으로 설정하는 일은 사용자 몫이 된다. 그리고 잘 알다시피, 이 간단한 조치를 깜빡 잊기란 정말 쉽다. 고독을 보호하기 위해서는 알림을 꺼놓는 것을 표준으로 설정하고 알림이 필요할 때만 켜놓는 것이 더 유익하다. 알림을 받자마자 읽어야만 하는 경우가 얼마나 자주 있을까? 비상시가 아니라면(비상시를 위해서는 중요한 인물을 알림 설정과 무관하게 즐겨찾는 연락처로 설정해놓으면 그만이다) 특별하고 긴급한 메시지이거나 업무와 관련된 메시지일 것이다. 하지만 하루 동안 우리의 주의를 앗아가는 메시지의 대다수는 메시지를 확인하기로 마음먹고 나서 봐도 똑같이 효과적으로 처리할 수 있다.

휴대전화에 손을 뻗는 일이 습관화되었다면 가장 좋은 해결책은 휴대전화를 아예 손이 닿지 않는 곳으로 치워두는 것일 수도 있다. 집에 도착하면 휴대전화를 현관 앞에 두거나 책상의 충전 패드에 올려놓는 새로운 습관을 들여보라. 메시지를 확인하고 싶을 때 휴대전화를 가져오되, 메시지 처리가 끝나면 곧바로 제자리에 돌려

지금! 시작해보기

- **모바일 기기의 알림을 '꺼짐'으로 설정하기**: 메시지를 받고 나서 얼마나 빨리 확인해야 하는지를 신중하게 생각해보고, 정말 필요할 때만 알림을 켜자.
- **휴대전화를 지정된 장소에 두기**: 메시지를 확인하고 싶을 때만 휴대전화를 집어드는 습관을 만들어보라. 또한 저녁식사 이후와 아침식사 이전에는 휴대전화를 손이 닿지 않는 곳에 두면 좋다.

둔다. 저녁식사 이후에는 휴대전화를 지정된 장소에 내려놓고 다음 날 아침식사를 마칠 때까지 그대로 둔다.

온라인에서 집중력 지키기

온라인일 때도 마찬가지로 고독을 보호하는 것이 중요하다. 디지털 기기에서 일을 하거나 글을 읽거나 즐길 때 불필요한 방해 요소 때문에 귀중한 생각의 흐름이 끊어져서는 안 된다. 데스크톱 컴퓨터의 바탕화면을 깔끔하게 정리하면 완전히 오프라인일 때처럼 깊이 있고 신중하게 사색하기에 적합한 환경이 조성된다. 바탕화면에서 불필요한 파일을 모두 지우고 나머지는 폴더에 넣어 정리하라. 다른 전자기기의 홈 화면에 보이는 소프트웨어 아이콘의 수도 최소화하라. 앱을 사용할 때나 인터넷 검색을 할 때마다 전체화면 모드를 사용해서 버튼과 선택지가 늘어나지 않게 하고, 캘린더 초대를 제외하고는 브라우저에 팝업 알림이 표시되는 것을 차단하라.

따분할 때 종종 찾았다가 시간을 낭비했다고 후회하게 되는 웹사이트가 있다면? 전자기기에서 특정 웹사이트 또는 소셜미디어

지금! 시작해보기

- **데스크톱 컴퓨터 깔끔하게 정리하기**: 바탕화면의 앱 아이콘을 최소한으로 줄이고 가능하다면 전체화면 모드를 선택하자.
- **컴퓨터에 웹사이트 차단기 설치하기**: 집중을 방해하는 웹사이트와 소셜미디어 플랫폼을 영구적으로 차단하는 것도 고려하자.

서비스에 접속하지 못하게 해주는 차단 기능을 사용하라. 현재 나와 있는 차단기 중에서는 '콜드터키 블로커Cold Turkey Blocker'가 가장 강력하고 포괄적이다.

온라인으로 바로 뛰어들지 마라

우리는 사람들과 어울리며 완전한 만족이나 행복을 느낄 때가 많지만, 강렬한 외로움을 느끼는 순간들에 주의해야 한다. 직장에서 일하든 낮에 휴대전화를 확인하든 밤에 편안한 자세로 TV 앞에 있든, 화면 앞에 있을 때마다 그리 멀지 않은 과거에 인류는 이 모든 순간을 다른 사람과 함께 보냈다는 사실을 생각해보라. 몇 세대 전의 조상들을 포함한 인류는 항상 부족 공동체의 긴밀한 관계 속에서 살아왔으며, 이러한 오랜 관습과 행동을 바탕으로 사회적 접촉을 추구하거나 혼자 있을 때 불편을 느끼도록 자연스럽게 진화했다. 아무리 일상과 동떨어져 고립된 느낌이 들더라도, 지금 우리는 조상들은 겪지 않아도 되었던 수준의 소외와 고립을 경험하고 있으며 그런 부담감이 매일의 판단과 행동에 지장을 초래할 수 있다는 것을 인식해야 한다.

고독은 다양한 방식으로 모습을 드러낼 수 있다. 일반적으로는 지루하거나 불안한 느낌으로 나타난다. 지루함을 느끼거나 휴대전화를 확인하고 싶어서 근질거릴 때는 의도적으로 뒤로 물러나 우리의 안전지대를 시험하자. 즉시 지루함을 회피하기보다 지루한 감정 안에 머물면서 그 감정을 깊이 이해해보라. 지루함의 근본 원인을 찾아보고 곧바로 온라인에 다시 접속하고 싶은 충동에 유의하라.

시간이 지나면 우리의 디지털 시간을 늘리는 연결고리를 찾아내기가 쉬워진다. 그 연결고리는 새로운 메시지를 찾아 헤매게 만드는 생각이나 기억일 수도 있고, TV를 보며 위안을 찾게 만드는 마음의 동요일 수도 있다. 이러한 동기를 잘 알고 있으면 바로 온라인에 뛰어드는 대신 오프라인 상태를 유지하면서 마음을 진정시킬 장기적인 수단을 찾는 것이 더 좋을 때가 언제인지를 잘 판단하게 된다.

지금! 시작해보기

- **따분한 느낌 그대로 받아들이기**: 조용한 순간에 휴대전화를 확인하고 싶은 충동을 알아차리고 그 충동에 저항하는 연습을 한다.
- **불만스러운 느낌이 있는지 살피기**: 휴대전화나 TV로 주의를 돌리기보다 불만의 근본 원인을 찾아본다.

혼자 있는 시간의 질 높이기

명상은 올바른 방향으로 접근하기만 하면 혼자 있는 능력을 훈련하기에 매우 효과적인 방법이다. 명상을 하면 생각이 잠잠해지고 유익하지 않은 사고 패턴을 조금씩 해체할 수 있다. 충동이나 유혹은 줄어들고, 생각이 멈추고 자리잡는 가운데 심오한 평화가 찾아와서 우리와 함께한다.

하지만 명상에 익숙하지 않은 사람들에게는 명상이 매우 어려울 수도 있다. 생각에 잠겨 혼자 가만히 앉아 있는 것이 처음에는 몹시 어렵게 느껴지고, 익숙해지기까지 시간도 걸린다. 긍정적인 결과를 신속하게 얻고 싶다면 호흡법 연습부터 시작하라. 호흡법 연습은 일종의 고강도 명상으로서 적극적인 호흡 기술을 활용해 집중력을 훈련한다. 호흡에 노력을 투입하므로 마음이 방황하기가 훨씬 어려워진다. 명상 연습을 두 부분으로 나눠 처음 10분간 집중적인 호흡법 연습으로 마음을 가다듬고 나서 10분간 회복 명상으로 넘어가면 생각이 정돈되고 자각이 높아진다.

처음에는 집에서 시도하는 것이 가장 쉽다. 방해받지 않는 조용한 장소를 찾아 반가부좌나 가부좌로 앉거나 눕는다. 시계를 계속 보지 않아도 되도록 10분 알람을 맞춰놓는다. 디르가 프라나야마Dirga Pranayama라고 불리는 '3부분 호흡법'은 간단하면서도 효과가 빠르게 나타나기 때문에 초심자에게 아주 좋다. 먼저 눈을 감고 입이나 코로, 또는 입과 코를 모두 사용해 복부 깊은 곳까지 숨을 들이마신다. 복부가 다 채워지면 계속 숨을 들이마셔 가슴까지 채우면서 흉곽과 폐의 가운데 부분이 부풀어오르게 한다. 마지막으로 쇄골과 어깨가 만나는 곳까지 숨을 들이마시며 폐의 윗부분을 채운다. 그러고 나서 숨을 내쉰다. 타이머가 울릴 때까지 이 과정을 반복한다. 방법에 옳고 그름은 없다. 운동선수처럼 호흡해도 되고, 천천히 숫자를 세면서 호흡하고 싶으면 그렇게 해도 된다. 휴대전화 알람이 울리면 다시 10분을 설정하고 명상을 위해 눈을 감는다. 이번에는 호흡에 집중하지 말고 머릿속으로 임의의 단어 또는 소리를 반복 재생하라. 어떤 의미가 함축되어 있으면 주의가 분산될 수 있으므로 의미 없는 단어가 가장 좋다. 머릿속에 공간을 만들고 단어를 암송하는 소리가 공간에 울려퍼지는 모습을 상상해보라. 반복되는 주문 같은 단어에 주의를 집중하고, 곧바로 알아차리지는 못하더라도 마음이 방황할 때마다 머릿속에서 울려퍼지는 단어로 주의를 돌려놓아라. 다시 타이머가 울리면 기분이 어떻게 달라졌는지 확인하면서 자신이 성취한 평안과 고요를 즐겨보라.

지금! 시작해보기

- **'3부분 호흡법'으로 숨쉬기**: 숨을 들이마셔 1) 복부와 2) 가슴을 채우고 나서 3) 폐 윗부분까지 채운 다음 길게 내쉰다.
- **다른 호흡법 찾아보기**: 예를 들자면 빔호프Wim Hof 호흡법은 코나 입으로 깊이 숨을 들이마셨다 내쉬기를 40번 반복한다. 마지막 숨을 내쉴 때는 숨을 완전히 내뱉고 최대한 오래 참은 다음 폐 윗부분에 공기를 한 모금 넣어주고 다시 1분간 숨을 참는다. 이 순서대로 최대한 여러 번 반복한다.
- **호흡법 연습 후 짧은 명상하기**: 조용한 장소에 앉아 10분 알람을 맞춰놓은 다음, 눈을 감고 호흡에 정신을 집중하라.
- **매일 호흡법 연습과 명상 실천하기**: 하루 중 일정한 시간을 정해놓고 (아침이 제일 좋다) 10분간 호흡법 연습을 한 뒤 10분간 명상을 한다.

명상과 호흡법은 한번 익히면 평생 활용할 수 있다. 명상은 하루를 시작하거나 잠자기 전에 긴장을 풀기에 정말 좋은 방법이며, 명상의 이점은 혼자 있는 다른 시간으로도 자연스럽게 파급된다. 때때로 우리는 온라인 경험의 강렬함에 정신적 피로를 느낀다. 정보가 가득한 화면을 집중해서 들여다보거나 다양한 사교적 메시지를 이해하는 과정에서 정신적으로 소진되는 것이다. 명상은 마음을 비우고 재충전을 하면서 그런 정신적 피로를 빠르게 완화하는 좋은 방법이다. 명상은 집에서도 할 수 있지만 버스나 공원, 때로는 조용한 교회에서도 할 수 있다. 명상을 꾸준히 하면 가장 필요한 순간에 평온을 얻을 수 있다.

온라인일 때 현재에 머물기

명상과 호흡법 연습은 쉴 새 없이 업무에 노출되는 치열한 일상과 방해받지 않는 혼자만의 고요함 사이에서 균형을 잡아준다. 명상 상태에서 얻는 평온을 통해 일정 수준의 평정심을 유지할 수 있으며 다시 일상적인 삶으로 돌아가서 바쁘게 움직일 때도 스스로를 보호할 수 있지만, 그 보호는 어느 정도까지만 가능하다. 일반적으로 삶은 우리의 주의를 마음대로 움직이고 수없이 많은 새로운 방향으로 데려간다.

주의력이 우리의 생각과 내적 경험을 통제한다는 사실을 뚜렷이 인식하고 일상생활에서 현재에 충실하기 위한 수단으로서 구르지예프가 고안한 것이 '주의 분할 연습'이다. 그의 주장에 따르면 우리는 지적인 과업을 수행하는 동시에 주변의 소리나 감각을 받아들이면서 서로 무관하지만 깊고 강렬한 느낌을 경험할 수 있다. 우리에게는 자연스럽게 지각을 분할해서 동시에 여러 사건에 주의를 기울이는 능력이 있다.

주의를 분할하는 능력을 활용하면 온라인일 때도 현재에 머물 수 있다. 다음번에 컴퓨터 앞에 앉을 때는 구르지예프가 '지적 중추'라고 부르는 부분이 활성화된 상태를 유지하면서 디지털 과업을 수행하고, 동시에 의도적으로 두 번째 주의 집중점을 만들어보라.

'본능 중추'가 지금 하는 일에서 벗어나 주변의 잔잔한 소음을 따라가게 하라. 예를 들어 째깍거리는 시계 소리라든가 길에서 일하는 인부들의 소리에 주의를 기울이는 것이다. 주의가 둘로 나뉘었다고 느껴지면 구르지예프가 '감정 중추'라고 부르는 세 번째 주의를 만들어보라. 특정한 감정 안에 깊이 들어가서 머물러라. 기쁨이나 고마움을 느낄 이유를 찾아도 좋고, 그 순간에 느끼는 어떤 감정을 찾아내서 그 안에 더 깊이 빠져들어도 된다.

주의를 세 갈래로 분할하는 데 성공하고 각기 다른 경험 안에 머물면 우리의 경험은 더 생생해지고 물질성을 띤다. 호흡이 얕아지고 가빠질 수도 있다. 그런 느낌을 받는다면 그냥 놓아두자. 스스로 만들어낸 세 갈래의 주의를 관찰하면서 경이의 감정이 솟아나는 네 번째 주의를 형성할 수도 있다. 주의 분할은 최대한 오래 유지하라. 2~3분이 제일 좋다. 그리고 준비가 되면 주의를 모두 되돌려 하나로 합치고 현재에 온전히 머물러라.

디지털 기술을 사용할 때 주의를 분할하면 디지털 기술이 우리의 내면에 끼치는 영향을 자세히 관찰할 수 있다. 감정 중추를 지금 하는 업무와 분리하면 우리가 온라인에서 접하는 것들이 실제로 기분을 어떻게 바꾸는지 더 자세히 알게 된다. 소셜미디어 피드를 아래로 내릴 때 질투·분노·불안 같은 감정이 생겨나는지 살펴보고, 그 감정 안에 들어가서 왜 그런 감정이 솟아나는지를 알아보라. 그러고 나서 본능 중추를 화면에 대한 집중과 분리하라. 예컨대 의자가 얼마나 딱딱한지를 알아차리고 팔 밑에 느껴지는 책상 면의 매끈함을 느끼는 등 실제 물리적 장소에 단단히 자리잡아서 온라인에서 발견하는 것들에 휩쓸리지 않도록 하라. 마음챙김 역시 현재의 순간을 자각하는 효과가 있다. 연습을 하면 바쁘게 이런저런 일을 처리하는 동안에도 마음챙김을 활용할 수 있지만, 온라인 활동에는 마음챙김을 적용하기가 어렵다. 구르지예프의 접근법은 뇌의 여러 중추로 주의를 분할해서 경험의 다양한 측면을 더 예리하게 지각한다는 구체적인 목표가 있으므로 온라인 과업의 복잡하고 다면적인 성격에 잘 맞아떨어지며, 온라인 활동이 우리의 정서와 생각과 물리적 자극에 끼치는 영향을 인식하는 데도 도움을 준다.

지금! 시작해보기

- **컴퓨터 앞에서 주의 분할하기**: 일할 때는 본능 중추를 디지털 작업(지적 중추 활성화)과 분리해서 외부의 소리를 따라가고, 다음으로 감정 중추를 활성화해서 현재의 감정에 주목한다. 주의가 이렇게 세 갈래로 분할된 상태를 최대한 길게 유지해보자.
- **온라인 상태일 때의 기분 파악하기**: 정서 중추를 활성화해 감정의 흐름을 주의 깊게 따라가라. 부정적인 기분 안에 머물면서 무엇 때문에 그런 감정이 드는지를 파악하자.
- **물리적 환경 안에 확고히 자리잡기**: 본능 중추를 화면에서 분리해 발밑에서 느껴지는 바닥의 단단함과 같은 실체적인 측면에 초점을 맞추고, 그 상태를 최대한 길게 유지하자.

주의 분할의 이점을 더 많이 누리고 싶다면 디지털 기기를 사용하는 동안 날마다 주의를 분할하는 연습을 해보자. 처음에는 하루 중 일정한 시간(예컨대 아침에 이메일을 처음 확인할 때)을 정해놓고 시작하는 것이 편하다. 시간이 지나면 다양한 과업을 수행하는 동안 주의 분할을 시도하면서 디지털 경험의 다양성을 종합적으로 파악하고, 각각의 경험이 우리에게 끼치는 영향을 더 예리하게 파악해보라. 연습을 충분히 하면 바쁜 온라인 세상에서도 우리 자신의 관점과 개성을 보호하면서 고독의 이점을 얻을 수 있다.

5장

읽기

READING

르네상스 시대 독서의 또 다른 주춧돌은 비망록이었다. 독자들은 독서와 생활 경험에서 수집한 문구들을 '비망록(로커스 코뮤니스)'이라는 제목이 붙은 공책에 적었다.

여백 주석, 손가락 주석, 비망록

다방면으로 활동한 지식인 존 디John Dee는 튜더 시대 영국에서 가장 활발하고 박식한 독자 중 하나였다. 사람들은 셰익스피어의 희곡 〈템페스트The Tempest〉에 나오는 박식한 주인공 프로스페로가 존 디에게서 영감을 얻은 인물이라고 생각한다. 존 디는 백과사전적인 학문을 추구했으며 엘리자베스 여왕 시대에 왕실 고문으로서 존경받았다. 그의 수학적 업적은 이후 수백 년에 걸쳐 유럽에서 일어난 과학혁명의 토대가 되었고, 그가 제작에 참여한 정밀 지도는 항해술과 지도 제작술을 발전시켰으며, 그의 점성술에 대한 깊은 이해는 영국의 달력을 태양력에 더 가까워지도록 개정하는 토대가 되었다. 또한 그는 언어와 언어학, 암호학, 철학을 비롯해 고대 그리스와 로마 시대부터 당대 유럽 전역에서 벌어지는 사건에 이르는 인류 역사 전반에 관한 책을 쓰고 영국 군주제의 종합적인 연대기를 저술했다. 이 모든 지식과 헌신적인 작업의 밑바탕에는 폭넓은 독서가 있었다. 1580년대 초에 존 디는 약 3,000권의 인쇄된 책과 약 1,000권의 필사본을 수집해 영국 최고의 장서가가 되었다. 그는 최고 수준의 독서가였고 평생에 걸쳐 개발한 정교한 독서 습관으로 훌륭한 본보기가 되었다.

르네상스는 학문과 문명 발전의 시대였다. 과거의 지식, 특히 고대 그리스와 로마 시대의 지식이 다시 소환되어 빠른 속도로 문화와 학습에 녹아들었다. 이 지식은 고대의 가치관과 저술에 대한 높은 평가에서 촉발된 교육혁명에 적극적으로 활용되었다. 변화의 핵심 동력은 '스투디아 후마니타티스studia humanitatis'(인문학 공부 – 옮긴이)였다. 스투디아 후마니타티스는 유럽 전역을 휩쓸었던 새로운 학습 과정으로서 독서를 매우 중요시했다. 라틴어를 심도 있게 배운 학생들은 과거 고전시대의 역사학자·수사학자·윤리철학자들의 학문을 치밀하게 공부했는데, 이는 근대적 문헌 연구의 시작을 예고했다. 영국 전역에 학교가 생겨났고, 존 디도 그중 한 곳에 다녔다. 학교를 졸업한 학생들은 탁월한 읽기 능력으로 무장하고 세상에 나갔고, 그 능력을 일상적인 활동과 직무에서 활용하며 평생에 걸쳐 계발했다.

르네상스 시대 학생들은 다양한 기법과 도구를 사용하여 읽기 훈련을 했는데, 그중 대부분은 오늘날 우리가 알지 못하는 것이다. 그들은 능동적으로 읽으라는 가르침을 받았고 눈앞에 놓인 글에 온전히 집중하는 법을 배웠다. 그 시대의 독자들은 책상 앞에 앉았고, 손에는 펜을 들었고, 읽는 과정에 적극적으로 참여했으며, 성실하고 꼼꼼하게 읽을 가치가 있는 책만 골라서 읽으라고 배웠다. 시간을 때우기 위한 독서와는 정반대였다. 독서 경험에는 자의식이 개입되었으며, 독자는 글을 비판적으로 이해하고 최대한 많은 것을 얻어내기 위해 정신을 바짝 차려야 했다.

존 디는 유럽 전역을 여행하며 다양한 분야의 학자들과 전문가들을 만나고 새로운 책과 원고를 사들여 수집했다. 그는 자신이 쓴

책을 빌려주고 다른 책을 대신 받는 방법으로 유럽 대륙 곳곳에 광범위한 인맥을 유지했다. 그가 해외에 머물렀던 1583년에 런던 근처 모트레이크에 위치한 그의 집과 도서실에 도둑이 들어 많은 책을 훔쳐갔고, 남은 책들은 그가 사망한 뒤에 흩어지고 소실되었다. 하지만 다행히 전부 없어지지는 않았다. 현재 존 디가 손수 주석을 달아놓은 책들은 대영도서관에 상당수 소장되어 있고 옥스퍼드대학교 보들리언 도서관, 왕립의사협회, 웰컴 컬렉션에도 있다. 이처럼 희귀한 글과 필사본의 모음을 통해, 그리고 존 디가 여기저기 남겨놓은 수많은 표시와 주석을 통해 우리는 그의 삶과 저작은 물론이고 당대의 독서 습관에 대해서도 깊이 알아볼 수 있다.

존 디의 서재에 남아 있던 책들은 르네상스 시대에 학생들에게 가르쳤던 정보처리 기술의 가장 잘 다듬어진 예시를 보여준다. '내 말을 명심해라mark my words'라는 표현은 이 시기에 처음 등장한 문구로서 당시에 책을 읽을 때 주석을 매우 중요하게 여겼다는 것을 압축적으로 보여준다. 존 디는 주석 중심 독서법을 전적으로 받아들여 책과 원고의 여백에 꾸준히 주석을 달았다. 그는 동시대는 물론이고 그 이후의 수많은 주석가와 비교도 안 되는 독보적인 존재였다. 기본적으로 존 디의 주석은 어떤 단어나 구절에 주목하게 만드는 간단한 표시·밑줄·괄호·별표로 구성되었으며, 여백에 메모를 남기기도 했다. 신중하게 작성된 메모는 나중에 '여백 주석marginalia'이라 불렸다. 존 디는 글을 읽어나가며 저자와 명료하고 때로는 열정적으로 대화를 나누는 방법으로 글에 반응했다. 여백 주석은 독자로서 그의 생생하고 친밀한 모습을 보여준다.

존 디는 굵게 밑줄을 치거나 펜으로 주제어를 휘갈겨 써서 자유롭게 표시를 남기기도 했다. 그럴 때는 논증의 구조를 따라가면서 핵심 내용을 강조하고 체계적으로 정리했다. 존 디는 책에 실린 글과 다른 책 또는 원고에 대한 참조 표시를 추가하고 단락의 시작과 끝부분에 요약을 덧붙였다. 책의 빈 페이지를 활용해 개요를 더 자세히 정리하고, 종종 표나 그림을 사용해 설명하기도 했다. 또한 프랑스 철학자 몽테뉴Montaigne와 비슷하게 책의 맨 앞이나 맨 뒤 페이지에 그 책에 대한 평가를 적어놓았는데, 이는 나중에 불필요하게 다시 읽는 일이 없도록 시간을 절약하는 전략이었다.

또한 그는 주제별로 범위를 나누고 찬성 또는 반대 의견을 표시하기 위해 단어와 기호로 이뤄진 정교한 체계를 개발했다. 여백에 그린 작은 삼각형은 특별히 중요한 부분을 의미하고, 연속된 숫자는 문단의 순서를 나타낸다. 선의 연결은 가장 눈에 띄는 기법으로, 본문이 있는 부분을 과감하게 가로질러 어느 한 구절과 다른 구절을 연결한다. 존 디는 거침없이 책의 형태를 바꾸기도 했다. 주석을 더 달기 위해 빈 페이지를 삽입하는가 하면 글을 재배열하거나 다른 글의 일부를 추가하기도 했다. 그는 자신이 읽은 내용을 소화해 적당한 크기의 덩어리들로 쪼개놓고 나중에 활용하거나 글 내부에서 연결했다.

존 디는 당대의 가장 능숙하고 탐욕스러운 주석가 중 한 명이었겠지만, 당시 책에 주석을 다는 것은 매우 흔한 일이었다. 그 시대에 다른 독자들도 놀라울 만큼 많은 양의 주석을 남겼다. 예를 들어 1500년대 라이프치히에서 인쇄된 아리스토텔레스의《분석론 후서Posterior Analytics》사본에는 68쪽에 걸쳐 5만 9,600단어의 여백 주석이 붙어 있다. 주석에도 규약 같은 것이 있었다. 여백에 꽃 모양을 그려넣는 것은 인용하기 좋은 표현이라는 뜻으로 통했다. 표현을 바꿔 다시 써보는 경우도 많았는데, 이것은 논지를 분해해서 글을 확실히 이해하는 훌륭한 방법이다. 세월이 흐르면서 개개인의 시스템이 정교해지고 각자의 독특한 표현법이 발달했다. 현존하는 이 시대의 필사본들에는 주석이 끝도 없이 다양하다. 독자가 책에 집중을 유지하면서 자신이 원하는 것을 얻기 위해 의식적으로 갈고닦은 기술이 동원되었기 때문이다.

르네상스 시대의 원고 여백에 가장 많이 등장하는 기호는 '손가락 주석manicule'이라는 작은 손 모양 그림이었다. 독자들이 주목할 만한 구절을 표시하는 데 사용한 손가락 주석은 어떤 경우에는 윤곽선만 대강 그렸고 어떤 경우에는 힘줄, 관절, 손톱까지 빠짐없이 그렸다. 존 디는 부드럽게 휜 손가락과 깔끔한 원형 소매를 선호했다. 존 디의 손가락 주석은 모두 어딘가를 가리키고 있었는데, 검지를 쭉 뻗어 텍스트를 주목하게 했지만, 그때그때 다른 점도 있었다. 손가락 하나가 페이지의 폭 전체에 걸쳐 뻗어 있기도 하고, 어떤 문장을 가리키기 위해 비현실적인 곡선을 그리며 아래쪽으로 휘어지기도 했다. 손가락 주석은 책에 남긴 개인적인 기록으로서 서명만큼이나 독특했다.

근대 초기 독자들이 읽은 책에 표시하기 위해 손이라는 모티브를 가장 즐겨 사용했던 것은 우연이 아니다. 손가락 주석은 우리가 사물을 파악하기 위해 손을 사용하는 방식을 직관적으로 모방한 것이고, 르네상스 시대의 독서에는 뚜렷한 신체성physicality이 있었다. 독서는 글쓰기나 그리기와 마찬가지로 손의 기능으로 여겨졌다. 그 시대의 독서와 관련이 있는 manuscript(원고), manual(육체

노동의), manicule(손가락 주석) 같은 단어들은 라틴어로 손을 뜻하는 manus(마누스)에서 유래했다.

*

르네상스 시대 독서의 또 다른 주춧돌은 비망록이었다. 독자들은 독서와 생활 경험에서 수집한 문구들을 '비망록locus communis(로커스 코뮤니스)'이라는 제목이 붙은 노트에 적었다. 로커스 코뮤니스는 '일반적이고 보편적인 주제'라는 뜻이다. 비망록은 근대 초기 사람들이 하루하루를 살아가는 데 없어서는 안 될 부분이었고, 정신적 삶을 만들어가기 위한 지속적인 노력이었다. 독서 활동 자체를 글로 연장한 비망록은 새로운 결합 패턴과 의미를 탄생시켰다. 주제별 제목들은 각각의 분야와 내용의 자세함 또는 복잡성에 맞게 변형할 수 있었다. 어떤 이들의 비망록은 권수가 놀랄 만큼 많았고, 방대한 색인·상호 참조·여백 주석·정교한 차례가 포함되어 있었다. 어떤 이들의 비망록은 메모를 대충 모아놓는 것으로 끝났다.

당연히 존 디는 독서를 비롯한 여러 활동을 기록하기 위해 비망록을 썼다. 그는 폭넓은 주제를 아우르는 장서에서 가져온 내용을 요약하고 그 내용으로 사색과 토론을 했다. 그 시대의 다른 독자들처럼 존 디는 다양한 상황과 자료의 성격에 맞는 독서 방식을 이것저것 적용하면서 집중적이고 광범위한 독서를 했다. 그는 한 번에 여러 종류의 글을 가지고 작업하면서 상호 참조할 부분을 쪽수와 행 번호까지 표시했다. 르네상스 시대에 일반적인 관행이었던 이런 습관은 움직이는 책장인 책바퀴bookwheel의 발명으로 이어졌다.

1.5미터 높이의 빙글빙글 돌아가는 수차 모양 책장인 책바퀴를 이용하면 한 사람이 한 장소에서 여러 권의 책을 읽기에 편리했다. 존 디의 서재는 여러 개의 방을 차지하게 되었고 책만이 아니라 독서 장비, 수학 도구, 실험실까지 구비하고 있었다. 비망록은 이 모든 것의 안내 책자 역할을 했으며 방대한 참고자료의 구성 요소들을 한 권에 압축해서 담아냈다. 그는 책과 대화와 실험에서 얻은 격언, 주제, 수치를 따로 모아 기록했으며, 독특한 방식으로 주제들을 분류해서 방대한 서가에 자신만의 체계를 구축했다. 그의 독서 활동은 결코 기계적이거나 반복적이지 않았고, 상상력을 발휘해 새로운 방향으로 나아가기 위한 지적 토대를 제공하는 작업이었으며, 그의 소장품 목록은 참신한 아이디어를 개발하는 데 도움이 되었다.

여왕의 자문관으로서 존 디가 맡은 중요한 책임 중 하나는 과학적 항해술을 발전시켜 영국이 해외에서 새로운 영토를 개척하는 데 도움을 주는 것이었다. 그는 항해에 학문적 서비스를 제공했으며 일련의 논문과 지도와 토론회를 통해 팽창주의 계획을 발전시켰는데, 이 계획은 대영제국을 향한 야심을 최초로 또렷하게 밝히고 있었다. 인문주의 교육의 기본 원칙 중 하나는 학생들이 학문을 현실에서 활용하도록 하는 것이었고, 독서는 그런 목표를 달성하기 위한 하나의 수단이었다. 크리스토퍼 콜럼버스Christorpher Columbus도 여행할 때 독서의 도움을 받았으며 그의 '신대륙' 발견은 다양한 문헌에서 영감을 얻었다. 그 문헌 중 일부는 아직도 남아 있는데, 그의 주석이 그대로 들어 있다. 존 디는 콜럼버스가 남긴 글과 항해일지를 자세히 분석하면서 영국이 대륙의 경쟁자들을 따라잡을 방법을 찾았다. 그는 여러 나라와 항로에 관한 유럽 지리학자들의 의견을 조사했으며, 영국인 탐험가들의 기록을 수집하고 그들에게서 지도·관찰 기록·실물 유물을 얻었다. 이 모든 정보는 시행착오를 거쳐 완성된 비망록 시스템 안에 깔끔하게 정리되어 존 디의 서재에 보관되었다.

*

비망록은 수백 년 동안 노트, 문집, 수첩, 탁상용 책table book, 편람vade mecums(직역하면 '나와 함께 가자'는 뜻) 등의 갖가지 이름을 거쳤다. 존 디보다 300년쯤 늦게 태어난 랠프 월도 에머슨도 비망록을 아주 잘 쓰는 사람이었다. 에머슨의 글은 매우 유명했고 오랜 세월 동안 사상가, 작가, 시인들의 삶에 영향을 끼쳤다. 미국에서 가장 많이 인용된 작가들 중 하나인 에머슨은 명료한 사고와 세상을 정화하는 글로 잘 알려져 있다. 하지만 능동적 독서와 비망록 작성이 그의 사고 과정, 작업 방법, 견해에 결정적인 역할을 했다는 사실은 오늘날 간과되곤 한다. 에머슨은 40여 년 동안 한 달에 한 권꼴로 비망록을 채웠다. 폭이 넓으면서도 체계적인 독서를 했던 그는 구체적인 프로젝트가 있는 경우에만 책의 구절, 사실, 세부사항, 비유, 일화를 노트에 옮겨 적었다. 그가 작성한 비망록은 260권이 넘는다.

에머슨은 비망록을 독창적인 글쓰기를 위한 아이디어 창고로 여겼고, 그 자신의 글도 많은 부분이 다른 사람들의 글에서 비롯된다고 열정적으로 강조했다. 그는 폭넓은 독서에서 얻은 방대한 지식을 분류하기 위해 정리 시스템을 고안했다. 메모가 아주 많았으므로 원하는 것을 바로 찾을 수 있도록 내용을 색인화해야 했고, 그러기 위해 몇 년 동안 노트를 다시 쓰고 알파벳 순으로 정렬했다. 그가 훌륭하다고 생각한 인물들과 관련된 메모를 정리하기 위해 만든 인명 색인만 839개에 달했다. 나중에는 메모를 정리된 상태로 유지하기 위해 색인의 색인까지 만들었다. 그는 상호 연결되는 참조 표시와 글로 이뤄진 관계형 데이터베이스를 가지고 있었는데, 그 참조 표시와 글을 다 합치면 하나의 주제에 관한 종합적인 안내서가 되었다. 개인적인 관심사와 의도에 완벽하게 맞춰진 최고 수준의 큐레이션이었다.

비망록은 보이지 않게 우리 문화에 공헌했으며 오늘날 당연하게 여겨지는 표준 참고자료인 백과사전, 선집, 시집, 사전 등의 초기 제작에 토대를 제공했다. 인터넷 검색은 에머슨의 색인 시스템의 현대 버전이다. 구글Google은 두 명의 학자가 인용색인법citation indexing(자료 간의 인용 관계를 분석하는 방법 - 옮긴이)의 힘을 발견한 결과로 설립된 회사였다. 구글은 웹사이트들 사이의 링크를 이용해서 정보의 중요성을 평가하고 검색 결과를 보여준다. 링크가 없다면 인터넷은 해독 불가능한 페이지들의 모음에 지나지 않을 것이다. 물론 웹 검색은 한 사람의 독자가 평생 처리할 수 있는 것과 비교할 수 없을 정도로 방대한 자료를 검토할 수 있지만, 책에 꼼꼼하게 주석을 달고 중요한 문구를 비망록에 적는 등의 능동적이고 정교한 독서 습관을 통해 우리는 자신만의 독서 기록을 만들고 읽은 글들 사이의 연결을 스스로 찾아낼 수 있다.

근대 초기 학생들이 배운 방법으로 글을 꼼꼼히 따져보고, 내용에 동화되고, 내용을 기억하고 싶다면 우리도 속도를 늦추고, 잠시 멈추고, 앞으로 돌아가서 다시 읽어야 한다. 그러면 저자와 우리 사이에 중요한 공간이 만들어져 사색할 시간과 독자적인 생각을 조리 있게 표현할 시간을 얻는다. 존 디와 에머슨의 독서법은 능동적이고 세심한 독서가 우리가 접하는 글을 우리 것으로 만드는 데 도움이 된다는 사실을 뚜렷이 보여준다. 속도를 늦추고, 더 부지런히 내용을 습득하고, 주석·표시·메모를 사용하며 읽을 때 우리는 정보를 더 잘 흡수한다. 능동적 읽기는 글을 진정으로 이해한 다음 내용을 분해하고 꼼꼼히 따져보거나 재구성하는 강력한 도구다.

존 디와 에머슨의 시대 이후로 독서의 거의 모든 측면이 달라졌다. 과거에 사람이 직접 만들었던 복잡한 자료 정리 시스템이 오늘날에는 알고리즘으로 처리되며, 과거에는 글을 천천히 주의 깊게 읽었다면 오늘날에는 온라인으로 전달되는 수많은 글을 따라잡기도 벅차서 스크롤과 대강 훑어보기가 표준이 되었다. 그래서 안타깝게도 개개인의 지식과 독해력에 상당한 공백이 생겨났다. 더 능동적인 읽기를 통해 속독을 보완하지 않으면 우리가 접하는 정보를 제대로 소화하지 못하게 되고, 무엇을 읽든 꼼꼼히 따져보지 않고 쉽게 받아들이게 된다. 우리가 더 섬세한 의견과 견해를 형성하지 못하도록 우리 자신이 방해하는 셈이다.

하지만 인간의 다른 핵심 능력들과 능동적 읽기 능력은 모두가 타고나는 것이다. 존 디와 에머슨 같은 옛 독서가들의 습관을 배운다면 우리도 문자언어를 완전히 이해하고 몰입하는 능력을 되찾고 그 과정에서 비판적 사고력과 정보처리 능력을 향상시킬 수 있는데, 이런 능력들은 텍스트가 넘쳐나고 알고리즘으로 설계되는 정보화 시대에 필수적이다.

생성 효과

셰익스피어의 작품은 능동적이고 광범위한 독서에서 새롭고 상상력 풍부한 작품이 탄생한 르네상스 시대의 훌륭한 사례다. 〈템페스트〉는 그가 줄거리를 직접 생각해서 집필한 몇 안 되는 희곡 중 하나다. 그의 다른 모든 작품은 다른 작가들의 이야기를 빌려와 부차적 줄거리와 새로운 등장인물을 추가해 사건을 재구성해서 셰익스피어 특유의 감동이 있으면서 인간의 다양한 경험을 총체적으로 담아낸 희곡으로 만든 것이다. 셰익스피어는 기원전 1세기의 오비디우스와 세네카 같은 로마인들부터 중세시대의 영국 시인 초서Chaucer와 고어Gower의 글, 그리고 자신의 희곡이 처음으로 무대에 오르기 불과 몇 년 전에 발표된 당대 작품들을 참조했다. 1577년에 출간된 역사책 《홀린셰드 연대기Holinshed's Chronicles》는 셰익스피어의 거의 모든 역사극의 원천이 되었다. 학자들은 셰익스피어가 어떤 장면에서 이 책의 몇 페이지를 참조했는지도 알아낼 수 있다. 하지만 그의 희곡은 단순히 여러 아이디어를 마구잡이로 짜맞춘 것이 아니라 정교한 구상과 품격과 깊이를 갖춘 작품이다.

놀랍게도 셰익스피어에 관해서는 알려진 바가 거의 없다. 기록을 많이 남기는 귀족 가문 출신이 아니라 평범한 가정에서 태어났기 때문이다. 몇 안 되는 기록에 따르면 그의 아버지는 장갑 만드는 기술자로 일했고, 스트랫퍼드라는 마을에서 유지가 된 뒤에 자녀들을 인근 사립학교에 보냈다. 따라서 셰익스피어는 인본주의 교육의 혜택을 입었지만, 그의 독서 습관을 보여주는 문서는 남아 있지 않으며 그가 쓴 희곡의 원본 원고도 지금은 존재하지 않는다. 이와는 반대로, 오늘날까지 시와 희극에 영향을 끼치고 있으며 셰익스피어의 경쟁자로 유명한 극작가 벤 존슨Ben Jonson의 소장도서 목록은 주석 달린 글과 그의 비망록 한 권과 함께 오늘날까지 전해진다. 존디의 경우와 마찬가지로 존슨의 생각과 해석은 그의 관심사와 목표에 맞춰진 방대하고 다양한 문학작품에서 비롯되었다. 존슨의 작품 중 하나인《영어 문법English Grammar》은 문법 교육의 중요성에 대한 그의 견해를 뚜렷이 보여준다. 존슨 역시 셰익스피어와 같은 시대에 살면서 교육의 혜택을 입었다. 문학 비평과 교육에 관한 에세이에서 존슨은 독서를 하려면 글에 관여하고 글과 상호작용해야 한다고 강조했다. 또한 읽은 내용을 무조건 받아들이지 않으려면 글을 비판적으로 검토하고 평가하며 글의 의미와 문체와 구조를 판단해야 하는데, 그것은 사람이 지적 능력을 계발하고 지식을 습득하는 데 꼭 필요한 능동적인 과정이라고 주장했다. 셰익스피어의 작품과 마찬가지로 존슨의 풍부하고 복잡한 작품들도 그가 받은 르네상스 교육이나 세련된 독서 습관과 밀접한 관련이 있었을 것이다.

*

지난 수십 년간의 연구는 단순히 뭔가를 읽거나 보는 것이 아니라 능동적으로 내용을 생성하는 행위가 학습 과정과 미래에 불러올 수 있는 기억의 형성에 중요한 역할을 한다는 점을 뚜렷이 보여준다. 1979년 토론토대학교의 노먼 슬라메카Norman Slamecka와 피터 그래프Peter Graf가 처음 발견한 이 현상을 '생성 효과generation effect'라 부른다. 이 효과는 쉬운 단어의 학습에 적용할 수 있는데, 예를 들어 'ma_ic_le'라는 조각에서 'manicule(손가락 주석)'을 생성하라는 지시를 받으면 그 단어를 더 잘 기억할 확률이 높아진다. 이 효과는 훨씬 긴 글에도 적용된다. 예컨대 어떤 주제에 관한 기사 한 편을 읽기만 할 때보다 그 주제에 관해 직접 기사를 써볼 때 이해도가 훨씬 높아진다. 셰익스피어와 존슨은 어릴 때부터 능동적 독서법을 배운 덕분에 복잡하게 얽힌 지식의 덩어리를 활용하며 상상력을 비약적으로 발전시키고 오늘날까지 전해지는 새로운 어휘와 구절을 생각해낼 수 있었다.

셰익스피어·존슨·존 디 같은 르네상스 시대 사람들이 글을 꼼꼼히 따져가며 많은 것을 생성했던 능동적인 과정은 기록으로 남은 것 중 가장 정교한 독서법이지만, 내용 이해와 기억을 돕는 비슷한 접근법들은 인류가 문자를 사용한 대부분의 기간에 존재했다. 기원전 8세기에 그리스어 알파벳이 발명된 것은 읽기의 역사에서 중요한 이정표였다. 그리스어 알파벳은 자음과 모음을 모두 갖추고 있어서 음성언어를 훨씬 정확하고 효율적으로 표현할 수 있었던 최초의 알파벳 문자로 알려져 있다. 그리고 단 24개 글자로 이뤄져 있어서 이전의 문자 체계보다 읽고 쓰기가 쉬웠다. 읽기는 교육받은 엘리트들이 반드시 익혀야 할 기술이 되었고, 파피루스 두루마리로 제작되어 개인 서가나 국가가 지원하는 장서로 보관된 글의 수는 고대 그리스 문명이 지속된 몇백 년 동안 꾸준히 증가해 기원전 3세기 이집트 알렉산드리아 도서관에는 40만 개의 두루마리가 소장되어 있었다고 전해진다.

그리스 학자들은 글을 더 깊이 이해하기 위해 혼자 있을 때 글을 소리 내어 읽는 것이 일반적이었으며, 종종 여럿이 모여 글을 읽으면서 토론하고 의견을 교환하기도 했다. 글을 함께 읽는 사람들에게 자기 생각을 말로 설명하면 조용히 읽을 때보다 더 많은 생성 효과를 일으켰을 것이다. 로마제국 말기와 중세시대 초기에 들어서야 기독교와 관련된 글이 점점 많이 보급되면서 묵독이 널리 퍼졌다. 당시에는 소리 내어 읽거나 여럿이 모여 읽기보다는 혼자서 조용히 읽고 사색하기를 권장했다.

고대 그리스 시대의 두루마리에서 손으로 쓴 메모가 많이 발견된 것으로 보아 글에 주석을 달고 표시를 남기는 것이 학자나 철학자들만 하는 일이 아니라 널리 퍼진 관행이었음을 엿볼 수 있다. 로마시대에는 주로 밀랍판에 글을 썼으므로 세월이 지나면 부패하고 손상되기 쉬워서 현재 남아 있는 증거는 적지만, 주석 달기와 같은 기본적인 읽기 습관은 다음 세대와 다른 지역에도 영향을 끼쳤을 것이 틀림없다. 기원후 8세기부터 13세기까지 중동, 북아프리카, 중앙아시아 일부 지역에서 과학과 경제와 문화가 번성했던 시기인 이슬람 황금시대Islamic Golden Age에도 학자들은 필사본에 여백 주석을 추가했다고 알려져 있다. 일반적으로 글은 종이에 손으로 옮겨 써서 학자들끼리 공유했다. 고대 그리스와 로마의 필사본을 아랍어로 번역한 것은 물론이고 그 필사본에 담긴 개념과 이론들에 관한 해설을 여백에 써넣는 과정에서 더 새롭고 창의적인 아이디어가 탄생했다.

중세시대, 곧 로마제국이 멸망하고 르네상스가 시작되기 전까지 유럽에서 생산된 글에서는 주석과 삽화가 발견된다. 고대 영어Old English(주로 1150년 이전의 영어를 가리킨다 – 옮긴이)로 쓴 서사시 〈베오울프Beowulf〉의 유일하게 현존하는 사본이 수록된 〈노웰 필사본Nowell Codex〉은 그 시대의 가장 유명하고 중요한 문서 중 하나로서, 다른 문서들과 마찬가지로 필사한 사람이나 읽은 사람들이 글의 내용을 정리하려고 여백에 남긴 메모와 주석이 담겨 있다. 그러다가 15세기에 요하네스 구텐베르크Johannes Gutenberg가 인쇄기를 발명해 서적 생산에 혁명을 일으키고 나서부터는 읽기 능력이 사회 전반에 널리 보급되어 독서가 성직자와 귀족들만의 전유물이 아니게 되었다. 인쇄술이 발명되기 전 유럽에는 수천 권에 달하는 책의 필사본이 있었다. 하지만 고작 반세기가 지난 1500년에 이르러서는 수백만 권의 책이 유통되었으며, 르네상스 시대에는 문자 해독률이 급격하게 증가했다. 이 시기 인문주의가 부상하면서 개인의 사고와 학습의 중요성이 강조되었고, 이는 고도의 능동적 읽기에 중요한 촉매제가 되어 학습과 지적 성장을 촉진했다. 또한 비망록 작성처럼 점점 더 생성적인 독서법이 채택되면서 독자들이 책에 담긴 지식의 급격한 증가를 따라잡는 데 도움이 되었다.

막대한 양의 데이터가 현대인의 디지털 생활을 가득 채우며 길잡이 노릇을 하는 지금, 우리는 차원이 다른 정보량의 증가를 경험하고 있다. 르네상스 시대에는 교육받고 학습 동기를 가진 개인이 평생 노력하면 책에 담긴 지식을 자기 것으로 만들 수도 있었지만, 오늘날 우리가 접할 수 있는 정보의 양은 헤아릴 수 없을 정도로 방대하다. 책만 해도 매년 400만 권의 신간이 출판되고, 이메일과 소셜 플랫폼을 통해 매일 1조 개 이상의 메시지가 전송되며, 전 세계에서 매일 2.5경 바이트의 데이터가 생성된다. 이러한 현상에 적응한 우리는 디지털 기기로 뭔가를 읽을 때 대개 필요한 것만 속독하거나 훑어본다. 패턴과 주제를 빠르게 잡아내고, 우리 앞에 놓인 다양한 가능성을 이리저리 탐색한다. 한 번에 여러 개의 탭을 열어놓고 옮겨다니는가 하면, 한 페이지의 글에서 몇 문단만 골라 요점을 파악하고 다음 페이지로 넘어간다. 기사와 피드를 위아래로 이동하며 훑어보면서 무엇을 피하고 무엇을 버릴지를 판단하는데, 이는 대부분 생성이 아니라 제거의 과정이다.

이런 읽기 방식도 하나의 기술이며 엄청난 유연성을 제공한다. 이런 식으로 글을 읽으면 서로 다른 정보의 흐름 사이를 쉽게 옮겨다닐 수 있고 최소한의 시간과 노력만으로 내용의 정수를 파악할 수 있다. 존 디가 자기 서가에서 광범위한 독서를 하면서 보여준 능력이 바로 이런 것이다. 그는 더 깊이 들여다보고 집중적으로 읽어야 할 내용을 분류했으며, 때때로 아주 빠른 속도로 글을 읽기도 했다. 오늘날 우리의 문제는 다음 단계인 능동적 읽기로 잘 넘어가지 않는다는 것이다. 능동적 읽기를 하려면 시간과 집중력이 요구된다. 짧게 끊어서 빠르게 읽는 현대적 독서법은 폭포처럼 쏟아지는 막대한 양의 데이터를 처리하기 위한 방어 메커니즘이다. 북마크, 피드 설정, 알림은 정보를 관리하고 걸러내는 데는 도움이 되지만 그 정보에 관해 숙고하고 우리 스스로 새로운 생각을 해내는 데는 도움이 안 된다. 기사 제목만 대충 훑어보거나 X(구 트위터)를 힐끔거리는 행위는 순간적으로 정보를 입력하고 그 정보가 유용한지 아닌지 판단한다는 점에서 도로 표지판을 보는 것과 다르지 않다. 우리는 넘쳐나는 디지털 정보 속에서 최선을 다해 헤쳐나가고 있지만, 읽는 내용을 꼼꼼하게 따져보거나 그것을 자신의 세계관에 더 확고하게 통합하기 위한 행동은 하지 않는다. 게다가 우리는 좀처럼 종착점에 도달하지 못한다. 정보의 홍수는 항상 우리를 지체시키고, 우리는 허우적대며 계속 앞으로 나아간다.

하루 중 뉴스 사이트를 처음 방문할 때 우리는 일반적으로 홈페이지에 올라온 50개에서 100개, 또는 100개도 넘는 기사 제목을 모두 훑어보며 주목할 만한 기사나 사건이 무엇인지를 결정하고, 다음으로는 그 기사들을 빠르게 훑는다. 대개는 이런 과정을 하루에 몇 번씩 반복한다. 개인적으로 관심 있는 사건이나 기사를 발견할 때조차 우리는 그 기사의 내용을 완전히 소화할 정도로 오래 멈추지 않는다. 어떤 웹사이트 또는 주제를 선호하느냐에 따라 우리의 초기 습관이 형성되지만, 온라인에서 우리가 명확한 방향성을 가지고 글을 읽는 경우는 드물다. 그 이유는 정보를 다 따라잡기가 어렵고, 온라인에는 무수히 많은 방해 요소가 있으며, 온라인으로 읽는 글의 상당수는 알고리즘으로 선별되어 있어 정보를 의식적으로 탐색해가며 소비하기가 어렵기 때문이다.

온라인에서 흔히 빠져드는 읽기의 상당 부분은 마치 별생각 없이 TV를 시청하는 것처럼 도피적이고 정신을 마비시키는 활동이다. 우리는 쉬는 시간에 잠깐씩 휴대전화를 들여다보고, 틈틈이 새 브라우저 탭을 열어 뉴스를 확인한다. 이런 식으로 전자기기와 화면에 뜨는 콘텐츠에 통제권을 넘길 때 우리는 존 디의 능동적 읽기와 반대되는 개념인 수동적 읽기에 빠져든다. 웹페이지를 1분 만에 읽고 일정한 시간이 지난 뒤에 그 내용을 기억하기란 거의 불가능하다. 글이 의미를 획득하려면 기억력과 주의력을 제대로 통과해서 지나가야 한다. 정보를 온전히 처리하고 기존 지식과 새로운 정보를 연관시키려면 상당한 정신적 집중력을 발휘해야 한다. 인터넷 브라우저를 통해서든 뉴스 피드를 통해서든 온라인에서 뭔가를 읽으며 보내는 대부분의 시간 동안 우리가 사용하는 도구들은 수동적 읽기와 지속적인 스크롤을 유도하도록 설계되었다. 소셜미디어 피드는 이런 현상을 가장 극명하게 보여주는 곳이다. 눈에 보이지 않는 알고리즘과 광고 비용으로 뒷받침되는 콘텐츠가 먼저 노출되기 때문이다. 뉴스와 포스트를 스크롤하는 동안 우리의 두 눈은 화면에 고정되어 있으며, 오랫동안 수동적 읽기를 하다가 머리가 멍해져서 종종 고개를 흔들게 된다. 우리는 포스트에 관여할 수 있지만 '좋아요' 같은 응답 버튼을 클릭하는 데 드는 정신적 노력은 아주 작다. 댓글을 작성하려면 조금 더 깊이 생각해야 하지만, 우리가 남기는 생각은 금세 시야에서 사라져버린다.

휴대전화와 컴퓨터로 글을 읽을 때는 중요한 부분에 밑줄을 긋거나 여백에 생각을 쓰는 등의 표시를 할 수가 없다. 물론 디지털 복사본을 만들어 보관하기는 쉽다. PDF로 저장하거나 복사해서 붙여넣기를 하면 되지만, 그런 노력을 기울이는 일은 드물다. 마찬가지로 비망록의 여러 가지 이점을 모방한 디지털 서비스들이 있지만, 오늘날 그런 서비스가 널리 사용되고 있다고 보기는 힘들다. 종이책에는 원하는 곳 어디든지 표시를 해둘 수 있고 나중까지 그 표시를 간직할 수 있지만, 온라인에서 접하는 글은 대부분 주석을 달기가 불가능하다. 기사는 주로 브라우저나 라이브 앱을 통해 읽게 되고, 웹사이트에 올라와 있거나 뉴스 피드를 통해 전달되는 기사는 가져와서 자기 것으로 만들 수가 없다. 우리가 읽은 내용을 나중에 활용하기 위해 의식적인 절차를 밟아 체계적으로 저장하지 않는 한 읽기는 찰나의 경험이 되어버리고 새로 알게 된 내용은 눈앞에서 순식간에 사라진다.

읽은 내용을 잊어버리기만 하는 게 아니다. 더 걱정스러운 점은 수동적 독서로 비판적 사고력이 무뎌져서 꼼꼼하게 따져보지 않고 그냥 저자의 견해가 옳다고 받아들인다는 것이다. 저자의 견해가 자신의 믿음과 일치할 경우라면 더욱 그렇다. 수동적인 읽기는 우리의 의견을 더 경직시킨다. 어떤 주장에 담긴 뉘앙스, 모호성, 오류를 놓치고 제대로 읽기에 필요한 이해와 평가라는 단계를 건너뛰기 때문이다. 어떤 글을 비판적으로 이해하기 위해서는 글 전체를 읽어야 하며, 그 글에 대해 뚜렷하고 확고한 생각을 형성하려면 시간과 공간이 필요하다. 뭔가를 자세히 읽고 심사숙고할 때 우리는 새로운 개념을 배우고 자신의 관점을 수정하면서 성장한다. 어떤 도구나 기기도 이 일을 대신 해줄 수는 없다.

대영박물관에는 1700년대 초 영국 하원의원이었던 나시서스 러트렐Narcissus Luttrell이 편찬한 비망록 모음이 소장되어 있다. 러트렐의 비망록에 적힌 내용은 오늘날 온라인에서 흔히 접하는 뉴스 기사와 사용 안내서들의 18세기 버전인 뉴스 팸플릿이나 지침서 같은 일상적인 자료에서 발췌한 것이다. 러트렐은 글에 제시된 주장을 신중하게 걸러서 가장 경제적인 형태로 축약했고, 그 내용을 완전히 익히고 나서야 새로운 독서로 넘어가려고 했다. 노트 중 한 권에는 자신을 위해 다음과 같은 격언을 써놓았다. "신뢰하거나 비판하기 전에 묻고 살피고, 훌륭하고 합리적인 근거를 가진 내용이 아니면 절대로 쉽게 동의하지 않는 것이 인간의 특권이자 의무다." 오늘날 온라인에서 글을 읽는 우리는 어떻게 이런 원칙을 지킬 수 있을까?

*

디지털 기술이 야기한 독서 습관의 변화는 학계에서도 주목하는 주제였고, 지난 몇 년 동안 이 분야에서 다수의 연구가 진행되었다. 2018년 유럽 연구자들이 발표한 유명한 메타분석 연구는 17만 명이 넘는 대상자와 2000년부터 2017년까지 수행된 58편의 각기 다른 연구에서 얻은 결과를 종합해 가장 명확한 시각을 제시했다. 바로 사람들이 화면으로 읽을 때보다 종이에 인쇄된 글을 읽을 때 이해도가 유의미하게 높았다는 것이다. 연구진이 연도별로 인쇄본 읽기와 디지털 읽기의 이해도 차이를 비교한 결과, 2000년 이후로 종이 기반 읽기의 이점이 증가한 반면 온라인 읽기의 효율성은 감소했다. 다시 말하면 수년에 걸쳐 발전한 디지털 환경은 전통적인 인쇄본을 읽을 때보다 화면으로 읽을 때의 이해력에 부정적인 영향을 끼친 것으로 보인다.

그러나 현재까지 인쇄본 읽기와 디지털 읽기를 비교한 학술 연구들은 단순히 수동적 읽기를 하는 독자를 대상으로 실험을 진행했을 뿐, 생성 효과에 관한 조사나 인쇄된 글 또는 온라인 글을 읽을 때 주석 달기와 같은 능동적 독서가 어떤 영향을 끼치는지에 관한 조사는 아직 없다.

독서는 우리 자신과 우리를 둘러싼 복잡한 미디어가 상호 침투하는 민감한 환경에서 이뤄지는 활동이다. 비판적이고 능동적인 읽기 기술은 매우 유연하고 변형 가능해서 TV·영화·이미지·디지털 플랫폼에 올라온 멀티미디어 콘텐츠 등 모든 미디어 유형에 적용할 수 있으며, 실제로 삶의 다양한 상황에도 적용된다. 하지만 르네상스 시대의 학교 교육이 인쇄술의 보급과 인쇄술이 일상생활에 가져온 변화에 적응해서 학생들이 더 많아진 정보를 처리할 수 있도록 좀 더 수준 높은 읽기 방법을 가르쳤던 반면, 오늘날에는 디지털 콘텐츠와 관련된 맞춤형 교육이 이뤄지지 않는다. 대학원 수준 이상의 읽기 방법을 가르치는 전통적인 교육과정은 지난 수십 년간 거의 변화하지 않았다. 우리가 휴대전화에 소비하는 평균 시간은 2018년 이후 계속 증가해서 이제 하루에 거의 4시간으로 늘어났고, 컴퓨터 앞에 앉아 있는 시간까지 합하면 훨씬 길어졌으며, 이 시간의 대부분은 글과 다양한 형식의 시각 미디어를 소비하는 데 사용된다. 그런데도 이 시간을 더 효율적으로, 비판적으로, 명확한 의도를 가지고 보내는 방법에 관한 정식 교육이 없다는 것은 놀라운 일이다.

디지털 기기에서 읽기를 위한 자기계발 또는 전문적 훈련은 일반적으로 속독에 초점을 맞추고 있고, 최대한 빨리 글을 훑어보게 해주는 각종 앱 서비스가 출시되어 있지만, 속독은 우리가 이미 너무나 잘 해내고 있는 영역이다. 능동적 읽기가 알고리즘의 결정, 가짜 뉴스, 분열적인 정치 구호에 대한 저항만큼이나 중요한 이 시대에 우리는 과거 어느 때보다 수동적으로 글을 읽고 있다. 우리는 인류가 수천 년 동안 가꿔온 소중한 사회적 성과인 깊고 세심한 독서를 보존해야 한다. 과거의 능동적 읽기 기술들을 조금만 변형하고 변화시키면 현대 생활에 맞게 되살려낼 수 있고, 우리는 날마다 눈앞을 스쳐가는 정보를 더 잘 걸러내고 처리하고 평가할 수 있을 것이다.

능동적인 독자가 되는 법

지금은 존 디가 활용했던 독서법이 어느 때보다 필요한 시기다. 기술은 우리가 소비하는 매체의 유형을 변화시켰지만, 정보를 능동적으로 해석하는 방법이 근본적으로 달라지지는 않았다. 꼼꼼하고 세심한 독서는 사람의 관점을 극적으로 바꿔놓을 가능성이 있으며, 타인의 견해를 이해하고 평가하는 강력한 방법인 동시에 새로운 주제를 학습하는 데 필요한 수단이다. 존 디와 에머슨의 독서법 중 상당수는 그대로 또는 약간 변형해서 온라인 독서에 적용할 수 있다.

오늘날 르네상스 시대 독자들처럼 힘들게 노력하지 않아도 풍부한 정보를 얻을 수 있다는 것은 엄청난 행운이다. 가장 높은 수준의 능동적 독서는 오랜 시간 집중하고 노력해야 하는 진지한 정신노동이며, 새롭고 복잡한 개념을 이해하거나 새로운 주제를 배울 때 필수적이다. 하지만 과거와 똑같은 수준의 노력을 요구하지 않는 다른 독서법도 많으므로, 언제 어떻게 능동적 독서법을 활용할지를 판별하는 일이 중요하다. 실물이든 디지털이든 비망록을 작성하는 것은 읽은 내용을 적극적으로 활용할 뿐 아니라 나중에 찾기 쉽도록 생각을 정리하고 자료를 기록하는 훌륭한 방법이다.

언제 능동적 읽기를 할 것인가

일반적으로 독서에는 하나 이상의 목적이 있다. 우리는 즐거움을 위해, 간단한 주장을 자세히 알기 위해, 특정한 정보를 얻기 위해, 다른 견해를 이해하기 위해, 또는 새로운 주제를 배우기 위해 독서를 한다. 디지털 기기를 사용할 때의 수동적 읽기는 앞의 세 가지 목적에 완벽하게 부합하며, 대개 몇 가지만 개선하면 더 효율적으로 읽을 수 있다. 온라인에는 검색 엔진이 있고 정보원이 풍부하므로 옛날처럼 직접 정보를 기록할 필요가 없다. 즐거움을 위해 독서를 하거나 뉴스를 확인하거나 사실관계를 찾아볼 때는 글에 표시를 하거나, 필기를 하거나, 비망록을 작성하는 등의 집중적인 독서법이 별로 필요하지 않다. 디지털 기기에서 읽는 법을 조금만 바꾸면 충분하다. 하지만 새로운 세계관이나 개념을 이해하려고 하거나 새로운 주제를 학습할 때는 능동적 독서를 해야 한다. 책을 집필하거나, 헛간을 짓거나, 네 살짜리 아이를 키우거나, 새로운 분야에서 재교육을 받는 것과 같은 개인적인 인생 목표가 있을 때는 능동적 독서법을 다양하게 활용하면서 의식적으로 노력을 기울여야 유리하다.

능동적인 디지털 독서

디지털 기기의 설정을 몇 가지만 변경하면 훨씬 유익한 독서 환경을 조성할 수 있다. 첫째, 데스크톱 브라우저에 성능 좋은 광고 차단기를 설치해 웹페이지에 나타나는 광고를 제거하라. 신뢰할 수 있는 무료 오픈소스 광고 차단 프로그램으로 유블록 오리진uBlock Origin이 있다. 둘째, 시간을 투자해서 데스크톱과 모바일에서 사용 가능한 다양한 보기 모드를 익혀라. 브라우저에는 항상 지금 화면에 보이는 웹페이지를 우선시하는 전체화면 보기가 있고, 툴바와 고정된 정보란을 비활성화하는 설정이 가능하며, 모바일 브라우저에는 웹사이트의 모양과 분위기를 단순화해서 글자에 집중하기 쉽게 만들어주는 '읽기 모드'가 있다. 컴퓨터에서는 독서 또는 집중이 필요한 다른 작업에 사용 가능한 깔끔한 보기 모드로 미리 설정된 별도의 브라우저를 사용하면 큰 도움이 된다.

디지털 화면은 특정한 기술적 정보를 검색하거나 긴 글을 훑어보며 요점을 파악하는 것처럼 빠른 읽기에 적합하다. 탭 브라우저 보기를 사용하면 한 번에 여러 개의 문서를 드나들면서 더 자세히 볼 가치가 있는 문서가 어느 것인지를 판단하기가 쉽다. 모든 글의 저자와 목적, 발행 날짜 같은 중요 사항을 눈여겨보라. 서론이나 결론을 읽을 때는 속도를 늦추고, 글 전체의 구조를 파악해서 가장 중요한 부분으로 바로 넘어가라. 필요한 경우 복잡한 단락은 언제든지 다시 읽어라. 집중적이고 능동적인 읽기 프로젝트에 활용할 정보가 있다면 나중에 깊이 있게 읽을 수 있도록 재빨리 저장해두고 다음으로 넘어가라.

평소 선호하는 뉴스 사이트를 재방문하는 데 소비하는 시간과 새로운 대체 사이트를 찾는 데 투자하는 시간을 비교해보라. 온라인에서는 늘 하던 행동을 생각 없이 또 하거나 계속해서 다음 항목을 클릭하기가 너무나 쉽다. 한두 시간을 할애해서 이미 읽은 내용을 보충하기 위한 추가 자료를 검색하고, 하나의 주제를 자세히 다룬 기사들 또는 정치적 견해 전반을 다룬 기사들로 균형을 맞추려고 노력하라. 최대한 생각의 범위를 넓히고 광범위한 인터넷 검색을 실행하라. 보통은 자원을 많이 투입해 검색에 최적화한 웹사이트들이 검색 결과에서 가장 먼저 노출되므로, 적합한 질문을 입력해서 더 깊이 파고들어야 한다. 통합형 AI를 사용해 검색 명령을 자연어로 입력하면 기본적인 키워드 검색을 할 때보다 훨씬 제어가 잘 된다. 과거에는 검색 엔진이 단순한 키워드 검색에 의존했다면, 이제는 챗GPT와 같은 AI를 사용해 대화체에 가까운 검색 명령어를 자판 또는 음성으로 입력할 수 있다.

온라인에서 찾을 수 있는 유용한 정보 중 어떤 것은 블로그 플랫폼 또는 소수의 열성적인 독자층을 보유한 DIY 사이트에 올라와 있는데, 그런 정보를 찾으려면 노력이 필요하다. 여러 웹사이트 사이를 연결하는 추천 글 목록 또는 하이퍼링크에 주목하면서 읽기 목록을 계속 확장하라. 자주 방문하고 싶은 사이트가 있다면 앞으로 그곳을 쉽게 찾을 수 있도록 북마크로 정리하자.

광고가 많거나 불투명한 알고리즘으로 콘텐츠를 보여주는 소셜미디어 사이트는 피하라. 어떤 소셜미디어를 계속 사용할 생각이라면 팔로우하는 계정 수를 대폭 축소하라. 통찰이 담긴 링크와 다른 곳에서 찾아보기 힘든 생각으로 항상 감탄을 자아내는 계정들만 남겨라.

일과 중 비는 시간에 현실의 탈출구를 찾기 위해 휴대전화로 글을 읽으려고 하면 수동적이고 소모적인 읽기를 하기가 쉽다. 그럴 때는 아무것도 읽지 말고, 애초에 어떤 불편한 느낌 때문에 또 온라인에 접속했는지를 생각해보는 것이 제일 좋다. 그런 짧은 순간에는 능동적 읽기가 필요한 주제는 당연히 피해야 한다. 능동적 읽기는 제대로 집중할 수 있는 시간을 위해 남겨두자. 뉴스를 챙겨보기 위해서 하루 내내 뉴스 사이트에 접속하기보다 시간을 따로 정해놓고(보통은 아침 시간) 미리 골라둔 웹사이트를 주의 깊게 들

지금! 시작해보기

- **광고 차단기 설치하기**: 웹 브라우저와 모바일 브라우저에 각각 설치해 주의를 분산시키는 요소를 줄인다.
- **보기 모드 조정하기**: 데스크톱과 모바일에서 깔끔한 읽기 환경을 만든다.
- **온라인에서 정기적으로 읽는 글의 범위 넓히기**: 새로운 웹사이트를 꼼꼼하게 살펴보고, 검색의 폭을 넓히기 위해 최신 AI의 자연어 명령을 사용한다.
- **소셜미디어 사이트 피하기**: 소셜미디어에서 보내는 시간을 줄이고 팔로우하는 계정의 수도 줄이자. 소셜미디어 계정을 아예 삭제하면 더 좋다.
- **디지털 독서 계획 수립하기**: 하루 중 읽기에 집중할 시간을 정하고, 능동적 읽기가 필요한 내용은 나중에 따로 읽기를 위해 저장해둔다.

여다본 다음 나머지 일과 시간에는 뉴스에 연연하지 않는 것이 더 생산적이다. 뉴스 피드를 보지 않는 시간이 있어야 평소 우리와 가까운 집단 또는 정치적 입장을 무작정 따라가지 않고 맑은 눈과 덜 편향된 시각으로 사건들을 바라보게 된다. 가능하면 독서를 자투리 시간을 채우기 위한 활동으로 취급하는 습관을 버리고 일과 시간표에 의식적인 활동으로 배치해서 독서에 더 높은 가치를 부여하자.

능동적인 종이책 독서

디지털 독서는 어떤 주제에 관해서든 타의 추종을 불허하는 폭넓은 내용과 그 모든 내용을 걸러주는 강력한 검색 알고리즘을 제공하므로 필요불가결하다. 하지만 앞서 설명했듯이 디지털 독서는 깊이 있게 글을 읽을 기회를 제약하며 주의를 분산시키는 요소가 많다. 반면 인쇄된 지면으로 글을 읽는 것은 하나의 주제에 집중을 유지하면서 글에 표시와 메모를 남길 수 있는 가장 쉽고 직관적인 방법이다. 깔때기 모양으로 독서를 해나간다고 생각하라. 하나의 주제에 관한 초기 독서는 깔때기의 윗부분처럼 넓고 다양하며, 이때는 디지털 독서가 적합하다. 그리고 깔때기의 맨 밑처럼 독서가 좁아지고 집중되는 단계에서는 종이책 독서가 필수적이다. 좁은 범위에 집중할 계획이라면 능동적 읽기의 최대한 많은 부분을 인쇄물로 옮겨보자. 전자책보다 실물 책을, 디지털 잡지 구독보다는 인쇄된 잡지를 선택하는 것이다. 좋은 프린터에 투자하고, 깊이 있게 읽고 싶은 온라인 기사는 출력하자. 책과 잡지는 나중에 찾아보기 쉽게 정리하고, 종이에 출력한 기사들은 바인더에 모아놓자.

주석 달기

글에 표시하고 주석을 첨가하는 일은 능동적 읽기의 필수 요소로서, 인쇄된 글을 읽을 때 펜이나 연필 한 자루만 있으면 정말 쉽게 할 수 있다. 형광펜으로 자유롭게 강조 표시를 하면 나중에 다시 읽을 때 중요한 부분이 눈에 잘 띄어서 유용하다. 주목할 만한 구절과 문장과 단락에 밑줄을 긋거나 동그라미를 그리자. 지저분해도 걱정하지 말자. 책을 신성불가침으로 여기면서 책에 표시나 수정을 하면 안 된다는 마음은 당장 버리자. 자기만의 낙서를 추가하면 책은 진정으로 자기 것이 되고 나중에 참조할 때 훨씬 가치 있는 자료가 된다. 세월이 흐르면 존 디의 경우처럼 우리 자신의 낙서를 통해 서서히 독특한 스타일이 만들어지고 자부심을 느낄 것이다.

지금! 시작해보기

- **책에 표시하고 주석 남기기**: 나만의 상징과 기호를 개발해서 나중에 다시 읽을 때 핵심 내용과 새로 발견한 내용을 알아볼 수 있게 하자.
- **어려운 글에 표시하기**: 기사 한 편을 인쇄해서 읽으면서 내 생각을 메모하고, 글이 얼마나 정확하며 나의 개인적인 관심사와 어떻게 연관되는지 판단해보자.
- **디지털 주석 달기**: 무료 주석 서비스를 시험 삼아 사용해보자.

능동적 읽기를 더 많이 하게 만드는 개인적인 프로젝트를 생각해보고 인쇄한 기사 또는 책에 표시하는 실험을 해보자. 글을 읽어나가면서 자유롭게 표시하고 핵심 내용을 강조해보자. 표시가 읽기 경험을 보완해주고, 우리가 그 인쇄된 지면에서 만나는 내용과 어울리는 리듬을 만들어내고, 뭔가를 이해하려고 애쓸 때 도움을 준다는 것이 느껴질 것이다. 글을 읽어나가면서 떠오르는 생각들을 자유롭게 메모하고 주석을 추가해보자. 글이 정확한지, 논리적이고 유의미한지, 깊이와 폭은 어떤지, 우리의 개인적인 관심사와 연관이 있는지를 평가하라. 중요한 결론이나 핵심 내용을 요약한 문장

옆에 느낌표를 그리거나 이해가 되지 않는 부분에 물음표를 그리는 식으로 자기만의 기호와 메모 규칙을 만들어두면 유용하다. 간단한 기호나 글자는 나중에 글을 다시 볼 때 시간을 아껴주는 귀중한 도구다. 읽기를 마치면 시간을 내서 자신이 작성한 여백 주석을 다시 읽어보자. 그 주석이 글의 가장 중요한 부분으로 바로 넘어가는 데 도움이 되는가? 글에 대한 첫인상과 글을 통해 알게 된 내용을 다시 떠올리는 데 도움이 되는가?

물론 때로는 컴퓨터 앞을 떠나지 않고 그 자리에서 빠르게 표시하는 것이 간편하다. 그럴 때는 혼자 또는 여럿이 함께 주석을 붙이는 기능을 지원하는 디지털 서비스가 빛을 발한다. 온라인에는 지금 보고 있는 웹페이지에 밑줄을 치고 직접 주석을 달 뿐 아니라 주석을 단 페이지를 영구적으로 저장하는 서비스가 여럿 있다.

비망록 작성하기

능동적 읽기에서 가장 중요한 단계는 읽고 있는 내용을 분석하고, 다른 말로 바꿔보고, 자기 언어로 설명하는 단계다. 능동적 읽기를 두 단계로 쪼개보자. 처음 읽을 때는 글에 표시와 주석을 추가하고, 다시 읽을 때는 자신이 남긴 메모와 낙서를 참조하면서 글에서 요점을 뽑아내 비망록을 작성한다. 노트에 요점을 정리하면서 글의 일부를 필사하거나, 글을 읽는 동안 떠오른 생각이나 새로운 아이디어를 기록한다. 이것은 매우 유용한 과정으로 나중에는 읽기를 통해 배운 모든 것이 여러 권의 노트에 유연한 형식으로 통합되며, 이후 과제를 수행할 때 귀중한 자료가 된다. 이 방법은 범위가 넓고 복잡한 과제를 수행할 때도 쉽게 적용할 수 있다.

비망록 작성을 시작하려면 단순한 A4 노트를 구입하라. 처음 몇 쪽은 차례 작성을 위해 비워둔다. 주제별로 각기 다른 제목을 설정해서 메모를 정리하면 아주 편리하다. 지금 능동적 읽기를 하고 있는 분야와 관련된 주제들의 구성을 신중하게 생각해서 정하라. 주제 목록은 차례에서 시작해 유기적으로 발전하겠지만, 처음부터 주제들의 구조를 설정하면 노트가 더 체계적으로 정리된다. 노트에 주제들을 나열할 때는 페이지 상단에 제목을 쓰고 각 제목 아래 관련된 내용을 메모하거나 나중에 다른 주제를 추가할 공간을 남겨놓는다. 노트에 페이지 번호를 매기고 어떤 제목이 몇 쪽에 있는지를 차례에 표시하라.

지금 읽고 있는 책과 노트를 오가며 눈에 띄거나 유용하다고 생각되는 내용을 모두 기록하라. 사실과 수치와 인용문을 기록하는 게 아니라면 글을 그대로 옮겨 적지는 마라. 잠시 멈춰 내용을 속속들이 이해하고 다른 표현으로 바꿔 노트에 기록하면 생성 효과가 커진다. 어떤 글이든 나중에 인용하거나 연관 독서를 할 때를 위해 원제목과 저자는 항상 기록해둔다. 또 원문의 페이지 번호를 기재해 정보가 많은 곳으로 돌아갈 수 있는 연결고리를 만든다. 노트 한 권을 다 채우고 나서는 모든 페이지를 디지털로 촬영해 클라우드 드라이브에 보관한다. 파일 이름을 깔끔하게 번호순으로 매기면 나중에 어떤 페이지든 쉽게 찾을 수 있다. 이렇게 하면 비망록의 내용을 휴대전화나 노트북 컴퓨터로 쉽게 옮길 수 있으므로 항상 종이 노트를 곁에 두지 않아도 된다.

디지털 주석 서비스를 사용하면 디지털 독서에서도 비슷한 기법으로 기사 링크에 태그를 달아서 나중에 쉽게 접근할 수 있는 연결고리를 만들 수 있다. 디지털 주석 서비스는 온라인에서 능동적 읽기를 할 때 웹페이지의 글을 강조하고 주석을 추가할 때 사용하는 것과 같은 도구이므로 우리가 남긴 모든 표시와 메모를 주제별로 깔끔하게 저장할 수 있다. 비망록에 주제별 제목을 만드는 것과 똑같은 방식으로 태그를 설정하라. 디지털 주석과 실물 노트의 태그를 동일하게 설정해서 두 자료 사이를 자유롭게 넘나들게 하면 더 좋다.

특히 뭔가를 정밀하게 조사할 때는 자기만의 비망록 색인을 만드는 것이 큰 도움이 된다. 색인을 적절히 사용하면 노트에 기록된 특정한 정보를 빠르게 찾을 수 있고 아이디어의 융합이 가능해진다. 어느 한 부분의 기록이 다른 주제들과 밀접하게 연관되면서 개인적인 과제를 수행할 때 뜻밖의 이점을 제공하는 경우가 많다.

비망록 한 권을 다 채우고 나면 새 노트로 색인을 만들어도 되지만, 스프레드시트를 만들면 나중에 내용을 검색하고 걸러내기가 더 쉽다. 비망록의 기록들을 살펴보면서 각 주제 내의 서로 다른 내용을 항목별로 분류하라. 하위주제마다 간단한 코드 번호를 부여하고 각각의 내용 옆에 비망록의 페이지 번호를 표기한다. 이 하위주제 코드 번호를 색인에 기록하고, 그 하위주제와 연관되는 모든 항목의 노트 제목과 페이지 번호를 표시해두면 나중에 메모의 위치를 쉽게 찾을 수 있다.

지금! 시작해보기

- **나만의 비망록 작성 시작하기**: 개인 프로젝트의 주제 제목들을 정하고 페이지 번호를 매겨서 차례만 보고 쉽게 찾을 수 있게 한다.
- **표시해둔 글 다시 읽어보기**: 노트를 옆에 펼쳐놓고, 여백 주석을 참조해서 글의 요지를 찾아내 노트에 기록한다.
- **정리된 상태 유지하기**: 모든 출처의 제목, 저자, 페이지 번호를 기록으로 남긴다. 노트 한 권을 다 채우면 페이지마다 디지털로 사진을 찍어서 나중에 보기 편하도록 클라우드 드라이브에 저장한다.
- **메모 색인화 작업하기**: 비망록 한 권을 다 채우고 나면 모든 메모에 코드 번호를 부여해 그 내용이 비망록의 어떤 제목 또는 하위제목에 속하는지를 표시한다. 스프레드시트 또는 별도의 노트를 사용해 나중에 메모의 위치를 찾을 수 있게 정리한다.

Human Being

6장

쓰기

WRITING

빈 종이에 글을 쓸 때 우리는 공간적 사고의 자유를 누린다. 빈 종이를 사용하면 원하는 곳 어디에나 표시할 수 있고, 지면을 가로지르며 여러 아이디어를 연결하거나, 음영으로 3차원 공간도 쉽게 표현할 수 있다.

인간 존재의 보편적 척도

1480년대 후반, 레오나르도 다빈치Leonardo da Vinci는 오늘날 세계에서 가장 잘 알려진 그림 중 하나를 그리기 시작했다. 먼저 비망록에 종합적인 해부학 연구도를 그렸고, 그 그림을 보완하기 위해 도서관에서 책을 읽고 자유롭게 연상해서 메모했다. 로마 건축을 연구하던 중 그는 비례가 훌륭한 인체는 원과 정사각형 내부에 정확히 들어맞는다는 1,500년 전의 가정을 발견했다. 그는 인체 각 부분의 위치와 정밀한 치수를 일일이 수집해서 전에 없던 방대한 데이터를 축적했다. 다음으로는 그의 복잡하고 다양한 연구 결과를 하나의 단순한 그림에 솜씨 좋게 담아냈다. 정사각형과 원 안에 우아하게 위치한 '비트루비우스적 인간L'uomo Vitruviano'은 르네상스 시대의 대중이 보편적으로 간직하고 있었던 소우주에 대한 이상, 곧 인간이 거대한 우주 안에 존재하며 그 우주와 조화를 이룬다는 이상을 표현했다.

오늘날 우리가 레오나르도 다빈치에 대해 아는 것은 거의 모두 그가 남긴 노트를 통해서였다. 그는 평생 약 3만 쪽에 달하는 원고를 작성했으며, 그중 7,200쪽이 오늘날까지 전해진다. 원고는 커다란 2절판지에 가늘고 섬세한 펜으로 쓴 것부터 허리띠에 매달고 다녔던 작은 수첩에 휘갈겨 쓴 것까지 다양하다. 페이지마다 다양한 그림, 할 일 목록, 수많은 주제에 관해 빼곡하게 쓰인 메모에서 그의 정신적 도약과 폭넓게 연결되는 사고를 확인할 수 있다. 처음에는 과장된 얼굴 특징과 몸동작, 검은 돛을 단 해적선과 잠수함 그림 등 예술이나 공학과 관련된 아이디어를 주로 기록했지만, 뒤로 갈수록 호기심 그 자체를 추구하기 시작했다. 그는 매일 몇 시간씩 노트에 글을 쓰고 그림을 그렸으며, 그의 작품은 생각과 관찰이 넘쳐나는 인간 정신의 놀라운 힘을 보여준다.

아들이 어릴 적부터 보여준 예술적 재능을 높이 평가한 레오나르도 다빈치의 아버지는 열다섯 살이 된 아들을 피렌체로 보내 유명한 조각가이자 화가인 안드레아 델 베로키오Andrea del Berrocchio에게 도제 수업을 받도록 했다. 베로키오에게 배우면서 예술가용 습자책과 기술자용 스케치북을 처음 알게 된 다빈치는 시간이 흐르자 이러한 시각적 매체를 비망록(당시 이탈리아어로는 지발도네zibaldone라고 불렀다)의 실용적인 정보처리 방법과 결합했다. 어릴 때 초보적인 읽기, 쓰기, 산수만 배웠던 다빈치는 젊은 시절에 글쓰기를 독학으로 공부하다가 그 특유의 속기법과 거울상 글씨를 익혔을 것이다. 그는 왼손잡이였기 때문에 손에 잉크를 묻히지 않으려고 페이지의 오른쪽에서 왼쪽으로 글을 썼다. 그는 스스로 지식을 찾는 데 익숙해졌고, 머지않아 글로 쓴 생각과 그림을 구상하기 위한 시각적 아이디어 사이에 실질적인 경계가 없다고 생각하게 되었다. 그는 노트에 감상을 기록하고, 편지나 에세이를 쓰고, 풍경을 그리고, 기계를 설계하고, 마을과 도시를 지도로 표시하기도 했다.

다빈치는 오늘날 화가로 가장 잘 알려져 있지만, 그의 걸작에 표현된 복잡한 사고의 흐름은 쉽게 이해되지 않을 때도 있다. 그의 그림과 회화는 심오한 기술적 능력뿐 아니라 사물의 기계적 작동과 내적 원인에 대한 깊은 이해를 드러낸다. 다빈치는 치켜세운 눈썹이나 수축되고 비틀린 근육을 그릴 때 자신이 직접 관찰한 것을 토대로 결정을 내렸다. 그는 여러 현상의 원리와 원인을 발견하기 위해 끊임없이 자신에게 과제를 부여했다. 그의 걸작들은 수많은 사전 연구와 과학 실험을 토대로 탄생했으며, 그는 사물에 관한 자신의 이해를 시각적으로 전달했다. 세월이 흐르면서 그의 연구는 속도가 점점 빨라져서 인간이 의문을 품은 거의 모든 주제로 확장되었다. 그의 노트에는 그의 정신적 삶과 탁월한 시각적 사고는 물론이고 개인적 관심사와 독학의 범위가 점점 넓어지는 모습이 고스란히 담겨 있다.

다빈치는 이미지에는 설명하는 힘이 있으므로 종이에 선을 그리면 생각과 의도를 더 명확하게 표현할 수 있다는 것을 발견했다. 그의 스케치는 르네상스 시대 사람들이 필기 노트 여기저기에 자주 끼워넣었던 시각적 생성 활동, 곧 자유롭고 상상력 넘치는 방식으로 정보를 수집하고 표시하는 활동을 보여주는 완벽한 예다. 르네상스 시대 학생들은 학습한 내용들을 연결하기 위해 비망록에 다른 데서 발췌한 문구, 생각, 아이디어를 써넣고 그림으로 시각적 설명을 덧붙이기도 했다. 개념을 설명하기 위해서는 선과 화살표, 도표는 물론 더 복잡한 스케치를 활용하는 것이 일반적이었다.

르네상스 시대의 학생들은 일반적으로 오늘날의 학생들보다 연습을 훨씬 더 많이 해서 그림 솜씨가 좋았다. 지성에 기반한 순수 예술 드로잉을 뜻하는 이탈리아의 디세뇨disegno라는 개념은 르네상스 시대 초기에 발전하여 유럽 전역에 전파되었다. 글쓰기와 그리기는 문제를 깊이 생각해서 해결책에 도달하는 인지적 과정으로 이해되었으며, 학생들은 종종 글로 전달하기 어려운 아이디어를 그림으로 표현했다. 자연스럽게 손으로 글을 쓰는 동안 학생들은 생각을 뒷받침하기 위해 글과 그림 사이를 쉽게 오갔다. 그리기 활동은 학교의 여러 교과에서 수업의 중심적인 구성 요소가 되었고, 시각적 표현은 아이디어와 다량의 정보를 정리하고 탐색하는 중요한 도구로 사용되었다. 현존하는 르네상스 시대의 학교 노트에는 여기저기 스케치가 보이는데, 일부는 수업 중에 그린 것이고 일부는 학습한 내용을 복습하기 위해 나중에 그린 것이다. 이처럼 과거에는 인류가 정보를 관리하고 정돈하기 위해 시각적 전략을 사용하는 것이 매우 보편적이었다. 실제로 그 시대 사람들은 나이 들어서도 계속 그림 수업과 훈련을 받았다.

그러나 다빈치만의 차별점은 시각적 탐구를 향한 야망과 끈질긴 집념이다. 그는 화가로서 의뢰받은 초상화 작업을 준비하기 위해, 그리고 조각을 비롯해 여러 형태로 인체를 표현하는 작업을 위해 인체의 작동 원리를 탐구하기 시작했다. 전성기를 맞이했을 때 다빈치는 이미 세계에서 가장 칭송받는 그림과 드로잉 작품들을 제작한 예술가였다. 그는 고대 그리스와 로마 사람들의 글, 이슬람의 전통 과학, 중세 권위자들의 학술 문헌을 읽기 위해 라틴어 학습에 전념했다. 공부를 너무 늦게 시작한 탓에 완벽하게 습득하지는 못했지만 라틴어를 어느 정도는 익혔고, 곧 당대의 가장 큰 도서관 중 하나로 파비아에 있는 파치오 카르다노Fazio Cardano의 개인 서가에 출입할 수 있게 되었다. 다빈치는 당시 존재했던 대부분의 의학 및 해부학 문헌을 공부하면서 허위사실과 인지적 오류를 발견했고, 인체 해부도가 지나치게 단순하고 세부가 잘못 묘사된 것에 점점 큰 좌절을 느꼈다. 인체에 관한 종합적이고 경험적인 연구에 근거한 지침서가 존재하지 않는다는 사실을 깨달은 그는 1489년 초에 직접 인체를 연구하기로 결심했다.

다빈치는 자신의 해부학 논문 〈인체에 관하여On the Human Body〉가 과거의 어떤 논문과도 다를 것이며, 자궁에서 생명이 잉태되는 데서 시작해서 인류의 보편적인 조건으로 나아갈 것이고, 인간 신체와 동작의 모든 것을 표현할 계획이라고 노트에 기록했다. 생각과 아이디어를 노트에 빠르게 써내려가면서 그는 자신이 주로 시각적인 작업을 하게 되리라는 사실을 깨달았다. 일련의 공학 및 건축학 연구를 막 끝낸 상태였던 그는 펜으로 섬세하게 그린 그림이 얼마나 효율적인 도구가 될 수 있는지를 명료하게 인식하고 있었다. 이후 몇 년간 그는 30구가 넘는 인간 시체와 더 많은 동물 사체를 자기 손으로 부검했다. 한 손에 펜을, 다른 손에는 수술칼을 들고 일했다. 시체를 한 겹 한 겹 해부하며 발견한 것을 모두 그렸고, 심지어는 방부 처리가 되지 않아 부패한 시체를 눕혀놓고도 그림을 그렸다. 다빈치는 세부적인 사항을 하나도 빠뜨리지 않고 시체를 머리끝부터 발끝까지 조사했으며, 심지어 입술을 움직이는 깊은 신경과 근육까지 해부하여 감정을 얼굴 표정으로 전달하는 메커니즘과 인간의 미소가 발산되는 원리를 찾으려 했다.

다빈치는 자신이 발견한 사항들을 세심하고 정확하게 표현했고, 여러 가지 새로운 건축 및 원근법 기술을 활용해서 정교하게 고안된 평면도와 입면도를 가지고 회전·절단·투시 기법으로 인간의 온전한 형태를 보여주었다. 현존하는 그의 해부학 연구 기록을 보면 놀라움을 금할 수 없다. 그는 두개골과 뼈, 근육과 조직을 모두 여러 각도에서 예리하게 기록하고 그 자신의 유명한 회화 기법인 키아로스쿠로chiaroscuro(단색의 명도차로 입체감을 나타내는 기법-옮긴이)를 사용해 명암 대비를 확실하게 해서 모든 그림에 생명력을 불어넣었다. 글은 형식에 충실하게 그림을 둘러싸고 있으며, 수술법을 설명하고 직접 측정한 치수를 분명하게 기술하는 데 그림만큼이나 많은 지면을 할애했다. 가장 놀라운 점은 드로잉 총 240점과 1만 3,000개 단어 중 어떤 것도 다빈치의 생전에는 물론 사후 몇 세기가 지나기까지 대중에게 공개되지 않았다는 것이다. 글과 그림은 개인 노트 속에 보관되어 있었으며, 그에게는 계획했던 논문을 끝까지 완성할 시간이 주어지지 않았다. 오늘날까지 보존된 기록들은 순전히 그가 혼자 사용하기 위해 작성한 시각적 지시문과 메모였다.

다빈치는 시각적 사고를 주로 하는 사람이었다. 모든 도표와 선과 낙서는 상상력을 자극하는 실험이었다. 공학적 원리를 검증하거나 근육과 힘줄이 팔다리를 제어하는 방법을 설명할 때는 노트에 메커니즘을 표시하면 그것들이 현실에서 어떻게 작동할지를 더 생생하게 파악할 수 있었다. 그는 펜으로 브레인스토밍을 하는 한편으로 정보를 표시하는 새로운 방법을 고안했다. 단어나 문자, 선이나 도형, 또는 완전한 시각적 설명 중에 어느 하나를 특별히 선호하지 않았던 그는 언어보다 이미지가 어떤 개념을 더 쉽고 명료하게 표현한다고 생각할 때면 재빨리 그림을 그리기 시작했고, 글로도 충분할 때면 글을 계속 써내려갔다. 다빈치의 탁월한 기술 중 하나는 이처럼 이미지와 문자언어 사이를 유연하게 오가는 것이었다.

그는 이를 통해 사물들의 관계를 더 잘 기술하고 질문이나 문제를 더 자유롭게 세분화할 수 있었다. 그는 시각화를 통해 지식을 더 풍부하게 하고, 하나의 페이지에 글과 이미지를 함께 사용해서 더 높은 수준의 이해에 도달하곤 했다.

다빈치가 오싹한 시체 해부와 사후 검시를 수행하면서 마주친 하나의 방해 요소이자 필연적으로 그의 해부학 논문에 걸림돌이 되었던 것은 인체의 비례에 관해서도 포괄적인 조사를 하겠다는 그의 결정이었다. 살아 있는 모델들을 비교하는 연구를 시작한 그는 놀라울 정도로 꼼꼼하게 측정을 거듭해 인체의 각 부분을 정밀 분석하고, 그 결과를 드로잉 및 도표 40점과 6,000단어 분량의 메모로 상세하게 기록했다. 그는 모델들에게 움직이라고 지시했고, 모델들이 몸을 비틀거나 돌리고, 앉고 서고 무릎을 꿇는 동안 줄자를 가지고 각각의 움직임과 관련되는 인체 부위의 비례와 관계의 변화를 기록했다. 그중 한 항목에만 80회를 계산할 정도로 인간의 '보편적 척도'를 알아내기 위해 애를 썼다.

다빈치는 밀라노 대성당과 파비아 대성당의 건축 설계를 담당하면서 전통적인 로마 양식을 연구하게 되었고, 결국 기원전 1세기의 공학자 비트루비우스Vitruvius의 저술까지 찾아 읽었다. 여러 권으로 이뤄진 비트루비우스의 《건축론De architectura》은 건축의 핵심 원리와 완벽한 비례에 도달하기 위한 방법론을 제시하고 있으며, 다빈치는 그 책들을 정독했다. 원과 정사각형을 집중적으로 사용해 설계의 자연스러운 단순함을 추구한 비트루비우스의 건축은 로마의 판테온에서 미국의 백악관에 이르는 유명한 건축물에 영감을 주었다. '원과 면적이 똑같은 정사각형 만들기squaring the circle'라는 고대 수학의 난제와 오랫동안 씨름했던 다빈치는 여러 층의 유서 깊은 상징적 의미를 지닌 비트루비우스의 단순한 기하학에 크게 흥미를 느꼈다. 고대의 철학자·수학자·신비주의자들은 원이 통일성과 완전성을 상징한다고 여겼고, 원의 절대적인 균일성은 자연의 만물을 포괄하는 체계인 우주와 호환되는 것으로 간주했다. 비트루비우스와 그 시대 사람들에게 원은 건축가로서 자연이 지닌 힘을, 정사각형은 지상에 사는 인간의 존재를 가리켰다.

비트루비우스가《건축론》에서 선보인 대담한 사고방식은 다빈치의 마음을 단번에 사로잡았고, 그 관심은 꽤 오랫동안 유지되었다. 비트루비우스는 인체가 우주의 축소판이자 자연의 기본 법칙의 물리적 표현이라는 오래된 철학적 관념에 기대어 이상적인 인간 형상을 토대로 건축적 비례의 표준 체계를 확립했다. 인간의 발 길이로 거리를 측정하거나 엄지손가락 길이를 1인치로 정하거나 두 팔을 뻗어 바다의 깊이를 짐작하는 등 비트루비우스는 항상 신체의 여러 부위를 사용해 세계를 측정했다. 하지만 당연히 모든 인체는 각기 다른 비례를 가진다. 비트루비우스는 특히 신전의 설계와 건축에 대한 원칙을 제시함으로써 이 문제를 해결한다. 이 책은 이상적인 인간의 정확한 신체 치수에 대해 구체적인 권고안을 제시하고, 완벽한 인류의 표본이 어떻게 해서 원과 정사각형 안에 정확히 들어맞을 수 있는지를 제안하며 끝을 맺는다.《건축론》에는 비트루비우스의 주장을 압축해서 보여주는 삽화가 들어가지 않았고, 그가 책을 쓴 시점과 다빈치가 그 책을 읽은 시점 사이의 1,500년 동안 아무도 그 논리를 검증하려고 시도하지 않았다. 다빈치는 비트루비우스의 이론에 큰 흥미를 느껴 자기만의 '비트루비우스적 인간'을 만들어봤다.

다빈치의 세밀한 드로잉은 오늘날 베네치아 아카데미아 미술관의 온도가 조절되는 전시실에 A4용지보다 조금 큰 35×26센티미터 크기의 종이 형태로 보관되어 있다. 그는 먼저 컴퍼스를 사용해 원과 정사각형을 그렸고, 펜과 갈색 잉크로 두 도형 안에 사람을 신중하게 집어넣었다. 시각적인 방법으로 문제를 해결하면서 원과 정사각형 안에 인체를 어떻게 집어넣을 것인가라는 핵심 문제를 해결하고, 인간의 배꼽이 실제로는 머리와 발의 한가운데에 있지 않다는 사실을 인정하고 그에 맞춰 정사각형을 아래로 내렸다. 그런 다음 똑같은 인간의 형상 두 개를 겹쳐서 원과 정사각형 안에 인체가 조화롭게 들어가는 모습을 보여준다.

다빈치는 그 밖에도 여러 가지 혁신적인 요소를 드로잉에 넣었다. 왼발을 약간 비틀어 시각적 열쇠로 삼고 인체가 측정의 기본 단위 역할을 한다는 점을 강조하는가 하면, 드로잉 하단에 손가락과 손바닥 길이를 단위로 사용하는 눈금을 추가하기도 했다. 그는 비트루비우스가 제안했던 것보다 훨씬 많은 치수를 활용했으며, 《건축론》에서 필요한 내용을 가져와서 철저히 검증한 다음에 인간의 비례에 관한 자신의 방대한 데이터에서 얻은 또 다른 심층적인 연구 결과들을 추가했다. 그의 비트루비우스 인간은 인체의 상세한 좌표와 비례 관계를 몇 달 동안 측정한 결과를 압축한 것이지만 그가 남긴 기록의 엄청난 양에 비하면 쉽게 그려낸 것처럼 보인다. 모든 정보를 한눈에 들어오도록 명료하고 간결하게 보여주기 때문이다.

남자의 머리는 중심점이 페이지 맨 위를 향하고 시선은 정면을 보고 있는데, 다빈치 자신의 모습을 그린 것 같다는 느낌을 지울 수 없다. 그 드로잉을 완성했을 때 그는 서른여덟 살이었고, 얼굴 생김새와 흘러내리는 머리카락은 동시대인들이 묘사한 다빈치의 모습과 일치한다. 몸의 나머지 부분보다 자세히 그린 얼굴에는 감정이 표현되어 있으며, 거울 속의 자신을 유심히 들여다보는 남자의 이미지를 뚜렷이 보여준다. 비트루비우스 인간이 벌거벗은 모습으로 서 있는 것은 다빈치가 자신의 본성을 이해하려고 노력하면서 개인적인 사색과 탐구를 했던 흔적이다. 이 드로잉은 인류의 보편적인 자화상 역할을 하며 우리가 스스로를 더 완전히 이해하기 위해 기울이는 내밀한 노력의 정수를 보여준다. 인류의 역사 속에서 르네상스 시대는 미술, 과학, 철학이 모두 하나로 융합되어 인간이 어떤 존재이며 우주의 원대한 질서에 어떻게 통합되는가라는 영원한 질문을 탐구했던 흥미진진한 시대였다. 〈비트루비우스 인간〉은 그 시대 인류의 잠재력을 담아낸 그림이다.

*

오늘날에는 인간의 형상이 딱 맞게 들어가 있는 정사각형은 컴퓨터 화면을 상징하며, 정사각형을 둘러싼 원은 점점 잊히는 물리적 세계를 상징한다고 해도 무리가 없다. 문서 편집용 프로그램과 웹 도구들의 기능을 생각하면 대개는 키보드로 글을 쓰는 것이 합리적인 선택이다. 하지만 우리가 새로운 아이디어를 구상할 때라든가 결론에 도달하려고 애쓸 때처럼 펜과 종이로 갈아타는 것이 적절하다고 느껴지는 경우도 많다. 키보드에서 자판을 두드리면 우리의 생각이 화면을 향하게 되며, 글은 항상 왼쪽에서 오른쪽으로, 그리고 아래로만 흘러간다. 반면 빈 종이에서 우리는 자유로워져서 생각과 기록을 비선형적인 방식으로 연결할 수 있다. 또 손가락 끝에는 몸통 전체에 있는 것과 같은 수의 수용체가 있으므로, 손으로 글을 쓰거나 그림을 그릴 때 우리는 인체에서 가장 기민하고 민감한 부분을 직관적으로 활용한다. 우리는 글쓰기와 그리기를 번갈아 하거나, 서로 연관된 아이디어들을 나란히 종이에 쓰거나, 아이디어를 분류하고 선으로 연결할 수 있다. 이런 종류의 시각적 사고를 통해 복잡한 내용을 더 능숙하게 처리하고, 명료하고 비판적인 사고를 할 수 있다. 특히 수동적으로 정보를 받아들이지 않고 스스로 의미를 만들어내고 싶을 때 도움이 된다.

다빈치의 공학적·계산적 사고가 오늘날 우리가 누리는 디지털 기술을 만났다면 그는 완전히 매료되었을 것이다. 그러나 그가 손으로 쓴 노트와 시각적 사고를 버렸다면, 여러 학문을 넘나들며 연결하는 그의 능력과 자연 현상 전체에 대한 경외심은 지금 알려진 것처럼 광범위하지 않았을 것이다. 손으로 글씨를 쓰고 그림을 그릴 때면 우리는 아주 단순한 도구를 사용하지만, 소프트웨어나 화면이 사고에 가하는 공간적 제약이 없으므로 새로운 연결과 더 자유로운 사고의 가능성이 열린다.

우리가 지닌 가장 정교한 도구

2012년, 버킹엄 궁전과 홀리루드 궁전에서 독특한 전시회가 열렸다. 다빈치가 사망하고 나서 그의 모든 그림과 원고는 제자 중 한 명이 보관하고 있다가 나중에는 앨범에 풀로 붙여져서 세계 각국으로 옮겨 다녔다. 그중에서도 가장 유명한 앨범 한 권이 어떻게 해서 영국 왕가 소유가 되었는지는 정확히 알려진 바가 없지만, 1600년대 후반에 찰스 2세가 구입했을 가능성이 있다. 다빈치의 현존하는 해부학 연구 내용이 모두 수록된 그 앨범은 영국 왕실 소장품 중에서 가장 가치 있는 작품이다. 2012년에 열린 전시회에서는 다빈치의 모든 해부학 드로잉이 최초로 공개되었으며 그 그림들 옆에 현대의 첨단 의료용 촬영 사진이 함께 전시되었다. 그렇게 그림과 사진을 비교하니, 사전지식이나 기술에 대한 접근 기회가 적었던 다빈치가 연구한 내용이 놀라울 정도로 정확하다는 사실이 드러났다. 다빈치 기록의 상당 부분은 21세기 임상의료를 미리 보여주었고 현재 의료인 양성에 사용되는 것과 똑같은 순서로 나열된 이미지들을 사용하고 있었다. 만일 다빈치의 생리학 연구가 그의 생전에 출판되었다면 인체 구조에 대한 이해가 수백 년은 앞당겨졌을 것이다.

특히 다빈치가 제작한 도면 한 장은 해부의 단계를 묘사한 삽화 네 점으로 손의 층상 구조를 보여준다. 그는 뼈 그림으로 시작해서 손바닥의 심부 근육을 추가한 그림에 이어, 힘줄의 첫 번째 층과 두 번째 층을 그렸다. 이 삽화는 다빈치의 드로잉 중에서도 가장 정밀한 작품으로 꼽힌다. 우리 몸에 있는 뼈의 4분의 1 정도가 손에 있으므로 그는 손의 구조를 꼼꼼하게 묘사하는 데 공을 들였다. 영국 왕실 소장품 신탁 전시회에서는 관람객이 우리 손의 섬세하고 정교한 구조와 그 신비로운 움직임에 대한 다빈치의 관찰에 더 가까이 다가가게 하려고 컴퓨터 시뮬레이션을 제작했다. 손은 우리가 눈만큼이나 많이 사용하는 감각기관으로서 주변 세계에 관한 정보를 수집하는 데 핵심 역할을 한다. 특히 손가락 끝에는 수천 개의 촉각 센서가 층층이 위치해 촉감을 섬세하고 생생하게 느낄 수 있으며 손가락 관절과 손목의 각도와 방향에 대한 감각은 우리가 움직임을 민감하게 인식하게 해준다. 다빈치는 인간의 손을 연구하면서 손이 정밀함의 도구라는 사실을 발견했으며, 그 역시 손을 능숙하게 사용했다.

다빈치는 손을 자세히 관찰하고 나서 어깨 근육까지 범위를 넓혔다. 그의 가장 큰 드로잉 중 하나는 오른팔 해부도로, 엄지손가락에 작용하는 근육과 힘줄을 보여준다. 그는 인간의 손이 팔 전체의 일부로서 목과 등, 나아가 다리의 근육과 조화를 이뤄 움직이며 우리 몸의 다른 부분과도 긴밀하게 연결되어 보조를 맞춘다는 사실을 잘 알고 있었다. 그가 손이 인체의 모든 곳과 연결되어 있다는 사실을 알아냈다는 것은 놀라운 선견지명이다. 신경과학의 최근 연구들은 손에 관여하는 뇌의 부위가 아주 넓다는 사실을 확인해주고 있다. 또 손의 신경학적·생체역학적 움직임이 신경계 내에서 즉각적 상호작용과 재조직화를 일으키며, 손을 사용하려는 인간의 뿌리 깊은 욕구와 노력은 인간 생활의 기본적인 목표와 불가분의 관계라는 사실도 밝혀졌다. 인류학과 의학의 연구 결과에 따르면 손은 인간의 지능이 형성되는 과정에도 기여했다. 오늘날 신경과학은 뇌가 두개골 안에만 존재하는 것이 아니라 몸 전체로 확장되어 있으며, 인간이 주변 세계로 손을 뻗을 때 가장 강력한 사고가 손 안에서 이뤄진다고 간주한다.

손은 우리가 사물을 이해하는 데 사용하는 도구들 중에 가장 정교하게 만들어진 도구이지만 우리는 손을 예전만큼 많이 사용하지 않는다. 특히 글을 쓸 때 손을 사용하는 일이 줄어들었다. 놀랍게도 디지털 기술 활용이 보편화한 뒤로 손글씨 쓰기가 얼마나 감소했는지를 제대로 분석한 종합적인 연구는 아직 진행되지 않았지만, 일상적인 경험을 통해 손으로 글씨를 쓰는 활동이 크게 줄어들었음을 확인할 수 있다. 많은 사람이 여전히 손으로 서류를 작성하거나 집에서 손으로 메모를 하긴 하지만, 요즘에는 글쓰기가 주로 키보드나 휴대전화로 이뤄지기 때문에 대다수 사람은 손글씨를 읽는 일이 많이 줄어들었다. 컴퓨터 앞에서 글을 입력하면 글쓰기가 훨씬 간단하게 느껴지고 여러 면에서 실제로 간단하다. 문서 편집기를 사용해 글을 잘라내고 붙이고 옮길 수 있을 뿐 아니라 오늘날 이메일 프로그램에는 자동 완성 기능까지 있기 때문이다. 대부분의 디지털 과업을 수행할 때 우리가 타이핑한 단어를 쉽게 복사하고 공유하고 검색할 수 있으므로 키보드는 당연한 선택이다. 하지만 오늘날에도 손글씨가 더 나은 선택인 상황은 많다. 타이핑을 할 때 우리의 인지 과정이 어떻게 변화하는지 알아두고, 손으로 글을 쓰고 그림을 그릴 때 자신의 생각을 주의 깊게 관찰하면 언제 종이 한 장을 집어 드는 것이 좋은지 스스로 알아낼 수 있다.

타이핑을 할 때는 움직임의 자유가 감소한다. 표준 쿼티 키보드에는 101개의 고정된 버튼이 있으며, 어떤 문자나 숫자를 입력하더라도 우리의 동작은 기본적으로 똑같다. 키보드를 두드릴 때는 주로 손가락만 움직이지만, 손글씨를 쓸 때는 몸의 여러 부분이 균형을 이루면서 움직여야 한다. 손글씨를 쓸 때는 자세를 안정적으로 유지하면서 섬세하게 조정하려고 코어의 힘에 의지하기 때문에,

산모들은 출산 후 휴식과 요양으로 복부 근조직이 충분히 회복되기 전까지는 손으로 글씨를 쓰기가 어려워진 것을 느낀다. 이 모든 신체 활동은 타이핑할 때 우리 몸이 하는 동작과 극명하게 대비된다.

뇌의 활동도 다르다. 2017년 노르웨이 과학기술대학교에서 수행한 연구에 따르면 어린이와 청소년이 손으로 글을 쓰고 그림을 그릴 때와 키보드를 두드릴 때 뇌파 패턴에 현저한 차이가 있었다. 실험 참가자들이 여러 건의 글쓰기 과제를 수행하는 동안 256개의 조약돌 같은 금속 센서가 달린 EEG 지오데식 센서망을 머리에 씌우고 신경 전기 활동의 변화를 기록했다. 사람들이 손으로 글을 쓰고 그림을 그릴 때의 뇌파 패턴은 일반적으로 학습에 최적이라고 간주되는 패턴과 일치했다. 키보드를 두드릴 때는 신경의 활성화가 훨씬 덜 복잡하고 덜 선명하게 나타났는데, 이는 키보드를 두드릴 때 손의 움직임이 덜 섬세하고 덜 정교하게 제어되기 때문이라고 추정된다. 필기체로 글씨 쓰기와 그림 그리기가 학습과 기억을 촉진한다는 중요한 발견은 여러 편의 다른 학술 연구로도 확인되었다. 특히 2014년 프린스턴대학교와 캘리포니아대학교에서 발표된 보고서가 잘 알려져 있으며, 최근 연구로는 손으로 글씨를 쓸 때 학습 효율이 훨씬 높아진다는 결론을 얻은 2021년 존스홉킨스대학교의 연구가 있다. 글씨를 쓰면서 손을 사용할 때의 지각운동 경험이 우리가 배우는 내용을 더 빠르고 확실하게 흡수하는 데 도움이 된다는 것이다.

글을 쓸 때 챗GPT와 같은 언어 모델이 우리의 사고 과정에 어떤 영향을 끼치는지를 분석해서 결론을 내린 연구기관은 아직 없지만, 그 효과는 키보드 사용하기와 손으로 글씨 쓰기를 단순히 비교한 것보다 클 것이다. '사전학습된 생성형 변환기'를 의미하는 GPT는 다양한 웹 도구와 연결되어 인간의 언어로 독창적인 콘텐츠를 생성하게 해준다. 챗GPT와 같은 AI 언어 모델은 새로운 아이디어나 관점을 도입해 우리의 창의성을 증진하고, 방대한 말뭉치를 분석하고 요약함으로써 생산성을 높여준다. 그러나 생각을 명확히 전달하는 단어와 문구를 스스로 찾지 않고 글쓰기를 AI에게 맡겨버릴 때 '생성 효과'는 유의미하게 감소한다. 글쓰기에 도움을 받기 위해 AI에 지나치게 의존할 경우 '인지 외주화cognitive outsourcing'라는 잘 알려진 위험이 발생하며, 우리 스스로 새로운 아이디어를 생성하고 독립적으로 생각을 표현하는 능력이 저하될 우려가 있다. AI 도구를 가지고 글을 쓰는 시간이 펜과 종이를 사용하는 시간과 균형을 이루면 이러한 위험은 줄어든다. 손으로 글을 쓰고 그림을 그릴 때는 어떤 생성형 AI 도구도 우리의 생각에 부정적인 영향을 끼칠 수 없기 때문이다.

빈 종이에 글을 쓸 때 우리는 공간적 사고의 자유를 누린다. 빈 종이를 사용하면 원하는 곳 어디에나 표시할 수 있고, 지면을 가로지르며 여러 아이디어를 연결할 수 있고, 음영으로 3차원 공간을 쉽게 표현할 수도 있다. 펜으로 우리 자신의 시각언어를 창조할 수 있으며 우리가 원하는 만큼 단순하거나 복잡한 표현이 가능하다. 때로는 단어와 문구 사이에 화살표와 선을 넣기만 해도 사고가 확장된다. 빠르게 스케치를 하거나 다이어그램 또는 마인드맵을 그려보면 조각들이 어떻게 맞물려 전체를 구성하는지가 눈에 들어온다. 여러 요소를 공간적으로 배치하면서 새로운 관점이나 연상이 형성되어 아이디어를 전환하거나 뒤집을 수도 있다. 우리가 만든 것을 컴퓨터에서 더 정교하게 다듬을 수도 있지만, 그래픽디자인 소프트웨어는 대다수 사람에게 시간과 노력을 더 많이 요구하며 종이에 펜을 대는 것처럼 본능적이거나 자연스럽다는 느낌은 주지 않는다.

1930년대 후반 알베르트 아인슈타인Albert Einstein은 프랑스 수학자 자크 하다마르Jacques Hadamard에게 보낸 유명한 편지에서 자신의 사고 메커니즘에서 언어는 주도적인 역할을 하지 않으며 자신의 아이디어는 대개 "시각적이고 다소 역동적인 유형"이라고 설명했다. 아인슈타인은 매우 중요한 물리학적 발견을 하기까지 주로 시각적 사고실험에 의존했다. 예를 들면 특수상대성이론을 창시하기 위해 광선을 타고 여행하는 상상을 했고, 일반상대성이론을 연구하는 동안에는 허공에서 자유낙하하는 엘리베이터 안에 있는 남자를 상상했다. 아인슈타인은 인간의 사고가 운동감각적이고 다중감각적이며 신체의 움직임과 긴밀하게 연관되어 있다는 사실을 기민하게 알아차렸다. 손동작을 하거나 종이에 표시를 하면서 몸을 더 많이 움직이면 선형적 한계를 지닌 언어를 확장할 수 있다.

우리가 하려는 말의 분량이 많거나 창의적인 입력이 거의 필요하지 않은 일상적인 내용일 때는 키보드가 가장 적합한 도구일 것이다. 키보드를 사용하면 우리의 생각을 효율적으로 기록할 수 있다. 오늘날 사람들은 손으로 글씨를 쓰는 것보다 키보드를 두드리는 것이 빠르고, 웹 도구의 생산성은 종이와 비교하기 어려울 만큼 뛰어나다. 하지만 시각적 개념으로 아이디어를 확장하거나 새롭게 조합하려고 할 때 기술은 금세 제약으로 바뀐다. 문서 편집기, 아니 모든 소프트웨어 도구는 표준화된 작업 방식이 정해져 있어서 그 방식을 넘어서기가 매우 어렵다. 간단한 메뉴 옵션으로 글꼴을 바꾸거나 페이지 구성을 변경할 수는 있어도 시각적으로 자유로운 형태를 생성하기는 어렵다. 오늘날 우리가 전자기기에 입력하는 내용은 거의 전적으로 미리 정해진 문자와 숫자, 마우스 클릭과 화면 탭으로 구성된다. 그래픽디자인 전문가들이나 매일같이 디자인 소프트웨어를 사용하는 건축가와 공학자들조차도 컴퓨터에서는 유연성과 창의성이 크게 제한된다고 느낀다.

우리는 매일 깨어 있는 시간의 절반이 넘는 시간 동안 우리의 생각과 결정을 기록하기 위해 키보드나 터치스크린이나 마우스에 전적으로 의존한다. 하지만 디지털 기기에 소비하는 시간이 그렇게 많은데도 우리가 그 기기에 쓰는 글의 양은 생각보다 훨씬 적다. 키보드와 마우스 사용을 측정하는 왓펄스Whatpulse라는 앱에서 지난 20여 년 동안 수집한 데이터에 따르면 평균적인 사람은 하루에 컴퓨터 앞에서 941개의 키를 입력한다. 글을 200단어만 쓴다는 뜻이다. 물론 어떤 직업은 글을 다룰 일이 거의 없고 어떤 직업은 하루에 수천 단어를 써야 하겠지만, 온라인에서 우리 스스로 정보를 만드는 시간보다 정보를 훑어보고, 선택하고, 소비하는 시간이 훨씬 많다는 점을 생각해보라. 왓펄스에 따르면 사람들은 평균적으로 하루에 497회 클릭을 한다. 마우소트론Mousotron이라는 앱은 사무직 노동자의 마우스가 일주일 동안 움직이는 평균 거리가 약 1.6킬로미터를 넘는다는 사실을 밝혀냈다. 2022년 미국과 벨기에에서 이뤄진 연구에 따르면 사람들은 하루 평균 2,617번 전자기기를 터치하거나 두드리거나 옆으로 민다. 스크린을 사용할 때 우리가 주로 하는 동작이 훑어보기·스크롤하기·선택하기라는 것은 분명하며, 단어나 문장을 입력하더라도 정보를 더 얻어내기 위한 짧은 검색 명령이나 짧은 메시지 교환이 대부분이다.

사용자 경험 디자이너와 개발자들은 히트맵heat map(데이터의 분포나 패턴을 색상으로 표현해서 한눈에 보여주는 그래프의 한 형태 – 옮긴이)을 활용해 사람들이 웹페이지의 어느 부분에서 스크롤과 클릭을 하는지를 세밀하게 추적하고 유도하며 웹페이지의 중요한 버튼과 요소들을 가장 잘 보이는 자리에 의도적으로 배치한다. 웹사이트나 앱을 사용하는 사람들은 단서와 지시에 따라 곧바로 그 위치로 이동한다. 우리는 마우스나 터치스크린으로 매우 비슷한 동작을 반복한다. 하루 동안 스크린의 똑같은 지점의 버튼과 컨트롤을 선택하는 동작이 누적되면 무수히 많은 선이 겹쳐져 덩어리를 이루는데, 이는 미리 생각해서 종이 위에 그려넣는 표시나 그림과는 전혀 다른 모습이다. 마우스를 움직이거나 클릭하며 화면을 좌우로 밀거나 버튼을 누르는 패턴은 너무나 흔해져서 우리의 사고 과정을 변형하기 시작했다. 디지털 기기를 조작할 때 우리의 생각과 느낌은 대체로 순차적인 성격을 띠며, 개인적인 동기나 발견에 좌우되기도 하지만 알고리즘이나 소프트웨어 설계의 영향도 많이 받는다. 반면 다빈치가 물리적 탐구, 손으로 그린 그림, 필기체 메모에 의존했을 때 그는 자신의 상태를 통제하면서 여러 상태를 자유롭게 넘나들었다. 손으로 글씨 쓰기와 그림 그리기는 생각을 조작하기 위한 가장 내밀한 수단이며, 르네상스 시대는 개개인이 글쓰기와 그리기에 내재된 힘을 발견하는 데 어느 때보다 가까이 갔던 시대였다.

손으로 쓰고 그려보자

손으로 글쓰기와 그리기는 삶에서 핵심 능력이며 펜과 종이를 사용하면 더 깊은 수준의 사고가 가능하고 생각을 더 명료하게 정리하거나 참신한 아이디어를 떠올리는 데 도움이 되지만 오늘날 대다수 사람은 키보드에 너무 익숙해져서 그걸 알아차리지 못한다.

종이에 생각을 정리하는 데는 특별한 훈련이나 예술적 능력이 필요하지 않으며, 시각적 사고를 잘하려면 종이에 기호를 배치하는 요령을 아는 것보다 실제로 시간을 들여 종이에 뭔가를 표시하는 것이 더 중요하다. 연습을 통해 자신만의 필기 기호를 만들고 개인적으로 분석하고 질문하는 습관을 들일 수도 있다. 처음에는 몇 가지 간단한 과제를 선택해서 자기만의 사고 습관을 발전시키고, 다시 펜과 종이를 사용하는 일에 익숙해지면 새로운 쓰기 도구를 찾거나 개발해서 아이디어를 더 발전시켜보자. 시간이 흐를수록 언제 펜과 종이를 사용하면 좋을지를 잘 알아차리게 되고 점점 키보드와 멀어지고 싶어질 것이다.

이럴 때 펜과 종이를 사용하라

컴퓨터 앞에서 생각이 멈출 때나 새로운 지식과 아이디어가 필요할 때마다 모니터를 끄거나 노트북을 닫고 펜을 꺼내라. 더 나은 방법은 책상에서 일어나 온라인 방해 요소에서 아예 벗어나 충분한 시간을 가지면서 창의력을 발휘해 주제를 온전히 탐구하는 것이다.

항상 작은 노트와 펜을 업무용 가방에 넣고 다녀보라. 아이디어는 전혀 예상하지 못한 틈새 시간에 떠오를 때가 많다. 쓰기용 노트는 비망록과 별개로 활용하는 것이 좋다. 이동 중에 떠오르는 생각을 적어두거나 집중 탐구를 할 때는 주제별로 생각을 분류하기보다 일단 적어두는 것이 더 중요하기 때문이다. 휴대전화의 메모장 앱을 열지는 마라. 글을 타이핑하는 행위는 사고 과정을 위축시키고, 다른 앱들이 창의성의 흐름을 방해하기가 너무 쉽다. 손으로 글을 쓸 때는 자연스럽게 상상력의 연상작용으로 이어지고 새로운 연결과 결합에도 열린 태도가 유지된다.

생산적인 생각을 노트에 다 적었다면, 필요한 경우 사진을 찍어 휴대전화에 보관하거나 중요한 사항 일부를 디지털 메모로 옮겨 나중에 쉽게 찾아볼 수 있도록 한다. 이 작업은 손으로 쓰기를 마친 다음에 해야 한다. 아이디어는 순간적으로 스쳐 지나가기 때문에 최대한 빨리 붙잡아야 한다. 아이디어를 소중하게 다루고 방해 요소로부터 보호하라.

회의나 세미나 중 메모가 필요할 때, 기사를 읽거나 동영상을 시청하는 중에 특별히 인상적인 내용을 발견할 때, 그 자리에서 노트북 컴퓨터에 타이핑하기보다 펜을 들고 비망록이나 필기 노트에 기록하라. 손으로 글씨를 쓰는 물리적 행위가 직접 그린 도표나 시각적 메모의 통찰과 결합되면 학습한 내용이 더 확실하게 저장된다. 그 새로운 정보를 처음 접한 장소와 시간은 물론이고 그 내용도 더 오랫동안 정확히 기억에 남을 것이다.

지금! 시작해보기

- **노트북 컴퓨터를 닫고 펜 꺼내기**: 컴퓨터 앞에서 생각이 막힐 때는 아이디어를 종이에 적어본다.
- **가방에 노트와 펜 넣어두기**: 새로운 생각이 떠오를 때 바로 필기하고 생각을 확장할 수 있다.
- **새로운 정보는 손으로 기록하기**: 회의나 세미나 자리에서 또는 독서를 할 때 디지털 기록 대신 손으로 글씨를 써보자.

종이 위에서 생각 정리하기

간단한 목록을 작성하기만 해도 새로운 아이디어가 떠오르기 시작하지만, 페이지의 전체 공간을 사용하면 더욱 유익하다. 특히 마인드맵은 서로 다른 주제들 사이의 연관성과 연상을 표현하는 환상적인 방법이다. 르네상스 시대의 학교 노트에서 처음 발견된 마인드맵은 인간의 뇌가 문제해결에 사용하는 시각적·공간적 기법들을 자연스럽고 직관적인 방법으로 활성화한다. 다빈치 역시 아이디어를 명확하게 표현하거나, 다른 말로 표현하거나, 새로운 본보기를 만들기 위해 마인드맵을 활용했다. 먼저 탐구하려는 주제를 종이 한가운데에 쓰고, 중앙에서 조금 떨어진 자리에 첫 번째 연관어를 적은 다음 각 단어나 문구를 둘러싸는 원을 그린다. 중심 주제를 둘러싸고 있는 원들과 중심 주제를 선으로 연결하고, 각각의 새로운 개념마다 이 과정을 반복한다. 그러다 보면 페이지 전체에 아이디어가 형태를 드러내고, 연관성을 나타내는 선들을 통해 개념들의 관계를 파악할 수 있다. 연결고리를 발견하면 선과 화살표를 추가해서 표시하고, 페이지 여백이 비좁게 느껴지면 아이디어가 가장 풍부한 선을 하나 골라서 새로운 종이에 옮겨 그린다.

지금! 시작해보기

- **마인드맵으로 창의적 과제 해결하기**: 광범위하게 아이디어를 떠올리고 종이 위에서 선으로 서로 연결한다.
- **플로차트**(사용자의 행동 흐름을 시각적으로 표현하는 다이어그램-옮긴이) **직접 그려보기**: 종이 위에서 아이디어의 순서를 이리저리 바꿔보면서 최적의 해법을 찾는다.
- **코넬 노트 필기법 사용해보기**: 종이 한 장을 세 부분으로 분할해서 각각 메모, 주제어, 요약에 사용한다.

아이디어의 순서를 정하거나 어떤 과정의 흐름을 파악할 때는 소프트웨어나 웹 도구를 사용하기보다 종이에 순서도를 그리는 방법이 훨씬 효과적이다. 먼저 재빨리 첫 스케치를 해보고 공백이 있거나 개선이 필요한 지점을 찾아보라. 펜과 종이를 사용하면 최적의 순서에 도달할 때까지 내용을 변경하거나 반복하기가 쉽다.

코넬 노트 필기법(미국 코넬대학교에서 개발된 학습법-옮긴이)은 생각을 정리하고 확장하는 데에도 유용하다. 종이를 세로 방향으로 둘로 나누고 페이지 하단에 공간을 남겨둔다. 왼쪽의 좁은 열에는 주제어나 질문을 기록하고, 오른쪽의 넓은 열에는 세부 내용을 기록하고, 하단은 요약을 위한 공간으로 사용한다. 코넬 노트 필기법은 더 깊이 비판적으로 생각하면서 핵심 개념을 파악하고 스스로 질문을 생성하기에 좋다.

스케치노트로 참신한 아이디어 찾기

다빈치가 글쓰기와 그리기를 하면서 활용했던 시각적 사고 기법의 상당수는 우리도 활용할 수 있고, 우리는 최종 결과물의 완성도를 걱정할 필요가 없다! 목표는 완벽한 예술작품을 만들어내는 것이 아니라 글쓰기와 그리기를 통해 아이디어를 기록하는 것이다.

2007년 디자이너 마이크 로데Mike Rohde는 그림, 아이콘, 다이어그램과 같은 시각적 요소를 통합한 노트 필기 과정을 가리키는 '스케치노트sketchnote'라는 용어를 만들었다. 스케치노트는 쉽고 빠른 학습 과정으로, 회의 중일 때나 자료 조사를 할 때나 완전히 새로운 아이디어를 구상할 때 정보를 포착하고 처리하고 나중에 다시 떠올리기 위해 활용 가능한 방법이다. 2007년 이후로 스케치노트 커뮤니티가 만들어져 활발하게 활동하고 있는데, 일반적으로는 그리기에 능숙하지 않은 사람이 오히려 유리하다. 시각예술가들은 선과 구성과 형태를 만드는 법을 배우기 때문에 시각적 사고의 즐거움을 잃어버리기가 쉽다.

다빈치는 예술적 감성을 가진 동시에 다듬어지지 않은 시도를 수없이 하면서 아이디어의 핵심에 도달하려고 노력했다는 점에서 독보적인 인물이다. 예를 들어 그는 비행에 매혹을 느끼고 헬리콥터와 날개를 위아래로 움직이며 비행하는 오니솝터ornithopter를 자유롭게 설계하고 무수히 많이 그렸지만, 그 그림들은 세련미와 무관하게 그의 사고를 뒷받침하는 데 유용하게 쓰였다. 그는 시각적 아이디어를 구체화하고 현실화하기 위해 설명문도 많이 활용했다. 종이 위의 단순한 기호들과 생각을 자세히 기록한 글의 상호작용은 그의 생각을 명료하게 정리하는 데 큰 도움이 되었다.

한동안 고민했던 문제를 하나 선택하고, 자리에 앉아 노트와 펜을 들고 문제를 해결해보자. 우선 문제 또는 목표를 명확하게 정의하고 페이지 상단에 정확하게 쓴다. 다음으로는 그 문제와 관련 있는 단어 또는 문구를 나열한다. 글, 아이콘, 기호, 간단한 그림을 함께 사용해서 생각을 비선형적이고 자유로운 형식으로 스케치해보자. 선, 화살표 등의 시각적 요소를 사용해 더 심층적인 연결과 새로운 아이디어를 탐색하고, 패턴과 주제와 잠재적 해결책을 찾아보자. 종이에서는 생각들을 분류하고 그룹화하기가 용이하므로 큰 그림을 보면서 더 자세히 탐구할 영역을 판별할 수 있다.

스케치노트의 가장 큰 장점 중 하나는 쉽게 앞으로 돌아가서

지금! 시작해보기

- **나의 첫 스케치노트 만들기**: 가장 먼저 떠오르는 문제를 하나 골라서 페이지 상단에 명확하게 쓴 다음, 그 문제와 관련 있는 생각을 모두 나열한다.
- **종이 위에서 생각 분류하기**: 선과 화살표를 사용해 아이디어들을 서로 연결하면 새로운 패턴이나 뜻밖의 해답을 찾는 데 도움이 된다.
- **한발 물러나기**: 스케치노트를 다 만들고 나서는 잠시 멈추고 전체적으로 검토해본다. 그 주제를 바라보는 시각이 바뀌었는지 생각해보자.

생각을 되짚어보고 다듬을 수 있다는 것이다. 스케치노트를 완성한 다음에는 내용을 다시 보면서 빠진 부분이나 서로 모순되는 부분이 있는지 살펴보고, 일부를 추가하거나 빼거나 변경하면서 아이디어를 더 명확하게 표현해본다. 시간을 충분히 들여서 기록한 내용을 꼼꼼하게 살피고, 주제에 대한 이해가 더 깊어졌는지 확인하자.

컴퓨터를 쓰면서 손으로 글쓰기

컴퓨터 마우스는 1964년 미국의 엔지니어이자 발명가인 더글러스 엥겔바트Douglas Engelbart가 고안했다. 스탠퍼드 연구소에서 일하던 그가 맨 처음 만든 시제품은 나무로 만들어졌고 금속 바퀴 두 개가 달려 있었지만, 1970년대에 제록스Xerox와 애플이 디자인을 개선했다. 마우스는 처음부터 쉽고 빠른 적응을 위해 우세손(주로 쓰는 손)으로 사용하도록 설계되었다. 이러한 디자인 선택은 책상 배치에 영향을 끼쳤을 뿐 아니라 컴퓨터를 사용하는 동안 글을 쓰고 그림 그리기를 어렵게 만들었다. 하지만 반드시 그래야 한다는 법은 없다.

우리는 온라인 상태일 때 컴퓨터 앞에서 보내는 대부분의 시간에 클릭과 스크롤을 하기 때문에 우세손은 마우스 위에 올려놓고 반대쪽 손은 휴면 상태로 남겨놓는다. 타이핑을 할 때만 양손을 사용한다. 하지만 글쓰기나 그리기를 할 때는 손가락, 손, 손목의 소근육을 미세하게 조절해야 하므로 비우세손으로 능숙하게 글을 쓰거나 그림을 그리기는 대단히 어려운 반면, 비우세손으로 마우스를 조작하는 일은 한결 쉽다.

이 방법을 사용하면 여러 가지 이점이 있다. 비우세손으로 마우스를 사용하는 데 익숙해지면 온라인 활동에 지장을 받지 않으면서 우세손을 자유롭게 사용해 메모를 하거나 아이디어를 휘갈겨 쓰거나 생각을 정리할 수 있으므로 디지털로 하는 작업의 많은 부분을 보완하고 뒷받침할 수 있다. 화면에서 커서를 자유롭게 움직이려면 활동 반경이 넓어야 하므로 마우스 옆에 노트와 펜을 두기가 쉽지 않다. 하지만 마우스패드를 반대쪽으로 옮기는 순간, 우세손 바로 앞에 종이를 놓아두기만 하면 스크롤과 클릭과 서핑을 하는 동안에도 편하게 생각을 기록할 수 있다.

오늘날의 마우스는 양손잡이용으로 모양이 좌우 대칭이고 양쪽에 버튼이 있어서 반대쪽 손으로 바꿔 사용하기가 쉽다. 컴퓨터의 버튼 설정만 변경하면 된다. 대부분의 마우스는 왼쪽 클릭이 기본으로 설정되어 있으므로, 오른손잡이가 왼손으로 마우스를 쓰려면 이 설정을 오른쪽 클릭으로 전환해야 한다.

비우세손이 새로운 기술을 배우려면 시간이 필요하지만, 인내심을 가지고 연습하면 충분히 가능한 일이다. 며칠만 지나면 마우스 조작이 쉬워지기 시작하고, 1~2주 뒤에는 손에 익어서 자연스럽게 느껴지기도 한다. 비우세손으로 마우스를 사용하면 우세손은 자유롭게 움직이면서 시각적인 방식으로 생각을 정리하고 점검할 수 있다. 주의를 기울여 반복적인 작업을 두 손에 골고루 분배하면 반복사용긴장성손상증후군repetitive strain injury의 위험도 줄일 수 있다. 비우세손으로 마우스를 조작하면 새로운 신경 경로를 형성하고 기존 경로를 강화하여 손의 민첩성을 높이고, 눈과 손의 협응과 창의성을 키워주므로 뇌 훈련에도 아주 효과적이다.

지금! 시작해보기

- **한 달 동안 비우세손으로 마우스 움직이기**: 손이 적응하기 위한 시간을 충분히 할애하자.
- **책상 배치 바꿔보기**: 마우스를 책상의 반대쪽으로 옮기고, 적당한 크기의 무지 메모장을 구입해서 컴퓨터 앞에서 언제든지 사용할 수 있도록 놓아둔다.

Human Being

7장

그리기

ART

사진술과 최신 시각예술이 발달하던 시기, 프랑스를 비롯한 유럽의 예술가들은 이미지의 기술적 재생산이 가능해졌다고 낙심하기보다는 자유로워진 느낌을 받기 시작했다. 창작의 가능성이 훨씬 커진 것이다.

안으로 들어가서 밖으로 표출하라

19세기 미국의 미술 교사 로버트 헨리Robert Henri는 사진의 발명으로 사람들의 삶에서 회화의 역할이 위태롭던 시대에 살았다. 그는 사진이 회화와 무엇이 다른지를 분명하게 알려주면서, 학생들에게 세상에 더 가까이 다가가기 위해 자신만의 시각이 갖는 힘을 활용하라고 가르쳤다. 원래 그는 어느 화가 집단의 지도자로 널리 알려져 있었는데, 그 집단에 속한 화가들은 대부분 사진 보도가 등장하기 전에 신문사에서 일하던 숙련된 삽화가로서 현실의 사건이나 기억을 드로잉으로 빠르고 정확하게 재현할 줄 알았다. 나중에 그는 여러 저명한 예술 교육기관에서 학생들을 가르치다가 직접 학교를 설립했다. 그는 한 세대 동안 미국의 미술 발전에 가장 큰 영향을 끼친 인물 중 하나로 인정받았으며, 그의 영향은 오늘날까지 이어지고 있다.

헨리의 조상은 강인한 개척자 집안 사람들로서 프랑스와 영국 제도에서 미국으로 이주해 버지니아주, 오하이오주, 켄터키주에 걸쳐 농장을 설립했다. 1865년에 태어난 헨리는 가족이 네브라스카주에 정착하기 전 몇 년 동안 여기저기 돌아다니며 살았다. 그의 아버지는 5만 에이커 규모의 풍요로운 공동체와 마을을 만들어 코자드Cozad라는 이름을 붙였다. 헨리는 어린 시절을 진정한 미국인 개척자로 생활하며 보냈다. 말을 타고 평야를 누비고, 시냇가에서 수영과 낚시를 즐기고, 야생 상태의 광활한 자연을 누볐다. 헨리의 가족은 농촌 마을을 성장시키기 위해 대규모 벽돌 공장을 설립하고 플라테강에 다리를 놓기 위해 날마다 고생하는 아버지를 도왔다. 마을에는 곧 호텔이 들어오고, 학교와 상점과 지역신문이 생겨났다. 하지만 어느 목장주들의 무리가 헨리 아버지의 지도력에 도전했고, 1882년 10월에는 술에 취해 난동을 부리던 한 목축업자가 칼을 들고 그를 공격했다. 헨리의 아버지는 정당방위로 그 목축업자를 권총으로 쏴서 치명상을 입혔다. 폭력배들이 잔인하게 복수할 것을 예상한 헨리의 가족은 안전을 위해 마을을 떠났다.

헨리의 원래 이름은 로버트 헨리 코자드였지만, 네브라스카주에서 사람이 죽고 헨리의 아버지가 살해 누명을 벗기까지 도망자로 지내는 오랜 시간 동안 그의 가족은 다른 성을 사용했다. 그들은 뉴저지주 애틀랜틱시티로 이사해서 도시적인 삶을 살았고, 로버트는 마침내 자신의 새로운 정체성에 적응했지만 어린 시절의 개척자 생활을 잊은 적이 없었다. 그는 평생에 걸쳐 강인함과 호기심을 잃지 않았으며, 어떤 상황에서든 실용적이고 독창적인 사고방식으로 빠르게 해결책을 찾아냈다. 자립정신과 완고한 개인주의, 그리고 물질적 실체에 대한 확고하고 자유로운 이해는 그의 모든 창의적 작업에서 빛을 발했으며, 수많은 사람에게 영감을 준 가르침의 뿌리가 되었다.

어린 시절부터 미술에서 즐거움을 느낀 헨리는 네브라스카주에 도착한 직후부터 색연필과 크레용을 사용해 다양한 주제로 그림을 그렸는데, 상상 속의 장면도 많이 그렸지만 변화무쌍하고 새로운 환경에서 소재를 얻기도 했다. 그는 새로 온 정착민들에게 코자드를 홍보하기 위한 광고를 디자인하고 자신만의 스케치노트와 스크랩북을 채워나갔다. 애틀랜틱시티에 도착하고 나서 최초의 회화 작품을 완성했고, 필라델피아주의 펜실베이니아 미술 아카데미로부터 입학 허가를 받아 1886년에 등록했다. 헨리가 화가로서 생활을 시작했을 무렵 세상은 시각문화와 기술이라는 측면에서 거대한 변화의 한가운데 놓여 있었다. 19세기에 등장한 일련의 발명품은 결국 사진술과 이미지 제작의 산업화와 관련된 여러 가지 기술로 정점에 도달했다. 이미지는 곧 상업화하고 인간 관찰자의 육체적 경험과 멀어졌으며, 우리가 세상을 바라보고 지각하는 방식도 영구적으로 변화했다. 사람들은 잡지, 광고판, 그리고 얼마 후에는 영화까지 점점 많은 이미지에 둘러싸이게 되었다. 이미지는 주변 환경에 통합되어 사람들이 바라보는 현실 위에 겹쳐졌고 때로는 현실을 바라보는 것을 방해하기도 했다. 헨리는 작품 활동을 하면서 이러한 변화를 점점 더 실감했다. 그의 시각이 진화하고 성숙해지는 동안 그는 작품을 통해 독자적인 방향을 잡아나갔다.

헨리가 미술 아카데미 2학년이었을 때, 학생들 사이에서는 그림을 배우기 위한 파리 방문이 유행이었다. 헨리도 파리에 가서 아카데미 쥘리앙Académie Julian에서 공부했다. 그곳에서 그는 화가들이 세상을 현실적으로 묘사하기 위해 오랫동안 사용했던 표준적이고 틀에 박힌 아카데미즘 전통을 철저히 습득했다. 하지만 얼마 지나지 않아 환상은 깨지고 안정감은 사라졌다. 당시 파리는 시각적 혁신의 세계적인 중심지였고, 시각적 혁신은 대중문화에 뚜렷한 영향을 끼치고 있었다. 새로운 이미지 도구들과 사진 이미지가 파리 시내 곳곳에서 대중을 끌어들였고, 헨리가 수업시간에 배우던 수작업으로 일일이 그리는 기법은 시대에 뒤떨어진 것처럼 느껴졌다.

헨리가 파리에 머무른 시기는 사진이 주류 문화에 편입되던 시기와 일치했다. 사진을 통한 저널리즘이 일반화되고 셀룰로이드 롤필름을 구하기가 점점 쉬워지고 있었으며, 헨리가 파리에 도착했던 해에 코닥Kodak에서는 최초로 사용법이 쉬운 대중용 카메라를 출시했다. 이것은 매일의 시각 경험에 엄청난 변화를 일으켰고 파급효과도 컸다. 특히 파리에서는 사진이 발명되기 수십 년 전부터 발전된 기술들이 일반 대중에게 공개되고 있었다. 1820년대에 시작된 잔상(원본 이미지에 일정 시간 노출된 뒤에 눈앞에 계속 보이는 상)에 대한 실험적 연구는 다양한 광학 장치와 기술의 개발로 이어졌다. 그러나 본래 과학 연구용이었던 이런 새로운 시각 기술에 자연스러운 관심과 흥미가 생기면서 새로운 유형의 대중오락이 탄생했다. 특수 장치를 갖춘 극장에서 관람객에게 연극적 경험을 제공하는 디오라마diorama는 파리에서 처음 시작되었으며, 대중에게 가장 먼저 다가간 새로운 시각예술 형식 중 하나였다. 관람객들이 회전하는 원형 바닥 위에서 천천히 움직이는 동안 한 폭의 풍경화가 그들을 스쳐 지나갔다. 디오라마는 리넨에 손으로 그린 여러 점의 그림으로 이루어졌는데, 어떤 부분은 그림 없이 투명하게 남겨놓아 다층 구조의 이미지 패널을 햇빛과 컬러 블라인드로 비추면 장면이 변화하는 효과를 연출할 수 있었다. 프랑스의 또 다른 발명품은 페나키스토스코프phenakistoscope였다. 페나키스토스코프는 최초로 널리 보급된 애니메이션 장치로서 정지된 이미지들을 가지고 자연스러운 움직임의 환상을 만들어냈다. 페나키스토스코프는 동일한 모양의 조각으로 분할된 하나의 원반으로 구성되어 있으며, 조각마다 다른 그림이 그려져 있어 원반이 회전하면 관람객에게는 선명한 움직임이 순차적으로 보였다. 파리 시민들은 그때까지 그런 것을 본 적이 없었다.

디오라마 극장, 페나키스토스코프 장치, 그리고 소마트로프thaumatrope, 패러데이 휠Faraday wheel, 조에트로프zoetrope, 만화경kaleidoscope에서 인기가 아주 많았던 스테레오스코프stereoscope에 이르는 다양한 장치들이 1800년대 중반에서 후반 사이에 파리를 비롯한 세계 여러 도시에서 하나둘 생겨났다. 스테레오스코프는 동일한 이미지가 왼쪽 눈에 보이는 모습과 오른쪽 눈에 보이는 모습을 결합해 하나의 삼차원 이미지를 만들어내는 장치였다. 이 발명품을 보기 위해 사람들이 모여들어 줄을 섰다. 이처럼 새로운 시각 기술의 꾸준한 등장이 사람들의 일상생활에 얼마나 근본적인 변화를 일으켰는지를 오늘날의 우리가 이해하기는 쉽지 않다. 갑자기 물리적 실체의 실제적인 존재감이 부인할 수 없을 만큼 생생하고 현실적으로 느껴지는 방식으로 재현되었다. 인간의 손이나 예술적 창작은 점차 필요하지 않게 되었다. 후손들을 위해 중요한 장면을 묘사하던 숙련된 화가나 소묘화가는 사진기로 대체되었다. 카메라 옵스큐라camera obscura(벽이나 탁자에 이미지를 투사하기 위해 작은 구멍이나 렌즈가 달린 나무상자-옮긴이)는 무려 기원전 500년 전부터 현실을 최대한 정확하게 포착하기 위해 예술가들이 사용하던 장치였지만, 사진기가 등장하자마자 현실을 재현하는 관행은 거의 쓸모없는 것이 되었다. 프랑스의 중앙정부 기관은 사진술을 장려하고 지원하며 수많은 찬사와 관심을 받았고, 이로 인한 파장은 좀 더 전통적인 이미지 제작법뿐 아니라 예술계 전반에까지 퍼져나갔다. 화가들은 사진이 지금까지 하나의 정해진 관점에서 어떤 순간들을 기록하던 인간의 역할을 위협하고 있다는 사실을 깨달았다. 마침내 지각의 과정 자체와 개인의 시각적 이해를 탐구하는 새로운 연구가 시작되었다. 과학과 미술은 물리적 자극과 신체 동작이 우리가 세상을 해석하는 데 어떤 영향을 끼치는지, 그리고 그것이 사진 이미지의 생산과 어떻게 다른지를 탐구하는 분야라는 공통점이 있다. 심리학 연구와 주의력 연구 등 내적 경험에 대한 탐구가 활발해지면서 우리 자신의 판단과 시각적 이해의 중요성이 부각되었다.

헨리도 파리의 거리를 거닐다가 최신 시각예술을 감상하기 위해 줄을 서면서 미술계에 생긴 균열을 목격했을 것이다. 그는 예술가가 단순히 외부세계를 거울처럼 모방한 이미지를 제작하는 것 이상의 일을 할 수 있다는 사실을 깨달았고, 자신의 내적 경험과 그 경험이 지각에 끼치는 영향에 대해 많은 생각을 하면서, 당시 파리에서 형성되고 있던 예술운동에 매력을 느꼈다.

프랑스의 수많은 화가, 그리고 나중에는 유럽 대륙 전체와 다른 지역의 예술가들도 이미지의 기술적 재생산이 가능해졌다고 낙심하기보다는 자유로워진 느낌을 받기 시작했다. 이제 예술의 목표는 외부세계를 정확하고 진실하게 묘사하는 것에 국한되지 않았으므로 창작의 가능성이 훨씬 커졌다. 헨리가 파리에 도착했던 19세기 말은 예술계에서 놀라운 발명과 실험이 만개했던 시기와 일치하며, 처음에는 프랑스 미술계가 그런 움직임의 중심이 되었다. 이 시기에 일어난 수많은 변화를 가장 잘 압축해서 보여주는 인물이 화가 폴 세잔Paul Cézanne일 것이다. 세잔의 성숙기는 헨리가 프랑스에 체류하던 시기와 겹치는데, 그 시기에 세잔은 자신의 순수한 지각을 있는 그대로 캔버스에 담아내려고 노력했다. 세잔과 동시대 예술가들은 시야에 들어오는 것들을 빠르게 훑어보기만 해서는 새로운 결과물을 얻을 수 없다는 사실을 알고 있었다. 기존의 아카데미 전통에서는 예술작품 창작에 대한 암기식 접근이 만연해 있어서 이미 관습을 통해 알려진 익숙한 선입견의 세계를 보여줄 뿐이었다. 인상파와 후기 인상파라는 새로운 흐름 속의 화가들은 인내심을 가지고 대상에 집중하며 어떤 장면에서 무엇을 발견했는지를 집요하게 질문함으로써 주관적 경험을 외부세계와 연관시키기 시작했다. 그리고 그 과정에서 완전히 새롭고 참신한 것을 만들어냈다. 파리에 있던 헨리는 초기 인상파 화가들이 제작하던 작품들을 살펴볼 기회가 점점 늘어났고, 세상에 대한 관찰과 자신의 구상을 이해하기 위한 능동적인 역할 사이의 상호작용을 더욱 깊이 인식하게 되었다. 우리의 시각은 끊임없이 주변 사물을 포착하고 있으며, 만일 우리가 현재를 구성하는 데 아무 역할도 하지 않으면 다른 누군가가 그 일을 대신할 것이다.

미국에 돌아온 헨리는 오후에는 회화 작업을 하고 저녁에는 드로잉을 하면서 규칙적으로 작품 활동에 매진했다. 그의 열정은 다른 사람들에게도 전염되었고, 얼마 지나지 않아 그는 교수직을 제안받았다. 처음에는 필라델피아주에 있는 여성디자인학교에서 제안을 받았고, 예술의 수도인 뉴욕으로 이사하고 나서는 뉴욕예술학교에서 교수를 맡았다. 그의 작업실에서는 매주 공개 행사가 열렸는데, 그 자리에 참석하는 화가들과 학생들이 빠르게 늘어났다. 그는 다른 사람의 작품에 대한 자유로운 토론과 비평을 장려했으며, 화가의 삶이 얼마나 좋은지에 대해 자주 열변을 토했다. 타고난 지도자였던 헨리는 일상생활의 현실과 가까운 회화를 창조한다는 목표를 가진 20세기 초 미국 화가들의 모임인 '8인조The Eight'를 결성했다. 유럽의 전통적 아카데미즘에 종속된 미국의 주류 아카데미 전통에 대항하기 위해 8인조는 맥베스 갤러리에서 공동 전시회를 계획했다. 그들은 뉴욕의 술집과 공동주택, 당구장과 빈민가에 있는 사람들을 솔직하고 이상화되지 않은 모습으로 묘사했으며, 뉴욕에 이어 미국의 몇몇 다른 도시에서도 전시회를 개최했다. 이 전시회는 많은 관심을 받았으며 작품들의 급진성을 칭찬하는 언론 보도가 줄을 이었다. 오늘날에도 이 전시회는 현대적이고 독특한 미국식 화풍의 길을 개척했다고 평가받는다.

유명해진 헨리는 직접 학교를 설립하기에 이르렀다. 그의 수업은 엄청난 인기를 끌었고, 그의 제자 중에는 저명한 예술가가 많다. 쓸쓸하고 고독한 현대생활의 단면을 정확히 관찰해낸 에드워드 호퍼Edward Hopper가 그중 한 명이다. 헨리는 예술가들에게 집중력 훈련을 하고, 감각을 입력하는 자기만의 능력을 키우고, 그 감각을 표현하는 방법을 찾으라고 가르쳤다. 또 깊은 인상을 주는 작품을 제작하기 위해 세밀하게 관찰하라고 강조했다. 학생들은 항상 열린 눈으로 하나의 사물이 다른 사물에 끼치는 영향을 관찰하고 하나의 장면 전체를 조화롭게 만들라고 배웠다. 헨리는 대부분의 전통적인 미술교육 방법과 기술을 거부하고 학생들에게 자기만의 표현 수단을 찾으라고 요구했으며, 암기식 반복보다 독창성을 중시했다. 무엇보다 그는 학생들에게 외부에서 미술을 들여다보는 느낌을 버리고 "안으로 들어가서 밖으로 표출하라"고 독려했다.

헨리는 사진과 활동사진(영화)이 주류 문화에 흡수되는 현상을 매우 흥미롭게 지켜보는 한편으로, 사진이나 영화는 어떤 순간을 포착하는 수단이긴 하지만 온전한 실체적 경험은 아니라는 점을 인식하고 있었다. 우리는 사진 한 장을 찍을 때마다 세상을 더 잘 알게 된다고 느끼지만 실제로는 그렇지 못하다. 헨리는 이러한 경험의 빈곤함을 인식하고 주의 깊은 예술적 실천으로 이를 극복하려고 애썼다. 그가 만일 오늘날의 시각적 기술 혁신의 진전과 디지털 이미지의 범람, 그리고 사진이나 TV나 영화보다 현실을 훨씬 잘 모방하는 웹사이트, 온라인 게임, 메타버스가 빚어내는 쌍방향 가상세계를 봤다면 경악을 금치 못했을 것이다. 현재 진화 중인 디지털 기술은 관찰력을 자극하기보다 우리의 주의를 포착하고, 결정하고, 통제함으로써 각양각색의 방해요소들을 만들어내며, 물리적 환경에 능동적으로 주의를 기울이는 우리의 능력을 약화시키고 있다.

헨리는 학생들에게 하나의 대상에 집중해 섬세한 습작을 하라는 과제를 내주기도 했지만, 어떤 동작이나 사물의 본질을 재빨리 포착하기 위해 빠르고 자유롭게 그림을 그려보라고도 했다. 그는 빠르게 그림을 그리면서 자극을 받은 학생은 열정적으로 연습하는 시간을 가지면서 자기만의 표현 수단을 개발하게 된다는 사실을 발견했다. 예술작품은 삶의 다양한 순간을 하나로 통합하며, 자기만의 예술 작업을 발전시킬 때 삶 속의 경험을 가장 강렬하게 탐구할 수 있는 길이 열린다. 헨리가 옹호했던 개인적 접근법은 집중력을 훈련하고 시야를 확장하는 데 도움이 되겠지만, 이미지로 넘쳐나는 현대의 소비문화 속에서 그것만으로 충분할지는 의문이다. 우리의 지각을 해방시키고 디지털 방해 요소들이 우리의 세계관을 좌우하지 못하게 하려면 헨리에게서 어떤 교훈을 얻어야 할까?

온 마음을 한 곳에 모으면 생기는 일

헨리의 철학적 사색과 그의 미술수업, 편지, 기사, 메모에 담긴 실용적 조언은 그의 사후에 제자였던 마저리 라이어슨Margery Ryerson이 수집해서 한 세기 전에 《예술의 정신The Art Spirit》이라는 제목으로 출판했다. 이 책은 지금도 인쇄본으로 남아 있다. 헨리가 평생 축적한 결과물을 글로 옮긴 이 책은 논리적 순서로 전개되지 않으며 체계적인 지침서와도 거리가 멀다. 책의 내용은 지나치게 경직된 규칙에 대한 헨리의 불신과 맥을 같이한다. "의견들은 마치 벽에 걸린 그림처럼 제시된다. 자유롭게 감상하고, 거칠게 그려진 밑그림처럼 가볍게 받아들이고, 그 가치는 각자가 판단하면 된다." 《예술의 정신》은 출간되자마자 좋은 반응을 얻었고 수많은 신예 화가의 손에 들어갔는데, 그중 한 명이 오늘날 미국에서 창의적인 영화감독으로 가장 유명한 고故 데이비드 린치David Lynch였다.

영화감독, 화가, 시각예술가, 연주자, 작가로서 다양한 활동을 해온 린치는 그의 스승 부시넬 킬러Bushnell Keeler가 《예술의 정신》을 건네준 순간이 그가 화가로 살기 시작한 순간이라고 늘 말했다. 젊은 시절 그 책을 읽으면서 린치는 기존에 만들어져 있는 화파·화법·창작 규범을 따를 필요가 없다는 생각에 고무되었고, 실제로 다른 어떤 것보다 자신의 본능을 먼저 따르고 외부의 영향력보다 자신의 기억과 꿈에서 소재를 찾았다. 오늘날 개인이 세상을 이해하는 힘을 가장 잘 보여주는 서양 현대 예술가를 꼽으라면 단연 데이비드 린치일 것이다. 영화와 회화, 그리고 다양한 물리적 매체와 디지털 매체를 활용한 그의 창의적 작업은 매우 현실적이면서도 독창적인 관점을 보여준다. 그의 작품은 다른 누구에게도 없는 독자성을 지니고 있으며, 뭔가가 '린치스럽다'고 하면 초현실적이고 주관적인 이미지가 평범한 일상과 잘 어우러진다는 뜻으로 통한다.

린치도 헨리와 마찬가지로 필라델피아주의 펜실베이니아 미술아카데미에서 화가로서 정식 교육을 받기 시작했다. 이곳에서 얻은 깨달음을 토대로 린치는 〈이레이저헤드Eraserhead〉(1977), 〈블루 벨벳Blue Velvet〉(1986), 〈멀홀랜드 드라이브Mulholland Drive〉(2001), TV 시리즈 〈트윈 픽스Twin Peaks〉(1990~1991, 2017)를 비롯해 현재까지도 가장 혁신적인 영화들을 제작했다. 린치의 회상에 따르면 그는 원래 영화라는 매체에 특별한 관심이 없었는데, 어느 날 4피트 정사각형 모양의 그림을 제작하던 중 몸을 뒤로 빼서 자신의 작품을 응시하다가 바람 소리를 듣고 그림이 살아 움직이는 상상을 하게 되었다. 그는 자기만의 영화를 만들어보기로 했는데. 전통적인 의미의 영화가 아니라 처음부터 '움직이는 회화'를 염두에 두고 작업했다. 그렇게 처음 제작한 단편 영화로 교내 대회에서 상을 탔고, 그는 상금으로 받은 1,000달러로 카메라를 구입했다. 그는 필라델피아주 교외의 넓은 작업실로 이사해서 다른 영화를 제작했으며, 나중에는 로스앤젤레스에 위치한 미국영화연구소American Film Institute에서 일자리를 얻었다.

린치의 영화나 그림에서 사건의 동력이 되는 보이지 않는 힘,

곧 '바람'이라는 감각은 그의 창작 활동에서 한시도 사라진 적이 없다. 예를 들어 〈트윈 픽스〉에 명확한 서사 형식이 부재하거나 그의 미술작품에서 고정된 회화적 코드를 배제한 점에서 우리는 분별하기 어렵고 억제도 불가능한 다른 힘들에 주목하게 된다. 린치의 작품은 그 자신의 창작 과정과 그가 새로운 생각과 의지의 명령에 도달하기 위해 분석했던 원재료인 내적 경험을 돌아본다. 이 움직이는 바람, 곧 창작 의도의 개인적인 표출은 린치의 모든 작품의 토대가 되며, 로버트 헨리의 《예술의 정신》 전체를 관통하는 주제이기도 하다. 일상생활의 시각적 영역이 점점 인위적으로 제작되며 디지털 경험에 점점 몰입하는 지금, 우리는 이런 종류의 독특한 예술을 잃어버릴 위기에 처해 있다.

*

지각 주의력에 대한 측정 가능한 규칙을 확립하려는 최초의 시도는 1850년대 독일의 실험심리학자 구스타프 페히너Gustav Fechner에 의해 이루어졌다. 그의 초창기 연구 주제에는 망막 잔상에 관한 연구가 포함된다. 페히너는 색안경을 쓰고 태양을 정면으로 응시하다가 눈에 심각한 손상을 입어서 사방을 검정색으로 칠한 방에서 지내야만 했다. 이처럼 강제로 시각이 차단된 시기에 그는 인체 내부의 감각 경험과 외부세계의 사건들 사이의 관계를 알아보는 방법을 찾기로 마음먹었다. 그는 감각을 측정하는 단위를 만들고 그 수치를 인간의 시각, 미각, 촉각, 후각과 직접 연결해서 감각적 노출의 강도를 측정하는 척도를 설정해 '페히너의 법칙Fechner's Law'이라는 수학적 공식을 발표했다. 최초로 인간의 주관적 경험을 정량화한 페히너의 법칙은 개개인이 받는 인상이 현실과 항상 일치하지는 않으며, 나아가 인간의 주의력에는 뚜렷하고 식별 가능한 임계점이 있다는 것을 입증했다.

심리학을 과학의 독자적인 한 분야로 확립한 인물인 빌헬름 분트Wilhelm Wundt는 1879년 라이프치히대학교에 세계 최초의 심리학 실험실을 설립해 페히너의 연구를 이어나갔다. 그의 실험실에는 인위적으로 유발된 다양한 자극에 노출된 인간을 연구하기 위해 정교하게 조절된 장비들을 갖춰놓았다. 연구를 진행하면서 분트는 우리가 일상생활에서 의식과 지각을 통합하기 위해 '선택적 주의'를 사용한다는 사실을 발견했다. 어딘가에 주의를 집중할 때 필요한 명료성을 확보하기 위해 다른 영역의 운동 과정 및 정신적 과정은 상당 부분 억제된다. 이런 현상은 대개 개인적 통제가 미치지 않는 곳에서 일어난다. 주의 집중이 어떤 자극의 영향은 강화하는 반면 어떤 자극의 영향은 약화하거나 제거한다는 것은 기념비적인 발견으로서 세계적으로 주의력에 관한 후속 연구가 잇달아 진행되는 계기가 되었다.

극장에 활동사진이 도입되던 시기에 활동사진은 과거 대중오락의 형태와 뚜렷한 단절을 나타냈다. 영화, TV 드라마, 온라인 동영상을 시청할 때 우리의 시선은 일정한 간격으로 제시되는 움직이는 이미지에 완전히 사로잡히고 지각에 대한 통제력은 대부분 상실된다. 다른 곳을 보려면 시청의 과정을 중단해야 하며, 시청을 계속하는 동안에는 우리가 보고 듣고 움직이고 다음에 일어날 일을 이해하고 기억하는 활동이 시각적 장면들로 대체된다. 뭔가를 볼 때 비판적으로 보려고 애써 노력하지 않는 한, 우리는 내적 동기에 근거해서 반응하거나 즉흥적인 반응을 보이는 경우가 드물고 그저 화면을 통해 전달되는 이미지에 끌려간다. 물론 우리가 경험하는 몰입은 매우 즐겁고 신이 나며, 새롭고 자극적인 시각과 예상치 못한 전망을 제시하기도 하지만, 우리 자신이 이런 것들을 통제하거나 만들어내지 않는다.

분트와 같은 시대에 활동했던 프랑스의 의학자 샤를 페레Charles Féré와 심리학자 알프레드 비네Alfred Binet 역시 주의를 집중할 때의 인체역학을 탐구한 결과 집중이란 "온 정신을 한 지점에 모으는 것"으로서 "그 지점에 대한 지각이 강해져서 그 주변을 모두 무감각한 지대로 만든다"는 결론을 얻었다. 19세기 후반에 인간을 대상으로 지속적인 실험을 진행한 결과, 주의를 관리하는 새롭고 체계적인 방법이 발견되었으며, 우리의 지각적 반응이 완강하고 습관적이고 반복적일수록 우리가 누리는 자율성과 개인적 자유는 감소한다는 것이 명백하게 밝혀졌다. 주의를 빼앗길 때 주의는 실제로 우리의 것이 아니게 되며, 주의를 우리가 선택하는 다른 방법으로 활용할 기회뿐 아니라 주변의 다른 사건들에 대한 자각도 잃게 된다.

오늘날 영상은 컴퓨터가 생성한 이미지와 웹 디자인 시각 요소들과 함께 전자기기를 거쳐 전달된다. 모든 웹사이트나 앱은 시각적 명령어들의 복잡한 상호작용으로 구성된다. 다시 말해 소스 코드는 배경·배너·버튼·도구 등을 표시하기 위해 무수히 많은 순차적 작업을 수행하며, 화면을 밝히는 픽셀의 정교한 배열은 감지할 수 없을 만큼 미세하게 실시간으로 변화한다. 사진과 동영상은 기기에서 표현되는 정교한 시각 환경 속에 전례없이 다양한 형태와 양으로, 때로 포화 상태에 이를 정도의 수준으로 삽입된다. 우리는 매끄럽고 세련된 최종 결과물을 보지만, 디지털 경험을 가능케 하는 시각적 작동 메커니즘 자체는 대부분 전혀 인지하지 못한다. 디지털 기술은 우리에게 새로운 시각적 코드와 시지각의 문법을 주입하며, 무엇이 바라볼 가치가 있는지에 대한 관념을 바꾸고 주변 세계와의 관계를 변화시켰다. 디지털 기기는 화면에서 생성되는 빠르고 복잡한 시각적 세계와 보조를 맞추도록 우리에게 거의 완전한 집중을 요구한다.

오늘날 디지털 생활과 영화나 TV 드라마에서 느끼는 몰입감 사이에는 유사한 점이 많지만 뚜렷하고 중요한 차이점이 하나 있다. 온라인에서 소비하는 디지털 콘텐츠의 지속적인 흐름은 하나의 온전한 경험을 형성하는데, 이는 활동사진 속 사진들의 배열이 통합되어 우리에게 움직임의 감각으로 다가오는 것과 비슷하다. 날마다 접하는 디지털 이미지의 조합은 시간이 지날수록 축적되어 완전히 새로운 개인적 현실을 창조한다. 영화나 TV 프로그램을 시청하는 것은 대개 일상의 탈출구 또는 긴장을 푸는 행동이지만, 오늘날 디지털 기기에서 다양한 활동을 하며 보내는 시간은 깨어 있는 시간의 가장 큰 부분, 특히 가장 생산적일 수 있는 순간들을 서서히 잡아먹고 있다. 이는 일상으로부터 잠시 벗어난 휴식이 아니라 현대 생활 그 자체를 정의하는 활동이라 할 수 있다.

삶 속에서 컴퓨터의 작동을 점점 많이 수용하면서 우리는 개인적 자율성과 창의성에 대한 매우 현실적이고 심각한 도전에 직면했다. 페히너와 분트가 시작한 인간의 주의력에 관한 정량적 연구는 지금도 계속되고 있지만, 지금 그런 연구를 가장 정밀하게 수행하는 주체는 디지털 기술 기업과 미디어 기업들이다. 요즘은 구글이 제공하는 도구인 애널리틱스Analytics를 이용해 웹사이트와 앱에서 이루어지는 사람들의 행동을 추적하고 측정하며, 사소한 디자인 변경도 여러 차례의 분할 또는 다변량 테스트를 거쳐 이뤄진다. 기업은 웹사이트 방문자 전체에 관한 다량의 결과를 분석해서 통계적으로 유의미한 데이터세트에 접근하고 사람들이 그 페이지에서 어떻게 반응할지를 예측한 뒤 사람들의 결정에 영향을 끼친다고 입증된 방식으로 색상을 변경하고 버튼이나 메뉴를 옮긴다. 보통은 '행동 유도Call to Action' 버튼을 눈에 가장 잘 띄게 만든다. 서로 대비되는 선명한 색채를 사용해 '회원가입'을 하거나 '지금 구입'하라고 촉구한다. 이커머스 웹사이트들은 종종 남은 시간을 표시하거나 재고 수량을 표시하며 긴박감을 조성하는 이른바 FOMO(좋은 기회를 놓칠 것에 대한 두려움-옮긴이) 기법을 사용한다. 웹사이트 방문자 수가 불충분해서 통계적으로 유의미한 결과를 제공하지 못하는 경우 기업들은 종종 사용자 체험단을 모집해서 그들이 웹사이트 또는 앱을 사용하는 동안 모니터링을 하고 그 결과에 따라 디자인을 결정한다. 우리는 온라인에서 스스로 결정을 내리고 있다고 느낄지 몰라도 화면에서 보이는 것의 배후에는 다른 힘들이 작용한다. 만일 우리가 디지털 자극이 끊임없이 이어지면서 반사적인 행동을 유도하도록 내버려두고 자신의 지각을 소화하는 데 필요한 공간과 시간을 확보하지 않는다면, 호기심과 사고의 독립성을 잃어버리고 조건반사적이고 자동적으로 생활하면서 일상적 경험이 해체될 위험에 처할 것이다.

*

데이비드 린치가 작가 마크 프로스트Mark Frost와 공동 제작한 미스터리 드라마 〈트윈 픽스〉는 1990년에 처음 방송되자마자 컬트 팬들을 확보하고 비평가들의 찬사를 받았다. 지금까지도 TV 드라마에서 하나의 이정표로 여겨지는 이 드라마는 미국 워싱턴주 북동쪽 끝에 있는 트윈 픽스라는 가상의 마을을 배경으로 하며, 고등학교 시절 인기투표 1위였던 로라 파머가 살해당한 사건을 중심으로 전개된다. 당시 대부분의 TV 드라마는 표준적인 방음 스튜디오 제작 관행에 따라 스튜디오에서 촬영되었지만, 〈트윈 픽스〉는 린치가 어린 시절을 보낸 태평양 연안 북서부에서 촬영함으로써 강렬한 장소 감각으로 신선한 느낌을 준다. 린치는 사건들을 거의 실시간으로 화면에 담아내는 기법을 사용했다. 사건들은 마을을 둘러싼 숲의 빽빽한 더글러스 전나무, 시냇물에서 피어오르는 아침 안개, 그리고 어린 시절 린치의 여러 가지 기억들 안에 고정된다. 특정한 모티브가 처음부터 끝까지 반복되기도 한다. 서로 얽혀 있는 야생의 나무들 사이를 바람이 뚫고 지나가는가 하면, 마을을 가로지르는 고속도로의 교차로 위쪽에 매달린 신호등이 바람에 살짝 흔들리는 지점에서 카메라가 맴돌며 불길한 느낌을 조성한다. 언제나처럼 화면에 등장하는 모든 것의 배후에는 린치의 창의성이 있다.

프랑스 철학자 앙리 베르그송Henri Bergson이 유명한 저서 《물질과 기억Matter and Memory》을 출간한 시점은 사진과 영화가 확고히 자리잡은 19세기 말이었는데, 그가 도달한 결론은 놀라움을 자아낸다. 베르그송은 모든 지각은 설령 순간적일지라도 그 지각에 대한 반응을 능동적으로 흡수하면 진정으로 자신의 것이 될 수 있다고 주장한다. 그는 주의가 서로 반대되는 두 방향으로 작동한다고 보는데, 어떤 주의는 외부의 자극과 사건에 대한 직접적 반응으로서 외부를 향하지만, 어떤 주의는 과거 경험에 반응하거나 과거 경험과 비교하기 위해 내부를 향한다. 베르그송은 서로 다른 두 가지 방향으로 뻗어가는 개인적·정신적 에너지가 만나는 지점을 '비결정성의 지대a zone of indetermination'라고 표현한다. 린치를 비롯한 성공한 예술가들은 가장 창의적인 작업을 완성할 때 바로 이 비결정성의 지대에 머물렀던 것으로 보인다.

삶을 발전시키고 개선하기 위해, 더 풍부하게 사고하기 위해, 예를 들면 시간을 어떻게 쓰기를 원하는지를 깊이 있게 이해하기 위해 우리는 저항과 반대의 지점들을 극복해나가야 한다. 가능한 해결책을 능동적으로 고민해보고 스스로 선택한 행동 경로를 채택할 때 새로운 통찰을 얻을 수 있다. 이런 식으로 세상과 직접 상호작용하고, 활발한 활동과 관조적 휴식의 리듬을 타고 앞으로 나아가면서 다양한 전진 경로를 찾아야 예술과 창의적 작업이 성공을 거둘 수 있다. 어떤 매체를 사용하든 간에 가공의 결과물은 수행한 작업의 증거물로 남지만, 그 진정한 가치는 창작 과정 자체에 있다. 헨리와 린치에게 예술이란 형식과 무관하게 경험을 더 활기차게 만들고 우리 내면의 자아와 외부의 실용적 현실을 연결하면서 활동적인 각성 상태로 세상을 살아가는 방식이다.

오늘날 영화와 TV 업계에서 계속 내보내는 근사하고 창의적인 결과물이 없다면 우리의 삶은 조금은 심심해질 것이다. 디지털 기술 역시 우리의 삶을 새롭고 매력적인 관점과 자극으로 가득 채워준다. 하지만 디지털 생활의 많은 부분은 사전 제작된 것이며, 세상에서 우리가 발견하는 것들을 해석하고 개인적으로 스스로를 더 깊이 이해할 수 있도록 그것을 재구성하면서 자신만의 존재 방식을 만들 필요가 있다.

영화 제작자든, 개발자든, 디지털 사업가든 간에 데이비드 린치와 같은 뛰어난 창작자들은 자신이 제작한 결과물이 사람들을 움직이는 힘을 가진다는 사실을 안다. 하지만 그들의 최종 결과물에 너무 깊이 빠져들면 우리 자신의 창의력을 잃어버릴 수도 있다. 우리를 위해 만들어진 콘텐츠와 경험을 과도하게 소비하면서 우리 자신의 세계를 형성하는 것을 점차 포기한다면, 삶은 깊이 있고 오래 지속되는 개인적 의미가 없이 단순히 우리를 스쳐 지나가는 짧은 흥분의 연속이 될지도 모른다. 이런 현상이 오늘날 디지털 상호작용을 완벽하게 축약해서 보여준다는 데 많은 사람이 동의할 듯하다.

그러나 헨리와 린치, 그리고 과거와 현재의 수많은 예술가는 우리 자신의 지각을 고양시키고 궁극적으로는 일상에서 예리한 감각을 가지기 위해 활용 가능한 명료하고 검증된 기술들에 대한 가르침을 준다. 이 기술들은 디지털 생활에는 물론이고 자연과 물리적 세계를 경험할 때도 쉽게 적용할 수 있다. 우리는 각자 창의적 기술을 익혀서 개인적 경험을 더 능동적으로 만들어가고, 더 즐겁고 보람 있는 생활을 창조할 능력을 지니고 있다.

나만의 시각을 찾아서

2021년, 뉴욕 메트로폴리탄 미술관에서 화가 앨리스 닐Alice Neel(1900~1984)의 회고전이 열렸다. 닐은 헨리가 한동안 재직했던 필라델피아 여성디자인학교에서 공부했고, 화가로서 강렬한 업적을 남겼으며, 줄곧 어려움을 겪다가 말년에 가서야 명성을 얻었다. 닐은 인간 경험의 중요성에 관한 헨리의 주장을 자신의 창작 활동의 중심에 놓았다. "나한테는 사람이 먼저예요. 나는 인간의 존엄성과 영원한 중요성을 표현하려고 노력해요." 1950년에 닐이 어느 기자에게 한 말이다. 실제 인물을 그리면서 기술과 소비주의에 맞서 인간의 주체성과 자율성을 선언하는 닐의 탁월한 그림들은 아마도 헨리의 철학을 가장 뚜렷하게 보여주는 작품일 것이다. 닐은 밑그림 없이 바로 채색을 하는 독특한 작업 방식을 발전시켰다. 또한 모델에게 각별한 주의를 기울이라고 배웠고, 의도적으로 캔버스에 작업 과정의 흔적을 남겼다. 이런 과정을 통해 우리는 주의를 통제하는 법에 대한 통찰을 얻고 경험에 관한 독자적인 시각을 형성할 수 있다.

다시 그리기 시작하세요

앨리스 닐은 대화에 능숙한 이야기꾼이었지만 그림을 그릴 때는 입을 다물었다. 닐은 모델들이 들려주는 이야기를 통해서가 아니라 가만히 앉아 있으려고 노력하지만 잘 안 될 때의 아주 미세한 몸의 움직임, 꾹 참는 모습, 힐끔거리는 시선을 통해 그들을 파악했으며 점진적으로, 한 번에 한 가지씩 사람을 알아나갔다. 캔버스에 자신이 목격한 것을 기록하는 표시를 남기고 다음번에 그 표시가 정확했는지를 거듭 확인했다. 닐은 몇 시간이고 쉼 없이 강도 높게 작업했다. 모델 작업을 끝내고 나면 극심한 피로를 느낄 때도 있다고 털어놓았지만, 그런 과정을 통해 자신이 본 것을 더 철저히 탐구하고 더 많은 것을 드러낼 수 있다.

닐의 초상화에서 인물의 개성과 그 사람만의 특징이 생생하게 빛을 발하는 데는 뚜렷한 이유가 있다. 사진은 어떤 순간의 기록인 반면, 캔버스에 남긴 붓질과 색채는 오랜 시간 동안 면밀하게 관찰한 직접적인 경험과 고도로 집중한 수많은 순간의 동시적인 기록이다. 캔버스의 모든 부분은 모델을 대표하는 어떤 특징을 찾기 위해 닐이 적극적으로 탐색하고, 정보를 입력하고, 신중하게 측정한 결과물이다. 닐은 자신의 작업 방식을 숨기지 않았고, 여러 번 붓질한 흔적을 그대로 남겨놓았다. 닐은 눈에 보이는 것을 기록하는 단순한 행위를 통해 누군가에게 능동적으로 주의를 집중한다.

미술 교육을 얼마나 받았느냐와 무관하게 우리도 이런 기술을 활용할 수 있다. 그리기는 사물을 제대로 보기 위한 가장 강력하고 직관적인 수단이며, 손과 눈과 뇌의 아주 정밀한 협업 속에서 우리는 정말로 살아 있다고 느끼는 강렬한 경험을 하게 된다.

오늘날 대다수 사람이 사진 찍기를 즐기는 것은 세상을 구석구석 탐험하고 기록하려는 자연스러운 충동에서 비롯된다. 하지만 그림을 그리는 행위는 훨씬 깊이 있는 경험을 제공한다. 사진은 시간을 멈추게 하는 반면, 그림을 그리는 행위는 시간의 흐름을 타고 가면서 우리가 흥미를 느끼는 대상에 더 가까워지게 해준다. 대부분은 성인이 되기 전에 그림 그리기를 포기하기 때문에, 다시 연필과 종이를 집어든 사람들은 눈으로 뭔가를 포착하는 훈련과 눈으로 본 것을 손으로 기록하는 훈련을 해야 한다. 하지만 그리기의 효과는 비교적 빠르게 나타난다. 특히 처음에는 그림을 그리는 데 하루에 5분에서 10분만 투자해도 충분하다. 매일 그 정도의 시간을 할애하려는 노력만 해도 그리기 능력이 빠르게 향상되는 것을 느낄 수 있다.

헨리의 조언에 따르면 그리기를 배우는 최선의 방법은 일단 시작하는 것이다. 그는 관찰력을 기르기 위해 생활 속의 소재를 그리라고 권했다. 날마다 접하는 사물 중에 단순하고 알아보기 쉬운 형태를 가진 물체로 시작하는 것이 좋지만, 의욕을 유지하면서 꾸준히 실천해야 하므로 우리의 흥미를 돋우는 물체가 우선이다. 헨리는 직물·나무·금속처럼 다양한 질감이나 패턴을 가진 물체를 선택했고, 자연에서 형성된 질감과 형태의 다양한 조합을 관찰하기 위해 기회가 있을 때마다 야외로 나갔다. 그는 학생들에게 그림 실력을 향상시키기 위해 점점 복잡한 대상에 도전해보라고 했는데, 우리도 똑같은 방법으로 그림 실력을 향상시킬 수 있다.

연습 속도를 높일 수 있는 자유로운 형식의 기술이 몇 개 더 있다. 헨리가 선호했던 방법 중 하나는 눈에 보이는 것을 짧은 시간 동안 아주 빠르게 기록하는 것이다. 선이 서로 겹치도록 휙휙 그리면서 대략적인 형태가 나타나고 점차 전체 장면이 선명하게 만들어진다. 또 한 가지 방법으로 헨리는 학생에게 속도를 늦추고 시간을 더 많이 들여 차분하고 꼼꼼하게, 세세한 부분에 집중하면서 그려보라고도 했다. 대상의 특징들을 점진적으로 큰 이미지에 통합해나갈 때 느끼는 흥분과 개인적 성취감만으로도 더 자주 연습하고 싶어진다. 숙련도가 높아지면 두 눈이 지면에 머무는 동안 우리가 생성하는 모든 표시가 뇌와 손의 상호작용을 통해 기억에 저장된다는 사실을 발견할 것이다.

헨리가 좋아했던 교수법 중 하나는 교실에 모델을 잠깐만 데려와서 학생들이 스케치 습작에 집중하게 하는 것이었다. 모델이 가고 나면 학생들에게 기억에 의존해서 그림을 완성해보라고 지시했다. 우리가 받는 인상을 형상화하고 나중에 기억해내는 능력을 키우기 위해 우리도 이 연습을 해볼 수 있다. 지금 그리고 있는 대상을 등지고 앉으면 대상을 자주 보기가 어려워지므로 대상을 한 번 바라볼 때마다 훨씬 많은 것을 기억하고 빠른 속도로 관찰력을 키우게 된다.

헨리가 가장 존경했던 화가 중 하나가 세잔인데, 특히 세잔이 그림의 대상에 강렬한 주의를 기울였다는 점에 감탄했다. 이것은 습작하는 대상에 가까워지기 위해 우리가 활용할 수 있는 또 하나의 방법이다. 세잔은 자신의 주의에 최대한 집중하며, 일상적 이해와 관습적 관찰 방식이 만들어낸 질서 아래에 숨겨진 사물의 본질 그 자체에 도달할 수 있는 진정한 시각을 찾으려 했다. 그는 고도의 집중과 전례 없는 강도로 풍경 습작을 하면서 지각의 해체를 경험할 때까지 계속해서 바라봐야 한다는 것을 깨달았다. 인식 가능한 형태가 확실히 사라지고 분해될 때 사물이 실제로 서로 어떻게 연관되어 있는지를 더 잘 이해할 수 있었다. 세잔은 자신의 작품을 "기록 기계" 또는 "감광판"이라고 자랑스럽게 묘사했지만, 그는 자기도 모르는 사이에 외부세계에 대한 직접적 반응으로서 내적 경험을 점점 많이 포착하고 있었다.

세잔이 연습하던 것은 마음챙김 관찰이었다. 우리도 똑같이 할 수 있다. 그림을 그릴 때 속도를 최대한 늦추고, 새로운 차원의 호기심을 품고 지금 그리는 대상을 받아들여보자. 다른 각도에서 그 대상을 관찰하면서 독특한 특성을 발견하고, 작품에 그 대상을 표현할 새롭고 재미있는 방법을 찾아보자. 그림을 그릴 때 마음챙김 관찰을 많이 할수록 평소에 사물을 볼 때 얼마나 많은 것을 놓치고 있었는지 알게 된다. 마음챙김 관찰을 연습하면 세부를 더 잘 인식하게 되고 사물과 주변 환경의 원리에 더 가까워지는데, 이는 생활의 다양한 영역에 도움이 된다.

무엇보다 눈앞에 있는 것을 단순히 재현하는 것을 목표로 삼지 말고, 내면의 경험을 신뢰하고 어떤 물체·사람·장면을 바라보는

지금! 시작해보기

- **즉석 스케치**: 5분이라는 시간을 정해놓고 눈앞에 보이는 모든 것을 그려본다.
- **체계적으로 그리기**: 1시간을 할애해서 하나의 풍경 또는 대상의 특징 하나하나로 천천히 주의를 옮긴다. 부지런히 움직여서 최대한 많은 세부사항을 표현한다.
- **기억으로 그리기**: 그리고 있는 대상을 등지고 앉아라. 대상을 바라볼 때는 살짝만 보고, 기억에 의존해서 그리려고 해보자.
- **매일 그리기 연습**: 한 달 동안 하루 5분씩 눈에 보이는 것을 그려보고, 기술이나 창의성에 발전이 있는지 관찰한다.

자신만의 독특한 시각을 전달하려고 해보라.

자신의 디지털 경험 주도하기

주의 옮기기

화면 앞에 있을 때도 그리기 과정에서 교훈을 얻을 수 있다. 우리의 집중력을 훔치려는 의도로 디자인된 화면 속 요소들의 영향을 줄이려면 앨리스 닐과 같은 화가가 뭔가를 종합적으로 이해하기 위해 단계별로 취했던 행동을 떠올려보자. 특히 새로운 웹사이트를 방문하거나 어떤 앱을 처음으로 사용해볼 때는 잠시 멈추는 시간을 가지고, 주의를 조금씩 옮기면서 홈페이지 또는 화면을 서서히 가로질러라. 혹시 그 웹사이트나 앱에서 상당한 시간을 보낼 계획이라면 전체 구조를 익혀두자. 그러는 동안 분석적으로 보려고 노력하고, 의도적으로 집중하는 지점을 이리저리 옮기면서 눈에 들어오는 모든 핵심 요소를 연결해본다. 버튼과 메뉴가 왜 그 자리에 있는지 질문을 던져보고, 페이지의 각 부분이 사용자의 주의를 붙잡아두기 위해 어떤 역할을 하도록 설계되었는지를 정확히 파악하자.

화면에서 발견한 내용을 비판적으로 분석하고 디지털 경험이 우리의 주의를 통제하는 원리를 속속들이 파악하려고 노력하는 습관을 들이면 온라인에서 빠져들기 쉬운 갖가지 자동 경험 상태를 통제하기가 쉬워진다. 그럴 때 우리는 집중을 방해하는 요소들에 저항하면서 각성과 집중력을 유지할 수 있다.

지금! 시작해보기

- **주의의 속도 늦추기**: 어떤 웹사이트나 앱을 사용할 때 페이지 전체를 천천히 살펴보면서 각각의 버튼과 메뉴, 우리의 주의를 끄는 요소들이 서로 어떻게 연관되어 있는지 알아본다.
- **분석적으로 생각하기**: 자주 사용하는 웹사이트나 앱을 선택해 천천히 살펴보면서 화면 디자인의 주요 요소들에 어떤 의도가 숨어 있는지 파악해본다.
- **온라인에서 집중력을 도둑맞는 순간 의식하기**: 처음으로 돌아가서 아까 무엇에 주의를 빼앗겼는지 알아내자.

나만의 디지털 생활 만들기

온라인에서 나만의 경험을 만들어갈 때와 눈에 띄는 콘텐츠를 그냥 소비할 때 주의력의 작동 방식에는 뚜렷한 차이가 있다. 마치 화가처럼 온라인에서 하는 모든 활동에 창의적인 요소를 집어넣기 시작할 때 활동 과정에 대한 통제권을 가지고 콘텐츠를 선별해서 개인적인 의미가 있는 것으로 변화시킬 수 있다. 블로그 포스트를 작성하든, 재생 목록을 만들든, 어떤 웹사이트의 반복 작업을 코딩으로 만들든 간에 온라인에서 뭔가를 창작할 때 수행하는 일련의 생성적 행동은 단순히 화면의 지시를 따르는 것과는 전혀 다른 성격을 지닌다.

온라인에서 여기저기 떠돌며 시간을 보내는 것은 TV 채널을 이리저리 돌리는 것과 다르지 않으므로, 우리 자신이 그런 행동을 얼마나 많이 하는지 점검할 필요가 있다. 새로운 검색어를 입력하는 대신 제시된 검색어를 선택만 하고 있을 때를 조심하라. 잠시 멈추고 그것이 시간을 가장 생산적으로 사용하는 방법인지 생각해보라. 디지털 기술은 낭비에 가까운 방해 요소를 보여주는 동시에 창의적 가능성을 제공하므로, 온라인에서 자신이 가장 즐거워하는 활동이 무엇인지 찾아보고 그 과정에서 더 능동적이고 창의적인 역할을 할 여지가 있는지 생각해보자. 그럴 여지가 없다면 그건 가치 있는 활동이 아닐 수도 있다. 단순히 소비하는 활동이 많을수록 자신의 존재와 개인적 욕구를 더 깊이 이해할 기회는 줄어든다. 광고나 검색, 소셜미디어 피드를 통해 우리 자신을 온라인에 표현하기도 하지만, 그 순간 우리의 진짜 인생 경험은 필연적으로 유예된다.

휴대전화, 태블릿PC, 컴퓨터를 새로운 것을 창조하기 위해 우리가 마음대로 사용할 수 있는 앱들을 모아놓은 아주 강력한 도구라고 생각하자. 그 앱들이 우리를 위해 무엇을 해줄 수 있을까? 앞

지금! 시작해보기

- **수동성 모니터링하기**: 일주일 동안 내가 가진 모든 온라인 습관을 주시하고, 내가 방문하는 웹사이트나 앱 중에서 내가 뭔가를 생성하지 않고 소비만 하는 곳들을 찾아내자. 그 웹사이트나 앱을 계속 사용하면 나에게 이로울지 다시 생각해보자.
- **디지털 창의력 발휘하기**: 온라인에서 내가 가장 즐거워하는 활동이 무엇이고 그 시간을 더 창의적으로 보낼 수 있는지 생각해본다.
- **멈출 준비**: 디지털 기술이 한참 동안 나의 사고를 점령할 때가 있다고 느낀다면 그 기술의 사용을 중단하자.

으로는 기술이 우리 대신 결정을 내리지 못하게 하자. 우리가 디지털 경험을 창조하지 않고 디지털 경험이 나에게 배달된다고 느낄 때마다 개인적인 휴식시간을 설정하고 오프라인으로 전환하라. 말처럼 쉽지 않은 일이고 빅테크 기업들은 우리의 주의를 붙잡아놓는 데 능숙하지만, 디지털 작업이 우리의 사고에 끼치는 영향을 인식하고 그 영향에 저항한다면 온라인과 오프라인 모두에서 정신적 능동성과 지각 통제라는 영역을 되찾을 수 있다.

내 인생의 창의적 경험 되살리기

로버트 헨리는 논평에서 어느 화가가 "노래하며 언덕을 오르는 사람처럼" 그림을 그렸다고 회상한다. 이 인상적인 문구에 인생의 충만함에 관한 헨리의 생각이 집약되어 있다. 자기만의 길을 따라 창작을 할 때 비로소 인생의 충만함을 느낄 수 있다는 주장이다. 창의적인 과제에 참여할 때 우리는 우리만의 완성된 경험을 형성하고 감각을 활용한다. 우리가 하는 행동 속에 새로움이 생겨나고, 통찰의 범위와 깊이가 달라지며, 더 깊은 감정과 인간적인 느낌을 받아들이게 된다. 헨리에게는 30분 동안 이런 종류의 영적 작업을 하는 경험이 평범하게 생활하는 일주일보다 가치 있었다.

예술가들은 보통 생의 마지막까지 작업을 계속하는데(이 책을 집필하던 당시 데이비드 린치는 70대 후반이었지만 늘 그랬던 것처럼 다작을 하고 있었다), 그럴 만한 이유가 있다. 예술 활동은 다른 어떤 활동보다도 활기찬 삶의 리듬을 제공하고, 다양성과 복잡성이 가득하며, 개인의 역량을 폭넓게 발휘하게 만든다. 창의적인 작업은 규칙적이지 않지만 지속적인 작업과 외부세계와의 긍정적인 싸움을 요구하는데, 그 속에서 우리의 태도와 전망이 점진적으로 모습을 드러낸다.

마지막으로 그림을 그리거나, 채색을 하거나, 뭔가를 만들었던 때를 떠올려보라. 어쩌면 수십 년 전일지도 모른다. 종이의 질감, 물감과 풀의 냄새, 스케치용 연필의 촉감을 떠올려보고 그때 경험했던 느낌 속으로 들어가보라. 오늘날 우리는 어떤 장소에서 그런 감각을 경험할까? 직장생활, 학교, 대학의 과제로 생각의 범위를 넓히고 한 사람으로서 살아 있다는 느낌을 받는 때가 언제인지 짚어보라. 헨리는 창의성의 형태에 구별을 두지 않았고, 우리도 그럴 필요가 없다. 우리가 만든 창의적인 디지털 작품이나 실체가 있는 물건을 떠올려보라. 지금까지 살면서 만든 것 중에 무엇이 가장 자랑스러운가? 개인적으로 가장 깊은 만족을 선사했던 작업은 무엇이었나? 세상을 떠날 때 사랑하는 사람들에게 물려주고 싶은 특별한 작품이 있는가?

진정한 창의적 작업은 자기만의 충동에서 시작되지만, 최초의 희미한 영감은 짧게 스쳐갈 때가 많다. 더 깊은 탐색을 통해 생각이 다듬어질 때 비로소 진정한 목표나 계획이 모습을 드러낸다. 지금 당장 창작의 중심점이 없다고 해서 걱정하지 마라. 그저 새로운 아이디어가 떠오르는지를 살펴보고, 떠오른 아이디어를 메모나 스케치를 통해 검토하면서 아이디어가 숨쉴 시간을 주면 된다. 새로운 창작 프로젝트의 구상을 가다듬을 시간을 가지고, 준비되었다는 느낌이 들면 바로 시작하라. 창작 프로젝트의 전체적인 형태와 목표는 작업을 시작할 때 비로소 구체화되는 경우가 많다.

지금! 시작해보기

- **삶에서 특별했던 경험 회상하기**: 조용하게 보낼 수 있는 시간을 확보하고, 펜과 종이를 들고 과거에 가장 보람 있었던 순간들을 떠올려보자.
- **창의적인 순간 재현하기**: 최고의 창의적 경험 하나를 떠올려보고, 요즘도 그런 경험을 할 기회가 많은지 생각해보자. 그럴 기회가 별로 없다면 창의적 경험을 어떻게 만들지 생각해보자.
- **새로운 촉매 찾기**: 새로운 창의적 과제를 의도적으로 찾는다.

Human Being

8장

만들기

CRAFT

만들기는 우리의 생각을 물리적인 사물로 전환하는 강력한 방법이다. 뭔가를 만들 때 우리는 현실세계에서 경험한 것을 정리하고 결정을 내리기 때문이다. 작업이 끝나면 노력의 결실이 명료하게 드러난다.

스페이스 트래블러

영국의 전설적인 시계 장인 조지 대니얼스George Daniels가 만든 '스페이스 트래블러The Space Traveller' 회중시계는 지금까지 제작된 수공예품 중에 가장 훌륭한 작품 중 하나다. 미국 항공우주국NASA의 아폴로 임무에서 영감을 얻은 이 시계는 전통적인 24시간 태양시와 별을 기준으로 지구의 자전을 측정하는 항성시를 모두 보여준다. 이 회중시계는 얇은 황금 상자에 보관되어 있고, 디스플레이 영역에는 달력, 달의 위상, 평균시차(평균태양시와 시태양시의 차이 – 옮긴이)가 엔진 터닝 기법(금속 표면에 수작업으로 정교한 패턴을 새기는 장식 기법 – 옮긴이)으로 정교하게 새겨져 있다. 시계 전체는 정교한 무브먼트를 통해 자체적으로 작동하며, 수백 년 동안 시계학에서 가장 중요한 혁신이었던 동축 탈진기(기어의 회전 속도를 고르게 하는 장치 – 옮긴이)까지 달려 있다. 동축 탈진기는 1974년 대니얼스가 꿈에서 깨어난 뒤에 창안한 메커니즘이다.

스페이스 트래블러는 400년이 넘는 세월 동안 최초로 한 사람이 전체를 제작한 기계식 시계 중 하나였다. (이 시기에 한 사람이 완성한 다른 시계는 여섯 개밖에 없는데, 모두 대니얼스의 작품이다. 그는 평생 23개의 회중시계를 제작했다.) 17세기 이후 시계는 장인들의 공동체에서 생산되었는데, 이 공동체는 34개 직종으로 나뉘었다. 예컨대 시계 케이스만 해도 네 명의 전문가가 만들었다. 20세기에는 산업화가 이뤄지면서 이 직종들 중 다수가 필요 없어졌고, 시계 장인은 점점 시계의 조율·수리·서비스와 같은 단조로운 작업을 맡게 되었다. 대니얼스는 혼자서 개별 시계 장인과 수작업 시계의 중요성을 재확립했다. 그는 케이스와 눈금판과 시곗바늘부터 나사, 보석, 톱니바퀴에 이르기까지 모든 부속품을 직접 만드는 법을 익혔다.

34가지의 각기 다른 제작 기술을 완전히 익히는 것은 매우 복잡하고 어려운 일이었다. 3,000시간을 들여 1969년에 최초의 수작업 시계를 완성하기까지 대니얼스는 정식 교육을 받은 적이 없었다. 1960년대에는 시계 제작 분야의 고급 기술을 가르쳐주는 기관이 모두 문을 닫은 상태였다. 그는 컴퓨터 장비도 일절 사용하지 않았다. 자신의 실무 지식에 의존하고 전통적인 도구를 사용해 각 부속품의 품질과 크기를 정확히 맞췄다. 그가 만들어낸 단순하면서 자연스러운 마감은 매우 훌륭하다. 아주 작은 부품들이 서로 맞물려 함께 움직이고, 움직임의 연쇄 속에서 각각의 부품이 다음 부품을 움직인다. 바퀴와 톱니바퀴와 나사 각각의 기능이 하나로 통합되면서 확고하고 정밀한 질서를 구현한다. 그의 시계들이 문자 그대로 살아 움직이는 모습은 사람의 마음을 사로잡는다.

조지 대니얼스가 시계 수리공으로 출발해서 수리점에 들어오는 것이면 뭐든지 수리하는 일을 맡았던 것은 우연이 아니다. 젊은 시절 그는 닳았거나 고장 난 시계 또는 부속품 더미에 둘러싸여 시간을 보냈다. 수리 작업을 하려면 세세한 것까지 다 파악하고 모든 문제의 원인을 알아내야 했으므로 시계 부품과 자신이 다루는 재료의 특성을 파악하는 법을 배웠다. 나중에 그는 직접 시계 수리점을 열고 골동품 시계를 복원하는 더 까다로운 작업에 도전했다. 또 그는 시계 작업을 기록으로 남기는 것을 평생의 습관으로 만들어 장부책을 그림과 설명으로 가득 채우고 시계의 모든 구성품을 사진으로 찍었다. 그러다 수백 년 된 유명한 시계를 복원할 기회가 찾아왔다.

수공예는 시간이 많이 들어가는 작업이다. 하나의 문화가 발전하는 동안 세대를 이어 경험이 전수되면서 기술이 점점 정교해진다. 과거에는 도제식 교육과 조합을 통해 업종별로 축적된 지식을 전수받을 수 있었다. 그때는 치열하게 모방하고 경쟁하는 건전한 분위기가 있었다. 동시대인들과는 물론이고 선배 장인들과도 경쟁을 벌였다. 장인들은 자신의 개인적 발전을 길고 연속적인 역사적 계보의 한 장으로 생각했다. 도제 교육을 받지 않았던 대니얼스는 자신이 복원하는 시계를 연구하고 공부하면서 수백 년 동안 기계식 시계에 혁신이 일어난 과정을 차츰 이해하게 되었다. 시계 제작술을 발전시킨 저명한 시계 장인들 중 가장 많은 칭송과 존경을 받는 사람은 아브라함루이 브레게Abraham-Louis Breguet였다.

브레게는 1700년대 중반에 100명의 장인으로 팀을 구성해 자신의 시계 디자인을 해석하고 제작하게 했다. 그의 초창기 혁신 중 하나는 사용자가 걸을 때의 움직임에 맞춰 호주머니 안에서 자동으로 리셋되는 자동(오토매틱) 시계였다. 이 시계를 바탕으로 나중에 세상에서 가장 유명한 시계인 마리앙투아네트Marie-Antoinette가 제작되었다. 프랑스 왕비 마리 앙투아네트를 위해 제작된 이 시계는 브레게가 사망한 후인 1827년에 그의 아들이 완성했다. 이 시계는 세계에서 가장 복잡한 회중시계 중 하나로, 만년 달력과 온도계가 갖춰져 있으며 자동 와인딩 무브먼트는 823개의 부품과 구성 요소로 이뤄져 있다. 조지 대니얼스는 1983년 예루살렘에서 전시되던 중에 발생한 악명 높은 강도 사건으로 사라지기 전에 마지막으로 이 시계를 검사하고 보관한 사람 중 하나였다. 이 시계는 도난된 물품들이 담긴 상자 속에서 2006년에야 발견되었다. 오늘날 마리앙투아네트 시계의 가격은 5,000만 달러가 넘는다.

집착에 가까울 만큼 브레게에 관심이 많았던 대니얼스는 브레게의 작품이 구체적으로 연구된 적이 없다는 사실을 발견하고 자신이 직접 하기로 결심했다. 파리의 '브레게' 브랜드 소유주는 대니얼스에게 상세한 구조 정보가 담긴 1700년대 책들을 포함한 자료를 열람하도록 허락했다. 대니얼스는 브레게의 시계를 꼼꼼하게 분석하고 목록화하면서 수백 년 전의 시계 제작 공정에 관한 특별한 통찰을 얻었다.

대니얼스는 15년에 걸쳐 브레게에 관해 연구한 끝에 《브레게의 예술The Art of Breguet》이라는 책을 출간했다. 당시 브레게의 시계는 매우 값나가는 물건이었으므로 수집가들은 신변의 안전을 우려해 이름을 밝히지 않았다. 대니얼스는 브레게의 작품 하나하나를 가까이서 보고 꼼꼼히 살피면서 그 우아한 수작업에 감탄한 마지막 사람이었다. 대니얼스는 책에 복잡한 작동 원리와 혁신적 기술을 연구하고 해석한 결과물을 109점의 드로잉으로 직접 제작해 수록했다. 특히 대니얼스는 브레게가 시계 제작의 새로운 기계적 원리를 발명한 데 깊은 인상을 받았는데, 그 원리의 많은 부분이 오늘날까지도 활용되고 있다. 브레게는 시계 제작술을 획일화된 제품 생산 라인과 정반대인 예술의 경지로 끌어올렸다.

*

1968년 대니얼스가 최초로 시계를 만들기 시작했을 때 그에게는 실질적인 가르침을 줄 스승이 없었다. 역사적으로 수공예는 사람과 접촉하면서 사례를 보고 배워야 했으므로 수공예 장인은 지역별로 소수정예만이 살아남았다. 실천적 지식은 말로 표현하기가 몹시 어려울 수 있기 때문이다. 대니얼스는 시계 제작의 온갖 복잡한 과정과 수천 가지의 미세한 조작을 독학으로 익혀야 했다. 브레게의 기술을 정밀하게 연구한 것은 1960년대에 그가 찾으려고 했던 현직 장인에게서 교육을 받는 것과 비슷한 과정이었다. 나머지는 반복적으로 과제를 수행하면서 직접 부딪쳐가며 해결책을 얻어야 했다. 초기의 서툰 시도에서 빠르고 유연한 숙련으로 나아가는 과정이었다.

극복해야 할 과제는 무수히 많았다. 부품은 금속과 기타 재료로 정밀하게 제작해야 했고, 여러 번 작업해야 하는 경우가 많았다. 기계식 시계는 아주 작은 부품으로 만들기 때문에 치수나 각도가 조금만 바뀌어도 시계의 전반적인 성능에 큰 영향을 끼칠 수 있다. 대니얼스는 문제를 발견할 때마다 부품을 다시 제작하면서, 더 정교한 해결책을 찾으려면 품질이 어느 정도여야 하는지를 신중하게 분석했다. 그는 손가락으로 생각하고, 부품을 손에 쥐고 만지작거리며 기술을 익히고, 미세한 움직임을 통제하는 능력을 키워야 했다. 이 모두는 오랜 시간에 걸쳐 발달하는 신체 지능이었다. 대니얼스는 독학으로 새로운 가능성을 열었다.

대니얼스의 시계는 조금은 원시적인 시계 제작용 선반, 펜치, 와이어 커터, 드라이버, 망치, 톱 같은 일상적인 도구를 능숙하게 다룬 결과물이다. 시간이 지나면서 그는 더 정교한 기계와 정밀한 측정 장비에 투자했지만, 그 모든 장비는 직접 손으로 조작했다. 복잡한 작업은 실제 크기의 최대 50배로 확대된 드로잉으로 시작하는 경우가 많았다. 스케치한 각각의 요소를 가위로 오려내 드로잉보드에 고정하고, 천천히 그 요소들을 움직이면서 어떻게 맞물려 작동할지 예측했다. 뭔가를 빨리 고치기 위해 종이에 펜으로 설계도를 그려서 기계적 원리를 파악하기도 했다. 하지만 대개는 작업이 진행되는 상황을 눈으로 보면서 머릿속에서 3차원으로 시각화하는 방법을 사용했다. 대니얼스는 사전에 너무 많은 계획을 세우기보다 선택지를 열어두고 작업을 진행해나가면서 새로운 특징을 추가하기를 좋아했다. 작업이 끝난 시계는 4개월 동안 다양한 위치와 온도에서 시험했다. 오븐에 넣든 냉동실에 넣든 하루에 오차가 0.5초 이내로 유지되도록 했다. 모든 시계가 300년에서 400년 동안 작동하는 것이 목표였다.

대니얼스는 시계의 핵심 메커니즘이 수백 년 동안 변하지 않았다는 사실을 깨달았다. 스위스 시계 업계는 시계에 복잡한 요소를 계속 추가했지만, 그때까지 실질적인 혁신은 없었다. 대니얼스는 시계 제작술에 독자적으로 기여하고 싶었다. 1969년 일본의 시계 제조업체인 세이코Seiko가 전자 발진기oscillator를 사용해 시간을 표시하는 쿼츠quartz 시계를 최초로 출시했을 때, 대니얼스는 앞으로 쿼츠가 시장을 지배할 것을 예견했다. 1980년대에는 고체식 디지털 전자장치가 도입되면서 배터리로 구동되는 쿼츠 시계를 적은 비용으로 더 작게 만들 수 있게 되었다. 하지만 기계식 시계의 역사성과 미적 특성이 사라지는 것을 원치 않았던 대니얼스는 기계식 시계가 살아남을 여지가 있다고 확신했다. 곧 그는 기계식 시계의 심장과도 같은 탈진기escapement(기어의 회전 속도를 고르게 하는 장치 – 옮긴이)에 관심을 돌렸다. 탈진기는 1754년 토머스 머지Thomas Mudge가 '레버 탈진기'를 발명한 이래로 변함없이 유지되고 있었다. 시계 태엽을 감을 때 발생하는 동력은 주 태엽mainspring에 저장되며, 주 태엽을 풀고 조절하는 것은 리듬감 있게 똑딱거리는 탈진기의 움직임이다. 하루에 똑딱거리는 움직임이 60만 번이나 필요하므로 시간을 정확히 맞추려면 시계 탈진기의 작은 부품들이 완벽하게 안정적이어야 한다. 원활한 작동을 위해 탈진기 바퀴의 톱니에 기름을 칠하지만, 시간이 지나 기름이 마르거나 벗겨지거나 증발하면 시계의 정확도는 떨어진다. 브레게도 이 문제를 해결하려고 백방으로 노력했지만, 무려 20년 동안 실험을 거듭하다가 결국 포기했다.

대니얼스는 그 과제를 자신이 해결해보기로 마음먹고 앞으로 25년간 그의 머릿속을 지배하게 될 프로젝트에 착수했다. 그는 실험적인 탈진기로 시계 무브번트를 만들고 다양한 설계안을 신중하게 테스트하며 하루하루를 보냈다. 그 모든 수고의 결실은 1974년의 어느 여름날 새벽 3시에 한꺼번에 나타났다. 갑자기 잠에서 깨어난 대니얼스의 눈앞에 자신이 원했던 설계안의 모습이 온전히 그려진 것이다. 해답을 찾았다는 확신이 점점 커지면서 기쁨에 들뜬 그는 재빨리 스케치를 마치고 다양한 각도에서 그 아이디어를 탐구했다. 그가 발명한 장치 중에 양방향으로 힘을 출력하고, 태엽을 감고 나서 스스로 돌아가며 미끄럼 마찰을 모두 제거하는 최초의 탈진기인 '동축 탈진기coaxial escapement'가 있었다. 그는 특허를 출원하고 얼마 지나지 않아 스위스를 여러 번 방문해서 주요 시계 브랜드에 그의 발명품을 보여줬으며, 그 결과 오메가Omega가 동축 탈진기를 생산하기로 했다. 동축 탈진기는 오늘날까지도 유일하게 레버 탈진기보다 우수한 대안으로 인정받고 있으며 현재까지 생산된 고급 시계 수백만 개에 탑재되었다.

대니얼스는 대형 시계 제조업체와 협력하면서 눈이 번쩍 뜨였다. 흰 작업복을 입은 기술자들은 컴퓨터 앞에서 최신 CAD(컴퓨터 지원 설계) 소프트웨어를 사용했다. 오메가가 동축 탈진기를 선택할 때도 오랜 시간 동안 컴퓨터로 디자인과 시뮬레이션을 해보고 나서야 승인을 받을 수 있었다. 수백 명의 직원 중 누구도 수작업 도구를 사용하거나 대니얼스와 비슷한 작업을 하지 않았다. 자기 작업대에서 홀로 작업하던 장인 한 사람이 최첨단 컴퓨터와 제작 기술로 무장한 엔지니어들의 팀을 능가했음이 명백해졌다. 시계 제작에 관해 몸소 겪은 생생한 경험 덕분에 대니얼스는 시계와 관련된 메커니즘에 관한 독보적인 이해력을 지니게 되었다. 오메가의 기술자들은 아주 세밀한 부분까지 확대해서 보고 매우 복잡한 디자인을 모델링할 수 있었지만 그 부품들을 모두 연결해서 전체적으로 작동시키는 데서는 실무 지식이 부족했다. 대니얼스는 본능과 직감에 의존할 수 있었고 머릿속의 눈으로 시계가 작동하는 모습 전체를 시각화할 수 있었지만, 오메가의 기술자들은 부품별로 하나하나 분해해서 측정값과 통계 수치를 컴퓨터 모델에 입력해야 그의 설계를 이해할 수 있었다.

시계 디자인에 소프트웨어를 사용할 때의 위험성은 컴퓨터 프로그램이 미리 설정된 스타일과 절차 안에서 작업하기 때문에 디자이너에게 실무 지식이 없으면 소프트웨어의 한계를 계속 인식하며 작업하기가 어렵다는 점이다. 대니얼스는 현실 속의 물질들을 손바닥 안에 놓고 작업하거나 직접 도구를 제어해가며 작업했으며, 창의적 자유를 온전히 누리며 새로운 것을 계속 발명할 수 있었다. 오랜 연습과 재료의 물리적 성질에 충실한 태도 덕분에 그는 타의 추종을 불허하는 숙련도와 자율성을 획득했다. 반면 오메가의 소프트웨어 엔지니어들은 미리 정해진 시스템 안에서 정량화 가능한 매개변수를 가지고 작업해야 한다는 제약을 받았고, 시계 제작에 필수적인 물리학을 컴퓨터 화면 속에서 간접 경험해야 했다.

컴퓨터는 불규칙하고 거친 것을 매끄럽게 다듬어주기 때문에 작업할 때 완벽에 도달하기가 쉽지만, 수공예에서는 수작업의 자잘한 흔적들이 물건을 더 아름답게 만든다. 스페이스 트래블러를 자세히 들여다보면 대니얼스가 손수 새긴 희미한 선과 식각蝕刻이 눈에 들어온다. 그런 흔적들 덕분에 우리는 그의 장인정신에 더욱 감탄한다. 수작업으로 뭔가를 만드는 일에는 단계마다 위험이 따르므로 언제든 작품을 망칠 수도 있다. 하지만 매 순간 개입된 인간의 독자적인 결정들은 수작업으로 만든 물건을 유일무이하게 하며 우리를 제작자의 개인적인 삶과 이어준다.

만들기는 우리의 생각을 물리적인 사물로 전환하는 강력한 방법이다. 뭔가를 만들 때 우리는 현실세계에서 경험한 것을 정리하고 결정을 내리기 때문이다. 작업이 끝나면 노력의 결실이 명료하게 드러난다. 그리고 물리적 작업 과정을 통해 우리 자신과 주변 환경과 세상을 더 깊이 이해할 수 있다. 물건을 스스로 만들고 관리할 줄 안다는 것은 자신의 가치와 자립정신의 증거가 된다. 대니얼스는 독학을 한 덕분에 전혀 지루하지 않은 삶을 살았다. 그가 기술을 습득하는 것은 자기변화의 핵심이었으며 배움과 성장의 일상적인 과정이었다.

하지만 사라져가는 기술을 지키기 위해 그가 몸소 겪은 어려움은 그때와 비교해 우리가 일하는 방식이 얼마나 많이 바뀌었는지를 여실히 보여준다. 우리는 예전처럼 사물을 직접 만지거나 몸을 써가며 상호작용하지 않는다. 컴퓨터 앞에서 작업할 때 세상에 대한 우리의 다감각적 경험은 평면적으로 축소된다. 우리는 화면에서 이리저리 돌아다니는 복잡한 픽셀들을 보느라 몸을 움직일 때의 미묘한 3차원적 감각을 포기한다. 가만히 앉아서 이미지와 정보의 연쇄를 훑어볼 때 우리는 주로 눈에 의존한다. 신체 동작은 대부분 미리 정해져 있으며, 오늘날 일반적인 작업 공간은 신체 움직임을 키보드가 있는 좁은 영역에서 마우스를 클릭하고 스크롤하는 동작으로 제한한다. 이것이 얼마나 이상한 일인지 우리는 쉽게 잊어버린다. 온라인으로 일할 때마다 우리는 사실상 움직임을 멈추고 우리의 몸과 거의 완전히 분리된다.

오늘날 시계 제작자들은 연구 개발부터 최종 생산에 이르는 전체 디자인 과정에 스위스에서 개발된 CAD 도구인 텔워치Tell Watch를 사용한다. 3D 애니메이션이 조립 공정의 각 단계를 시각화해서 가장 작은 나사를 조이는 것까지 다 보여준다. 기계식 시계를 설계하고 제작하는 데 들어가는 시간은 이제 엄청나게 단축되었고, 자연스럽게 상업적 효율성이 높아지자 기업들도 운영 방식을 재구성할 필요를 느낀다. 오늘날 몽블랑Montblanc, 파텍 필립Patek Philippe, 프랭크 뮬러Frank Muller, 쇼파드Chopard를 비롯한 수많은 고급 시계 브랜드에서 이 소프트웨어를 사용한다.

시계 제작이 마우스만 클릭해 사전 제작된 부품들을 조립하고 기본 물리학 계산은 컴퓨터로 조용히 해결하는 과정이 되면 인간의 기술이 관여하는 정도는 눈에 띄게 감소한다. 대니얼스가 힘들게 획득한 시계의 서로 연결된 모든 부품에 대한 정확한 지식은 소프트웨어 코드 안에 갇히고, 복잡하고 광범위한 온갖 절차는 단순한 메뉴 또는 버튼 하나를 클릭하는 것으로 축소된다. 시계 제작자는 작업 중 직접적이고 즉각적인 피드백, 곧 어떤 부품이 제대로 맞지 않을 때 달그락거리고 삐걱거리는 소리를 듣지 못한다.

대니얼스와 그 이전에 활동했던 여러 세대의 장인들이 가지고 있었던 물리적 기술은 후손에게 전해지지 못하고 있다. 수공예와 기술을 익힌 장인들이 세월의 흐름과 함께 기술을 발전시키고 다음 세대로 기술을 전수하는 경향은 현저히 감소했다. 그래서 문제가 될까? 따지고 보면 우리는 지금처럼 시간을 정확하게 알았던 적이 없다. 스마트폰 시계는 인터넷에 연결되어 있을 때 오차범위 50밀리초의 정확성을 자랑한다. 오늘날 기술자들이 성능이 향상된 CAD 소프트웨어를 이용하면 시계를 포함한 3차원의 물체를 디자인할 수 있는 막강한 힘을 얻는다. 기술적인 관점에서 본다면 우리는 디지털화로 많은 것을 얻었다. 그러나 물질성은 측정 불가능할 정도로 많이 잃어버렸으며, 시간을 두고 학습하고 연마해야 하는 우아하고 섬세한 신체 운동능력도 잃어버렸다. 몸으로 생각하는 일은 왜 중요하며, 몸으로 생각하기를 중단할 때 우리는 무엇을 잃어버릴까?

체화인지와 '신체적 기술에 대한 무지'

대니얼스가 완성한 일생일대의 걸작에 아폴로 11호의 달 착륙을 기리며 이름을 붙인 것은 적절한 선택이었다. 아폴로 계획은 엄청난 대담함과 극도로 정밀한 타이밍 덕분에 성공했기 때문이다. 우주선 본체와 달 착륙 모듈에 탑재된 아폴로 유도 컴퓨터의 지원이 없었다면 인간이 달에 착륙할 수 없었겠지만, 아폴로 11호의 우주비행사들 또한 매우 역동적인 기술을 보유하고 있었다. 그들은 오늘날에는 찾아보기 힘들 정도의 비행 실력과 공학 지식을 겸비한 인재였다. 최정예 전투기 조종사였던 그들은 1960년대 제트기의 강한 추진력에 익숙했으며, 비행의 토대가 되는 고등 물리학과 수학적 변수에 대한 포괄적인 이해를 갖추고 있었다. 또 우주선의 기계적 구조를 아주 작은 부분까지 정밀하게 파악하고 있었다. 아폴로 13호의 임무가 극적으로 실패하고 산소탱크가 고장 나서 생명을 위협하는 오류가 잇달아 발생했을 때 그 우주비행사들은 자신이 통제하는 기술에 대한 섬세한 이해가 있어야만 가능한 수리 작업을 영리하게 해냈다. 달 착륙이 성공한 시점은 인류 역사 속에서 드물게 인간의 작업 방식이 아직 온전했고 물리적 실체에 충실했으며, 컴퓨터가 새롭고 복잡한 방식으로 인간을 보조하기 시작했던 시기였다.

당시에는 인간이 생각하는 과정에 대한 이해가 지금과 많이 달랐고, 뇌는 몸과 완전히 분리된 계산기처럼 여겨졌다. 17세기에 프랑스 철학자 르네 데카르트의 연구가 발표된 이래로 정신과 신체는 근본적으로 분리되어 있으며 모든 물리적 자극은 우리가 느끼기 전에 정신의 해석을 거쳐야 한다는 믿음이 널리 퍼져 있었다. 1990년대에 들어서야 체화인지embodied cognition, 곧 우리가 뇌로만 생각하는 게 아니라 온몸의 경험을 통해 생각한다는 개념이 주목받기 시작해서 오늘날까지 인정받고 있다. 현재 인지과학은 우리가 세계의 본질을 체험하는 데서 운동 시스템, 지각, 주변 환경과 신체의 상호작용이 뇌와 똑같이 중요하다고 주장한다. 흥미롭게도 체화인지에 관한 획기적인 연구들의 일부는 AI와 로봇공학 분야에서 이뤄졌다. 1960년대에 이뤄진 초창기 AI 연구는 순진할 정도로 낙관적이어서, 20년이 지나면 인간이 하는 모든 일을 기계가 해낼 수 있으리라고 예측했다. 하지만 그런 일은 일어나지 않았고, 대신 로봇공학의 연구를 통해 이성에 기반한 계산은 물리적 환경에 대처하는 데서 매우 비효율적이라는 결론을 얻었다. 최근에 발명된 로봇들의 성능이 현저히 향상되고 인간이 주변 세계와 상호작용하는 방식과 더 유사해진 것은 순전히 체화인지의 원리를 그대로 모방했기 때문이다. 하지만 과학이 신체 움직임과 감각 지각이 인간의 사고와 기억과 능력에 끼치는 영향을 파악하는 데서 상당한 성과를 거두는 지금, 역설적이게도 우리는 신체와 점점 단절되고 있다.

오랫동안 체화인지라는 개념이 잘못 이해된 데는 뚜렷한 이유가 있다. 그리고 일하는 방식에 근본적인 변화들이 일어났는데 우리가 그 영향을 인식하지 못한 데도 이유가 있다. 인간은 신체적 기술과 능력을 습득하거나 잊어버릴 때 정신적 자각이 어이없을 정도로 부족하기 때문이다. 자동차를 운전하든, 스포츠를 익히든, DIY로 뭔가를 만들든 간에 우리가 획득하는 모든 신체적 기술은 연습을 통해 우리가 미처 의식하지 못하는 사이에 향상되며, 그 기술이 향상되는 원리를 매번 정확히 파악하거나 표현하기는 몹시 어렵다. 마찬가지로 우리는 종종 그 기술을 다시 사용하려고 시도하기 전까지 신체적 기술이 점진적으로 쇠퇴하는 것도 모르는데, 이런 현상을 '신체적 기술에 대한 무지physical skills blindness'라고 부른다.

촉각은 인간의 가장 기본적인 감각 중 하나이자 인간의 중요한 조건임에도 불구하고 우리가 매일 업무 공간에서 보내는 대부분의 시간 동안 촉각을 거의 포기한다는 것을 생각하면 놀라울 따름이다. 우리는 태어나는 순간부터 주변의 모든 것을 이해하기 위해 촉각에 의존한다. 아이들은 눈에 보이는 것이면 모두 만지작거리고 찔러보며 시험한다. 그리고 우리는 평생 촉각에 의존하며 살아간다. 물리적 사물들은 훨씬 쉽게 이해할 수 있다. 우리는 사물 주위를 걸어다니기도 하고, 집어드는 것을 비롯해 수많은 능동적인 방식으로 사물과 풍부한 상호작용을 한다. 반면 스크린은 우리를 세계와 단절시키고 세계 안의 물체들과 멀어지게 한다. 우리가 스크린에서 보거나 조작하는 모든 것은 재현으로서, 물리적 세계에 실제로 존재할 수도 있고 존재하지 않을 수도 있는 어떤 것을 묘사하기 위한 이미지 또는 그래픽이다.

컴퓨터 앞에서 일할 때 우리의 정신은 빠르게 적응한다. 화면에 표시된 시각적 정보는 일시적인 현실이 되고, 주변 환경에 대한 지각은 아주 희미한 의식으로 변화한다. 우리의 행동은 화면의 디지털 신호를 따라간다. 물리적으로 뭔가를 만드는 작업은 완전히 다르다. 이때도 시각이 가장 중요하지만 촉각도 빠질 수 없다. 예컨대 대니얼스는 손으로 느끼는 재료의 촉감을 기준으로 순간적인 결정들을 내리면서, 종이에 그려볼 수 없었던 방식으로 시계 케이스의 형태가 만들어지기 시작하는 것을 느끼곤 했다. 오늘날 과학자들은 인간이 전통적으로 알려진 다섯 가지보다 훨씬 많은 26가지의 감각을 지니고 있다고 주장한다. 평형감각(균형에 대한 감각), 전정기관(속도를 느끼는 기관), 근감각(운동에 대한 지각) 등이 여기에 포함된다. 우리가 디지털 기기와 상호작용할 때는 이런 감각들을 현저히 적게 사용한다. 물리적으로 접촉하는 대상이 마우스, 키보드, 터치스크린, 진동 알림, 그리고 최근 스마트폰에 도입된 햅틱 피드백 정도로 한정되기 때문이다. 물리적 세계 속의 움직임과 질감, 압력과 온도는 범위에 제한이 없으므로 누구도 우리의 감각생활이 단조롭다고 말할 수는 없겠지만, 우리가 스크린 앞에서 상호작용하는 다양한 정보는 어떤 내용이든 간에 기본적으로 동일한 조작을 통해 매개된다.

어떤 분야의 업무나 어떤 직업의 역할도 디지털로 전환될 때마다 결과는 똑같다. 현실세계의 상호작용이 스크린으로 옮겨가고, 그 직업에 필요한 신체적 기술은 다량의 정보를 읽고 조작하는 것으로 대체된다. 건축가, 과학자, 도매업자, 패션 디자이너, 음악가, 시계 제작자 등 겉보기에는 서로 다른 직업들이 표준화되어 업무 경험이 신기할 만큼 유사해지고 있다. 소프트웨어가 점점 필요 불가결한 것이 되면서 모든 직업은 앉아서 하는 일로 서서히 바뀌고 있으며, 직업 간의 차이도 축소되어 소프트웨어 인터페이스들의 작은 차이만 남는다. 물론 각각의 직업에 요구되는 지적 토대와 지식은 여전히 각기 다르고 다양하지만, 하루하루의 신체적 경험은 거의 비슷하다. 우리가 수행하는 작업은 심각한 물리적 충격으로 이어질 수도 있지만, 우리가 조작하는 대상들의 물리적인 현실은 여전히 여러 겹의 디지털 추상화를 거쳐 매개된다. 결과적으로 우리는 화면 앞에서 일하기 때문에 경이로울 정도로 높은 효율에 도달할 수 있지만, 막대한 양의 물리적 경험이 사라지고 만다.

책상 앞에 앉아서 보내는 긴 시간이 우리에게 끼치는 영향은 누적된다. 시각을 점점 많이 사용하고 신체를 덜 사용하게 되면서 우리는 컴퓨터 앞에서 1시간을 보낼 때 물리적 환경과 상호작용할 1시간을 잃어버린다. 우리는 디지털로 하는 일을 위해 더 활동적인 일을 수없이 포기했지만 지금까지 그에 따른 차이를 실감하지 못했다. 신체 기술에 대한 무지 때문에 우리 자신의 신체 능력이 서서히 저하되는 것도 몰랐고, 그것이 우리에게 어떤 영향을 주는지도 알아차리지 못했다.

그렇다면 몸으로 생각하기가 줄어들 때 우리가 잃는 것은 무엇일까? 전형적인 '책벌레'를 한번 떠올려보자. 그런 사람들은 세련된 분위기를 풍길 수는 있겠지만, 연약하고 비실비실한 몸매에 눈밑에는 다크서클이 보이고, 안경을 끼고 약간 어색하게 행동하는 사람의 모습도 그려진다. 그렇다면 '화면벌레'는 어떤 모습일까? 그들 역시 시력이 나쁠 가능성이 있고, 화면을 보는 시간만 많고 운동을 하지 않을 경우 몸매도 탄탄하지 않을 것이다. 하지만 '화면벌레'의 주된 특징은 더 본질적이면서도 미묘한데, 삶에서 손으로 뭔가를 물리적으로 조작하는 능력이 떨어진다는 것이다. 화면 앞에서 일을 많이 할수록 삶의 다른 영역에서는 무능해진다. 반대로 세상과 신체적 상호작용을 많이 할수록 협응력과 미세운동 조절력이 향상된다. 가장 눈에 띄는 사례는 세대별로 물건을 고치는 능력의 차이가 크다는 점에서 발견된다. 어떤 물건을 수리하려면 그 물건을 제대로 이해해야 하고, 그 물건의 작동 원리와 씨름하면서 문제의 원인을 찾아내야 한다. 하지만 나를 포함한 젊은 사람들은 조명등, 벽장식, 배관을 고치기는커녕 왜 고장 났는지도 몰라서 쩔쩔매곤 한다. 우리는 예전처럼 물건들을 손수 만들지 않고 드릴로 구멍을 뚫거나 못을 박지도 않으면서 이 모든 일에 등을 돌리고 컴퓨터 화면만 바라본다.

오늘날 우리가 수행하는 디지털 작업은 대부분 높은 수준의 지식과 기술을 요구한다. 방대하고 복잡하게 반복되는 데이터와 빠르게 진화하는 소프트웨어 도구들 때문에 어떤 직무도 장기간 똑같이 유지되지 않는다. 더 높은 수준의 직무를 수행하려면 집중적이고 장기적인 교육과 훈련이 필요하다. 새로운 디지털 직무를 습득하는 과정에는 새로운 상황에 직면하고, 사전에 정해진 기능과 규칙을 익히느라 어려움을 겪고, 선택의 폭을 좁히고 재시도를 요구하는 제약을 해결해야 하는 등 대니얼스가 일하면서 부딪쳤던 것과 똑같은 어려움이 따른다. 한마디로 디지털 작업은 손을 쓰는 기술과 똑같이 지적 능력을 많이 요구한다. 그럼에도 디지털 직무에는 우리의 능력을 더 크게 위협하는 근본적인 변화들이 나타나고 있다.

일터 자동화는 언론에서 자주 다루는 주제가 되었고, 최종적으로 인간이 수행하는 업무가 어느 정도까지 기계로 대체될 것인지에 대한 논쟁이 계속되고 있다. 그러나 가까운 미래에 거의 모든 형태의 지적인 작업을 첨단 AI가 차지하게 되리라는 우려는 더 중요하고 시급한 문제를 가린다. 논란의 여지는 있지만 이미 우리가 놓인 과도기적 상황은 대중적 논의에서 거의 간과되고 있다. 우리는 지금 당장 벌어지고 있는 일을 걱정해야 한다. 지금 우리의 직업이 로보틱 프로세스robotic process(사람이 하던 반복적이고 규칙적인 업무를 소프트웨어 로봇이 자동으로 처리하는 일련의 과정 – 옮긴이)로 넘어가고 있다. 어떤 직업이든 점차 자동화가 진행되는 가운데, 그 역할을 맡은 사람은 더 많이 프로그래밍된 움직임과 행동에 강제로 적응해야 한다. 우리 자신이 로봇이 될 위험이 있는 것이다.

자동화를 현명하게 이용할 경우, 단조로운 업무에서 벗어나 더 즐겁고 복잡한 과제에 집중할 수 있다. 하지만 머신러닝이 더 똑똑해지고 챗GPT와 같은 고급 언어 생성 도구가 출현하면서 지금까지는 표준화된 업무 프로세스의 영향을 받지 않았던 복잡한 직무들도 영향을 받고 있다. AI를 활용한 콘텐츠 제작 및 편집 도구, 건축가에게 더 정교한 제안과 배치를 제공하는 CAD 도구, CT 스캔을 비교하고 대조해서 암을 진단하는 지능형 시스템은 모두 숙련된 전문가가 화면을 지켜보거나 미리 정해진 양식에 정보를 입력하는 일을 줄여준다. 머신러닝이 경험을 통해 자동으로 성능을 개선하고, 데이터에서 통찰을 얻어내고 패턴을 식별해서 결정을 내린다는 사실은 다양한 과제에서 기계가 점차 인간의 능력을 뛰어넘고 있다는 뜻이다. 우리는 컴퓨터에 점점 더 의존하게 되면서 우리의 작업과 행위와 기술을 컴퓨터의 기능에 맞게 조정해야 한다. 업무를 수행하면서 점차 바보가 되어가는 느낌을 받기도 한다. 신체 움직임과 실제 작업의 상호작용이 화면에 대한 정적인 집중으로 대체된 것은 물론, 물리적이고 지적인 집중도 점점 더 단순해지고 제한적으로 바뀐다.

1930년대에 일반적인 도제 수업 기간이 5년에서 7년이었다면 오늘날에는 3년이 보통이다. 자동화 소프트웨어가 많이 사용되는 직업들은 더 단순해진다. 요즘 책상 앞에 앉아서 하는 일 중 상당수는 훈련에 필요한 기간이 매우 짧다. 새로운 소프트웨어에 적응하기 위해 서두르다 보면 가장 의미 있는 일이나 일에서 영감을 얻을 수 있는 기회가 사라지면서 시야가 좁아지고 능력은 저하될 위험이 있다. 소프트웨어와 자동화된 업무 흐름을 활용하면 더 많은 일을 처리하면서 더 수준 높고 복잡한 결과물을 만들어낼 수도 있다. 때로는 자동화가 업무 수준을 높여 최종 마무리나 새로운 진전에 집중할 자유를 선사하지만, 모든 소프트웨어의 프로그래밍은 불가피하게 정해진 순서를 따르며 그처럼 폐쇄적인 시스템은 창의성에 제약을 가한다. 우리의 능력이 표준화되고 획일화됨에 따라 시계에서 고층 빌딩에 이르기까지 우리가 창작하고 만드는 모든 것이 표준화되고 획일화된다. 더 고차원적인 복잡성을 처리하게 해주는 바로 그 코드가 우리의 일을 여러 가지 대안적 구조 중에 선택하는 일로 축소시킨다. 오늘날 완전한 백지상태에서 출발하는 상상력은 훨씬 더 포착하기 어렵다.

인류가 최초로 달에 착륙하기 직전 마지막 몇 분간의 위험한 비행은 40만 킬로미터 떨어진 곳에서 전 세계 사람들이 TV로 지켜보는 가운데 닐 암스트롱Neil Armstrong의 수동 조종으로 이뤄졌다. 민간 항공기 조종사나 유람선 선장들은 말할 것도 없고 오늘날의 우주비행사들도 여러 단계의 자동화와 컴퓨터를 통한 감독에 얽매여 있으므로 수동 조종과 같은 자유를 전혀 누리지 못한다. 반면 진정으로 활력을 제공하는 업무에는 주체성과 자율성을 발휘할 기회가 있고 우리 자신의 판단을 활용할 직접적인 책임이 따른다. 우리는 멀리 떨어진 다른 누군가로부터 지시를 받기보다 우리 스스로 현실세계에 닻을 내리고 현실세계를 더 깊이 이해할 수 있을 때 일에서 성취감을 느낀다. 몸과 마음으로 참여하는 작업은 안정감을 제공하며, 우리가 기술에 종속되지 않고 기술을 통제하게 해준다.

잃어버린 손재주 되찾기

다수의 연구 결과는 만들기가 전반적인 웰빙을 크게 높여준다는 가설을 입증한다. 베이킹, 정원 가꾸기, 가구 제작처럼 복수의 감각을 사용해서 만족감을 추구하는 여러 활동은 기분을 좋게 하는 신경전달물질의 양을 늘리고 스트레스 호르몬을 감소시킨다. 따라서 손으로 뭔가를 만들면 기분이 좋아진다. 또 전반적인 인지능력과 신체능력도 향상된다. 바구니 짜기와 도예는 신경 경로를 재구성하고 뇌 가소성을 높이므로 뇌졸중에서 회복하는 데 도움이 되며, 공예 수업은 19세기 말 도입된 이래로 작업치료occupational therapy의 도구 역할을 하면서 신체적·감각적·인지적 문제가 있는 사람들이 삶의 모든 영역에서 자립성을 되찾도록 도와준다. 시간을 내서 뭔가를 만드는 것은 신체적·정신적 건강과 회복탄력성을 향상하는 자연스러운 방법이며 커다란 만족감을 준다.

디지털 기술은 여러 직종에서 신체적·정신적 기술을 저하시키는 원인이지만, 삶에서 직업과 병행하는 취미로서 또는 일상적인 업무의 일부로서 만들기 활동을 늘릴 환상적인 기회를 제공하기도 한다.

만들기 취미와 공동체

생활 속에 만들기를 더 많이 도입하는 가장 간단한 방법은 무엇일까? 새로운 취미를 가져보는 것이다. 최근 몇 년 사이에 뜨개질이나 수제맥주 만들기 같은 전통적인 취미가 다시 유행하는 것은 우연이 아니다. 뭔가를 만드는 취미 활동은 일상적인 업무를 처리하면서 생긴 화면벌레 성향을 줄이고 일과 소비주의적 생활에서 잠시 벗어나 재충전할 기회를 제공하기 때문이다. 업무와 밀접한 관련이 있거나 직무를 보완해주는 취미를 찾아도 되고, 죄책감 해소나 치유를 위해 직무와 전혀 상관없는 취미를 선택해도 된다. 예를 들자면 액세서리 만들기, 양봉, 조각보 만들기, 자동차 정비, 목공예 등이 있다. 본질적으로 이런 활동들은 모든 공정을 처음부터 끝까지 자기 손으로 완수해야 하므로 온전히 집중해서 연습해야 하며, 사물의 작동 원리를 발견하는 기나긴 과정을 거쳐야 한다. 과제의 어려움과 작은 발전의 신호를 온몸으로 느끼며 편의에 굴복하기를 거부해야 한다.

최근 만들기에 대한 관심이 되살아나고 있기는 하지만, 취미 활동은 예전만큼 활발하게 이뤄지지 않는다. 취미 활동은 19세기 말부터 20세기 말까지 호황을 누리다가 인터넷이 등장하면서 급격히 쇠퇴했다. 취미 애호가가 될 수 있었던 수많은 사람이 더 현실적인 활동에 관심을 키워갈 기회를 얻기도 전에 인터넷에 주의를 빼앗겼다.

잠시 시간을 내서 우리가 여가시간에 무엇을 가장 많이 하는지 알아보자. 취미와 관심사를 모두 나열하고 각각의 관심사에 얼마나 많은 시간을 투입하는지 계산해보는 것이다. 각각의 관심사가 얼마나 화면 친화적인지도 따져보라. 컴퓨터 게임을 하거나 TV를 시청할 때는 물론이고 대부분의 여가시간에 신체 활동이 부족하다는 사실을 발견하고 놀랄지도 모른다. 지난 3개월을 되돌아보고 취미로 뭔가를 만들거나, 신체적·정신적 노력을 들여야 하는 적극적인 활동을 하거나, 뭔가를 배우면서 점차 실력을 높이는 데 사용한 시간이 얼마나 되는지 정확하게 기록해보자. 화면을 보는 취미와 현실세계의 취미를 비교하면서 어느 쪽이 시간을 많이 차지하는지 알아보라. 우리 스스로는 특정한 활동에 관심이 많다고 생각하지만 실제로 그 활동을 하는 시간이 얼마나 적은가를 확인하고 깜짝 놀랄지도 모른다.

30분을 할애해서 새로 해보고 싶은 취미 활동이나 지금까지 시간이 없어서 열심히 못 했던 관심 분야를 기록해보자. 재능과 흥미, 새로 습득하고 싶은 기술은 무엇인가? 다음으로는 우리의 업무를 생각하면서 그 일을 보완하거나 그 일과 반대되는 취미를 떠올려보자. 관심이 가는 취미 활동 중에 직장생활에 도움이 되거나 직무와 거리가 먼 활동이 있는가? 어떤 취미 활동을 시작하든 간에 자연스러운 동기에서 비롯되는 것이 제일 좋다. 가장 좋아하는 활동은 무엇이고 더 하고 싶은 활동은 무엇인지 깊이 탐색해보라. 취미는 한 가지로 충분할 수도 있지만, 여러 가지 관심사가 있으면 다양한 신체적 기술을 습득할 기회가 생기고, 이렇게 습득한 기술은 삶의 다른 영역에 응용할 수 있다.

요즘에는 만들기 취미를 공유하고 서로 배우기 위한 동호회 활동이 활발하다. 동호회 활동은 성향이 비슷한 사람을 만나고 기술을 직접 배울 수 있는 좋은 방법이다. 만들기 취미에 특화된 웹사이트·포럼·채팅방은 아무리 특이한 취미라도 그 취미를 가진 사람들을 연결하며, 오프라인 모임과 공동 작업공간은 현실에서 만나서 과거의 장인 조합과 비슷한 방식으로 함께 작업할 기회를 제공한다. 만들기 동호회는 화면 앞에 앉아서 하는 디지털 작업의 소외감에 대한 해독제로서 우리에게 활력을 불어넣고 새로운 활동을 위한 발판이 되어주며 일을 더 보람 있게 변화시킬 기회도 제공한다. 취미 목록을 훑어보면서 우리 동네에 어떤 동호회가 있는지 알아보

지금! 시작해보기

- **나의 취미와 관심사 나열하기**: 각각의 관심사에 화면이 얼마나 개입되는지 따져보고, 현재 각각의 관심사에 할애하는 시간도 생각해본다.
- **새로운 관심사 찾기**: 30분을 할애해서 내가 시도하고 싶은 새로운 관심사가 나의 일상을 어떻게 보완해줄지 또는 일상과 충돌할지를 생각해본다.
- **작업공간 찾기**: 우리 동네의 공예 모임이나 작업장을 검색한다.
- **물건 고치기**: 가능할 때마다 집 안의 고장난 물건들을 스스로 수리하는 습관을 들여보라. 우선 온라인 설명서를 활용해 고장 난 물건 몇 개를 고쳐보자.

라. 눈에 띄는 동호회가 있는가?

대니얼스가 시계 수리공으로 출발했던 것처럼, 뭔가를 수리하는 것은 매일 사용하는 물건들과 씨름하고 그 물건들을 이해하는 훌륭한 방법이다. 문제를 진단하고 어떻게 해결할지 결정하는 과정에서 우리는 물건들 내부의 원리에 대한 포괄적 이해라는 보상을 받는다. 가능하다면 남에게 도움을 청하거나 유료 서비스를 받기 전에 스스로 물건을 고쳐보려고 노력해보자. 뭔가가 망가질 때마다 배움의 기회라고 생각하고 충분한 시간을 확보해서 맑은 정신으로 문제와 씨름해보는 것이다. 온라인에는 직접 수리가 불가능할 것만 같은 휴대전화와 노트북 컴퓨터를 비롯해서 집에서 흔히 볼 수 있는 물건들을 수리하는 단계별 지침이 많이 있으며, 수리 작업을 하다 보면 나중에는 자연스럽게 더 넓은 범위의 DIY 작업이나 심지어 집짓기 프로젝트로 나아갈 수도 있다.

내 일에서 수작업 찾기

또 하나의 방법은 당연하게도 일하는 방식을 바꾸는 것이다. 지금 하는 일을 객관적으로 평가해보라. 업무가 화면에 얼마나 의존하며 얼마나 자동화되어 있는가? 앞서 '움직임'을 다룬 장에서는 일상생활에서 앉아 있는 시간이 얼마나 많은지를 측정해보라고 제안했다. 똑같은 방법으로 펜과 종이를 가지고 일주일 동안 근무시간의 대부분을 어디서 어떻게 보내는지 일지를 써보자. 특히 반복적이거나 단조로운 과제에 주목하라. 다음으로 화면을 보는 시간이 얼마나 되며 업무에 신체 움직임이 포함되는지 살펴본다. 만일 포함된다면 그 업무가 섬세하고 숙련된 기술을 요구하는지 확인하자. 1부터 10까지의 척도를 사용해 각각의 과제에 지적 노력이 얼마나 필요한지를 솔직하게 평가하라. 일주일이 지나고 나면 한 발짝 떨어져서 일을 하면서 몸을 충분히 움직이는지, 성취감을 느낄 만큼 머리를 많이 쓰는지를 냉정하게 평가한다. 그렇지 않다면 왜일까? 근본 원인을 찾아보라.

현재의 직무에 신체 활동과 창의적 작업을 더 많이 집어넣어 자율성을 높일 수도 있고, 이직이나 승진을 통해 직무를 변화시킬 수도 있다. 물론 더 적극적인 방법은 재교육을 받아서 아예 새로운 직업을 가져보는 것이다. 대안으로는 현재 우리의 업종과 기술을 보완하는 일 또는 우리의 열정, 관심사, 만들기 취미와 밀접하게 관련 있는 일을 찾아보는 것이다.

오랜 사회적 변동의 결과 사람들은 전기공, 배관공, 목수와 같은 블루칼라 직업들을 지적이지 않다거나 보상이 적다고 여긴다. 대개는 그 반대다. 현재 블루칼라 서비스에 대한 수요는 과거에 못지않게 많으며 보수는 대부분의 사무직 일자리와 비슷하거나 더 높다.

새로운 커리어 경로를 고려할 때는 직업에 대한 사회적 평가를 넘어 현재 우리의 근무시간이 어떤 활동으로 이뤄져 있는지, 그리고 다른 직업을 가지면 하루하루가 어떨지를 현실적으로 그려봐야 한다. 새로 생겨난 디지털 직종이나 화이트칼라 사무직을 추구하다 보면 어렵기는 하지만 보람도 큰 전통적인 블루칼라 직업은 아예 관심 밖으로 밀려난다. 오늘날 근무시간이 유연한 일자리가 다양하게 제공된다는 데서도 기회를 발견할 수 있다. 예컨대 복수의 시간제 일자리를 결합하는 것은 우리가 폭넓은 지적 또는 신체적 기술을 계발하는 동시에 잠재적인 취업 경로를 확대하는 좋은 방법이다. 우리가 선택 가능한 다양한 직업에 관해 창의적으로 생각하면 현재의 직업에 쏟는 시간과 그 일에 대한 경제적 의존도를 줄이는 것도 가능하다. 광범위하게 조사하면서 직업으로 어떤 일을 하고 싶은지를 대담하게 구상하며, 그 직업을 가지기 위해 단계별로 어떤 일이 필요할지 생각해보라. 직업 컨설턴트를 만나는 데 투자하거나 자원봉사를 하거나 실무자를 따라다녀보는 것도 좋은 방법이다.

지금! 시작해보기

- **지금의 직무 평가하기**: 하루 동안 시간을 어디서 어떻게 보내는지 추적해보자. 반복적이거나 단조로롭거나 화면을 보는 업무를 눈여겨보자.
- **냉정한 질문 던지기**: 현재의 직업이 몸과 머리를 충분히 사용하는 일인지 솔직하게 생각해보자. 내가 하고 싶은 다른 일이 있는가?
- **커리어 고민하기**: 신체 활동과 창의적인 작업을 더 많이 하면서 자율성을 누리기 위해 이직이나 승진이 가능할지, 또는 아예 직업을 바꿀 수 있을지 알아보자.

만들기로 창업하기

의미 있고 손재주가 필요한 일을 지금의 직업 생활에 결합하고자 한다면, 조금은 위험해도 보상이 훨씬 큰 방법은 직접 창업을 하는 것이다. 고용시장은 광범위한 경제적·기술적 변화와 밀접하게 연관되기 때문에 아직 대체되지 않은 역할을 찾기가 점점 어려워진다. 창업도 수요와 공급이라는 시장의 힘에 좌우되긴 하지만, 새로운 사업을 시작하면 완전한 유연성이 확보되기 때문에 업무 과정을 스스로 설계하고, 화면벌레를 퇴치하고, 업무시간에 대한 현재의 제약을 없앨 수 있다. 특히 자기자본으로 운영되는 소규모 사업체는 민첩하게 움직여 극소수 고객의 관심사를 충족하며, 고도로 집중된 상품군과 전달 방식을 제공한다. 스타트업을 성공적으로 경영하려면 전반적인 전략에서부터 모든 생산 단계의 세부사항을 한눈에 보는 시야가 필요한데, 이것은 오늘날 다른 사람들과 분리되어 몇 가지 과제에 집중하는 다수의 역할과 반대되는 특성이다.

런던 캠든마켓의 아치형 통로 중 하나에 자리잡은 캠든 워치 컴퍼니Camden Watch Company는 바로 그렇게 민첩하게 움직여서 현대 시계 제작 업계의 새로운 주역 중 하나로 떠오른 기업이다. 이 기업은 아네케 쇼트Anneke Short와 제롬 로버트Jerome Robert가 2014년 지역 버스 노선의 이름을 딴 작은 시계를 선보이며 출발했다. 캠든 워치 컴퍼니의 시계 디자인과 제작 과정에는 최신 CAD 소프트웨어가 사용되며, 색상과 세부 디자인은 인근 운하를 가로지르는 다리에서 영감을 얻는다. 캠든의 다양한 자동식 손목시계 제품에는 미요타Miyota라는 일본 회사에서 저렴하게 조달한 기계장치가 사용되는데, 이 기계장치는 사용자의 손목 움직임에서 스스로 동력을 얻어 움직인다.

시계 부품을 따로 제작하는 것을 제외한 상품 디자인·조립·마케팅·소매 판매 등 사업의 모든 측면은 아네케와 제롬이 직접 관리하며, 파손된 부품이 있으면 제롬이 직접 수리한다. 오늘날의 신

기술을 최대한으로 활용함으로써 독특한 손목시계를 합리적인 가격에 소량 생산해 잇따라 출시할 수 있으며, 시제품을 신속하게 생산할 수 있어 아이디어를 빠르게 현실화한다. 물론 캠든 워치의 시계는 장인의 유일무이한 작품이 아니라 일상용 손목시계이므로 장인정신은 대니얼스의 수준에 못 미친다. 그러나 캠든 워치의 생산과정에는 고유한 물질성이 유지되고 있으며 가격대가 높은 제품에는 정교한 제작 기술이 많이 적용된다. 또한 캠든 워치의 공급망은 모든 단계에 기술과 독창성을 요구한다. 아네케와 제롬은 전통적인 수공예와 똑같은 호기심으로 현대적 기술을 대하면 새로운 방식으로 우리에게 유리하게 활용할 수 있다는 것을 보여준다. 캠든 워치 컴퍼니의 제품 하나하나는 단순한 기계가 아니라 캠든이라는 유서 깊은 환경에서 비롯되어 감성을 불러일으키고 오래도록 사랑받는 제품이다. 캠든의 손목시계는 장인정신이 기술을 더욱 인간적으로 만들며, 갤러리에 전시되거나 넘볼 수 없게 비싼 상품이 아니라 평범한 사람들과 공감대를 이루는 물건을 만들어낼 수 있음을 보여준다.

디지털 기술의 경제성 덕분에 대부분의 업종에서 캠든 워치 컴퍼니와 같은 회사들이 생겨나고 있다. 소프트웨어 설정을 집중적으로 시험하고 핵심 코드를 수동으로 변경하면 디지털 도구를 유연하게 변형해서 자유로운 실험이 가능하기 때문이다. 이렇게 하면 다른 방법으로는 만들 수 없는, 세상에 하나밖에 없는 상품도 제작할 수 있다. 단기간 소규모로 상품을 생산하는 작업장들이 서로 네트워크로 연결되면서 과거의 장인 공동체가 다시 생겨날 수 있는 환경이 마련되었다. 따라서 오늘날 수공예 창업은 더 이상 고독한 홀로서기일 필요가 없다. 조지 대니얼스가 살아 있었다면 기계식 시계를 비롯한 수많은 공예품의 미래가 너무나 밝아 보여서 놀랐을지도 모른다.

지금! 시작해보기

- **시장조사 수행하기**: 퇴사를 진지하게 고려하고 있다면 지금 보유한 기술, 취미, 관심사와 연관된 수공예 창업 기회를 면밀하게 조사해보자.

9장

기억하기

MEMORY

중세시대 수도원 전통에서 기억술을 집중적으로 연구한 주된 이유 중 하나는 우리가 뭔가를 완전히 기억할수록 유연하고 창의적으로 사고하고 자신을 새롭게 만들어갈 수 있다는 사실을 알았기 때문이다.

셰익스피어의 배우들

셰익스피어가 살던 시대에 배우라는 직업은 오늘날의 배우와 크게 달랐다. 연극은 아직 상업적인 기획이 되지 못했고, 당시 '연기자들players'이라고 불리던 배우들로 구성된 극단은 공연 자금을 대줄 부유한 후원자에게 의존했다. 1500년대에 극단들은 처음에는 궁전에 초대받은 관객들만을 위해 비공개로 공연하다가 나중에는 선술집, 여관, 심지어는 지방의 곰 사냥 경기장으로 순회공연을 다녔다. 셰익스피어의 생애 후반에는 연극을 위한 공연장이 더 많이 세워졌다. 매달 새로운 공연을 올렸기 때문에 10여 명의 배우가 상연해야 하는 횟수는 아찔할 만큼 많았다. 일주일에 많게는 여섯 개 작품까지 소화했고, 1년 내내 돌아가며 다양하게 공연을 했다. 배우 한 명이 이틀 연속으로 똑같은 역할을 연기하는 경우는 드물었으며, 한 극단이 일주일 내내 공연을 한다 해도 인기 많은 역할들은 이 사람 저 사람에게 산발적으로 맡겨졌다.

따라서 배우들은 수많은 희곡에 담긴 갖가지 대사를 머릿속에 항상 집어넣고 있어야 했다. 1603년 제임스 1세의 즉위와 함께 킹스맨King's Men으로 이름을 바꾼 '체임벌린 경의 남자들Lord Chamberlain's Men'이라는 극단은 거의 항상 셰익스피어를 극작가로 썼으며, 한번은 에식스주에서 반란이 일어난 시점에 갑자기 공연을 준비하면서 소실된 〈리처드 2세〉를 거의 하루 만에 되살려야 했다(반란을 일으킨 에식스 백작이 거사 직전에 백성의 지지를 유도하기 위해 〈리처드 2세〉를 특별 상연했다 - 옮긴이). 게다가 당시에는 인쇄물이 매우 귀했으므로 배우가 연극 대본 전체를 받아보는 일도 드물었다. 대본 암기라는 것은 아예 없었다. 오늘날의 전문 연극배우들은 대본의 어느 한 부분을 암기하는 데 몇 주 또는 몇 달을 투자할 수 있지만, 셰익스피어 시대에 시간에 쫓기던 배우들은 대사를 익히기 위해 다른 종류의 선천적인 기억력에 의존해야 했다. 그 시대에도 무대에서 갑자기 머릿속이 하얘지는 것은 반드시 피해야 할 일이었다. 그것이 얼마나 고통스러운 일인지를 보여주는 일화가 있다. 18세기에 셰익스피어 희곡을 탁월하게 연기했던 찰스 매클린Charles Macklin은 80대 후반이었을 때 어느 날 저녁 무대에서 대사를 잊어버렸다. 그는 관객 쪽으로 몸을 돌려 사과하면서 자신의 표현에 따르면 "평생 느껴보지 못한 마음의 공포"로 그의 "정신적 능력뿐 아니라 육체적 능력"까지 완전히 망가졌다.

그렇다면 셰익스피어의 희곡을 연기했던 배우들은 인쇄된 대본도 없고 몇 주 동안 암기에만 집중하지도 못했는데 어떻게 여러 작품을 넘나들며 대사를 기억할 수 있었을까? 사실 인간이 연극이나 노래의 방대한 내용을 기억하는 능력은 가장 오래된 문명의 기록에도 나온다. 수백 년 전부터 학자들은 고대 그리스에 알파벳 문자가 도입되기 전인 기원전 8세기에 음유시인 전통에서 어떻게 호머Homer의 《일리아드Iliad》와 《오디세이Odyssey》가 탄생했는지를 두고 논쟁을 벌였다. 《일리아드》와 《오디세이》는 각각 1만 5,000행과

1만 2,000행이 넘는 대사로 이뤄져 있다.

1930년대에 미국의 고전학자 밀먼 패리Milman Parry는 과거 다양한 문화권의 음유시인이나 방랑시인들이 그렇게 많은 양의 시를 암송할 수 있었던 비결에 관한 흥미로운 발견을 했다. 그는 길고 복잡한 이야기와 노래를 여전히 기억에만 의존해서 낭송하는 구전 문화를 찾아다니던 중, 유고슬라비아(현재 세르비아와 몬테네그로의 일부)의 외딴 지역에서 우연히 1만 3,000행이 넘는 전통 민담을 포함해 다양한 민담을 구연하는 시인이자 농부인 아브도 메데도비치Avdo Međedović를 만났다.

패리가 유고슬라비아를 방문했던 시기는 최초의 휴대용 전자 녹음기가 널리 보급된 시기와 일치했다. 패리는 벨 에디슨Bell Edison 축음기를 녹음 시간을 무한정 연장할 수 있도록 직접 개조했다. 메데도비치가 낭송에 집중하기 시작하면 흐름을 끊지 않는 것이 중요했기 때문이다. 메데도비치의 노래 중 한 곡은 오디오 녹음 분량이 16시간을 넘어섰다. 그는 글 읽기나 쓰기를 배운 적이 없었지만 운문 형식의 리듬과 구조를 따라가는 데 매우 능숙했다. 그는 현 한 개짜리 단선율 현악기인 구슬레gusle를 연주하면서 또렷하고 감동적으로 노래했다.

호머 시대에 공연은 자연스러운 리듬과 흐름을 만들어 청중이(그리고 공연하는 사람도) 몰입하게 만드는 운율인 강약약 6보격dactylic hexameter 방식으로 이뤄졌다. 〈일리아드〉와 〈오디세이〉를 상연했을 때는 축제와 궁정에서 가수들이 연주했던 일종의 리라(수금)인 포르밍스phorminx라는 악기가 함께 연주되었다. 패리는 리듬감 있는 구절로 이뤄진 글이 우리 뇌의 자연어 처리 능력에 아주 잘 맞아서 쉽게 기억을 형성하고 특정한 대사를 나중에 회상할 수 있는 구조를 만들어낸다는 사실을 발견했다.

조상들이 기억에 얼마나 의존했는지를 오늘날 우리가 제대로 이해하기란 쉽지 않다. 생리학적으로 우리는 조상들과 거의 똑같지만, 우리가 정신 안에 머무는 방식은 조상들과 무척 다르다. 오늘날 우리는 책, 사진, 박물관, 그리고 점점 많아지는 다양한 디지털 형식 등을 이용해 주로 외부에 기억을 저장한다. 하지만 인류는 역사를 통틀어 대부분의 시간 동안 사건에 대한 자연스러운 회상에 의존해서 공통의 문화를 확실하고 소중히 간직했던 가치와 덕목을 다음 세대에게 전달했다. 이것은 우리가 중요하다고 생각하는 것을 보존하는 방법이었다. 인류는 인생무상과 죽음에 맞서 싸우고 인간의 업적에 관한 기록이 소실되지 않도록 구전 설화와 민담을 만들어내고 물려주었다.

인류가 사용한 최초의 기억 보조장치는 동굴 벽에 그림을 그리거나 나무토막에 뭔가를 새겨서 만든 인공물이었다. 하지만 문자가 발명되면서 우리가 외부에 저장할 수 있는 정보의 복잡성에 중대한 변화가 생겼다. 처음에는 음절 단위로 뜻을 표현하는 설형문자가 만들어지고 나중에 유럽에서는 다양하게 활용하기 편한 알파벳을 사용했다. 그러자 호머 같은 음유시인들의 전통적인 기술은 점점 복잡해지는 서술 문화를 전달하기에 적합하지 않게 되었고, 세월이 흐르면서 이야기와 노래를 낭송하는 주된 목적은 과거를 기록하는 것에서 오락으로 바뀌었다.

패리는 메데도비치가 노래를 운문 형식의 틀 안에서 매번 자기만의 곡으로 재구성한다는 사실을 발견했다. 어떤 장면은 본래 141

행으로 서술된 것을 1,000행 이상으로 늘리기도 했다. 이를 근거로 패리는 오늘날 〈일리아드〉와 〈오디세이〉는 고정된 형식을 가지고 있지만, 이는 나중에 가서 문자언어로 기록되었기 때문이라고 주장했다. 그 이전 수세기 동안 여러 사람이 공연을 하면서 각자 내용을 수정했고, 그 과정에서 작품이 변형되고 발전했을 것이라는 주장이다. 호머의 작품도 오늘날에는 시인 한 명의 작품이 아니라 음유시인 여러 명의 작품을 결합한 것으로 받아들여진다. 〈일리아드〉와 〈오디세이〉는 기원전 2,000년에 이미 형태를 갖추기 시작했고, 무려 1,200년이 지나서야 비로소 문서에 기록되기 시작했을 가능성이 크다.

셰익스피어 역시 대사에 약강 5보격 운율을 넣었는데, 이 자연스러운 글의 리듬은 호머식 운율과 마찬가지로 우리가 일상생활에서 이야기하는 방식과 매우 유사하므로 배우들이 무대에서 자기 대사를 기억하는 데 도움이 되었다. 하지만 셰익스피어의 배우들이 그 많은 대사를 기억한 비법이 이것으로 다 설명되지는 않는다. 셰익스피어 시대에는 글쓰기가 보편적이었을 뿐 아니라 독자적인 창작의 매체로서 고도로 발달했고, 정확도라는 측면에서 글에 대한 기대치가 달라져 있었다. 대사는 오늘날 우리가 기대하는 것만큼 엄격히 지켜지지는 않았고 배우들에게는 운율의 틀과 극의 서사 구조 안에서 단어를 다른 것으로 바꿀 자유가 있었지만, 메데도비치 같은 고대 음유시인 전통 속의 이야기꾼들에게 익숙했던 수준의 유연성과는 거리가 멀었다. 셰익스피어의 글은 헤아릴 수 없을 만큼 치밀하며, 그 최종 형태는 의도적으로 신중하게 다듬어진 결과물이었다. 따라서 배우들은 최대한 본래 대사를 살려서 공연해야 했다.

중세 학자들은 사물에 대한 기억인 '메모리아 레룸memoria rerum'과 단어에 대한 좀 더 정확한 기억인 '메모리아 버보룸memoria verborum'을 구별해서 생각했다. 그들은 텍스트의 특정 부분을 암기하는 것이 특히 어려운 이유가 인간의 기억력과 상상력의 공간적·시각적 기반과 잘 맞아떨어지지 않기 때문이라는 것을 알아냈다. 우리는 뭔가를 기억할 때 머릿속에서 그 장면을 재현하며, 과거의 순간을 회상할 때는 애초에 그것을 지각했을 때 사용한 인지 기능, 특히 시각 기능을 활용해 마음속의 눈으로 기억과 장면을 다시 떠올리도록 진화했다. 만일 우리가 과거의 어떤 극적인 순간을 회상하려고 한다면 불가피하게 자신의 시각으로 돌아가게 된다. 휴대전화로 읽었거나 TV에서 처음 본 중요한 뉴스에 관한 기억을 되살릴 때도 우리는 머릿속에서 그 뉴스를 접했을 당시의 물리적 상황으로 돌아가거나 감각적 회상에 의지해서 그 사건을 다시 한번 실행한다. 물론 처음에 더 많은 주의를 기울이면 나중에 더 많은 감각기억을 불러올 수 있으므로 회상을 구체화하기가 쉽다. 반대로 다양한 감각이 살아 있는 현실과 분리된 글을 대량으로 기억 속에 넣으면 나중에 기억을 되살리기가 몹시 어려워진다.

오늘날의 연극 공연과 근대 초기 연극 공연의 차이점 중 배우들의 기억에 큰 영향을 끼쳤을 법한 것으로는 배우들의 큐시트cue-script에 대한 의존도를 꼽을 수 있다. 근대 초기 배우들은 자신의 대사와 무대에 올라가는 신호만 표시된 종이를 받았을 뿐 극 전체의 대본을 본 적이 없었다. 이렇게 출연진들 각자의 역할이 따로 놀고 누구도 다른 사람의 역할이나 대사를 제대로 읽어볼 수 없는 설정은 놀랍도록 경제적으로 한 편의 연극을 만들어내는 방법이었다.

배우들은 각자에게 필요한 최소한의 지침만 받은 채로 한꺼번에 무대에 올랐다. 장과 장 사이사이에 출연진은 무대 뒤에서 벽에 눈에 잘 띄게 걸려 있는 '플롯plot'이라 불리는 커다란 원고를 둘러싸고 모였다. 지금까지 남아 있는 플롯은 일곱 개가 전부다. 플롯은 배우들이 극 전체를 이해할 유일한 기회를 제공했지만, 플롯에 표시된 정보는 놀라울 만큼 적었다. 새로운 장은 굵은 밑줄로 뚜렷하게 표시되어 있었지만, 다른 지시문은 등장인물이 무대에 등장하고 퇴장하는 것밖에 없었고 그 외에는 배우들이 스스로 알아서 해야 했다. 그들은 동료 배우들이 말해주는 한 단어 또는 두 단어의 신호(대개는 독특해서 기억에 남을 만한 단어였다)를 잘 듣도록 훈련받았고, 다음번에 무슨 일이 벌어질지 거의 모르고 무대로 나갔다.

세트도 조명도 없이 단순하게 연출된 16세기 무대의 단조로움도 배우가 집중하고 극의 전개를 따라가는 데 도움이 되었을 것이다. 아무것도 모르고 새로운 장 속으로 던져진다는 데서 자연스러운 즉흥성과 에너지가 솟아났고, 무대에 선다는 것은 연기라기보다 아주 생생한 실생활 경험처럼 느껴졌다. 배우들은 극에 온전히 참여하면서 매 순간 충실하게 연기했다. 이처럼 또렷한 각성과 주의 집중은 대사를 암기하는 다른 어떤 기술이나 요령보다도 셰익스피어 시대 배우들의 경이로운 기억력에 많이 기여했다. 배우들은 극중 인물에 최대한 몰입하고 대화를 주의 깊게 들으면서 자신의 역할 안에서 대사를 기억해내기도 하고 본능과 직관에 따라 행동하기도 했다. 물론 연극은 이야기를 전달하기 위해 배우의 신체적 연기에 의존한다. 따라서 배우들은 무대 위에 있는 다른 사람들의 신체 움직임에 주목하면서 눈짓과 몸짓, 미세한 호흡 조절을 통해 잠시 후에 벌어질 일에 대한 단서를 얻는다. 이러한 기법을 통해 배우들은 극 속에서 펼쳐지는 상황을 깊이 이해했고, 자신의 기억 속에서만 대사를 가져오지 않고 무대 위 사건들과 직접 상호작용하면서 단어를 선택했다. 간단히 말하자면 배우들은 주의를 집중할수록 더 많은 것을 기억해냈다.

셰익스피어 시대 배우들의 기억력이 당시에는 결코 드물지 않았다. 과거에 인간은 기억력 훈련에 엄청난 시간을 투자했다. 인류의 역사에는 구두로 말한 내용을 옮긴 글, 대부대 병사들의 이름을 순서대로 나열한 기록, 속사포처럼 빠르게 주고받은 대화, 수많은 사실 또는 수치를 암기해서 펴낸 책이 넘쳐난다. 과거에 인류는 뭔가를 기억에 새기거나 기억을 소환하는 데 실로 많은 시간을 사용했다.

사실 기억력 훈련은 고전주의 교육의 핵심이었다. 학생들은 기억법을 배웠을 뿐 아니라 자연적 기억과 인위적 기억을 확실하게 구분했다. 자연적 기억이란 우리 머릿속에 그물처럼 얽혀 있고, 우리가 생각하는 방식과 연관되며, 학습과 경험의 연결과도 관련이 있다. 셰익스피어의 배우들이 무대 위에서 활용했던 것이 바로 이런 자연적 기억이다. 우리는 뭔가에 완전히 몰입할 때 자연적 기억 능력을 사용한다. 또 능력을 키우려고 다양한 전문지식을 축적하고, 세부사항을 입력하고, 다른 경험과 통합해서 그 정보를 더 완전하게 이해할 때 자연적 기억을 활용한다.

인위적 기억은 뇌가 일상적으로 하는 활동의 범위 바깥에서 추가 정보를 저장하기 위한 구조물로서 자연적 기억 위에 구축된다. 셰익스피어 시대 이후에도 보존된 고대 그리스와 로마의 인위적 기억 기술은 마음속에 '기억의 궁전'을 만들어서 나중에 기억하고 싶은 사물의 이미지를 상상 속의 공간에 배치하고 보관하는 방식이었다. 이 방법을 사용하면 서로 연관되지 않은 세부사항들을 기억할 수 있지만, 이 방법은 우리가 자연스럽게 생성하는 기억의 연결망과는 다르다. 인위적 기억 훈련을 받은 사람은 기반이 되는 지식을 충분히 습득하지 않고도 사실과 수치를 되살려낼 가능성이 있다. 하지만 인위적인 '기억의 궁전' 기법을 자연적 기억력 및 사고력과 결합하면 굉장한 힘을 발휘할 수도 있다. 그 덕분에 고대 로마의 웅변가들은 몇 시간 동안 유창하게 연설할 수 있었고, 중세 수도사들은 독서에서 얻은 수많은 통찰을 간직할 수 있었다. 셰익스피어의 배우들도 무대 위에서 펼쳐지는 드라마에 집중하는 활기차고 생생한 순간만큼 중요하지는 않았겠지만 대사를 익히기 위해 기억의 궁전과 비슷한 연습법을 사용했을 가능성이 있다.

기억극장

1세기의 백과사전인 플리니우스Gaius Plinius Secundus(영어식 이름은 Pliny the Elder)의 《자연사Natural History》는 현존하는 로마제국의 단일 저작물 중 가장 많은 분량을 자랑한다. 이 백과사전에는 당대에 알려진 사람들 중에 탁월한 기억력을 가진 사람들의 사례가 수록되어 있다. 루치우스 스키피오Lucius Scipio라는 사람은 로마에 사는 모든 사람의 이름을 외우고 있었고, 피로스 왕의 특사 키네아스Cineas는 로마에 도착한 원로원 의원 전원의 이름을 읊을 수 있었고, 유명한 웅변가이자 법률가 호르텐시우스Hortensius는 자신이 관여했던 모든 사건에 연관된 사람들의 이름과 사건별로 문제가 되었던 돈의 액수를 기억할 수 있었다고 기록되어 있다. 물론 플리니우스가 제시한 사실 또는 수치를 모두 신뢰할 수는 없겠지만, 인간의 기억력에 관한 다양한 일화는 그 자체로 흥미롭다. 고대 작가들은 대부분의 기억법이 너무나 잘 알려져 있으므로 굳이 자세히 설명할 필요가 없다고 여겼던 것 같다. 기원전 86년에서 82년 사이에 익명의 저자가 집필한《수사학Rhetorica ad Herennium》이라는 짧은 책이 없었다면 고대 그리스와 로마 시대의 기억력 훈련법은 오늘날까지 전해지지 못했을 것이다.

《수사학》은 고대 기억법을 발명한 사람이 고대 그리스 서정 시인인 케오스의 시모니데스Simonides of Ceos라고 설명한다. 테살리아의 거대한 연회장이 무너진 직후 잔해 위에 서 있던 시모니데스는 눈을 감고 상상 속에서 그 건물을 재건하면 몇 시간 전 만찬에 참석했던 손님들이 각각 어느 자리에 앉았는지를 쉽게 기억해낼 수 있다는 사실을 깨달았다. 이후 시모니데스는 사람들 또는 머릿속에 떠오르는 어떤 것이라도 연회 탁자를 둘러싼 자리에 똑같이 배치할 수 있고, 그 과정에서 공간기억을 활용해 모든 항목을 머릿속에 배열했다가 나중에 기억해내면 된다는 이론을 정립했다.《수사학》은 마음의 눈으로 보이는 공간을 만들고 기억해야 할 것들을 그 상상 속의 장소에 집어넣는 방법을 고작 10쪽에 걸쳐 설명한다. 고대 로마인들이 '장소법'이라 불렀고 훗날 '기억의 궁전'으로 알려진 이 간단한 공간 배치 기억법은 특히 중세시대에 꽃을 피운 '기억술art of memory'의 토대가 되었고, 셰익스피어 시대에도 발전을 거듭했다.

시모니데스가 장소법을 발견했다고 알려진 시점부터 2,500년이 지나는 사이에 기억술은 크게 발전했지만, 그 바탕이 되는 원칙들은 변함없이 유지되고 있다. 오늘날 기억력 대회에 참가하는 사람들도 똑같은 방법을 사용한다. 그중 한 명이 최근 1,500쪽짜리 옥스퍼드 사전의 8만 개 단어를 모두 암기하고 어떤 항목이 어떤 페이지에 있는지까지 정확히 기억해낸 인도의 마하비르 자인Mahavir Jain이다. 우리는 새로운 장소를 방문할 때 사물들이 서로 어떻게 연관되는지를 머릿속에 쉽게 기록하며, 만일 그 장소가 어느 집의 방 한 칸이라면 그 안에 있는 물건들의 정확한 치수와 배치를 머릿속에 입력한다. 우리는 잘 의식하지 못하지만, 몇 분 동안 하나의 장소에서 눈에 들어오는 것을 입력하기만 해도 엄청난 양의 정보가 정확하게 기록된다. 시모니데스가 발견한 것, 그리고 인류 역사 속에서 수많은 사람이 활용했던 원리는 우리가 가진 공간기억의 어마어마한 힘을 다른 형태의 지식에도 쉽게 적용할 수 있다는 것이었다. 옛 폴리네시아의 항해술 역시 인간이 공간의 특징을 학습하는 데 매우 능숙하다는 증거가 된다. 오스트레일리아의 원주민 문명이나 미국 남서부의 아파치족 문명에서도 지형을 활용해 고유의 문화적 기억을 정착시키는 공간기억 기술을 독자적으로 발명했다.

인류 역사에서 대부분의 시간 동안 우수한 기억력은 개인의 능력과 장점 중에 가장 높게 평가된 자질 중 하나였다. 기억력이 좋으면 일상에서도 유용하지만, 인류는 무엇보다 기억력을 갈고닦아 세상의 모든 지식을 머릿속에 넣는다는 가능성을 동경했다. 놀라운 기억력을 가진 사람들을 향한 대중의 경외심은 고대 그리스와 로마 시대에서 중세시대로 이어졌다. 고대 그리스와 로마 시대에 기억력은 대중 앞에서 긴 연설을 하는 데 가장 많이 사용되었고, 중세시대에는 종교와 철학을 심층적으로 연구하는 데 활용되었다. 하지만 기억술이 정점에 도달한 것은 르네상스와 셰익스피어 시대였다. 그 무렵 고대의 사상을 부흥시키고 발전시키려는 노력과 뒤이은 인쇄기 발명의 영향이 합쳐지면서 인류가 이용 가능한 정보의 양이 폭발적으로 증가한 결과, 계속 확대되는 인류의 다양한 지식을 더욱 포괄적으로 수용하기 위해 기억술의 활용 범위를 넓히고 정확도를 높이려는 새로운 도전이 시작되었다.

도미니크회 수도사였던 조르다노 브루노Giordano Bruno는 1582년 《관념의 그림자On the Shadows of Ideas》라는 책을 출간했다. 이 책은 움직이는 기억 장치를 이용해 어떤 단어든 독특한 이미지로 바꿀 수 있다고 최초로 주장했다. 브루노는 머릿속에 여러 개의 동심원 모양 바퀴를 그리는 방법을 꼼꼼하게 고안했다. 상상력을 동원해 그 바퀴들을 시각적으로 움직이고 돌리면서 알파벳의 글자들을 이용한 어떤 조합이든 다 만들어냈고, 그 단어들을 다양한 행동과 상황을 나타내는 수많은 상징과 연결할 수 있었다. 브루노는 이렇게 글자들과 이미지들의 알고리즘적 조합의 바퀴를 기억에 저장하는 방법으로 지식의 저장소를 만들어 자유롭게 제어하고 보정할 수 있다는 사실을 발견했다. 기억에 입력된 이미지들을 결합해서 무한한 조합을 만들어내고, 인간의 상상력을 의도적으로 활용해 머릿속에서 움직이게 할 수 있다는 이 발견은 커다란 도약이었다. 브루노는 단순히 정보를 저장했다가 나중에 사용하기 위해 기억법을 활용한 것이 아니다. 그는 연산기억computational memory을 이용해 완전히 새로운 정보의 배열을 창조하는 방법을 발견했다. 오늘날 우리가 디지털 기기에 저장된 데이터의 집합을 처리하고 활용할 때 바로 이런 원리를 이용한다.

브루노가 발명한 방법은 기억 공간을 진짜 목조 건축물로 만들어낸다는 환상을 간직했던 이탈리아의 철학자 줄리오 카밀로Giulio Camillo의 발명을 계승한 것이었다. 카밀로는 프랑스 국왕 프랑시스 1세를 비롯한 저명한 인사들로부터 자금을 지원받아 자신만의 '기억극장'을 지으려고 했다. 정교하게 건설될 이 기억의 궁전은 로마의 원형극장과 비슷한 형태였지만, 관람 방식을 바꿔 관객이 좌석에 앉는 것이 아니라 무대 위에 서서 극장의 사면을 둘러보도록 설계되었다. 둥글게 배치된 7열의 좌석에는 그림이 그려져 있었고, 각 좌석의 아래쪽에는 카드로 가득 찬 서랍이 여러 개 있었다. 그 서랍에 인류가 가진 모든 지식을 빠짐없이 담으려는 의도였다. 모형 건축물이 베네치아와 파리에서 전시되었지만 완성된 구조물은 끝내 지어지지 않았고, 카밀로는 임종 직전에 그 건축물에 관해 마지막 설명을 하면서 남은 작업은 후손들에게 맡겼다. 영국의 철학자이자 수학자인 로버트 플러드Robert Fludd는 기억극장이라는 아이디어를 차용하고 이를 브루노의 계산을 향한 열정과 결합해 기억술을 최고의 경지로 끌어올렸다.

셰익스피어가 극작가로 활동한 지 한참 만인 1599년에야 템스강 남쪽 강변에 글로브 극장Globe Theatre이 건립되었다. 글로브 극장은 당시 런던 곳곳에 세워지고 있던 극장들 중에서도 가장 인상적인 건물이었다. 극장 전면의 간판은 헤라클레스가 어깨로 세상을 떠받치고 있는 모습을 묘사했다고 알려져 있다. 셰익스피어의 〈뜻대로 하세요As You Like It〉에서 따온 "세상은 하나의 무대이고, 모든 남자와 여자는 배우일 뿐이다. 모든 사람은 등장과 퇴장이 정해져 있고, 한 사람은 살아가는 동안 여러 역할을 연기한다"라는 유명한 비유가 현실에 구현되었다. 글로브 극장에는 강당이 있어서 드디어 배우들이 가건물에서 연기하지 않아도 되었다. 고대 로마의 건축가 비트루비우스의 양식을 따른 글로브 극장의 원형 건물과 정사각형 무대와 안쪽의 출입문들은 인간 세계의 축소판 같은 느낌을 주도록 설계되었다.

플러드가 자기만의 기억극장을 만들었을 때 토대가 된 것이 바로 글로브 극장이었다. 셰익스피어가 사망하고 3년이 지난 1619년, 플러드는 자신의 정교한 기억 체계를 출판물로 공개했다. 그는 그 체계가 우주와 우주 안에 있는 모든 것의 원리에 대한 완전하고 통합적인 시각을 제공하는 데 도움이 되리라 확신했다. 플러드는 자신을 후원해준 제임스 1세에게 헌정한 〈두 세계의 역사The History of the Two Worlds〉라는 논문에서 한 인간이 인류 문명에 알려진 모든 지식을 자신의 마음속 깊은 곳에서 수집할 수 있는 방법을 고안하기 위한 마지막 시도를 기록으로 자세히 남겼다. 그는 기억술에 가상의 장소를 활용할 경우 원래 기억의 선명도와 회상의 힘이 감소할 수 있다는 《수사학》의 권고에 따라, 카밀로의 기억극장을 글로브 극장 안으로 옮겼다.

셰익스피어 시대 후기에 세워진 극장들에는 배우들이 공연하는 무대 위의 천장에 '천국'을 묘사한 그림이 그려져 있었다. 왕이 자주 찾던 글로브 극장의 천장에는 태양계와 우주 전체가 그림으로 표현되어 있었는데, 그 어느 천장화보다 세련되고 호화로웠을 것이다. 플러드는 시각화 훈련을 통해 방대한 양의 기억을 불러오는 방

안을 제시했다. 카밀로가 의도한 것과 똑같이 글로브 극장 중앙 무대에 서서 객석을 바라본다고 상상한 플러드는 무대에서 위를 쳐다봤을 때 우주의 물리 법칙을 묘사한 그림들로부터 기억을 자극받을 가능성을 열어두었다. 플러드는 창의적인 사상가인 동시에 화학자이자 실험 기술자였으며, 세계에 관한 인간의 이해를 현실에 구현하려는 그의 노력은 그 시대에 잘 어울리는 것이었다. 그는 엄청나게 많은 양의 상징과 이미지를 자신의 기억극장에 보관하고 머릿속에서 새로운 조합들을 생성하며 활용한다는 계획을 세웠지만, 결국 인류의 모든 지식을 한데 모으는 것은 한 사람의 노력으로 감당하기에는 역부족이었다. 하지만 그의 야심은 당대 사람들이 정보를 기록하는 더 경험적이고 수학적인 수단을 발견하고 결과적으로 과학기술 혁명의 출발점에 도달하는 데 영향을 끼쳤다.

17세기 독일의 과학자이자 수학자인 고트프리트 라이프니츠Gottfried Leibniz는 기억술 연구를 처음 시작하면서는 브루노나 플러드와 동일한 방식을 사용했지만, 이미지와 기호를 숫자로 바꾼 최초의 인물 중 하나가 되었다. 또한 라이프니츠는 세상을 측정하기 위해 점점 많이 수집되고 있던 정보를 이해하기 위해 조합론combinatorics 기법을 연구하던 중 미적분을 창안하게 되었다. 미적분은 그가 초창기에 알고리즘적 데이터를 표현하기 위해 완전히 유연한 언어를 발명하려는 시도가 성공한 결과로서, 오늘날에도 과학의 여러 분야와 컴퓨터 연산에서 챗GPT와 같은 AI 시스템을 포함하는 복잡하고 변화무쌍한 정보의 연쇄를 수학적 모형으로 만드는 데 활용된다. 우리 주변의 세계를 기록하는 다른 계산법들이 기억술을 대체하기 시작했고, 플러드가 기억극장을 공개한 지 고작 1년 뒤인

1620년에 영국의 철학자 프랜시스 베이컨Francis Bacon이 직접 실험하고 관찰하면서 데이터를 수집하고 분석하는 새로운 과학적 방법론의 토대를 만들었다. 곧 인류는 자기 머릿속이 아닌 곳에 정량화가 가능한 형태로 정보를 저장하기 시작했다.

오늘날 우리가 이용하는 우수한 컴퓨터 메모리는 인간의 독창성과 공학 기술의 훌륭한 업적이 계통적으로 발달한 결과다. 디지털 기술과 인터넷의 등장으로 플러드가 기억극장을 만들면서 바랐던 대로 현재까지 수집된 인류의 모든 지식을 보관할 수 있게 되었다. 단 한 사람의 뇌가 그 내용을 정리하는 방식을 넘어 이제는 세계 인구의 상당수가 전례 없이 풍부한 지식에 접근할 수 있으므로 우리는 세계를 이해하고 새로운 기술과 현실을 창조할 막강한 힘을 갖게 되었다. 하지만 주의해야 한다. 기억을 저장하기 위해 디지털 기기에 지나치게 의존할 경우 우리는 우리 자신의 능력을 발휘하기보다 외부기억이 해내는 놀라운 일들을 지켜보기만 하는 수동적인 구경꾼으로 전락할 우려가 있다.

디지털 기기는 확연히 다른 두 가지 유형의 메모리를 사용한다. '스토리지storage'는 하드 드라이브나 SSDsolid-state drives처럼 나중에 다시 접근이 가능한 방식으로 정보를 저장하는 데 사용되는 공간이다. 스토리지는 데이터를 장기간 보존할 수 있다는 점에서 시모니데스가 고안한 고대의 기술과 유사하지만, 현대의 스토리지는 과거의 저장 장치와 비교하면 속도가 놀라울 정도로 빠르고 용량도 크다. 한편 'RAMrandom access memory'은 기억 장치와 가장 연관성이 큰 기능으로서 어느 하나의 시점에 수행되는 작업을 처리한다. 우리가 어떤 소프트웨어를 구동하거나 새 웹페이지를 불러올 때 모든 작업이 RAM 내에서 이뤄지며, '메모리'가 많은 기기일수록 처리할 수 있는 과제도 많아진다. 오늘날 우리가 사용하는 두 가지 디지털 메모리 유형의 차이는 사실 브루노와 플러드 같은 사람들이 발견한 것이다. 그들은 저장된 정보를 작업기억과 결합할 때 그 정보를 훨씬 창의적이고 강력한 방식으로 사용할 수 있다는 사실을 깨달았다.

인간의 자연기억은 연산기억과 매우 유사한 방식으로 작동한다. 인지심리학에 따르면 인간에게는 장기기억과 작업기억이 있다. 장기기억은 나중에 사용하기 위해 다량의 정보를 저장하는 능력이며 작업기억은 인지 작업을 처리하는 데 사용하는 능력이다. 한 사람의 뇌가 가진 장기기억 용량은 놀라울 만큼 크다. 우리는 2.5페타바이트petabyte에 달하는 데이터를 머릿속에 저장할 수 있는데, 이는 2,500,000,000,000바이트를 뜻하며 표준으로 인쇄한 글 5,000억 쪽에 해당하는 양이다! 우리가 스스로 노력하면 실제로 우리에게 필요한 것보다 훨씬 많은 정보를 머릿속에 저장할 수 있다는 사실은 계속 입증되고 있다. 인간의 기억과 디지털 메모리의 가장 큰 차이는 인간의 작업기억 용량에 제한이 있다는 점이다. 오늘날 컴퓨터는 처리 속도가 빨라져서 RAM으로 여러 작업을 순차적으로 결합해 동시에 처리할 수 있지만, 지난 세월 동안의 연구에 따르면 인간은 작업의 유형에 따라 다르지만 한 번에 네 개에서 일곱 개까지의 정보 덩어리만 처리할 수 있다.

셰익스피어의 배우들이 발견한 것처럼 우리의 기억은 근본적으로 집중과 연관된다. 배우가 최대한 자연스럽고 주의 깊게 역할 안에 들어갈 때 대사가 장기기억에 정착할 확률이 훨씬 높아진다.

우리가 어떤 과제를 온전히 수행하려면 그 과제에 정신을 집중해야 하며(다른 방법은 없다), 하나의 과제에 정신을 집중하면서 다른 일을 처리하는 것은 불가능하다. 그 하나의 과제를 수행하는 동안 작업기억의 처리 용량을 다 사용하기 때문이다. 그렇다면 우리가 디지털 기기에 주의를 빼앗길 때 어떤 일이 벌어지는지를 생각해보라. 뭔가를 제대로 기억하려면 작업기억과 장기기억 사이를 활발하게 넘나들어야 하는데, 우리의 주의가 수동적이거나 산만한 상태일 때는 일반적으로 작업기억만 활성화한다.

2022년 유니버시티칼리지런던에서 진행한 연구에 따르면 중요한 정보를 기억하기 위해 스마트폰을 활용하면 필요에 따라 기억을 자극하고 더 중요한 내용을 불러올 수 있어 기억력이 실제로 향상될 수 있다. 전자기기에 저장된 기억은 모든 인공기억 시스템과 똑같은 원리로 작동한다. 디지털 기술은 나중에 우리가 불러와야 하는 것들을 저장할 공간을 넓혀줌으로써 우리가 접근 가능한 정보의 양을 늘려준다. 그러나 이 연구는 사람들이 스마트폰을 사용하지 못할 때는 그들이 가장 중요하다고 여겨서 기기에 저장했던 정보를 잊어버린다는 사실도 입증했다.

기억은 우리의 정체성을 형성하고 우리 자신의 일부가 된다. 새로운 아이디어를 떠올리거나 문제의 해결책을 생각해낼 때 우리는 기억과 생각에 깊이 빠져든다. 이런 일은 주의를 흐트러뜨리지 않고 조용히 내면을 성찰할 때 자주 발생한다. 만일 우리가 기억과 핵심 정보를 머릿속에 넣어두지 않고 기기에 저장한다면 깊은 사색의 순간에 그 정보를 사용할 수 없다. 따라서 기억을 기기에 맡기는 것은 사고 능력에 부정적인 영향을 끼친다.

최근까지도 심리학자들은 우리의 뇌가 고음질 녹음기처럼 작동한다고 믿었지만, 사실 우리의 기억은 디스크 드라이브의 폴더에 깔끔하게 저장된 정보와는 전혀 다르다. 기억은 서로 얽혀 복잡한 연상의 그물을 이루고 있으며, 그 그물 자체가 뇌의 물리적 구조를 반영한다. 인간의 뇌는 주로 신경세포로 구성되어 있으며, 중요한 것은 신경세포와 신경세포 사이에서 전달되는 전류의 파동을 통한 연결이다.

신경세포 하나만으로는 큰 힘을 발휘하지 못하지만, 한 사람의 뇌 안에 있는 1,000억 개의 신경세포가 함께 작동할 때 그 사람의 머릿속에서는 1,000조 개의 서로 다른 연결이 만들어질 수 있다. 각각의 신경세포는 최대 1만 개의 다른 신경세포와 연결되어 있기 때문이다. 우리의 기억은 이와 같은 수많은 연결 사이의 연상 패턴으로 구성된다. 우리가 기억하는 모든 감각이나 우리 머릿속을 스쳐가는 모든 생각은 그 연결을 변형하며 매번 새로운 방식으로 우리의 뇌를 물리적으로 변화시킨다.

중세시대 수도원 전통에서 기억술을 집중적으로 연구한 주된 이유 중 하나는 우리가 뭔가를 완전히 기억할수록 유연하고 창의적으로 사고하고 자신을 새롭게 만들어갈 수 있다는 사실을 알았기 때문이다. 이처럼 기억과 상상력의 긍정적인 상호작용에 대한 섬세한 이해는 오늘날 인지과학의 발견과 정확히 일치하는 놀라운 선견지명이었다. 뭔가를 기억할 때 우리는 뇌 안의 광범위한 연합 연결망에서 여러 정보를 재조합하며, 과거의 경험에서 얻은 새로운 생각을 떠올린다. 우리는 인간의 모든 감각을 통해, 또는 다양한 관점에서 문제를 바라보는 반복적인 작업을 통해 가장 치열하게 살았던 기억과 가장 깊이 연결되며, 이처럼 깊이 뿌리 박힌 경험에서 인간의 직관과 자연스럽고 다면적인 이해가 나온다. 이는 기기에서 텍스트를 빠르게 검색하거나 훑어보는 것과는 비교할 수 없는 경험이다. (실제로 AI를 개발하는 과정에서도 처음에는 순차적인 줄글로 이뤄진 코드를 사용하다가 방대한 데이터세트와 패턴 인식으로 나아간 뒤에야 복잡한 머신러닝이 가능해졌다.)

디지털 기억 보조장치는 과거에 우리가 머릿속에 간직하던 방대하고 인위적인 기억 시스템을 현대화한 것이다. 이렇게 본다면 오늘날 우리는 큰 행운을 누리고 있다. 기억을 인위적으로 구축하고 유지하는 것은 엄청나게 힘든 작업이며, 디지털 기억의 힘은 다른 어떤 화려한 '기억의 궁전'의 힘보다 강하다. 그러나 사용 범위가 넓어진 디지털 메모리는 자연기억의 많은 부분을 대체하기 시작했다. 우리 머릿속의 연결을 유지하고 더 풍부하게 만들려면 자연기억과 인위적 또는 외부 기억을 함께 사용해야 한다.

기억이 인간의 조건에서 필수적인 역할을 한다는 것은 셰익스피어도 자주 다뤘던 주제였다. 따라서 우리가 자연기억을 컴퓨터에게 맡겨버리면 우리 자신의 핵심 특징을 잃게 된다. 다행히 우리의 자연기억 기술은 기억력을 사용하고 연습하면서 계발할 수 있다. 새로운 정보나 경험을 받아들일 때 주의를 더 집중하기만 해도 나중에 그 기억을 되살릴 때 기억의 깊이와 선명도와 강도를 조절할 수 있다. 특히 디지털 방해 요소를 제거하는 등 우리의 감각 환경을 깔끔하게 정리하면 초기 지각이 더 생생해져 나중에 기억을 불러오기도 쉬워진다. 기억은 사용과 지적인 연상을 통해 유지되므로, 기억을 자주 불러낼수록 시각화 능력이 향상된다. 디지털 기술 때문에 우리의 자연기억이 제대로 활용되지 못할 때가 있는지 살펴보자. 예컨대 어떤 순간을 포착하기 위해 사진에 지나치게 의존하거나 뭔가를 메모하기 위해 너무 빨리 기기부터 꺼내는지 파악해보면 더 나은 습관을 만들어 오래 지속되는 선명한 기억을 만드는 데 도움이 된다. 대개 가장 좋은 기억 기법은 가까운 일상 속으로 다시 뛰어드는 것이다.

기억력이 향상되면 뇌가 더 큰 힘을 발휘한다. 기억력이 향상되면 집중력이 높아지고 집중하는 시간이 길어질 뿐 아니라 창의적인 사고의 도약을 이뤄내 더 깊이 있고 수준 높은 이해에 도달하는 데도 도움이 된다. 기억이 우리가 삶을 바라보는 시각에 끼치는 영향은 아무리 강조해도 지나치지 않는다. 우리의 기억이 곧 우리의 세계다. 우리가 무엇을 하며 살아가고 있든, 우리가 하는 모든 접촉이나 상호작용은 내면의 생각과 회상을 통해 이해된다. 정신적 자극이 되는 활동을 통해 기억력을 발달시키고 유지하는 것은 일상생활에서 지적 능력을 향상시키는 가장 직접적인 수단이며, 알츠하이머병이나 치매의 위험을 줄여주기도 한다.

기억력은 훈련이 필요한 능력이며 정기적으로 연습하지 않거나 사용하지 않으면 쇠퇴한다는 점에서 근력, 지구력, 민첩성 같은 신체 능력과 동일하다. 우리가 온라인에서 접하거나 온라인에 남기는 막대한 양의 텍스트, 이미지, 동영상은 우리의 기억력에 부정적인 영향을 끼친다. 끊임없이 쏟아지는 정보를 관리하고 필터링하는 데 노동력을 투입하고, 자연기억이 해야 할 일을 디지털 기억에 떠넘기면, 우리 자신의 고유한 페르소나를 형성하기 위한 투자는 줄어든다. 누군가의 이름이나 중요한 사람의 생일을 잊어버리는 것처럼 지금처럼 바쁜 디지털 시대에 흔히 겪는 사소한 일들은 금방 알아차리겠지만, 기억을 디지털에 의존하는 행위의 장기적인 영향은 직접 감지되지 않을 수도 있다. 좋은 소식은 이것이 해결 가능한 문제라는 것이다. 디지털 기술의 혜택은 계속 누리면서 자연기억을 연마할 방법이 있다.

기억력 강화하기

기억은 주의를 자연스럽게 확장한 것이다. 기억을 형성하려면 부호화해서 저장했다가 나중에 불러와야 하는데, 이 세 가지 과정 중 처음에 하나의 사건을 어떻게 부호화하느냐가 가장 중요하다. 첫인상이 생생할수록 그 사건에 대한 기억이 오래 지속되기 때문에, 뭔가에 제대로 집중하면 나중에 그 사건을 기억해낼 확률이 크게 높아진다. 모든 형태의 기억력 훈련은 이처럼 기본적인 전제에 의존한다. 시각, 청각, 촉각, 후각, 미각과 같은 물리적 감각에 더 많이 노출될수록 어떤 경험에 대해 뇌가 처음에 받는 인상이 나중에도 기억에 생생하게 남는다. 감정의 역할도 빼놓을 수 없다. 기억하려는 내용이 어떤 특별한 사건과 연관되어 있거나, 그 내용이 감동적이거나 생각을 불러일으킨다고 느낄 때 기억력은 크게 향상된다. 하지만 나중에 기억이 잘 나게 만드는 다른 방법도 있다.

주의 집중의 기술

중요한 일에는 온전히 주의를 쏟자. 주의를 분산시키는 이런저런 생각을 피하고 최대한 직접적으로 그 경험 안으로 들어가자. 결혼식이나 아이의 탄생 같은 사건은 매우 드물어서 기억에 남지만, 다른 밝고 빛나는 순간들은 순식간에 스쳐 지나갈 수도 있다. 놀랍도록 아름다운 순간들도 우리의 주의를 아주 짧게 사로잡겠지만, 슈퍼문이나 구름 역전 현상, 또는 빛 공해에 오염되지 않은 밤하늘을 바라볼 기회가 사실 얼마나 많겠는가? 개인적으로 깊은 울림을 주는 찰나의 순간이 찾아오면 자연스러운 흥미를 활용해 몰입을 유지해보자. 작은 세부사항들을 관찰하고, 하나에서 다른 하나로 주의를 옮기면서 최대한 풍부하고 또렷한 기억을 구축하자. 신발 안에 들어간 발이나 손안에 있는 다른 손의 매끄러운 손바닥을 느껴보고 그 자리에 실제로 있다는 뚜렷한 신체적 감각에 집중하자. 우리가 있는 장소에 관한 강렬한 감각은 나중에 기억을 떠올릴 때 도움이 되므로 주변 환경에 각별히 주의를 기울이자.

지각에 깊이를 만드는 행동은 곧 건강한 습관으로 자리잡을 것

지금! 시작해보기

- **호기심에 전원 켜기**: 나중에도 기억하고 싶은 경험에 관해 풍부하고 생생한 기억을 구축하기 위해 세부적인 감각정보에 집중하자.
- **지적 연결고리 찾기**: 기억과 현재 진행 중인 경험 사이에 연결고리를 만들어서 그 기억과 경험이 모두 머릿속에 깊이 뿌리 박히도록 한다.

이고, 연습을 더 하면 일상적인 삶의 방식으로 바뀔 수도 있다. 개방적인 태도와 호기심을 가지고 뭔가에 흥미를 느끼고 유지하는 능력을 키울수록 우리가 받아들이는 세부사항이 더 많아지고 그 세부사항에 대한 기억이 오래 남는다.

기억 통합하기

지난주 이맘때로 돌아가보자. 그때 생각했던 것이나 한 일을 얼마나 기억해낼 수 있는가? 바로 어제 일어난 일조차도 그때 주의를 기울이지 않았다면 선명하게 기억나지 않을 것이다. 현재의 순간에 더 주의를 기울이는 것도 중요하지만, 그 순간이 지나간 뒤에 시간을 내서 기억을 통합하고 정리하는 것도 기억력 향상에 도움이 된다.

잠시 시간을 할애해서 하루 전에 일어났던 사건을 되짚어보기만 해도 기억이 더 정확히 새겨진다. 마음속으로 사건들을 되짚어볼 때 우리는 주의력과 작업기억을 동원해서 그 기억을 강화한다. 매일 일기를 쓰면서 최근 기억을 되살리고 질문을 던져보는 것도 좋은 방법이다. 누군가에게 이야기를 들려주는 것도 기억력을 증진하는 방법이다(이야기는 인류 역사에서 인간이 생각을 간직하기 위해 사용한 주된 방법이었으니까). 친구 또는 친척과 안부를 나누기 위해 매일 또는 매주 전화 통화를 하거나 이메일을 보내거나 편지를 쓰는 것도 기억을 통합하고 공고히 하는 데 유용한 방법이다.

신중하게 생각할수록 좋다. 매일 밤 몇 분 동안만이라도 머릿속으로 그날 있었던 일들을 돌아보는 연습을 하면 나중에 기억해낼 수 있는 세부사항의 정확성과 수준에 지대한 영향을 끼칠 수 있다.

지금! 시작해보기

- **한 달간 일기 쓰기**: 매일 저녁시간을 할애해서 하루 동안 있었던 일들을 머릿속으로 되짚어보고 기록하자.

집중력 보호하기

우리의 작업기억 용량에 한계가 있다는 것은 큰 축복이다. 한 번에 생각할 수 있는 것이 몇 가지로 정해져 있다는 사실은 세상을 걸러내는 데 중요한 역할을 한다. 걸러내는 과정이 없다면 우리는 중요하지 않은 정보 속에 빠져 허우적거릴 것이다. 대부분의 관찰은 짧게 끝나며, 관찰한 내용을 우리가 붙잡아둘 겨를도 없이 머릿속을 스쳐 지나간다. 하지만 중요한 일이 일어날 때는 부호화하고 저장하기 전에 그 일을 온전히 받아들여야 하며, 그럴 때 작업기억이 어떻게 사용되고 있는지를 의식하면서 주의를 기울이면 도움이 된다.

머릿속에서 연상되는 다른 것들과 연결될 정도로 선명하고 자세하고 생생한 기억을 형성하려면 제대로 처리할 시간이 있어야 하며, 기억을 형성하는 동안 집중한다면 모든 작업기억은 활성화될 것이다. 하지만 주의가 조금만 산만해져도 기억 용량은 크게 줄어든다. 다른 곳에 주의를 빼앗기고 나면 작업기억이 처리하고 있던 연결의 고리는 곧바로 끊어지며, 일반적으로 한번 중단된 작업을 다시 시작하기 위해서는 많은 정신적 노력이 필요하다. 본래 머릿속에 형성하고 있던 기억은 완성되지 않으며 그 기억이 다른 생각과 완전히 통합될 가능성은 크게 줄어든다. 이럴 때 우리는 혼란스럽고 어지러운 느낌을 받기도 한다. 우리의 정신은 본래 몰입하고 있던 것에서 떨어져나오면서 충격을 받았고, 주의를 붙잡는 새로운 상황에 적응하려면 잠시 불편해질 수도 있다. 어쩌면 화가 치밀어오를 수도 있다. 하지만 이러한 현실은 자신의 집중력을 보호해야 할 때를 알려주는 귀중한 신호이기 때문에 이런 순간에 유의해야 한다.

뭔가에 집중하려고 할 때, 특히 새로운 것을 배우거나 나중을 위해 뭔가를 머릿속에 새기려고 할 때는 작업기억에 다른 요구를 하지 않도록 각별히 주의해야 한다. 작업 환경은 조용한 것이 좋다. 문자언어나 음성언어로 이뤄진 정보를 처리하고 있을 때는 내용을 이해하고 흡수할 때까지 머릿속으로 내용을 반복하는 '음운고리phonological loop'에 의지하게 된다. 음운고리는 중독성 있는 음악이나 온종일 했던 생각으로 채워질 수도 있지만, 우리가 뭔가에 정말로 집중하고 있을 때는 음운고리를 통해 작업기억과 장기기억 사이에서 정보를 처리하고 운반한다.

일상 속에서 가장 쉽게 주의를 흐트러뜨리는 것, 특히 거슬리거나 혼란스럽게 만드는 방해 요소가 무엇인지 알아내고, 그럴 때 집중을 유지하기 위해 취할 수 있는 조치를 곰곰이 생각해보라. 사람이 많고 복잡한 환경에서는 소음 차단 헤드폰이 음운고리의 기능을 보호하는 데 도움이 된다. 아니면 지금 있는 곳을 벗어나 더 조용한 곳을 찾아보는 것도 좋은 방법이다. 집중이 필요한 고난도 작업

지금! 시작해보기

- **짜증 관찰하기**: 갑자기 일을 방해받거나 주의가 흐트러져서 과도한 스트레스가 유발될 때가 있는지 알아보자. 그럴 때 어떻게 집중을 유지할지 생각해보자.
- **소음 차단 헤드폰 써보기**: 산만한 환경에서 집중해야 할 때나 주의가 흐트러질 때 소음 차단 헤드폰을 빌려서 사용해보자.
- **조용한 장소 찾기**: 완전한 집중이 필요할 때는 일하기에 편한 장소를 찾는다.

에는 사람으로 붐비는 카페나 개방형 사무공간보다 도서관이 훨씬 나은 선택이고, 뭔가를 골똘히 생각해서 해답을 찾아내야 하는 상황이라면 잠시 나가서 산책하는 것이 가장 좋은 방법이다.

작업기억 단련하기

2008년, 두 명의 신경과학자가 작업기억은 개선할 수 있다는 것을 입증한 학술 연구를 완료했다. 하지만 사람들이 예상하는 것과는 다른 방식이었다. 정기적으로 기억력 훈련을 한다고 해서 작업기억의 용량이 늘어나 머릿속에 동시에 저장할 수 있는 작업의 가짓수가 많아지지는 않았다. 기억력 훈련은 오히려 작업기억의 용량을 줄이는 데 도움이 되는 것으로 나타났다. 적어도 당면한 과업을 방해하는 무의미한 정보가 차지하는 용량은 줄일 수 있었다. 훈련을 통해 작업기억의 기능을 향상시키면 디지털 및 현실세계의 방해 요소와 다른 생각을 재빨리 차단하고 지금 집중해야 하는 일에 정신을 온전히 쏟을 수 있다.

이처럼 자연스러운 방법으로 작업기억을 훈련하려면 지적이고 복잡한 작업을 수행하라. 특히 소설을 읽는 것은 작업기억을 단련하는 환상적인 방법이다. 이야기에 몰입해서 처음부터 끝까지 책장을 넘기는 동안 다양한 등장인물과 줄거리에 대해 엄청나게 많은 세부사항을 머릿속에 저장해야 하기 때문이다. 치매 초기 환자에게 처음 나타나는 징후 중 하나는 소설 읽기가 너무 어려워져서 그만두는 것이다. 체스, 브리지, 스도쿠처럼 논리력을 시험하는 게임도 머릿속에 많은 양의 정보를 저장하도록 강제한다는 점에서 아주 좋다. 온전한 집중과 논리적 정확성이 요구되는 컴퓨터 게임도 작업기억 훈련에 도움이 된다. 가구를 조립하거나 복잡한 조리법에 따라 음식을 만드는 것처럼 지시를 정확히 따르는 활동 역시 건강한 방식으로 작업기억을 시험한다.

작업기억을 충분히 시험하고 있는 순간이 언제인지는 쉽게 알 수 있다. 복잡한 과제를 시작한 다음 뇌가 멈춘 느낌이나 머릿속이 텅 빈 느낌이 들 때가 있는지 살펴보라. 이러한 정신적 피로는 견디기 어려울 때가 많고, 일을 그만두거나 누군가의 도움을 받고 싶은 충동을 느낄 수도 있다. 하지만 이러한 작업기억의 단절은 더 나아질 수 있는 영역을 알려주는 유용한 지표이며, 오직 작업을 계속해 나감으로써만 자신을 발전시키고 필요한 단계를 더 꼼꼼하게 따르도록 마음을 단련할 수 있다.

숫자나 글자를 많이 다루는 일을 하고 다량의 정보를 처리하는 능력을 자주 사용하는 사람은 이미 날마다 기억력 훈련을 하는

지금! 시작해보기

- **소설 한 권 집어들기**: 이야기의 전개가 작업기억을 시험하고 압박하는 과정을 관찰해보자.
- **뇌가 멈추는 순간 알아차리기**: 머릿속이 텅 빈 것 같거나 골치 아프거나 불편한 순간들에 주목하자. 일을 계속해나가는 데 가장 도움이 되는 결정을 해야 한다.
- **작업기억 시험하기**: 그 소설에서 지금까지 읽은 장들을 목록으로 만들고, 기억하고, 순위를 매겨본다.
- **한 달간 매일 기억력 훈련하기**: 작업기억 훈련에 하루 10분씩 할애해본다.

셈이다. 하지만 업무 환경이 어떻든 개선의 여지는 항상 있다. 기억 용량을 키우는 한 가지 방법은 머리를 많이 써야 하고 그 일을 하는 동안 머릿속에 정보를 저장해야만 하는 새로운 프로젝트나 집안일을 정기적으로 하는 것이다. 아니면 매일 운동을 하면서 작업기억 훈련에 진지하게 임해보라. 금방 눈에 보이는 결과를 얻을 것이다. 온라인에서도 기억력 테스트와 연습 문제를 쉽게 찾을 수 있는데, 그런 활동의 본질은 점점 많은 양의 정보를 머릿속에 저장하면서 다양한 순서로 정렬하는 것이다. 예를 들면 여러분이 지금까지 읽은 이 책 각 장의 제목을 머릿속으로 나열해보고, 가나다 순으로도 배열해보자. 각 장에서 알게 된 가장 중요한 내용이 무엇인지 판단한 다음, 중요하다고 생각하는 순서대로 순위를 매겨보라. 마지막 두 단계에서 노력이 훨씬 많이 필요하다고 느낄 것이다. 작업기억을 계발하고 유지하기 위해서는 이 정도 수준의 정신적 활동을 해야 한다.

디지털 기억을 효과적으로 활용하려면

사진이나 동영상은 우리의 기억과 똑같지 않다. 과거에 관한 모든 디지털 기억은 정신적 회상을 자극하는 역할밖에 못 한다. 하지만 우리가 느끼고 있는 것처럼, 사진은 우리의 개인사를 어느 정도 대체할 수도 있다. 과거의 어떤 순간을 머릿속으로 그려볼 때(특히 사진을 잘 찍어놓은 순간이라면) 우리 머릿속에 떠오르는 이미지는 실제로 일어난 온갖 사건이 아니라 그때 찍은 사진인 경우가 많다.

디지털 메모리는 아주 많은 양의 데이터를 계산해서 정확한 답을 제공한다는 점에서 유용하다. 이는 의심할 여지가 없는 장점이며, 오늘날에는 디지털 처리 역량이 없이는 말 그대로 불가능한 일이 너무나 많다. 하지만 디지털 기억과 컴퓨터의 능력이 기억력을 대신하기 시작할 때 우리 개개인의 지능은 위험에 처한다.

우리 자신의 기억을 항상 신뢰할 수는 없다고 느끼거나, 지나치게 어려운 과제가 아닌데도 때때로 과제를 수행하기가 어렵다고 느낀다면, 우리는 이미 디지털 기억 사용의 영향을 받고 있다는 뜻이다. 자연기억은 일상생활에서 우리를 도와주도록 설계되었다. 인류가 과거 대부분의 시간을 살아온 환경에서는 하루하루 생존이라는 과제만으로도 기억력을 좋은 상태로 유지하기에 충분했을 것이다. 하지만 디지털 기술이 생활의 너무나 많은 순간에 들어와 매우 유용하게 쓰이기 때문에 자신의 기억력에 의존해야만 하는 상황은 필연적으로 감소했다. 기억력을 되찾고 싶다면 첨단 기술을 활용하는 방식을 수정해야 한다. 이 책에서 제시하는 조언들도 도움이 될 것이다. 길 찾기 능력과 광범위한 기억력이 매우 긴밀하게 연관된다는 사실도 염두에 두자. 길 찾기 능력을 키우는 훈련만으로도 우리의 기억력은 눈에 띄게 향상될 것이다.

그렇다고 해서 우리 문화의 많은 부분을 뒷받침하는 디지털 기억과의 상호작용을 줄이기 위해 무리하게 노력해야 한다는 뜻은 아니다. 과거에 인류는 머릿속에 창조한 인위적 기억 공간에 내용을 집어넣는 일에 며칠, 몇 주, 몇 달, 심지어는 몇 년이라는 시간을 사용했다는 사실을 기억하자. 반면 우리는 인터넷과 AI 채팅 도구, 범위와 성능이 다양한 외부기억을 우리가 원하는 목적에 맞게 쉽게 활용한다. 가장 중요한 것은 디지털 기억을 최대한 능동적으로 사용하기 위한 정신적 민첩성과 순발력이며, 그런 능력을 키우려면 다른 방면에서 예리한 정신을 유지해야 한다.

가장 중요한 첫 단계는 우리의 모든 정신적 능력의 원천인 작업기억을 훈련하는 것이다. 잠시 화면에서 눈을 떼는 습관을 들이면 긴 글을 읽거나 복잡한 정보를 습득할 때 큰 도움이 된다. 원래의 글을 보지 않고 핵심 내용을 기억하려고 노력하라. 그러면 작업기억이 강화되고 나중에 그 내용을 기억할 확률이 높아진다. 수동적인 검색과 무분별한 텍스트 소비는 우리의 뇌가 더 강력한 연결을 형성할 기회를 제한하는 반면, 온라인에서 발견한 정보를 실생활의 상황이나 프로젝트에 능동적으로 적용하려는 노력은 기억 속의 개념들을 확립하는 데 도움이 된다. 새로운 언어 학습이나 시험 또는 발표 준비를 위해 뭔가를 암기하려고 할 때는 온라인에 많이 있는 이른바 '간헐적 반복' 소프트웨어를 사용하라. 그러면 우리가 기억해야 하는 정보가 담긴 플래시카드를 만들 수도 있고, 카드를 보는 간격과 반복 횟수를 최적화해서 암기 효율을 높일 수도 있다.

디지털 기억을 사용하지 않으면서 정신적 에너지를 발휘해서 새로운 내용을 흡수해야 하는 취미를 가져보라. 이 역시 디지털 기억에 의존하다가 기억력이 저하될 가능성을 차단하고 작업기억을 예리하게 유지하는 훌륭한 방법이다.

Human
Being

10장

꿈꾸기

DREAMS

오늘날 인지과학자들은 백일몽을 능동적 주의의 한 형태로 분류한다. 여러 연구에 따르면 백일몽에 빠져 있는 동안 뇌의 활동은 능동적 작업에 고도로 집중하고 있을 때와 매우 유사하다.

우리 안의 창작자

1797년 말, 영국의 시인 새뮤얼 테일러 콜리지Samuel Taylor Coleridge는 꿈에서 깨어나 영어권에서 가장 유명한 시 중 하나인 〈쿠블라 칸Kubla Khan〉을 썼다. 그날 오후에 콜리지는 노스데본 해안을 따라 긴 산책을 다녀왔다. 시 앞에 나오는 독특한 서문에 따르면 콜리지는 어느 농장에서 하룻밤을 묵기로 했고, 영국의 성직자이자 지리학자인 새뮤얼 퍼처스Samuel Purchas가 쓴 여행기에 나오는 중국 원나라의 시조 쿠빌라이 칸 이야기를 읽다가 잠들었다. 콜리지는 그 시가 꿈속에서 본 연속된 이미지를 짧은 시간 동안 기록한 '심리적 신비'라고 밝혔다. 시의 모든 내용은 그가 잠들어 있는 동안 만들어졌고, 잠에서 깨어났을 때는 완성되어 있어서 종이에 쓰기만 했다고 한다. 시는 시작 부분부터 강렬하다. "도원경(원나라 황제의 여름 별장–옮긴이)에서 쿠블라 칸은 / 장엄한 환락궁을 지으라고 명했다." 이 내용은 콜리지가 퍼처스의 책에서 읽은 마지막 문장에서 가져온 것이었다. 뒤이어 시는 풍부한 이미지를 빠른 속도로 쏟아낸다. "신성한 강"인 알프를 따라가다가 "깊은 숲속의 낭만적인 골짜기"와 "인간이 측량할 수 없는 동굴"을 지나 바다와 "얼음 동굴이 있는 양지바른 환락궁"에 이른다. 이 시를 읽으면 마치 꿈속으로 들어가는 듯한 느낌이 든다. 오늘날에도 이 시는 잠을 자거나 공상을 할 때 우리의 정신이 어떻게 작동하는지를 엿보게 해주는 작품으로 통한다.

그해에 콜리지는 폭넓은 독서를 하고 있었다. 영국 남서부의 그림 같은 퀀톡힐스 지역의 기슭에 위치한 작은 마을인 네서 스토웨이로 이사한 그는 집필을 준비하려고 조사에 전념하고 있었다. 그의 절친한 친구이자 시인이었던 윌리엄 워즈워스William Wordsworth도 가까운 곳에 집을 빌려 누이 도로시 워즈워스Dorothy Wordsworth와 함께 살았다. 콜리지와 워즈워스는 긴 산책을 하며 대화를 나누었고, 엄청나게 다양한 주제에 걸쳐 콜리지의 독서 결과물에 관해 종종 토론했다. 18세기 후반은 탐험과 발견의 시대였으며, 여행자들은 모험담을 기록해 장황하고 교훈적인 책으로 펴냈다. 콜리지는 그런 책들을 각별히 주의를 기울여 읽으면서 자신이 알아낸 것을 비망록에 기록하거나 책의 여백에 꼼꼼하게 주석을 달았다. 어떤 비평가들은 〈쿠블라 칸〉이 특별히 길지는 않지만 다른 어떤 영시보다 많은 문헌을 참고하고 인용한 작품이라고 주장한다. 여러 연구에 따르면 콜리지가 묘사한 풍부하고 이국적 장면들은 다양한 문학적 원천에서 비롯되며, 이러한 분석들은 복잡하게 얽힌 연상들의 그물망, 다시 말해 콜리지의 기억을 밝혀내는 데 도움을 준다.

이 시기에 콜리지는 장편 시집 《노수부의 노래The Rime of the Ancient Mariner》와 〈한밤중의 서리Frost at Midnight〉를 비롯해서 오늘날에도 기억되고 있는 시를 많이 썼다. 말년에 그는 아편 중독으로 생긴 갖가지 문제 때문에 독서와 글쓰기와 창작 활동에 어려움을 겪으면서 재능과 아이디어가 풍부했던 그 시기를 자주 돌아보고 아쉬움을 표했다. 몽상가였던 콜리지는 살면서 어떤 상황에 처하더라도 상상력을 발휘하는 능력을 일찍부터 획득했다. 특히 끊임없이 새로운 것을 찾고 발견했는데, 그는 이런 활동을 "은하수에서 꽃 꺾기"라고 불렀고, 나중에는 내면세계로 들어가서 자신의 경험에 관한 복잡한 인상과 더 심오한 연결을 형성했다. 그는 인간의 상상력을 설명하기 위해 전위계라는 비유를 자주 사용했다. 전위계는 진공 상태의 유리 용기 안에 작고 얇은 금박 조각을 넣어 만든 장치로서 외부세계의 미세한 전하 변동을 측정한다. 콜리지가 보기에는 내면에서 뭔가를 창조하는 능력이야말로 인간이 가진 가장 강력한 기술이었고, 모든 지각의 최고 주체였으며, 우리 내면의 '진정한 창조자'였다. 그가 네더 스토위로 이사한 것도 전통적인 문학가 또는 언론인의 삶을 거부하고 내적 성장과 독창적 사고의 시간을 가지면서 새로운 형태의 자급자족을 해보려는 노력이었다.

콜리지는 시는 순수한 상상의 힘이라는 견해를 평생 간직했다. 그가 생각하는 시는 개인의 정신의 힘에 의존해서 텍스트를 사용하여 생동감 있는 생각을 구상하고, 완전히 새로운 형식을 발명하고 활용하며, 선명하고 풍성한 비전을 이끌어낼 수 있고, 마음의 눈에서 형성되는 변화무쌍한 이미지로 독자나 청자를 사로잡는다. 시대를 앞서가는 통찰력을 지녔던 콜리지는 "눈을 감았을 때도 눈에서 그림이 만들어지는" 현상은 우리가 기억을 다시 떠올리거나 미래의 새로운 시나리오를 구상할 때 사용하는 것과 똑같은 상상력 덕분에 가능하다고 주장했다. 그는 내적 경험에 극도로 세심한 주의를 기울인 결과, 혼자 있을 때도 외부세계의 새로운 것을 받아들일 때와 똑같이 다양한 시각적 장면을 재생하는 데 많은 시간을 들인다는 사실을 발견했다. 실제로 우리는 고독한 순간이나 혼자 있는 순간에 가장 창의적이 되며, 과거의 어떤 순간을 다시 떠올릴 때 우리를 속박하는 규칙이나 제약 없이 매우 환상적이고 기발하게 그 기억을 재구성하곤 한다.

콜리지의 가장 혁신적인 발상은 이처럼 생생한 시각적 재생이 우리가 자고 있을 때도 비슷한 형태로 이뤄진다는 사실을 깨달은 것이었다. 일상생활 속에서 우리가 새로운 생각을 떠올리거나 세심하게 주의를 기울여야 하는 뭔가를 마주할 때마다 우리가 무엇을 하고 있느냐와 무관하게 머릿속에서 이미지가 연속적으로 나타난다. 꿈을 꿀 때도 똑같은 내면의 시각이 진화하는 장면을 만들어내지만, 이번에는 그 장면이 우리의 모든 집중력을 지배한다. 콜리지는 깨어 있는 순간과 우리가 겪는 다양한 수면 상태 사이의 자연스러운 관계를 알고 있었다. 완전히 깨어 있을 때나 깊은 잠에 빠져 있을 때나 무의식은 매우 강력한 힘으로 마음의 눈으로 보이는 것을 생성하며, 가장 창의적이고 영감 넘치는 순간들에 내용을 부여한다. 그는 깨어 있는 상태와 잠든 상태 사이의 아주 짧은 순간을 소중하게 여겼고, 그 찰나의 순간에 창의적 사고라는 자원을 거의 무한히 활용할 수 있다는 사실을 발견했다.

〈쿠블라 칸〉은 발표된 이래로 시를 비롯한 모든 창작물이 우리에게 행사하는 영향력뿐 아니라 꿈이 우리의 기억과 삶을 결정하는 과정을 보여주는 대표적인 사례로 인정받고 있다. 콜리지는 우리의 정신이 새로운 아이디어를 창조하고 발전시키는 과정을 보여주면서, 특히 잠이 우리에게 참신한 생각과 새로운 관점을 제공하는 형성적 기능formative function을 수행한다는 사실을 밝혀냈다. 콜리지는 많은 양의 글을 썼다. 개인 노트에 가장 많이 썼지만 저서를 펴내고 잡지와 신문에도 기고했다. 하지만 내밀하고 사적인 순간들, 특히 수면 상태와 각성 상태 사이에 해당하는 순간들의 중요성을 가장 설득력 있게 이야기하고, 꿈을 꾸는 상태가 창의성을 북돋는다는 것을 보여주는 작품은 단 350단어로 이뤄진 〈쿠블라 칸〉이다.

왜 잠을 자고 꿈을 꾸는가를 두고 오랫동안 논쟁이 벌어져왔지만, 우리가 삶의 3분의 1을 외부세계의 사건과 단절되어 보낼 때 이점이 있다는 것만은 분명하다. 그렇지 않았다면 인간은 잠을 자도록 진화하지 않았을 테니까. 지난 25년 동안 일련의 신경과학 연구들은 수면이 세포의 재생, 면역체계와 신진대사의 미세한 조정, 감정과 인생관을 비롯한 거의 모든 신체적·정신적 과정을 뒷받침한다는 결론을 제시했다. 수면은 식단이나 운동보다 더 중요한 요소로서 건강과 웰빙을 결정한다. 잠을 자지 않으면 죽는다. 실제로 휴식을 취하지 못하면 신체적으로나 정신적으로 눈에 띄게 쇠약해진다는 점에서 수면의 필수적 기능은 명백하다.

최근 신경과학 연구의 가장 확실한 결과 중 하나는 수면이 기억력과 창의력을 다양한 방식으로 통제한다는 것이다. 우리는 매일 밤 얕은 잠에서 깊은 잠으로 넘어갈 때의 비렘수면NREM과 보통 약 90분 후에 시작되는 렘수면REM이라는 서로 다른 두 가지 수면 상태를 번갈아 경험한다. 꿈을 꾸는 시간은 대부분 렘수면 상태일 때다. 하룻밤이 지나는 동안 우리는 점점 많은 시간을 렘수면 상태로 보내며 밤의 뒷부분 절반은 대부분 꿈으로 채운다. 꿈을 꿀 때 우리는 삶 속의 경험을 재생하고, 서로 다른 연상을 새로운 방식으로 결합해서 뇌 안의 신경회로를 재구성하고 갱신한다. 이런 과정은 무엇이 중요한지 순위를 매기고 잊어도 되는 것을 폐기하면서 우리가 가진 유한한 저장고를 관리하도록 돕는다. 꿈을 꾸는 과정에서 렘수면은 머릿속의 연결을 강화하고 새로운 연결을 형성한다. 반면 비렘수면 상태일 때는 불필요한 정보를 솎아내고 나머지 정보는 장기기억으로 옮긴다. 잠을 자는 동안 우리는 정신을 형성하고 정돈하는데, 그런 변화는 깨어 있는 시간까지 이어진다.

콜리지는 약 40년에 걸쳐 자신이 꾼 꿈과 의식의 여러 상태를 정기적으로 노트에 기록했다. 기록에 따르면 그는 어떤 문장이나 아이디어를 떠올리며 잠에서 깨어나, 그것을 잊지 않으려고 급히 메모하곤 했다. 대개는 잠에서 깨자마자 꿈을 기록했지만 때로는 몇 시간, 며칠, 심지어 몇 주 동안 미뤘다. 꿈을 꾼 직후에 기록한 부분은 간결하고 군더더기가 없다. 자신이 했던 경험의 본질을 노트에 솔직하고 간단하게 적었고, 심지어는 하나의 이미지를 요약하기 위해 새로운 단어를 발명하거나 숫자로 된 부호를 사용하기도 했다. 나중에 다시 꿈으로 돌아가는 경우 무슨 일이 벌어졌는지를 파악하기 위해 더 자주 노력했고, 특정한 생각 또는 느낌을 되찾으려고 최선을 다했다. 그는 기억과 새로운 상상이 가장 강렬한 자극을 받을 때는 하나의 완전한 정서 또는 상태가 만들어질 때, 특히 그런 정서 또는 상태가 과거의 상태와 똑같거나 유사할 때라고 주장했다. 그는 강렬한 감정이 꿈의 많은 부분을 뒷받침하며, 바로 그런 감정이 기억을 되살리도록 자극한다는 사실을 발견했다.

비렘수면 상태일 때 뇌의 신경 발화는 놀라운 수준의 정신적 통합을 이룬다. 주의력, 지각, 인식, 사고의 중심 역할을 하는 대뇌피질이 이완되어 의도적인 디폴트 모드와 동면에 가까운 상태에 이른다. 렘수면에서는 상황이 반전된다. 우리는 종종 깨어 있을 때보다 꿈을 꿀 때 더 많은 주의를 기울인다. 뇌의 어떤 부분은 꿈을 꿀 때 30퍼센트 더 활발해진다. 뇌파 활동은 일반적으로 깨어 있을 때보다 높은 수준이지만 뇌파의 형태는 깨어 있을 때와 매우 비슷하다. 이것은 콜리지의 발견과 일치한다. 그가 꿈속에서 기억해낸 이미지들은 일상생활에서 상상했던 이미지보다 생생했는데, 그는 이것이 꿈을 꿀 때 우리의 감각에 대한 외현적인 인상이 모두 배제된 직접적인 결과라고 추론했다.

렘수면 상태일 때 우리는 갑자기 잠에서 깨어나는 경우를 제외하고는 방해를 받거나 주의가 분산되는 일 없이 우리만의 기억극장을 관람하며, 우리 삶 속의 다양한 사건들이 새로운 순서와 연관성 속에서 합쳐지는 모습을 본다. 인간이 꿈을 꾸는 데 사용하는 시간은 다른 영장류가 꿈을 꾸는 시간과 현저한 차이를 보인다. 인간은 하루 평균 8시간 잠을 자고 다른 영장류는 그보다 훨씬 많은 10~15시간 동안 자지만, 렘수면을 취하는 시간은 인간이 훨씬 많다. 인간은 보통 잠을 자는 시간의 20~25퍼센트를 꿈을 꾸는 데 사용하지만 다른 영장류는 9퍼센트만 사용한다. 이는 우리가 포유류의 세계에서 독보적인 존재인 또 하나의 근본적인 이유다. 다른 어떤 종도 인간처럼 잠을 자는 시간에 기억을 통합하거나 뇌 안의 연결을 미세하게 조정하는 데 많은 시간을 투입하지 않는다.

현대 신경과학은 콜리지의 직관적인 믿음을 확인해준다. 꿈을 꿀 때 우리는 비렘수면에 의해 새롭게 보존된 가장 최근의 경험을 가져온다. 우리 삶의 모든 배경 이야기에서 나온 다른 기억들과 최근 기억이 충돌하기 시작하고, 기억들은 화학 반응을 일으키듯이 서로 결합해서 새로운 아이디어를 형성한다. 하룻밤 숙면하는 동안 우리가 전날 학습한 내용은 확고한 기억으로 굳어지고, 렘수면을 하는 동안 머릿속에서 발화하는 기억의 광범위한 연상 네트워크는 서로 전혀 관련이 없는 경험 사이에 새로운 연결고리를 형성한다. 콜리지가 농장에서 잠들었을 때 바로 이런 일이 벌어졌다. 깊은 잠에 빠져들고 꿈을 꾸기 시작했을 때 그의 머릿속에서는 쿠빌라이 칸과 도원경에 관해 읽은 최근 경험을 가져와서 다른 생각과 이미지의 혼합물에 접목했다.

콜리지의 노트와 그 시기에 그가 읽은 책들에 달린 주석을 꼼꼼히 연구한 학자들은 〈쿠블라 칸〉의 배경지식이 네 개 대륙과 관련된 독서에서 나왔다고 주장한다. 콜리지는 아시아·아프리카·북아메리카·남아메리카를 여행한 기록과 고대 그리스 문인인 플라톤·헤로도토스·스트라보의 저작, 고대 로마의 세네카와 베르길리우스의 글, 17세기 영국 시인 존 밀턴John Milton의 《실낙원Paradise Lost》 등에서 영향을 받은 것으로 보인다. 그러나 〈쿠블라 칸〉에는 아직 문헌 출처가 밝혀지지 않은 구절들도 있다. 아마도 이런 내용은 콜리지가 읽은 다른 글이나 워즈워스와 길게 산책하며 나눈 대화에서 비롯되었겠지만, 어쩌면 깊고 풍부한 무의식과 그때까지의 인생 경험에서 우러났을지도 모른다. 그가 잠에서 깨어나자 펜 끝에서 시가 쉽고 빠르게 한 행씩 흘러나왔다.

조지 대니얼스가 동축 탈진기의 그림을 그린 것처럼, 역사 속에는 하룻밤 잘 자고 나서 문제의 해결책을 찾았다거나 잠에서 깨어나자마자 새로운 아이디어가 떠올랐다는 일화가 수없이 많다. 원소 주기율표는 러시아의 화학자 드미트리 멘델레예프Dmitri Mendeleev가 원자의 질량에서 발견한 패턴과 씨름하다 잠이 들었을 때 꿈속에서 고안했다. 갑자기 잠에서 깨어난 그는 세상에 알려진 모든 물질을 모아놓은 표를 떠올리고는 종이에 그리기 시작했다. 그리고 멘델레예프의 동료 화학자였던 아우구스트 케쿨레August Kekulé는 불 앞에서 졸다가 뱀이 자기 꼬리를 먹는 꿈을 꾼 다음에야 벤젠이라는 화학물질의 고리 구조를 알아내는 데 성공했다. 작가 메리 셸리Mary Shelly가 아주 끔찍한 악몽에서 깨어난 후 소설《프랑켄슈타인Frankenstein》의 형식과 서사를 생각해낸 이야기는 유명하며, 찰스 디킨스Charles Dickens의 에세이 〈우리를 놀라게 하는 잠A Sleep to Startle Us〉에는 그가 종종 꿈에서 깨어나고 보면 소설의 줄거리나 등장인물이 머릿속에 만들어져 있었다는 이야기가 나온다.《크리스마스 캐럴A Chrismas Carol》의 에버니저 스크루지나《위대한 유산Great Expectations》의 해비셤 양도 그렇게 창조되었다. 브람스, 푸치니, 바그너 같은 고전음악 작곡가들은 모두 각자의 가장 유명한 곡을 편곡하던 중 잠에 빠졌다고 전해지며, 현대 대중음악에도 꿈속에서 탄생한 노래가 많이 있다. 폴 매카트니Paul McCartney는 잠에서 깨어나자마자 〈예스터데이Yesterday〉와 〈렛잇비Let It Be〉를 구상했고, 롤링스톤스의 키스 리처즈Keith Richards는 깊이 잠든 상태에서 〈새티스팩션Satisfaction〉의 오프닝 악절을 작곡했다.

신경과학자들의 연구에 따르면 잠을 자는 동안에는 판단력을 제한하는 감각이 사라져서 아이디어와 생각이 예측하지 못한 방식으로 모여 서로 영향을 주고받는다. 또한 문제해결 능력은 깊은 수면에 들어가기 직전에 크게 향상되지만, 일반적으로 문제에 대한 해답이 떠오르기까지는 얼마간의 시간이 걸리며 깨어 있는 동안의 자각과 주의가 요구된다.

수면에 의존했던 가장 유명한 발명가는 아마도 토머스 에디슨 Thomas Edison 일 것이다. 그는 새로운 아이디어를 구상하는 데 도움이 되는 운명 같은 꿈을 기다리는 대신, 골치 아픈 문제가 있을 때 일부러 낮잠을 잤다. 알려진 바에 따르면 그는 책상 앞에 앉아 휴식을 취하면서도 깨어날 때에 대비해 의자 팔걸이에 종이와 펜을 올려놓았다. 하지만 깊은 잠에 빠져드는 순간을 정확히 포착하기 위해 손에는 무거운 쇠구슬을 쥐고 잤다. 잠이 들어 손의 근육이 느슨해지면 놓친 쇠구슬이 바닥에 놓인 그릇에 부딪쳤고, 그 소리를 듣고 깨어난 에디슨은 고민하고 있던 문제를 다시 생각했다.

에디슨의 가장 유명한 발명품은 전구였으니, 오늘날 창의성을 불러일으키는 수면을 방해하는 요소가 인공조명이라는 사실은 참으로 역설적이다. 특히 화면을 밝히는 아주 작은 픽셀 형태의 인공조명이 수면을 방해한다. 최근에 이뤄진 수많은 연구는 기술이 수면을 방해하는 효과가 얼마나 해로운지를 보여준다. 특히 휴대전화를 가까운 곳에 두면 우리는 잠들기 직전과 잠에서 깨어난 직후에도 온라인 상태로 있게 된다. 아침과 저녁에 화면 사용을 줄이고, 나아가 잠을 자는 공간에 전자기기를 아예 두지 않으면 우리의 수면을 보호하고 꿈에서 깨어나는 과도적인 순간을 온전히 경험할 수 있으며, 이로써 기억력을 강화하고 사고를 확장할 수 있다.

〈쿠블라 칸〉의 맨 뒷부분은 콜리지가 그날 저녁 농장에서 졸다가 깨서 너무나 쉽게 떠올렸던 몽환적인 이미지의 연쇄를 더는 기억해낼 수 없게 되었을 때 썼다고 한다. 마지막 4행은 앞부분에 비해 덜 명료하고 덜 자유롭게 흘러가며 계획해서 쓴 느낌을 준다. 서문에서 콜리지는 꿈에서 본 내용을 기반으로 〈쿠블라 칸〉을 빠르게 써내려가던 중에 폴록이라는 인근 마을에서 어떤 사람이 찾아오는 바람에 방해를 받았는데, 그런 일만 없었다면 시가 200에서 300행에 이르렀을지도 모른다고 설명했다. 콜리지의 경험처럼 우리는 너무 쉽게 창의력을 빼앗긴다. 물론 오늘날 우리는 휴대전화를 통해 수시로 방해를 받으며, 창의성의 원천이 되는 꿈의 상태와 수면 자체도 끊임없는 연결의 희생양이 된다.

불신을 기꺼이 유예하기

콜리지는 인생 말년에 아편 중독과 싸우면서 건강이 완전히 망가지는 힘든 시기를 보내고 나서, 1817년에 그때까지의 창작 활동에 대한 자전적 평가와 인간의 상상을 형성하는 힘에 대한 명상적 고찰을 담은《문학평전Biographia Literaria》을 출간했다. 이 책에서 그는 워즈워스와의 공동 작업을 돌아보고 두 사람이 함께 펴낸《서정시집Lyrical Ballads》의 기원을 다시 살펴본다.《서정시집》은 콜리지에게 초창기의 명성을 가져다주고 낭만주의 시의 새로운 시대를 열어준 책으로, 그 책에서 콜리지는 상상력이 독자의 마음속에서 "시적 믿음의 순간에 대한 불신을 기꺼이 유예하는" 작용을 한다는 유명한 설명을 제시했다. 그 이후로 "불신을 기꺼이 유예한다"는 표현은 창의적 작품이 우리가 마음속에 간직한 생각과 이미지를 직접 통제할 수 있다는 뜻으로 사용되고 있다. 우리는 뭔가를 창작하기 위해 상상력을 이용하지만, 다른 사람의 창작물을 해석하기 위해서도 기꺼이 우리 자신의 상상력을 제공한다.

콜리지가 가장 흥미를 느꼈던 꿈의 신비로운 특징 중 하나는 꿈이 계속 새로워진다는 점이었다. 그는 꿈이 우리를 완전히 사로잡는다는 사실과 우리가 꿈꾸는 상태일 때 사건이 전개되는 순서를 통제할 수 없는 경우가 대부분이라는 사실을 깊이 인식하고 있었다. 콜리지는 자신의 꿈을 연구하면서 그 꿈들이 '흐르는 듯한' 속성이 있어 그 자체로 뚜렷한 연속성을 보여주며, 꿈속에서 전개되는 사건들을 나중에 돌아보면 비합리이거나 일관성이 없어 보임에도 꿈은 항상 매우 현실처럼 느껴진다는 사실을 알아냈다.

콜리지는 종종 자신이 꾼 꿈을 독특한 캐릭터와 배경, 독특한 시공간적 규칙으로 완성되는 무대극이라고 표현했다. 열렬한 연극 애호가였던 그는 셰익스피어 사후 인기가 줄어든 셰익스피어의 연극을 되살리는 데 중심적인 역할을 했다. 그는 셰익스피어에 관해 많은 글을 쓰고 대중 강연을 하면서 주류 관객이 셰익스피어 작품에 담긴 복잡한 아름다움을 다시 느끼도록 했는데, 이렇게 되살아난 관심은 오늘날까지 이어지는 셰익스피어 작품의 명성을 확보하는 데 도움이 되었다. 콜리지는 셰익스피어 연극을 세밀하게 연구하는 동시에 자신의 꿈에 대해서도 잘 알았기 때문에, 꿈과 무대 기법이 본질적으로 같은 방식으로 우리의 주의와 생각의 방향을 정한다는 독특한 결론에 도달할 수 있었다. 우리가 연극에 완전히 몰입하기 위해서는 꿈을 꿀 때와 똑같이 불신을 유예해야 할 뿐 아니라 지각적 통제를 대부분 포기해야 한다.

콜리지가 보기에 우리가 잠들어 있을 때와 깨어 있을 때의 중요한 차이점 중 하나는, 꿈속에서는 대단히 환상적이거나 웃기고 기괴한 상황이 펼쳐지는데도 그것을 그대로 받아들인다는 것이다.

콜리지는 소설을 읽거나 연극을 관람할 때도 동일한 힘이 작용한다는 원리를 발견했다. 일상생활에서는 비현실적이거나 당혹스럽다고 여길 사건들이라도 우리는 소설이나 극에서 전개되는 사건들에 적응하고 일단 믿어본다. 콜리지에 따르면 우리는 다른 사람이 창조한 어떤 작품에 몰입할 때면 점차 속임을 당하기로 선택한다. 무대에서 진정한 환각이 만들어지려면 우리의 자율성을 일관되게 포기해야 한다. 우리가 무대 위에서 만들어지는 서사의 세계에 오래 머물수록(다만 줄거리의 명백한 누락이나 집중을 방해하는 요소가 우리의 경험을 단절시키지 않아야 한다) 눈에 보이는 것을 그대로 받아들이고 그 경험 안에 안착하게 된다.

마치 물이 중력에 의해 저항이 가장 적은 경로를 따라 하류로 흘러가는 것처럼, 우리의 주의가 의식의 통제 없이 한 가지 일에서 다른 일로 매끄럽게 옮겨가는 현상을 콜리지는 강 또는 시냇물에 비유했다. 인간의 주의에도 자연스러운 흐름이 있고, 우리가 주의의 경로를 통제하려고 애쓰지 않을 때 주의는 미리 정해진 심리 상태에 따라 움직인다. 주의는 우리 자신의 의식적인 통제보다 우리의 성향이나 외부세계와의 만남에 더 많이 이끌려간다. 주의를 기울이는 지점이 미세하게 변화할 때마다 우리의 눈, 귀, 생각의 방향이 달라질 뿐 아니라 그 순간의 의식적 자각과 상상 속에서 변화하는 머릿속 이미지를 포함하는 모든 지각 장치가 함께 조정된다.

주의를 요구하는 뭔가가 없을 때 마음은 자연스럽게 방황하는 경향이 있다. 연구 결과에 따르면 우리는 하루에 주어지는 시간의 최대 50퍼센트를 지금 하는 일과 전혀 무관한 뭔가에 주목하는 데 소비한다. 자유가 주어질 때 우리의 주의는 스스로 원하는 곳으로 가려고 하며, 인지 연구에 따르면 백일몽은 우리가 주의를 빼앗겼을 때와 달리 전혀 수동적이지 않다. 사실 생각에 깊이 잠겨 있을 때는 자신의 감각을 잠깐 차단하게 된다. 다른 사람이 보기에는 넋이 나간 것 같다. 어떤 중요한 일이 일어나면 우리는 재빨리 주변 세계에 다시 주의를 기울이지만, 그렇지 않을 때는 주의를 내면으로 돌린다. 백일몽에 잠길 때 머릿속을 맴도는 이미지들은 우리의 깊은 고민과 욕망의 일부이며, 우리는 그 대부분을 쉽게 인식하지 못할 수도 있다. 오늘날 인지과학자들은 백일몽을 능동적 주의의 한 형태로 분류한다. 백일몽에 빠져 있는 동안에는 외부 자극을 거의 인식하지 못하지만(다른 종류의 꿈을 꾸고 있을 때와 비슷하다), 여러 연구에 따르면 뇌의 활동은 능동적 작업에 고도로 집중하고 있을 때와 매우 유사하다.

백일몽은 생각을 재구성하고 마음의 습관을 재조정하는 데서 중요한 역할을 한다. 연구 결과에 따르면 백일몽은 렘수면과 동일한 기능을 많이 수행한다. 다시 말해 우리는 백일몽을 꾸는 동안 그날 하루의 다양한 주제에 관해 고민하면서 기억을 통합하고, 생각과 관점을 재검토하는 과정을 통해 개인적인 관점을 조정한다.

연극이나 영화를 감상할 때 불신을 유예하면 예상치 못한 새로운 경험에 자신을 열어놓게 되므로 그 자체만으로도 즐겁고 유익한 경우가 많다. 그러나 어떤 경우에는 불신을 유예한 결과가 부정적일 수도 있고, 심하면 정신적 피해로 이어질 수도 있다. 콜리지는 우리가 의식적인 통제를 놓아버리면 개인의 정체성까지 혼란스러워질 가능성이 있다고 생각했다. 그는 잠을 자거나 백일몽을 꾸거나 일상생활에서 어떤 이유로 얼어붙을 때 개인이 통제력을 상실하는 정도를 몇 단계로 나눴지만, 때로는 깨어 있을 때도 마치 깊이 잠들어 있을 때처럼 자동적으로 행동할 수 있다는 사실을 알아냈다. 콜리지는 꿈꾸는 방식과 깨어 있는 동안의 삶에는 긴밀한 연관이 있다고 항상 이야기했다. 특히 누구나 자유롭게 의미 있는 몽상에 빠졌다가 몽상을 중단하는 능력이 있다고 강조했다. 그는 오늘날에도 의미심장해 보이는 질문을 하나 던졌다. 우리의 마음이 외부의 자극과 아이디어에 의해 자동으로 움직일 수도 있다면, 이는 개인의 자율성과 우리가 선택하는 삶의 방향에 어떤 영향을 끼칠까?

신경과학의 최근 연구 성과들은 우리가 드라마, 소설, 뉴스피드 또는 동영상에 쉽게 몰입하는 이유를 밝혀냈다. 이런 활동에는 모두 뇌에서 의사결정·추론·주의력 조절을 담당하는 영역인 전전두피질이 관여하는데, 전전두피질은 자기가 주도하는 것이든 외부의 자극에 의한 것이든 간에 상상과 정신적 시뮬레이션을 관장하는 영역이기도 하다. 또 연구 결과에 따르면 뇌의 동일한 실행 기능이 서사적 이해에도 관여하며, 특히 마음속에서 어떤 이야기의 일관된 모델을 구축할 때 그 기능이 활용된다. 감정을 처리하는 데 관여하는 별도의 뇌 영역인 편도체는 꿈을 꾸고 있을 때는 물론이고 감정을 자극하는 연극을 보고 있을 때도 활성화되는 것으로 밝혀졌다. 두 활동 모두 감정 처리를 위해 동일한 신경 메커니즘을 활용하는 것으로 보인다.

블록버스터 TV 드라마 한 편을 만들기 위해서는 몇 년 동안 대본을 작성하고, 수백 명이 촬영장에 모이고, 최신 카메라와 컴퓨터 편집 장비를 이용해 몇 달 동안 고된 작업을 해야 한다. 이런 노력의 양에 비해 우리가 편안히 앉아서 드라마 한 편을 시청하기가 얼마나 쉬운지를 생각해보라. 일상적인 디지털 경험도 대부분 마찬가지다. 단 한 사람에게 디지털 광고를 보여주는 것만으로도 이산화탄소 0.5리터가 대기로 배출된다. 오늘날 디지털 테크 기업들은 일반적으로 수십만 명을 고용하고 있으며, 주요 소셜미디어 플랫폼이나 검색 도구나 앱 하나를 유지하기 위해 들어가는 노동의 양은 어마어마하다. 우리가 최종 결과물을 소비하기가 얼마나 간편한지를 생각해보면 더욱 그렇다. 세계은행의 추산에 따르면 디지털 경제는 세계 GDP에서 15퍼센트 이상을 차지한다. 기업과 개인적 사고의 결합체가 놀라운 규모로 사람들의 주의를 사로잡고 그 주의를 미리 정해진 경로로 유도하는 데 전념하고 있다.

오늘날 우리는 영화와 TV, 그리고 온라인에서 점점 많이 발견되는 매혹적인 콘텐츠로 이뤄지는 다양한 형식의 멀티미디어를 당연하게 여긴다. 이 멀티미디어 콘텐츠가 우리 자신의 꿈, 특히 백일몽과 경쟁을 벌이고 있다. 연구에 따르면 영화, TV 프로그램, 스트리밍 동영상을 시청하는 사람들의 정신적 활동성과 인지 수준은 멍하니 있거나 백일몽을 꾸고 있을 때와 가장 유사하다. 그리고 오랫동안 연속으로 TV를 시청할 때가 가장 수용적인 상태라고 알려져 있다. 현실세계의 문제에서 일시적으로 도피하기 위해 이처럼 기분 좋은 반半의식semiconsciousness 상태를 추구하고 그런 심리를 이용해서 새로운 세계를 만들어내는 것은 흔한 일이다. 영화 대본이나 TV 프로그램에 자주 사용되는 클리프행어(손에 땀을 쥐게 하는 상황-옮긴이)나 반전 같은 장치들은 그런 마음 상태를 유지하고 우리가 그 경험을 '완료'할 때까지 계속 시청하게 만들려는 의도적인 전략이다. 디지털 기술 역시 우리의 주의를 붙잡아두기 위해 비슷하게 진화했다. 가장 명백한 예로 스트리밍 플랫폼에서 드라마 한 편이 끝날 때 작동되는 자동 재생 기능이 있다.

한 번에 몇 시간씩 동영상 콘텐츠를 몰아볼 때만 주의력이 떨어지고 유혹에 빠지는 것은 아니다. 현대 생활의 가장 큰 특징 중 하나는 깨어 있는 대부분의 시간 동안 다양한 기기가 낮은 수준의 지속적 주의를 요구한다는 것이다. 온라인에서 우리는 대개 정처 없는 흐름에 빠져든다. 수많은 웹페이지·이미지·동영상을 훑어보고, 클릭하고, 스크롤하며 잠깐씩만 멈추고 표준화된 방식으로 반응하는 동안 역사적으로 전례가 없는 분산된 주의와 반자동 상태의 조합이 형성된다. 이것은 일종의 꿈 모드로 렘수면이나 백일몽과 전혀 다르지 않지만, 그 내용에 대한 지시는 우리의 머리 바깥에서 일어난다. 우리는 어떤 때, 특히 피곤할 때는 기기가 우리의 행동을 유도하도록 내버려두면서 그 사실을 자각하고 있지만, 외부의 힘이 우리의 행동을 조절하고 있는데 전혀 의식하지 못하는 경우도 많다. 백일몽과 꿈은 둘 다 디폴트모드네트워크DMN의 활성화와 연관되는 작용이다. DMN은 자기성찰, 정신적 자극, 사회적 자각을 관장하는 뇌 영역의 네트워크로서 정신이 외부세계에 집중하고 있지 않을 때 활성화된다. 최근 코펜하겐대학교와 캘리포니아대학교에서 각각 진행된 두 편의 연구는 디지털 기기에서 콘텐츠를 훑어보는 활동 역시 DMN의 활성화와 연관성이 있다는 사실을 밝혀냈다.

꿈은 감정 처리에 관여하며, 우리 자신의 경험을 이해하고 감정을 조절하는 데 도움을 준다. 따라서 꿈에서 디지털 경험이 다시 등장할 경우, 우리의 디지털 경험은 기억 네트워크에 통합되어 우리가 사건들을 기억하고 인지하는 데 영향을 끼치고, 나아가 의사

결정과 신념과 태도에도 영향을 끼칠 수 있다. 학계의 연구에 따르면 비디오게임을 하는 것과 같은 활동은 실제 꿈의 내용에 영향을 줄 수 있다. 디지털 경험이 꿈과 기억 통합과 감정 처리에 끼치는 전체적인 영향에 관한 연구는 아직 초기 단계이지만, 온라인에서 많은 시간을 보낼 경우 디지털 경험이 문화적 편견이나 확증편향을 강화하면서 정보를 기억하고 해석하는 방식에 영향을 끼칠 가능성은 뚜렷하다. 게다가 진짜 경험과 기술로 만들어진 가상세계의 경계선이 점점 불분명해지면서 시간에 대한 감각은 희미해지고 진짜 사건과 조작된 사건을 구별하는 능력도 저하된다. 그리고 이는 조작과 거짓 정보에 더 취약해지는 결과로 이어진다.

지루함은 내면을 더 많이 탐색하는 순간의 촉매제가 될 수 있다. 우리는 빈둥거릴 때 가장 많은 것을 받아들인다. 여러 면에서 백일몽은 저항의 한 형태가 될 수 있다. 백일몽은 세상에서 멀어져 마음속 어딘가로 떠나서 우리 자신을 위해 세상을 더 잘 이해하는 과정이다. 그리고 백일몽은 현대 생활의 너무나 많은 규칙적인 일상과 강요되는 사고의 부작용을 이겨내는 데 도움이 된다. 지루하다는 이유로 온라인에 접속할 때, 백일몽을 꾸며 보낼 수도 있었던 시간은 디지털 경험으로 대체되며, 개인적 정체성을 위협하는 외부 입력의 영향을 더 많이 받게 된다.

*

콜리지가 〈쿠블라 칸〉에 등장하는 인상적인 이미지를 떠올린 데는 아편의 영향이 컸을지도 모른다는 점을 인정하자. 콜리지는 브랜디에 아편을 녹인 라우다넘을 마시곤 했는데, 그날 밤 농장에서도 그 음료를 마셨다. 1804년 레이크 디스트릭트로 이사했을 때 그는 심각한 중독과 싸우고 있었고, 인생 중반에 가까워지면서부터는 아편에 의존하지 않으려고 안간힘을 썼다.

인식하지 못할 수도 있지만, 시각적 이미지를 제공하는 기술 역시 해로운 중독성이 있다고 알려져 있다. 콜리지에게 아편이 마음을 편안하게 해주고 왕성한 창작을 가능하게 했지만 결국에는 해로운 중독에 이른 것과 똑같이, TV와 온라인 동영상 같은 디지털 경험을 도피처로 삼는 경우 장기적으로 주의가 산만해지고 정신 건강이 나빠지고 사람들과의 관계가 약해지는 등의 부정적인 결과로 이어질 수도 있다.

〈쿠블라 칸〉은 계속해서 현대 대중문화에 영감을 주고 있는데, 가장 대표적인 예가 영화 〈시민 케인Citizen Kane〉일 것이다. 시대를 통틀어 최고의 영화로 자주 선정되는 작품인 〈시민 케인〉은 신문재벌인 찰스 포스터 케인Charles Foster Kane이 짓고 '재너두'(도원경이라는 뜻-옮긴이)라고 이름 붙인 호화로운 저택이 일종의 황금 감옥이 되는 과정을 보여준다. 현재 옥스퍼드 영어사전은 '도원경'을 교훈적인 이야기에 등장하는 지나치게 장엄한 가짜 궁전으로 정의한다.

어쩌면 인터넷은 환상적인 이미지로 우리를 꼼짝 못 하게 가둬두는 오늘날의 도원경이 아닐까? 온라인에서, 그리고 점점 많아지는 가상현실 및 증강현실 기술을 통해 우리는 거의 모든 장면을 만들어내고, 새로운 세계로 여행을 떠나고, 현실세계에서는 불가능한 근사한 장관을 볼 수 있다. 그러나 콜리지가 아편에 의존하면서 고통받은 것처럼, 이렇게 인공적으로 만들어낸 백일몽에는 엄중한 대가가 따를 가능성이 있다. 한가로울 때 자연스럽게 백일몽을 꾸는 상태를 온라인 자극으로 대체할 때 우리는 정신의 회복과 명료함을 포기하고 우리가 자각하지 못하는 사이에 생각과 감정을 외부의 영향에 맡겨버릴 위험이 있다. 그렇다면 우리가 현실의 생활, 기억, 정체성을 유지하게 해주는 수면과 자연스러운 백일몽을 보호하는 방법은 무엇일까?

꿈꿀 여유를 마련하라

연구에 따르면 화면을 보는 시간이 지나치게 길면 수면에 영향을 끼칠 수 있으며, 수면 부족은 인지 기능에 부정적인 영향을 끼친다. 인지 기능이란 우리가 정보의 신뢰도를 평가하고 사실과 허구를 구별하는 데 필요한 주의력, 기억력, 의사결정 능력 등을 가리킨다.

건강한 수면 루틴에서는 매일 밤 렘수면 중 2시간은 꿈을 꾸면서 보낸다. 인지과학자들은 우리가 깨어 있는 시간의 30~50퍼센트 정도에 백일몽을 꾸는 것이 정상이며 이는 대다수 사람의 건강에도 좋다는 사실을 발견했다. 그러나 미국의 평균적인 성인은 깨어 있는 시간의 75퍼센트를 미디어나 전자기기와 상호작용하는 데 소비하므로 자기만의 백일몽을 위한 시간이 거의 남지 않는다.

과거에 인류가 수면과 백일몽에 더 많은 공간과 시간을 할애한 방법을 이해하면 우리가 삶의 질을 높이기 위해 뭔가를 변화시키기도 더 쉬워진다. 좋은 출발점은 우리가 날마다 경험하는 다양한 의식 상태에 더 주의를 기울이는 것이다.

수면 위생: 습관, 원칙, 루틴

수면 연구자들이 사용하는 '수면 위생sleep hygiene'이라는 용어는 잠을 잘 자기 위해 지켜야 할 습관과 원칙을 의미한다. 수면은 현대인의 생활에서 태양 빛과 어둠의 일주기 리듬과 대체로 일치하는 마지막 활동 중 하나이지만, 인공조명과 스크린 기기가 수면 패턴을 크게 변화시킨 탓에 이전 세대와는 큰 차이가 생겼다. 전기 조명은 인류의 생활방식에 일어난 근본적인 변화 중 하나였으며 우리는 그 변화에 완전히 익숙해져 있다. 앞으로도 우리는 겨울철이면 저녁마다 삶이 말 그대로 멈춰버렸던 조상들에 비해 많은 자유를 누릴 것이다. 하지만 인간의 신체는 잠을 자도록 자연적으로 진화했으므로 그에 맞게 휴식을 보장하기 위한 몇 가지 조치가 필요하다.

인류 역사 대부분의 시간 동안 인간이 해가 지고 나서 할 수 있는 활동은 거의 없었다. 인류가 활용할 수 있었던 빛은 직접 피운 불이 거의 전부였고, 해가 지고 나면 빛이 거의 없었다. 석유를 태우는 램프는 상황을 변화시킨 최초의 중요한 발명품으로, 가장 오래된 사례는 고대 이집트, 그리스, 로마로 거슬러 올라간다. 콜리지가 살던 시기에는 런던에 최초의 가로등이 세워졌다. 하지만 인류가 밤에 접하는 빛에 근본적인 변화를 일으킨 사건은 1882년 에디슨이 뉴욕에서 최초의 상업용 발전소를 건설한 것이었다. 인간의 눈은 짧은 파장의 보라색이나 파란색부터 긴 파장의 노란색과 빨간색까지 아우르는 빛 스펙트럼을 받아들인다. 햇빛은 이 모든 파장의 강력한 혼합물이며, 햇빛이 사라지면 우리의 뇌가 곧바로 알아차린다. 날이 어두워지면 머리 뒤쪽의 송과체pineal gland에서 다량의 멜라토닌을 분비해 우리 몸에 잠잘 시간이라는 신호를 보낸다. 하지만 인공조명은 우리 뇌를 속여 아직 해가 지지 않았다고 믿게 만들어 잠드는 데 필요한 멜라토닌의 분비를 지연시킨다. 조도가 낮은 수면등도 예외가 아니다.

1997년, 일본 공학자 세 명이 반도체에서 청색 광선을 얻어내 최초의 밝은 백색 LED를 만들어냈다. LED는 완전히 새로운 형태의 인공조명이었다. 노트북·태블릿PC·휴대전화의 화면은 모두 LED로 구동되는데, 이는 아직 낮이라고 우리의 뇌를 속이는 또 하나의 방법이다. 집 안의 조명과 얼굴 앞에서 밝게 빛나는 각종 화면에서 얻는 모든 빛은 매일 밤 우리의 생체시계를 최대 2~3시간 늦춘다. 수면등을 끄고 나서야 우리 몸은 숙면을 시작하는 데 필요한 만큼의 멜라토닌을 얻는다. 만일 금방 잠을 이루지 못한다면 멜라토닌 수치가 아직 최고 농도에 도달하지 못했기 때문일 확률이 높다.

잠들기 직전에 스크린을 보면 렘수면이 크게 감소해서 다음 날 피로가 덜 풀려 있고 더 졸린 느낌을 받는 것으로 밝혀졌다. 신경과학자이자 수면 전문가인 매슈 워커Matthew Walker는 밤늦게까지 스크린을 보다가 멈추면 며칠 동안 멜라토닌 수치가 90분 늦게 상승하는 현상인 '디지털 숙취 효과'가 발생할 수 있다고 경고한다. 또한 스크린은 긴장을 풀고 쉬어야 할 시간에 정신을 자극한다. 늦은 밤에 스크린을 보고 싶은 유혹을 물리치는 가장 쉬운 방법은 침실에서 전자기기나 스크린을 모두 치우는 것이다. 알람 시계가 필요하다면 불 들어오는 화면이 없는 제품을 구입하고, 잠을 자는 공간은 디지털 생활에서 벗어나는 장소로 만들어보자.

잠드는 데 30분 정도 걸리는 것은 지극히 정상이므로 곧바로

지금! 시작해보기

- **스크린 없는 침실 만들기**: 잠을 자는 방에서 한 달 동안 TV와 노트북 컴퓨터, 휴대전화 등의 스크린을 다 치우고 나서 어떤 변화가 생기는지 살펴보자.
- **잠자리 의식의 시작을 알리는 알람 설정하기**: 8시간의 수면 시간과 함께 잠드는 데 필요한 시간과 자연스럽게 일어나기까지의 시간도 계산에 넣는다.
- **아침 알람 끄기**: 일주일 동안 알람 없이 자연스럽게 깨기에 도전해보고 기분이 어떻게 달라지는지 알아보자.

잠이 오지 않는다고 걱정하지 말자. 가장 중요한 것은 8시간의 수면을 확보할 기회를 자신에게 부여하는 것이다. (여러 연구에 따르면 매일 밤 8시간보다 적게 자도 되는 경우는 매우 드물고, 평소에 6~7시간만 잔다면 장기적으로는 건강과 웰빙에 영향이 있을 것이다.) 아주 좋은 습관 하나는 알람을 일어나야 하는 시각이 아니라 잠자리에 들어야 하는 시각에 맞춰놓는 것이다. 그러면 모든 수면 상태를 거치는 데 필요한 시간이 확보되어 아침에 상쾌하게 일어날 수 있다. 아침에 울리는 알람은 혈압과 심장박동을 급격하게 높이기 때문에 알람 사용을 피하는 것이 훨씬 낫다. 자연스럽게 깨어나면 우리에게 필요한 렘수면을 충분히 확보할 수 있고, 기분 좋게 이어지는 꿈 상태의 연쇄를 즐기며 하루를 시작할 수 있다.

두 번째 잠

역사학자 로저 에커치Roger Ekirch는 밤의 역사에 관한 책을 집필하기 위해 조사를 하던 중 영국 국립문서보관소에서 흥미로운 사실을 발견했다. 영국 국립문서보관소의 미로 같은 서가에는 1,000년도 넘게 보존된 고대 양피지와 필사본이 가득하다. 에커치는 중세 말기부터 근대 초기까지 사람들이 '2단계 수면'을 언급했으며 밤마다 '첫 번째 잠'과 '두 번째 잠'을 잔다는 표현을 점점 많이 쓰게 되었다는 사실을 발견했다. 다른 문헌 기록들의 온라인 데이터베이스로 조사 범위를 넓히자 실제로 이런 수면 방법이 광범위하게 퍼져 있었다는 사실이 밝혀졌다. 이탈리아에서는 첫 번째 잠을 '프리모 소노primo sonno'라고 불렀고, 프랑스에서는 '프리미에르 솜므première somme'라고 불렀다. 2단계 수면의 증거는 세계 여러 나라에서 발견되었다. 대개 사람들은 정상적인 시각에 잠자리에 들고 한밤중에 잠에서 깨어 일어났는데, '야경the watch'이라고 부르던 이 시간에는 보통 가벼운 잡일이나 집안일을 처리했다. 철학자 헨리 데이비드 소로Henry David Thorea는 베개 밑에 펜과 종이를 놓아두었다가 잠에서 깨어났을 때 어둠 속에서 글씨를 썼고, 석가모니 역시 야경 중에 깨달음을 얻었다고 알려져 있다.

나이가 들면 잠이 자연스럽게 2차례 수면과 똑같은 패턴으로 바뀌는 경향이 있으며, 50세부터는 많은 사람이 역사적 관습으로 돌아가서 밤에 얼마 동안 깨어 있게 된다. 하지만 한밤중에 자주 깨어 있다는 것은 사람들에게 불안이나 걱정의 원인이 되기도 하며, 오늘날에는 불면증이라는 꼬리표가 쉽게 붙는다. 최근 수면과학은 산업화된 세계에서 대부분의 사람이 채택하는 '단상monophasic 수면' 패턴이 인간의 가장 자연스러운 수면법이 아니며 '2상biphasic 수면'이 가진 뚜렷한 장점이 있다는 합의에 도달했다. 그러니 만일 한밤중에 잠에서 깨어난다면 그 경험을 그냥 받아들이고 일상적인 휴식으로 간주하자. 어쩌면 그것은 혼자 사색하는 시간을 가질 특별한 기회일 수도 있다. 가능하다면 화면을 보거나 조명을 켜지 말고, 편안한 마음으로 생각에 잠기고 평온한 기분을 느끼려고 해보자. 그 시간은 우리가 새로운 아이디어를 가장 잘 수용하는 시간이고, 하루 중 방해를 받지 않는 얼마 되지 않는 시간이다. 소로의 가르침을 따라 침대 옆에 펜과 종이를 놓아두고, 문득 떠오른 생각을 기록해 보기를 권한다.

역사적으로 기후가 한랭하며 겨울이 긴 지역에서는 밤에 잠을 두 번 잤고, 기후가 온화한 지역에서는 첫 번째 잠 대신 한낮에 긴 낮잠을 자는 경우가 많았다. 재택근무를 하는 사람에게 낮잠은 잠시 책상에서 물러나 항상 온라인 상태여야 한다는 압박에서 벗어나는 환상적인 방법이다. 낮잠은 주의력과 인지 능력을 향상시키고 기분을 좋게 하는 효과가 있다고 밝혀졌다. 오후 중반에 우리는 '식후 각성 저하'를 경험하게 되는데, 이 현상은 인간 생활의 하루 단위 리듬의 정상적인 부분으로 입증되었다. 상황이 허락한다면 이때야말로 몸의 소리를 듣고 휴식을 취하기에 더없이 좋은 시간이다. 적어도 20분 이상 낮잠을 자면 기억을 통합하는 데 도움이 되며, 복잡한 프로젝트를 진행하고 있거나 새로운 것을 배우고 있을 때 성과를 높여주기도 한다. 전날 밤에 잠을 제대로 못 잔 경우에도 낮잠을 자면 피로감을 어느 정도 줄일 수 있다.

지금! 시작해보기

- **'야경'의 시간 만들기**: 밤에 잠에서 깨어나는 것을 어둠 속에서 사색하고, 떠오르는 생각을 기록할 기회로 삼는다.
- **낮잠 자기**: 낮에 잠깐 눈 붙이는 시간을 일과표에 집어넣자. 오후의 초반 또는 중반이 가장 좋다. 낮잠을 자고 나서 남은 하루 동안 각성과 기분이 어떻게 달라지는지 관찰해보자.
- **긴 낮잠 자보기**: 더 긴 낮잠을 한번 자보고, 처음에는 매번 알람을 맞춰놓고 일어나자. 긴 낮잠과 짧은 낮잠의 영향을 비교해보고, 낮잠을 자는 시간대에 따라 무엇이 달라지는지도 알아본다.

'파워냅power nap'이라 불리는 20분짜리 낮잠이 이상적이라고 흔히 이야기하지만, 시간만 잘 맞춘다면 1시간 정도의 긴 낮잠이 기력 회복에 더 좋다는 증거가 점점 많아지고 있다. 낮잠 시간의 길이를 달리하면서 자고 일어났을 때 기분이 어떤지 살펴보자. 수면주기 하나가 끝났을 때 잠에서 깨어나는 것이 최선이다. 밤잠을 이루기가 어려워질 수 있으니 오후 3시 이후에는 낮잠을 자지 마라. NASA가 후원한 연구는 낮잠이 주의력을 강화한다는 사실을 밝혀냈고, 미국 육군의 체력 단련 지침서에는 "튼튼한 신체"와 "강인한 정신"을 만들고 "각성 회복과 성과 향상을 위한 전략적 낮잠"이 포함된다. 그러니까 낮잠은 한번 시도해볼 가치가 있다.

선잠의 힘

'입면기hypnagogia'는 1848년 프랑스 의사 알프레드 모리Alfred Maury의 선구적인 연구에 처음 등장한 개념이다. 모리는 막 잠들려고 할 때 찾아오는 선명한 이미지와 생각과 지각 경험을 탐구했다. 입면 상태일 때의 선명하고 진짜 같은 꿈에 대한 설명은 인류 문명 초창기의 일부 기록에도 등장하지만, 모리는 이런 꿈이 어떻게 시작되고 유지되는지를 최초로 탐구한 사람이었다. 그 무렵 잠에 관한 연구가 급격히 증가했고, 최근에 수면과학 분야에서 다시 이 선잠이라는 주제를 다루기 시작했다. 지금은 입면기가 '원거리 연합remote association'(희미한 연관관계)과 추상적 사고를 촉진함으로써 새롭고 참신한 아이디어를 생성하는 데 활용될 수 있다는 합의가 이뤄졌다.

연구 결과에 따르면 입면기에 보이는 이미지는 알아보기도 힘든 경험부터 매우 현실적인 환각까지 다양하다. 사람들은 선명한 세부사항과 다중감각적 현실을 느꼈다고 증언한다. 그날 낮의 기억이 중심 소재가 되곤 하며, 특히 꿈꾸는 사람이 일정 기간 집중했던 어떤 일이 자주 등장하지만 이런 기억들은 곧 오래된 회상과 연결된다. 입면 이미지의 공통적인 특징은 하나의 감각이 다른 영역의 감각을 불러일으키는 현상인 공감각synaesthesia이다.

모리와 그 이후의 여러 수면 연구자들은 입면 상태일 때 새로운 것에 대한 수용성이 매우 높아지고 단순한 감각적 인상이 증폭되어 더 또렷해지는 경향을 발견했다. 잠이 드는 동안 우리를 스쳐가는 꿈들에 주의를 기울이면 어떤 환상이나 경험을 더 오랫동안 간직하면서 그것을 제어할 수 있다. 깨어 있는 순간과 잠든 순간 사이의 이 시간은 깊이 잠든 상태에서는 불가능한 수준의 자각과 통제력을 제공한다. 이때 우리는 의식적으로 꿈을 훑어볼 수 있고, 지나치게 방해받지만 않으면 그 꿈을 살짝 건드리거나 꿈의 방향을 틀 수도 있다. 약간의 연습이 필요하긴 하지만 대개는 즐거운 경험이다.

꿈속에서 만들어지는 생각들은 무엇이 가능하고 무엇이 불가능한지에 관한 우리의 선입견에 구애받지 않으면서 완전히 새로운 관점과 해답을 열어준다. 특별히 골치 아픈 문제가 있다면 그 문제를 머릿속으로 생각하며 잠자리에 들고, 잠들기 직전까지 다양한 각도에서 그 문제를 바라보자. 중요한 내용을 기록할 수 있도록 펜과 종이를 가까이 두되, 기록은 꿈속의 생각들이 완료되고 나서 하기 바란다. 억지로 잠들려고 애쓰지 마라. 긴장을 풀고 생각 속에 머물고 있으면 잠은 저절로 온다. 방향감각을 상실하는 느낌이 들거나 평소와 다른 기분과 존재방식이 느껴지는 것처럼 꿈꾸는 상태로 들어가고 있다는 징후를 찾아보고, 얼마간 그런 느낌을 가만히 내버려두면서 계속 관찰하자.

수면 연구자들은 우리가 날마다 거치는 또 하나의 상태를 '반각성 상태hypnopompia'라고 부른다. 반각성 상태는 잠에서 깨어나 의식을 되찾는 과정이다. 연구에 따르면 깨어 있을 때 생생한 지각 경험을 하거나 선명한 꿈을 꾸는 일은 드물지만 가능하긴 하다. 전날 밤 적당한 시간대에 잠자리에 들고 규칙적인 수면 패턴을 유지해서 알람이 필요하지 않게 만들고, 매일 아침 천천히 잠에서 깨어나는 시간을 가진다면 반각성 상태를 경험할 여유가 더 많아지며, 그런 꿈에서 뜻밖의 아이디어를 얻을 수도 있다. 일반적으로는 아침에 일어났을 때 어떤 문제에 대한 해답이 갑자기 머릿속에 떠오르는 경우가 많은데, 반드시 꿈을 꾸고 있어야만 그런 일이 일어나는 것은 아니다. 대신 전날 밤에 잠을 자면서 형성된 새로운 연결고리를 받아들일 준비가 되어 있어야 한다. 머릿속에 어떤 생각이 떠오르면 바로 기록해야 한다. 생각은 금방 사라지기 때문이다.

지금! 시작해보기

- **침대 옆에 펜과 종이 놓아두기**: 꿈 상태나 반각성 상태일 때 떠오르는 생각을 모두 기록하자.
- **꿈속에 머무르기**: 잠에 빠져드는 동안 스쳐 지나가는 상상 속 상황들을 관찰하고, 조금 더 의식적으로 주의를 기울이자.
- **나만의 해답 찾기**: 골치 아픈 문제를 생각하며 잠자리에 들고, 잠을 청하는 동안 그 문제를 다양한 관점에서 섬세하게 분석해보자. 생각이 꿈에 묻히지 않도록 유의하면서 꿈의 방향을 살짝 틀어보자.
- **첫 생각 관찰하기**: 아침에 자연스럽게 잠에서 깨어날 때 머릿속에 떠오르는 새로운 생각이나 아이디어를 기록할 준비를 하자.

더 많이 공상하기

잠을 자는 동안 꾸는 꿈은 기억 고정·감정조절·전반적인 정신 건강에 특별히 중요하지만, 백일몽 역시 정신적·감정적 웰빙에 중요한 역할을 한다. 특히 백일몽은 창의력과 문제해결에 유용하다. 백일몽을 꾸면서 마음이 이리저리 방황하는 동안 우리는 다양한 시나리오를 검토하고 문제를 다양한 관점에서 바라보기 때문에 답을 찾기가 더 쉬워진다. 백일몽은 목표와 야망을 시각적으로 그려보고 그 목표를 달성하기 위한 행동을 머릿속에서 단계별로 연습해볼 수 있는 안전한 공간이다. 또 백일몽을 통해 우리는 머릿속에서 다양한 상황을 상상하면서 여러 가지 감정 반응을 탐색하고, 어떻게 반응할지 측정하여 자신의 감정을 더 잘 이해하고 관리하는 데 도움을 받을 수 있다.

쉬는 시간이나 단순한 과제를 수행하는 시간은 백일몽을 꾸기에 아주 좋고, 정신적 여유를 확보하는 데도 도움이 된다. 명상과 호흡법 연습은 마음을 가라앉히고 산만한 생각을 몰아내는 환상적인 방법이 될 수 있다. 특히 온라인에서 너무 많은 시간을 보내고 나서 머리를 맑게 하거나 새로운 아이디어를 도출하는 데 도움이 된다. 연구에 따르면 명상 수련을 꾸준히 하면 백일몽의 기회가 생길 때마다 마음의 방황을 할 준비가 된다. 또 명상과 호흡법 연습은 우리 자신의 생각을 인식하는 능력인 메타인식meta-awareness을 키워주므로, 백일몽을 잘 관찰하다가 새로운 통찰과 아이디어를 얻는 데도 도움이 된다. 만일 집이나 직장에 적당한 공간이 있으면 10분 동안 누워서 간단한 호흡법을 연습하면서 머리를 맑게 하자. 이럴 때는 '혼자 있기' 장에서 소개한 기술을 사용하기보다는 눈을 감고 아랫배로 깊게 호흡하는 데만 집중한다. 숨을 내쉬거나 들이쉬기 전에 멈추지 말고 호흡 사이사이에 끊이지 않는 흐름을 만들어 보자. 자기만의 속도를 정하되 매번 숨을 깊게 쉬는 것을 목표로 하라. 그렇게 10분이 지나면 재충전이 되고 생각이 정돈된 느낌이 들 것이다. 아이디어와 새로운 연상이 바로 떠오르지 않을 수도 있지만, 마음이 평온해지고 정신적 에너지를 얻었으므로 나중에 뭔가가 떠오를 수도 있다. 호흡법 연습이 끝난 다음에는 잠시 가만히 앉아 있거나 천천히 걸으면서 이제 깔끔하게 정리된 머릿속으로 생각을 확장하는 시간을 가지면 좋다.

때로는 하던 일을 잠시 멈추고 잠깐 산책을 하거나 휴식을 취하는 것만으로도 충분히 효과적이다. 일이 잘 안 풀릴 때는 아무것도 하지 않는 시간을 만들어보라. 차나 커피를 한 잔 마시거나, 집안일을 마무리하거나, 긴 샤워를 해보라. 이처럼 마음이 여유롭고 자유로운 휴식시간에 가장 심오하거나 예상치 못한 아이디어가 떠오를 수도 있다. 그럴 때는 그 순간을 최대한 오래 붙잡아두면서 그 아이디어를 더 자세히 탐색한 뒤, 곧바로 종이에 기록하거나 휴대전화에 음성 메모로 남겨라. 아이디어는 금방 사라지기도 하니까.

스포츠 심리학에서 가장 자주 사용되는 시각화 기법을 활용해서 백일몽을 더 생생하게 만들 수도 있다. 머릿속으로 어떤 것을 형상화하면 기술 습득에 도움이 된다는 사실이 입증되어 있으며, 실제로 운동선수들은 실력을 점진적으로 향상시키기 위해 정기적으로 머릿속 예행연습을 한다. 광범위한 학술 연구를 통해 머릿속에서 능동적으로 생성한 이미지와 백일몽의 상관관계가 밝혀졌으며, 몇몇 연구는 시각화 연습으로 백일몽에 관여하는 인지 과정과 신경 경로를 강화할 수 있다고 이야기한다. 처음에는 간단한 사물로 시작해보라. 사과나 배를 시각화하고 그 과일의 모양, 색상, 질감에 집중해서 머릿속에서 회전시킬 수 있는 생생한 3D 이미지를 만들어보라. 과일을 다른 색으로 바꾸거나, 반으로 자르거나, 아예 깨뜨려서 수많은 작은 조각으로 만드는 실험을 해보라.

머릿속에서 이미지를 제어하는 감각이 좋아진 것 같으면 더 복잡한 시나리오를 시도해보라. 친구 몇 명과 함께 과일 가판대를 차린다고 상상하라. 모두가 동일한 금액을 투자한 새로운 벤처 사업이다. 다양한 과일이 상자에 담겨 도착하고 우리는 상자들을 선반에 높이 쌓는다. 모든 감각을 동원해 과일을 최대한 현실적으로 느껴보라. 신선한 과일의 색과 각기 다른 향과 냄새를 느껴보고, 손님이 몰려든다고 상상하라. 그 장면에 감정을 불어넣을 수 있겠는가? 까다로운 손님들이 흥정을 할 때나 누군가가 친절한 행동을 할 때 기분이 어떨지 상상해보라. 시각화 장면에 세부사항을 추가하는 연습을 하면 자기만의 머릿속 장면을 만들어내고 탐색하는 능력이 향상된다. 이런 시각화 기술을 연습하는 운동선수들은 그 기술이 백일몽을 더 생생하게 만드는 데도 도움이 된다는 것을 발견한다.

채용 제안을 받아들일지 말지, 이사를 할지 말지와 같은 중대한 결정을 앞두고 있다면 머릿속 시각화를 더 참여적인 사고실험으로 확장하자. 결정에 따르는 장단점이 무엇이고 어떤 사건들이 일어날 것이며 잠재적인 결과는 어떨지 검토해보자. 오랫동안 고민하던 문제를 철저히 분석하거나 창의적인 해법을 찾는 데 유용한 틀이 될 수 있다. 인류의 가장 혁신적인 지적 도약의 일부는 사고실험의 도움으로 이뤄졌다. 코페르니쿠스Nicolaus Copernicus는 머릿속으로 우주를 시각화해서 지구가 태양 주위를 돈다는 사실을 처음 깨달았고, 고대 그리스에서 원자라는 개념이 처음 탄생했을 때도 똑같은 방법이 사용되었다. '슈뢰딩거의 고양이Schrödinger's cat'에서 전기 모터와 진공 펌프에 이르는 수많은 이론이나 발명품이 인간의 머릿속이라는 제한된 공간에서 최초로 착상되었다.

물론 백일몽이 항상 유용한 것은 아니다. 우리는 종종 그냥 사색하기 위해 백일몽에 빠지는데, 이는 일상생활의 무게를 잠시 덜어내는 매우 인간적인 활동이다. 하지만 이런 백일몽은 단순한 '시간 낭비'가 아니다. 심심할 때 온라인에서 뭔가를 찾아보는 수동적인 활동과 비교하면 백일몽을 꿀 때는 정신이 훨씬 능동적으로 관여하면서 내면을 향하므로 자아를 성찰하고 개인적으로 성장할 기회가 더 많아진다. 백일몽을 꿀 때 우리는 자신의 정서, 가치관, 마음속 깊은 곳의 욕구를 알게 된다. 간단히 말하자면 우리 자신을 알게 된다.

지금! 시작해보기

- **호흡법 연습으로 머리 맑게 하기**: 원기를 회복하는 호흡법 연습이 끝나면 머릿속이 더 맑아졌는지, 생각이 더 쉽게 떠오르는지 살펴보자.
- **아무것도 안 하기**: 일을 하다 어려운 부분에서 막힐 때 잠시 쉬는 시간을 가지면 다른 생각이나 해답을 찾는 데 도움이 될지도 모른다.
- **시각화 기술 연습하기**: 작은 물체를 머릿속에 그리고, 그 물체의 형태와 색상과 질감에 집중하면서 머릿속에서 회전시켜보자. 점점 더 자세한 장면과 시나리오를 그려보자.
- **사고실험 해보기**: 시각화 기법을 활용해서 더 확장된 사고실험을 해보자. 예를 들면 중대한 결정을 내려야 할 때 장단점을 검토해본다.

11장

생각하기

THOUGHT

처칠이 가장 뚜렷이 보여주는 가치는 정신적 끈기일 것이다. 심각한 위협을 긍정적인 기회로 바꾸기 위해 생각을 거듭해 해결책에 도달하는 것은 급진적인 변화의 시대에 인간에게 가장 중요한 능력이다.

폭풍전야

전시 총리로 잘 알려진 윈스턴 처칠Winston Churchill은 재능 있는 작가로서 많은 작품을 남겼고 1953년에는 노벨 문학상을 수상하기도 했다. 역사와 세계적인 사건에 관해 그토록 많은 양의 자세한 글을, 그것도 임기 중에 써낸 사람은 그 어떤 정치 지도자 중에서도 찾아보기 어렵다. 150만 단어로 이루어진 《2차 세계대전The Second World War》과 4부작 《영어권 민족의 역사History of English-Speaking Peoples》를 비롯해 그가 남긴 방대한 저작물은 2,000만 단어가 넘고, 책·편지·메모·논문 등 형식도 다양하다. 또 그의 작품은 세계 무대의 복잡한 계략은 물론이고 우리가 현실을 생각하고 해석하는 원리를 이해하려고 애썼던 한 인간의 정신세계를 고스란히 보여준다.

처칠은 60년에 걸쳐 전문 작가로 활동하면서 많은 양의 정보와 사실적 데이터를 처리하는 데 도움이 되는 정교한 작업 방식을 개발했다. 그는 전담 연구원들과 다른 작가들로 팀을 편성해 방대한 텍스트를 정리한 뒤 직접 전체 자료를 보면서 비판적으로 검토했다. 이 모든 조사 결과를 분석하고 사색하기 위해 구술을 많이 했고, 서재나 차 안, 심지어는 욕실에서도 생각을 정리했으며, 겉보기에는 상반되어 보이는 여러 경로를 따라 생각을 거듭해 자신만의 독보적인 결론에 도달하는 능력을 연마했다.

2차 세계대전 시기에 처칠이 집권할 수 있었던 것은 그가 오랫동안 하원에서 히틀러의 비위를 맞추는 정책에 홀로 반대하고 영국 정부의 잘못된 전략이 초래할 결과를 경고한 결과였다. 처칠이 어떻게 처음부터 히틀러를 정확히 파악했는지는 역사학자들도 잘 설명하지 못하지만, 아마도 처칠에게는 밀도 높은 대량의 데이터를 분석하고 해석하는 능력이 있었기에 격동적이고 혼란스러운 시대에도 자신 있게 결정하고 판단할 수 있었을 것이다. 처칠은 아주 충만하고 활기찬 삶을 살았다. 그는 항공 조종술이 막 시작되던 시절부터 조종사로 활동하면서 두 차례의 세계대전에 적극적으로 참여했으며 작가인 동시에 열정적인 화가였다. 그는 이처럼 풍부한 인생 경험을 의사결정에 반영했고, 현실세계에서 공격을 당해가며 얻은 교훈을 토대로 모든 것을 분석하고 사고했다.

처칠은 1700년대 초 군대를 이끌고 루이 14세와 싸워 영국을 강대국으로 부상시킨 말보로 공작의 직계 후손으로 특권층 출신이었지만, 지체 높은 남성들에게 전통적으로 요구되는 교육에 잘 적응하지 못했다. 벵갈루루에서 젊은 기병 장교로 복무하는 동안 독학으로 공부를 시작했고, 특히 역사와 군사 전략에 관한 다양한 책을 읽으며 글쓰기에 도전했다. 언론인이 되기로 결심한 그는 보어전쟁 시기에 쿠바와 수단과 남아프리카공화국에서 현장을 보도하며 목소리를 냈다. 그는 포로로 붙잡혀 프리토리아의 수용소에 갇혔다가 탄광에 숨는 방법으로 탈출한 뒤, 철도 직원으로 변장해서 기차를 타고 포르투갈령 동아프리카(지금의 모잠비크 땅)로 이동했다. 영국 언론과 대중은 그의 탈출 소식을 예의주시했고, 그는 영국에 도착하자마자 국민적 영웅으로 떠올랐다.

처칠은 정치에 입문했고, 1차 세계대전 시기에는 해군 제독으로서 영국 해군 총사령관을 맡았다. 그는 독일 잠수함으로부터 상선을 보호하기 위해 호송 시스템을 도입하는 등 다양한 항해 신기술을 개발했지만, 영국과 프랑스가 새로운 전선을 열고 흑해를 통해 러시아로 가는 보급로를 개척하려다가 실패한 다르다넬스 작전에 대한 책임도 져야 했다. 작전 실패로 명성에 심각한 타격을 입은 그는 총사령관 자리에서 내려오고 정치권에서도 점점 밀려났다.

전쟁이 끝난 뒤 처칠은 《위기의 세계The World in Crisis》를 출간했다. 무엇 때문에 분쟁이 발발했으며 그 결과는 어땠는지를 82만 4,000단어로 분석하고 그를 비난하는 일부 주장에 대한 반박도 수록한 책이었다. 이 책을 쓰면서 처칠은 문서document, 구술dictation, 초고draft로 이뤄지는 '3가지 D'라는 방법론과 함께 조사 및 글쓰기 방법론을 완성했다.

현재 '처칠 기록물Churchill Archive'은 케임브리지대학교에 소장되어 있으며 80만 건의 문서를 연구자와 일반인에게 예약제로 공개하고 있다. 6부작으로 이뤄진 《2차 세계대전》의 집필에 사용된 서류철 400개를 비롯해 출판된 저작물마다 전용 파일이 보관되어 있는데, 이 자료들은 처칠이 어떻게 그렇게 방대한 정보를 다뤘는지를 보여준다. 그는 "캐나다 태평양 철도를 건설한 방법으로 책을 쓴다. 우선 이쪽 해안에서 저쪽 해안까지 철로를 놓고 나서 모든 기차역을 세운다"라고 고백한 바 있다. 또한 자신의 글쓰기를 집 짓는 일, 전투 계획을 세우는 일, 그림을 그리는 일과 비교하면서 먼저 토대를 만든 다음 어떤 결론에 도달하기 전에 신중하게 데이터를 수집한다고 설명했다. 그는 2차 세계대전 기간에 총리로 재직하면서 자신의 모든 편지, 회의록, 지시문, 전보를 매달 한 권으로 정리하게 했다. 전쟁사를 집필할 때는 그 원자료를 재정리하고 불필요한 자료는 '가지치기'를 해서 마지막까지 남은 문서들만 출처 자료로 삼았다.

처칠 기록물에는 그의 사적인 문서와 글뿐 아니라 자료조사 보조원들이 남긴 글과 그가 '신디케이트syndicate'라 불렀던 작가 팀의 기록이 포함되어 있다. '신디케이트'에는 나중에 북대서양조약기구NATO 초대 사무총장이 된 헤이스팅스 이스메이Hastings Ismay, 훗날 옥스퍼드대학교 총장이 된 윌리엄 디킨William Deakin을 비롯한 똑똑한 지식인과 전문가들이 있었다. 그들은 처칠의 글을 포함한 모든 역사 자료를 재검토해서 활용 가능한 '빛나는 부분들'을 찾아낸 다음 따로 모아 인쇄했다. 자료조사 보조원들 역시 독창적이고 통찰력 있는 연구를 통해 정치 발전과 세계적인 사건들에 대한 보고서의 초안을 만들었다. 이 다양한 문서 자료는 연대기순으로 분류되어 있었기 때문에 처칠이 7년에 걸쳐 치밀하게 구상한《2차 세계대전》을 집필하면서 이를 토대로 더 자세히 분석할 수 있었다.

처칠은 초기 교정쇄를 검토하면서 결론에 도달하기 위해 밤늦게까지 구술하는 방법을 선호했다. 종종 몇 시간 동안 서재를 거닐면서 때로는 정연한 문장으로 생각을 정리하고 때로는 아이디어를 잇달아 빠르게 쏟아냈다. 그는 종전 직후인 1946년과 1947년에 짜임새 있는 회고를 많이 했는데, 루스벨트, 스탈린과의 직접 만남을 포함해 가장 생생한 기억을 100여 쪽 분량의 문서에 기록했다. 그의 구술 기록에는 언제라도 격추될 위험이 있는 전투지역 상공에서

리버레이터 폭격기를 개조한 비행기를 타고 비행했던 일들이 담겨 있다. 난방 설비가 없는 비행기에서 그는 담요를 덮고 선반 위에서 잠을 잤으며, 고도가 1만 2,000피트(약 3.65킬로미터)보다 높아질 때마다 산소 튜브로 호흡해야 했다. 테헤란, 얄타, 포츠담에서 열린 회의에서는 노르망디 상륙작전 계획이 수립되고 전후 유럽의 재편과 독일의 운명이 결정되었다. 이 의사결정 과정에 대한 처칠의 치밀한 평가는 그의 저서 마지막 장에 수록되었다.

처칠이 구술하는 동안 비서나 조사 보조원들은 그의 말을 글로 옮기거나 사실 확인을 위해 다른 문서 자료를 수집했다. 전시에 그의 개인 비서였던 캐슬린 힐Kathleen Hill은 그의 사고 과정을 방해하지 않으려고 자기 타자기의 자판 소리를 줄였다. 처칠은 아침식사를 하면서 전날 밤에 타이핑된 원고를 검토하고 내용을 편집하거나 주석을 달았다.

이렇게 수많은 문서 자료와 생각을 구술한 자료에서 초고가 나왔다. 초고에는 파란색 색연필과 빨간색 잉크로 처칠이 직접 쓴 메모가 가득했다. 심부름꾼이 몇 부의 사본과 함께 인쇄소로 가져간 초고는 보통 24시간 이내에 돌아오고, 다시 의견을 구하기 위해 보조원들과 과거의 동료들에게 보내졌다. 이 과정이 계속되면서 새로운 단락들이 추가되고, 원고는 일련의 사건에 대한 점점 더 정교한 비평으로 발전했다. 일반적으로 하나의 장章에 대해 6회에서 12회까지 수정 작업을 했다. 교정을 거친 원고의 마지막 장을 제본할 준비가 된 뒤에도 처칠은 마지막 순간까지 글을 수정했다. 가장 명확하고 탄탄한 주장에 도달하기 위해 '불도저' 같은 기세로 단어를 모아 최종 원고를 만들어내고 생각이 과잉인 부분은 삭제했다.

처칠의 팀에 속한 사람들도 각각 지식과 기술로 무장하고 있었지만, 집필 과정에 일관성이 유지되려면 처칠이 있어야 했고 독창적인 사고에 대한 궁극적인 책임은 처칠에게 부여되었다. 그는 한번에 서너 권의 책을 동시에 작업하는 동안 머릿속 생각만으로도 다양한 정보를 엮어 하나의 매끄러운 완성품을 만들어내곤 했다. 그의 가장 인상적인 기술은 수많은 페이지에 적힌 글에 대해 한 줄로 주장을 정리하고 유지하는 동시에 특유의 예리한 분석력을 글에 집어넣는 것이었다. 이렇게 글을 쓰는 내내 처칠은 자신의 이야기를 직접 전하면서 정보에 입각한 독창적인 관점을 발전시키기를 고집했다.

처칠은 2차 세계대전의 역사를 다룬 책의 1권인 《폭풍전야The Gathering Storm》 서문에서 그 전쟁은 피할 수 있었고 "미래가 오기 전에 과거의 교훈을 이야기하지 않는 것은 잘못"이라고 강조한다. 그는 글에서 신중하게 고안한 가상의 시나리오와 대안 시나리오를 자주 활용해 어떤 요소들이 인류 역사에서 다른 결과를 초래할 수 있었을지 시험해보곤 했다. 그는 2차 세계대전을 "정치적 리더십의 실패"가 초래한 "인류의 비극"이라고 설명하고, 무장 충돌을 일으킨 요인이 "오늘날(1947년) 벌어지고 있는 사태와 정확히 일치한다"면서 가장 중요한 문제들에 대해서도 일관성 있고 지속적인 정책이 없었던 것이 문제라고 확신했다. 처칠은 전쟁 발발의 직접적 계기로 베르사유조약과 로카르노조약을 정면 위반한 1936년 독일군의 라인란트 침공, 그리고 영국 총리 네빌 체임벌린Neville Chamberlain이 히틀러와 마지막으로 만난 자리였던 1938년 9월의 뮌헨회담을 지목했다.

오늘날 대다수 학자는 뮌헨회담이 열릴 무렵 히틀러와 정면 대결했어야 했다는 처칠의 판단에 동의한다. 뮌헨협정을 통해 나치 독일은 체코슬로바키아에서 독일어를 주로 쓰는 지역인 수데텐란트를 합병할 수 있었고, 1년 뒤 폴란드가 침공하자 영국과 프랑스는 결국 독일에 선전포고했다. 그 사이에 히틀러는 서방 열강들의 유화정책을 유리하게 이용해 독일 군대를 키웠다. 처칠은 "독일이 프랑스 전선을 무너뜨리는 데 사용한 탱크는 1940년에 이르러서야 대량으로 생산되었다"고 지적한다.

처칠은 1929년 총선에서 하원 의석을 잃고 한동안 의회를 떠나 있었다. 그는 나치 독일의 부상을 경고하고 영국의 재무장 및 군대 강화를 촉구하는 연설을 계속했지만, 당시에는 주목을 끌지 못했다. 1935년이 되어서야 다시 정부에서 일하게 된 그는 1937년에는 해군성 제독으로 복귀했다. 1940년 5월 독일이 프랑스·벨기에·네덜란드·룩셈부르크를 기습적으로 침공하자 영국과 프랑스 군대는 금방 무너졌고, 덩케르크에서 영국군과 연합군을 철수시키는 것이 중대 과제로 떠올랐다. 독일의 침공 당일, 당면한 위기와 독일의 노르웨이 점령을 막기 위한 군사작전의 실패를 이유로 체임벌린이 총리 자리에서 물러나자 전쟁 중인 나라를 잘 이끌 준비가 된 지도자는 처칠밖에 남지 않았다. 승리할 수 있다는 그의 확고한 선언이 라디오를 통해 전국에 생중계되고 다음 날 신문에 전문이 인쇄되어 명확하게 전달된 덕분에 나라 전체가 그를 중심으로 결집했다. 1940년부터 1945년까지 처칠이 총리직을 수행했던 기간은 위기 상황에서 지도자가 어떻게 행동해야 하는지를 보여주는 모범 사례로 널리 인정받는다. 그는 결단력이 있었고, 변화하는 상황에 빠르게 대처했으며, 연합국에 속한 모든 나라의 역할을 조정하는 데서 중추적인 역할을 했다. 누구나 예상할 수 있겠지만 그에게는 날마다 막대한 양의 정보가 들어왔고, 그는 그 모든 정보를 놓치지 않기 위해 자기만의 방법을 고안했다. 런던 화이트홀 궁전의 지하 벙커에 작전실을 마련하고 군대의 이동과 전투의 진행 상황을 모니터링하면서 대부분의 중대한 결정을 내렸다. 정보 보고는 매우 중요했는데, 특히 영국의 암호 해독 기관인 블레츨리 파크에서 알아낸 일급 기밀정보가 핵심이었다. 처칠은 전쟁 기간에 북아프리카, 인도, 버마(현재의 미얀마 양곤 – 옮긴이), 싱가포르를 시찰하고 동서양의 전략적 요충지를 방문하는 등 위험을 무릅쓰고 여기저기를 돌아다녔다. 다른 연합국 지도자들과 자주 연락을 취했으며, 개인용 화장실로 위장한 작은 저장고는 루스벨트와 통화할 때 주로 사용했다.

전쟁 중 처칠의 결정이 항상 지지를 받은 것은 아니었는데, 지금에 와서 돌이켜보면 항상 옳았던 것도 아니었지만 그의 결정들은 상황을 진전시키고 전쟁을 종결시키는 데서 중요한 역할을 했다. 특히 영국이 패배와 좌절을 잇달아 겪고 독일군이 유럽 대륙 대부분을 점령했던 1942년부터 처칠은 공세적인 전략을 채택해 북아프리카와 이탈리아에서 새로운 전선을 열었다. 이로써 동부 전선에 투입될 수도 있었던 독일군을 묶어두면서 소련이 압박에서 벗어나게 하는 한편으로 미국의 지원을 충분히 받을 시간을 벌었다. 처칠은 풍부하고 다양한 정보를 입수해서 종합하고, 인간적인 본능과 직관에 의존해서 무엇이 최선의 행보인지를 결정했고, 결국 성공으로 이끌었다.

우리는 모두 인생에서 여러 가지 결정을 내린다. 우리가 처칠

만큼 중대한 결정을 하는 경우는 많지 않지만, 우리 역시 정보를 수집하고 숙고하며 상황을 최대한 잘 파악해야 한다는 점에서 의사결정의 과정은 정확히 똑같다. 하지만 정보화 시대인 오늘날에는 데이터가 풍부하고 알고리즘과 AI에 대한 의존도가 높아지고 있어서 우리의 비판적 사고가 위축되고 개인적 경험으로 판단하는 능력이 저하될 우려가 있다. 컴퓨터 작동 방식의 불투명성과 막대한 양의 데이터세트가 합쳐지면 때로는 의사결정에서 인간의 사고가 아예 배제될 수도 있다. 또 데이터 모델링, 알고리즘, AI는 현실에 적용할 때 주의를 기울이지 않으면 유용성이 빠르게 감소한다.

하지만 현명하게 사용할 경우 기술은 인간의 주관성과 창의성을 침해하지 않으면서 인간의 사고를 강력하게 증강한다. 처칠은 생각의 재료를 얻기 위해 개인적인 경험에만 의존하지 않았다. 전문 보조원들로 팀을 꾸려 글을 쓸 때 명확한 답을 얻어냈고, 군사 지도자로서 결정을 뒷받침하기 위해 광범위한 정보원을 활용했다. 이와 비슷하게 우리도 AI 언어 도구, 알고리즘 검색 등 컴퓨터로 프로그래밍된 도구를 사용하되 도구가 생각의 방향을 좌우하는 것이 아니라 생각을 뒷받침하도록 해야 한다.

전쟁이 끝날 무렵 처칠은 찰리 채플린Charlie Chaplin이나 마하트마 간디Mahatma Gandhi만큼이나 유명한 인물이 되어 그가 즐겨 피우던 시가, 펠트 중절모와 브이 자 손가락 등이 세계적으로 널리 알려졌다. 하지만 역사적 인물로서 그의 지위를 굳힌 것은 그의 저술, 그중에서도《2차 세계대전》이었다. "철의 장막" "특수 관계" "피땀과 눈물" 같은 표현들과 "절대로 굴복하지 마라"는 외침을 비롯한 처칠 특유의 표현들은 오늘날에도 보편적으로 사용된다. 처칠에게는 부인할 수 없는 인간적인 면모가 있다. 그는 자랑도 곧잘 하고 때로는 오만하기까지 했지만, 검은 개(처칠은 자신의 만성적인 우울증을 '나를 따라다니는 검은 개my black dog'라 불렀고, 이 표현은 지금까지도 폭넓게 사용되고 있다－옮긴이)라 불리는 우울증을 앓았기에 강렬한 감정들을 아주 생생하게 느끼고 표현했으며, 타인이 어떤 곤경에 처했든 간에 그 사람에게 공감할 줄 알았다. 처칠의 견해가 항상 인기 있었던 것은 아니다. 그때나 지금이나 그의 정치적 입장에 동의하지 않는 사람이 많았다. 다르다넬스 작전과 그 실패가 그의 정치적 명성에 입힌 타격에 버금가는 처참한 실패는 종전 직후 총선에서 패배해 반대파 정당에게 압도적 승리를 안겨준 것이었다. 그때 영국 국민은 변화를 원했다. 처칠은 이후 6년 동안 인내하면서 사람들의 요구에 귀를 기울이고 응답하다가 1951년에 다시 총리가 되는 데 성공했다. 당연히 그는 자기만의 의제가 있었으며, 정치적 동기와 앞날의 명성을 획득하려는 노력 또한 그가 어디에 생각과 에너지를 쏟는지에 영향을 주었다. 그 시대의 독자와 청취자들은 그가 대변하는 가치관과 세계적인 사건들의 광범위한 흐름 속에서 그의 말을 이해할 수 있었다. 오늘날의 주의 깊은 독자가 처칠의 회고록과 전쟁사를 읽는다면 그가 어떤 사건은 미화하고 어떤 사건은 축소하는 경향이 있음을 알아차릴 것이다. 그러나 처칠의 글이 검색용 색인 작업이나 AI 머신러닝을 위해 데이터베이스에 입력되어 부분 발췌문으로만 읽힌다면 그런 종류의 섬세한 통찰은 불가능할 것이다.

이제 정보를 받아들일 때는 단어와 생각만이 아니라 그 내용이 전달되는 기술적 수단에도 비판적으로 접근해야 한다. 정보가 어떻게 수집되는지, 우리의 일터에서 생성된 불투명한 데이터세트에서 수집했는지 아니면 검색엔진이나 뉴스피드나 스트리밍 서비스에서 보여주는 추천 정보를 수집했는지를 알지 못한 채 우리에게 주어지는 결과만 볼 때, 우리는 스스로 새로운 정보를 찾아보고 해석할 기회를 잃어버린다. 그러나 정보의 생성 과정을 이해하고 스스로 정보를 해석할 때라야 우리의 의견은 한층 풍부해질 수 있다.

미래와 개인의 선택에 대한 처칠의 예측은 운명론과 거리가 멀었다. 그는 미리 결정된 것은 아무것도 없으며 인류의 역사 자체가 협상 가능한 교차로의 연속이라고 믿었다. 《리버 전쟁The River War》에서 처칠은 영국-이집트 연합군의 수단 정복을 서술하면서 "모든 사건은 많은 가능성으로 둘러싸여 있으며, 그중 하나라도 현실이 되었다면 사건의 흐름 자체가 바뀌었을 것이다"라고 설명했다. 처칠이 보기에 인류는 언제나 서로 다른 미래 중 하나를 선택할 기회가 있다. 그는 인간 정신의 유연성, 다시 말해 불가피해 보이는 미래을 받아들이기보다 주어진 정보를 활용해서 새로운 행동 방식을 결정해나가는 우리의 창의적 능력을 가장 높이 평가했다. 그러나 그는 불과 몇십 년 뒤에 사고의 자유가 얼마나 심각한 위험에 처하게 될지는 예측하지 못했다.

우리는 오늘날 또 하나의 폭풍전야를 맞이하고 있다. 이념적 차이와 새로운 유형의 민족주의는 글로벌 군사 분쟁의 명백한 요인이지만, 디지털 기술 역시 우리를 옭아매고 분열시킬 가능성이 있다. 벤처 캐피털로부터 경이로운 수준의 투자를 받고 주요 디지털 미디어 기업들의 전략적 관심을 집중시키면서 고속 성장하고 있는 AI 업계는 곧 다수의 지능형 앱과 어시스턴트와 채팅 도구를 대중에게 선보일 것이며, 그것은 인간의 독립적인 사고에 상당한 영향을 끼칠 것이다. 바로 다음 세대 AI는 처칠이 처리한 것과 똑같은 파일들의 디지털 복사본을 분석해서 처칠과 똑같은 문체와 말투로 2차 세계대전에 관한 자기만의 글을 써낼 수 있을 것이다. 컴퓨터로 책 한 권을 통째로 집필할 수 있게 되고, 셀 수 없을 만큼 많은 새로운 기사와 소셜미디어 포스트, 시각적 광고는 말할 것도 없고 블록버스터 영화와 TV 드라마도 컴퓨터로 어느 정도 제작할 수 있게 되면, 우리는 인간 정신에 대한 외부 통제가 정밀도와 규모와 범위에서 전무후무한 수준에 도달한 모습을 보게 될 것이다.

처칠이 가장 뚜렷이 보여주는 가치는 정신적 끈기일 것이다. 끈기에 예리한 지성과 재치가 더해진 덕분에 그는 복잡한 삶과 정치를 헤쳐나가며 계속 전진할 수 있었다. 심각한 위협으로 인식되는 것을 긍정적인 기회로 바꿔내는 방법을 찾기 위해 신중하게 생각을 거듭해 해결책에 도달하는 것은 급진적이고 빠른 변화의 시대에 인간에게 가장 중요한 능력일 것이다. 처칠은 자신의 사고를 확고하게 통제했기에 그의 삶에서는 물론이고 유럽 대륙의 사람들을 위해 매우 실질적이고 구체적인 변화를 일으켰다. 인류에게 주어진 가장 복잡하고 중대한 변화의 기회이자 근본적인 위험에 직면한 지금, 이런 종류의 선견지명과 정신적 명민함이야말로 이 시대의 지도자들에게 절실히 필요한 것인지도 모른다.

인간 행동을 결정하는 최상위 기관

우리의 생각은 하나의 신경말단과 다른 신경말단 사이의 전기 에너지 흐름에서 비롯된다. 생각과 정서와 신체 동작의 원리가 처음으로 밝혀진 것은 1888년이었다. 에스파냐의 신경해부학자 산티아고 라몬 이 카할Santiago Ramón y Cajal은 신경세포를 현미경으로 더 선명하게 보려고 검은색 염료로 염색하던 중 뇌세포들이 서로 직접 연결되어 있지 않다는 사실을 발견했다. 그는 신경세포와 신경세포 사이에 전기를 흘려보내는 시냅스라는 식별 가능한 공간이 있으며, 우리 머릿속의 연결망이 처음 생각했던 것보다 훨씬 복잡하다는 사실을 알아냈다.

그전까지 인간의 신경계는 몸 전체의 여러 신경세포를 연결하는 상당히 고정적인 격자망이라는 가정이 있었고, 뇌의 한 부분은 항상 다른 부분에 고정되어 있어서 신호와 생각도 미리 정해진 경로로 이동한다고 알려져 있었다. 그러나 카할은 그처럼 "변형 불가능하고 경직된" 구조는 뇌가 "방향이 잘 잡힌 정신적 연마를 통해 단련하고 완성해나갈 수 있는" 기관이라는 이론에 어긋난다고 생각했다. 그는 우리의 신경세포가 많은 시냅스 연결을 사용해 뇌의 다른 부분과 더 유연하게 상호작용할 수 있다고 추론했다. 카할은 자신이 본 신경세포들을 매우 아름답고 세밀하게 그렸고, 그 그림 덕분에 카밀로 골지Camilo Golgi와 함께 1906년 노벨 생리의학상을 수상했다. 카할은 평생 인간의 사고, 특히 꿈꾸는 상태를 연구했으며, 오늘날 현대 신경과학의 창시자이자 인간의 뇌를 전기공학과 명시적으로 연결한 최초의 인물로 인정받고 있다.

카할은 1934년 사망하기 몇 시간 전에 다음과 같은 짧은 메모를 남겼다. "나는 어떤 감각의 신비보다도 위대한 것을 여러분에게 남기고 갑니다. 행동과 행위를 주관하는 특별한 기관인 뇌를 현명하게 사용하면 감각의 분석 능력이 측정 불가능할 만큼 향상됩니다. 뇌가 있어서 우리는 미지의 세계에 뛰어들 수 있고 (…) 뇌는 끝없이 확장되어 호모 사피엔스가 진화하는 단계마다 새로운 인류의 특징이 나타날 것입니다." 오늘날 우리는 확실히 인류 역사의 새로운 단계에 들어서고 있으며, 여기까지 올 수 있었던 것은 순전히 인간의 독창적인 사고 덕택이었다. 의심의 여지 없이 AI는 문자언어가 만들어진 이래로 인류가 경험하는 자연 사고의 가장 근본적인 확장이며, AI가 일상생활에 끼칠 영향은 당황스러울 만큼 심오하다.

최신 형태의 AI를 뒷받침하는 기본 원리는 사실 1888년 카할이 뇌세포에서 발견한 것과 유사하다. 오픈AI의 챗GPT와 같은 대규모언어모델LLM은 수천억 개의 매개변수로 이뤄져 있으며, 책과 학술논문부터 인터넷에 올라와 있는 글의 대부분을 포함하는 수백 테라바이트의 문서 데이터를 학습한다. 그 결과 과거에는 사람만이 할 수 있다고 생각했던 지적인 작업을 단순한 패턴 인식으로 바꿔서 AI가 수행할 수 있다. 질문이 입력되면 최첨단 LLM은 상상을 초월할 만큼 방대한 데이터세트에서 쿼리를 실행해서 정답일 확률이 가장 높은 대답을 예측한다. 방대한 결과물 전체에서 유사한 패턴을 가진 텍스트를 찾고, 다음에 나올 가능성이 가장 높은 텍스트 배열을 구해서 답을 생성한다. LLM은 테라바이트 단위의 문서 데이터에 담긴 각각의 단어를 개별 데이터포인트로 취급하며, 컴퓨터의 하드웨어 구성요소를 따라 흘러가는 전기 자극을 통해 데이터포인트들 사이에서 자유롭게 연결을 형성한다. 이런 방법으로 AI가 정보를 처리할 때의 유연성과 자유도는 놀라울 만큼 높다. 그리고 이는 우리 뇌 안의 신경세포와 시냅스가 작동하는 방식과 매우 유사하므로 하나의 LLM이 정보를 처리할 수 있는 기본 계산 단위를 실제로 '뉴런neuron'(신경세포)이라고 부른다. 인간의 뇌를 암시하는 의도가 담긴 명칭이다.

LLM은 개발된 이후로 모든 종류의 다양한 미디어와 결합했다. 최초의 응용 분야 중 하나는 이미지 생성이다. LLM을 텍스트와 이미지가 쌍을 이루는 멀티모달multi-modal 데이터세트로 훈련시키면 음성만으로도 LLM에게 새로운 이미지를 생성하라고 명령할 수 있다. 예를 들어 손 사진 수십만 장을 설명과 함께 입력하고 레오나르도 다빈치의 그림을 학습시킨 다음 그 앱에 다빈치 양식으로 새로운 손 그림을 만들어달라고 요청하면 된다. 결과는 놀랍도록 그럴싸하다. 원칙적으로 이 과정은 대부분의 디지털 콘텐츠에 적용할 수 있다. 영화·시각예술 작품·음악은 각각 우리에게 전혀 다른 유형의 경험을 제공하지만, 작품이 디지털 형식으로 저장되면 LLM이 유사한 방식으로 그 코드를 상세히 분석할 수 있다. 이는 모든 디지털 파일에 동일하게 적용된다. 스프레드시트든 웹사이트든 엄청나게 복잡한 소프트웨어 애플리케이션이든 간에 세심한 훈련을 거치면 LLM은 디지털로 된 모든 것의 코드를 검토하고 분석할 수 있으며, 분석이 끝난 다음에는 프롬프트만 있으면 새롭고 독자적인 창작물을 생성한다.

그 파급 효과는 엄청나다. 컴퓨팅 성능이 향상되고 LLM이 접근가능한 인간 지식의 양이 증가하면서 AI가 할 수 있는 일에 명백한 변화가 일어나고 있다. AI가 할 수 있는 일은 인간 개인의 정신적 역량을 훨씬 뛰어넘는다. 우리는 인류 역사에서 하나의 중요한 전환점에 서 있다. 머지않아 우리는 일상생활에서 다른 인간과의 소통만이 아니라 인간의 정신과 유사하나 전적으로 컴퓨터에 기반한 다른 존재들과도 소통하며 시간을 보낼 것이다. 온라인 고객서비스센터에서 만나는 챗봇 얘기가 아니다. 새롭고 진기한 AI 시스템은 우리와 대화를 나눌 뿐만 아니라 인간이 남긴 기록의 상당 부분을 파악해서 우리가 던지는 모든 질문에 답해주고 혁신과 창조에 도움을 줄 것이다. AI는 곧 뮤직비디오·컴퓨터 게임·건물 설계도를 제작할 것이고, 그럴 때마다 거의 무한한 기존 사례를 참조할 수 있다.

처칠은 역사에 관한 글을 쓰면서 인과관계의 진정한 본질에 관해 깊이 사색했으며, 어떤 역사적 사건이 정말로 다음 사건의 원인이 되었는지 아닌지를 결코 확신할 수 없다고 생각했다. 때로는 복잡성이 너무 크고 가능한 결과들이 너무 많으므로 세계사적인 사건들의 실제 효과를 관찰하고 파악한다는 것은 한 인간의 지적 능력과 근면성을 뛰어넘는 과제라고 생각했다. 처칠은 자신이 가진 자료의 한계를 알고 있었고, "운이 좋아서 남아 있는 이 단편적인 기록물들은 실제로 일어난 사건들의 아주 작은 일부분만을 보여준다"면서 어떤 역사 서술도 인간의 다양한 경험을 모두 포괄할 수는 없다고 인정했다. 처칠은 인간의 두뇌에 한계가 있다는 점을 인식하고 있었다. 그리고 이제 우리가 수행할 수 있는 정신적 과제의 범위와 양은 AI에 쉽게 추월당한다.

우리 뇌에는 1,000억 개의 신경세포가 있으며, 각 신경세포는 최대 1만 개의 다른 신경세포와 연결될 수 있다. 따라서 우리는 머릿속에서 1,000조 개의 연결(100,000,000,000,000,000개)을 형성할 수 있다. 대단하긴 하다. 하지만 1,000억 개의 매개변수로 구성된 LLM을 100테라바이트의 데이터로 학습시킬 경우(지금도 이보다 훨씬 큰 수치로 학습이 가능하다) 이론상 만들어질 수 있는 관계의 개수는 LLM의 아키텍처와 LLM이 수행해야 하는 작업에 따라 다르지만 최대 800해(80,000,000,000,000,000,000,000) 개까지 가능하다. LLM과 같은 인공 신경망에서 이뤄지는 '연결'은 물리적 연결이 아니라 하나의 인공 '뉴런'(네트워크의 교점)이 다른 '뉴런'에 끼치는 영향력에 할당된 수학적 가중치를 의미하며, 그 가중치는 매개변수의 개수와 훈련용 데이터의 양을 포함하는 많은 요소에 따라 달라진다. AI 모델이 학습하는 과정에서 수학적 가중치가 조정되면서 시스템 내부의 복합적인 상호작용을 촉진한다. AI 개발자가 충분한 컴퓨팅 성능과 복잡한 설계를 통해 가중치의 조정 과정을 하나하나 감독하거나 제어할 수는 없지만, 이 정도 규모의 LLM이라면 인간의 뇌보다 수십억 배 이상의 활동 범위와 패턴 인식 잠재력을 가질 수 있다.

AI는 인간이 접근할 수 있는 것보다 훨씬 많은 양의 정보에서 패턴을 발견하고 생성하는 초인간적인 능력을 지녔다. 당연히 우리는 사람의 손을 찍은 사진 수십만 장을 몇 분 만에 훑어보고 나서 곧바로 다빈치 양식으로 이미지를 만들어낼 수 없다. 하지만 AI는 여러 중요한 방면에서 인간보다 눈에 띄게 능력이 떨어진다. 컴퓨터 알고리즘인 LLM을 비롯한 여러 종류의 AI는 우리가 일상생활에서 당연하게 여기는 일들을 못 하고, 앞으로도 그 점은 변하지 않을 것이다. 데이터세트를 처리하는 능력만을 가진 AI는 우리에게 익숙한 방식으로 현실세계에 발을 내디딜 수 없다. 그리고 적어도 현재로서는 모든 종류의 인공 연산 능력에 대한 최종 통제권을 인간이 가지고 있다. 특히 인간이 사용하는 평범한 언어로 매우 쉽게 AI를 다룰 수 있다면 우리는 가장 자연스러운 방법으로 복잡한 질문을 던질 수 있고, AI가 계속 발전하는 동안 우리는 과거 어느 때보다 정밀하게 데이터를 분석할 수 있을 것이다. 아직 알려지지 않은 영역이 많고, AI 연산이 발전하는 규모를 보면 향후 몇 년간의 발전도 예측이 불가능할 정도다. 하지만 지금으로서는 AI가 주류 사회에 진입한다 해도 우리가 처음에 생각했던 것만큼 급속도로 인류의 사고에 심각한 문제를 일으키지는 않을 것으로 보인다. 오히려 현재의 AI는 오늘날의 알고리즘보다 우리의 디지털 경험을 훨씬 잘 평가하고 통제하는 방법을 제공한다.

인류는 560만 년의 역사를 공유하는 동안 서로 공존하도록 진화했으며, 문화는 일정한 수준의 상호 이해를 공유하는 방향으로 발전했다. 우리는 함께 세상을 살아가고 있으며, 우리의 언어는 음성언어든 문자언어든 시각언어든 간에 주로 우리 주변의 현실을 묘사하기 위해 발명되었다. 우리는 인간이 생성한 방대한 콘텐츠 모음에 의존하는 통계 분포의 생성적 수학 모델이 아니라 경이롭고 복잡한 3차원 세계에서 움직이고 호흡하는 생명체다. 아무리 상상력을 발휘해도 AI는 생명체가 아니므로 AI가 우리와 같은 방식으로 현실을 이해하기란 불가능하다.

처칠이 항상 원인을 찾아보고 사건의 핵심을 파악하려고 했던 반면, AI는 데이터세트의 상관관계만을 다룰 수 있다. 처칠이 서재를 거닐며 머릿속으로 아이디어를 곱씹었을 때 그는 개인적 경험,

동료들의 생각과 관점, 자신이 처리해야 하는 다른 모든 사실적 자료를 비교하면서 '삼각측량법'으로 자기만의 객관적 현실을 파악하고 나서야 최종적인 견해에 도달했다. 물리적 현실 안에서 살아가는 인간과 달리 AI는 어떤 것이 진실 또는 거짓이라고 판단하거나 간주할 수가 없다. AI는 그저 백과사전처럼 정보를 보유하며 놀랍도록 강력한 힘으로 그 정보를 분석하지만, 현실세계에 직접 접근해서 자신이 생각하는 진실을 검증할 수가 없다.

AI가 인간처럼 세계를 본능적으로 이해할 수 있는 유일한 방법은 형체를 가지는 것이며, 허황된 소리 같지만 이미 이 방향으로 나아가는 움직임이 있다. 구글 연구원들이 2022년에 오픈소스로 공개한 세이캔SayCan이라는 로봇 제어 시스템은 음성언어와 센서로 로봇의 과제를 설정하며 로봇이 세상을 탐험하도록 안내한다. 하지만 이 시스템도 인간이 생각하고 학습하며 현실과 상호작용하는 방식과는 많은 차이가 있다. 세이캔은 텍스트만으로 이뤄진 데이터세트로 로봇을 사전 학습시키는데, 그 데이터세트는 우리 각자가 매순간 감각적으로 경험하는 풍부하고 아날로그적인 경험과는 완전히 다르다. 세이캔은 향후 몇 년 안에 LLM이 어떻게 세상에 더 완전하게 통합될지를 미리 보여주지만, 그런 식으로는 인간의 경험을 똑같이 모방할 수 없다. 공학 기술로 인간의 신체를 재현하는 것 역시 먼 미래의 일이다.

AI 또는 알고리즘과 인간 지능의 결정적인 차이는, 인간은 각자의 생각과 기억과 느낌을 가지며 그것을 토대로 독창적 관점을 형성한다는 것이다. 우리는 각자 자신의 직관과 감각에 의존하면서 신념을 갱신하고 우리가 중요하거나 진실이라고 여기는 것을 조정해나간다. 그럴 때 우리의 이해는 더욱 다층적이고 다면적으로 바뀐다. 컴퓨터 조작으로 막대한 양의 데이터세트 전체를 스캔할 수는 있지만, 직접적이고 개인적인 경험을 통해 세상에 깊이 들어가고 진정으로 세상을 탐색하려면 인간의 정신이 필요하다.

인간은 신체에 의존해서 자신의 감각으로 물리적 위치를 경험하지만, 진화의 과정에서 타인이 보고 있거나 생각하고 있는 것을 상상하기 위해 자신의 관점을 이동하는 능력을 발달시켰다. 모두가 이런 능력을 가지고 있기에 우리는 서로를 이해하고 서로에게 의지할 수 있다. 우리가 어렵지 않게 늘 하는 일, 곧 관점과 참조체계를 조작하고 다양한 정보의 조각과 순서대로 투사된 사건들을 혼합해서 하나의 개인적인 서사로 만드는 일은 인간 정신의 가장 고도화된 기능 중 하나다. 우리가 일상에서 당연시하는 정교한 사고와 다양한 정신적 경험의 많은 부분은 이런 능력에서 비롯된다.

가장 오래된 스토리텔링 형식 중 하나가 우화다. 우화는 도덕적 또는 종교적 교훈을 설명하는 데 사용되는 짧은 이야기로, 서술된 일련의 사건들을 완전히 다른 어떤 것, 주로 우리 자신의 인생 경험과 연관시키는 우리의 능력을 보여준다. 우리는 새로운 경험과 정보를 접할 때 거의 항상 이런 작업을 수행한다. 처칠은 기록 보관소에 있는 문서를 검토할 때 단순히 연대순으로 이어 붙이지 않고, 그가 읽은 글과 자신의 인생 경험에 근거한 독보적인 관점으로 그 내용을 엮어내고 새로 만들었다. 어떻게 하면 2차 세계대전을 피할 수 있었는지, 아니면 전쟁을 더 일찍 끝낼 수 있었는지를 알아내기 위해 다양한 가상 시나리오를 검토하는 데 그는 살아온 경험을 총체적으로 개념화하는 능력에 의존했다.

오늘날 우리가 접근할 수 있는 정교한 데이터 모델링 시스템, 특히 자연어 AI가 그 시대에 있었다면 처칠이 미래에 2차 세계대전과 유사한 분쟁을 피할 최선의 방법을 알아내는 데 큰 도움이 되었을 것이 틀림없다. 그러나 처칠이 다른 정치 지도자들과 교감하며 보여준 섬세한 대응력을 AI가 구현해내리라고는 상상하기 어렵다. 처칠은 스탈린을 비롯한 세계 여러 나라의 지도자들에 대해 잘 알고 있었고, 자신의 본능적 감각에 의존해 위험을 초래할 수 있는 모든 잘못된 행동을 신속하게 감지했다.

오늘날 우리가 접하는 콘텐츠를 제어하는 추천 엔진과 알고리즘이든, 아니면 강력한 차세대 LLM이든, 모든 형태의 AI는 인류의 수많은 구성원이 함께 생산한 데이터를 활용하며, AI가 스스로 생성하는 데이터도 점점 많아지고 있다. 물론 이것이 AI 모델의 힘이기도 하다. AI는 놀라울 만큼 많은 작업을 합쳐서 우리가 미처 알지 못했던 패턴과 트렌드를 찾아낼 수 있다. 하지만 AI가 제공하는 정보나 대답이 항상 우리가 찾고 있던 것 또는 우리에게 적합한 것이라는 보장은 없다. "진정한 천재성은 불확실하고 위험하고 상충하는 정보를 평가하는 능력에 있[었]다"는 처칠의 생각처럼, AI 모델이 제공하는 결론을 최종적으로 분석하고 평가하기 위해 우리에게는 인간의 정신이 필요하다. 그렇지 않으면 우리의 결정과 미래에 대한 통제권을 첨단 기술 도구들에게 너무 많이 양도할 위험이 있다. 만일 처칠이 지금 이 시대에 《2차 세계대전》을 썼다면 훨씬 다양한 정보원에 접근할 수 있었을 것이고 그 정보는 대부분 통계로 뒷받침되고 사실적으로 정확하겠지만, 그럼에도 그 정보를 스스로 이해하고 분석하고 종합해야 할 것이다. 챗GPT 또는 다른 LLM이 생성한 원고는 실제로 일어난 사건들을 깔끔하게 묘사하겠지만 그 결과물이 적절한지, 유의미한지, 정확한지, 또는 AI가 생성한 결과물이 정말 현실에 입각한 것인지를 인간 독자가 확인할 필요가 있다. 현재 챗GPT는 사실이 완전히 날조되거나 잘못 해석되는 '환각hallucination'이라는 현상에 취약하다. 앞으로 업데이트를 거치며 환각이 줄어들긴 하겠지만, LLM이 내놓은 결과물을 전적으로 신뢰할 수 있다는 보장은 없으며 무작정 신뢰해서도 안 된다.

차세대 AI 도구는 종종 인지능력을 요구하는 많은 직업에 위협이 된다고 언급된다. 충분히 이해할 수 있는 걱정이다. 향후 몇 년 동안 일터와 채용시장에서 극적이고 고통스러운 변화가 예상된다. AI는 특정한 정신적 작업을 자동화할 수 있는 잠재력이 있지만, 한편으로 막대한 양의 더 복잡한 데이터와 통찰을 생성할 것이므로 그것에 대한 해석과 분석이 필요해진다. LLM은 광범위하고 복잡한 아키텍처로서 높은 수준의 프로그래밍과 훈련, 유지보수와 인간의 지속적인 감독이 필요하다. 한 단계 더 자세히 관찰하게 해주는 현미경의 확대 기능이 없었다면 카할은 인간 두뇌 안의 시냅스를 발견하지 못했을 것이고, 마찬가지로 알고리즘 프로세스와 AI는 우리가 다른 어떤 수단으로도 접근할 수 없는 정보를 우리에게 제공할 것이다. 하지만 그 결과를 면밀하게 연구하고 평가하기 위해서는 여전히 인간이 필요할 것이다. AI 모델이 산출할 것이 분명한 많은 양의 새로운 정보와 발견을 따라잡고 철저하게 통제하려면 우리는 매우 바쁠 것이다.

오픈AI가 2023년 3월 '생성형 사전학습 트랜스포머'의 최신판인 GPT-4를 출시했을 때, 오픈AI는 로스쿨 시험과 경영대학원 시험을 포함해서 거시경제학·작문·수학과 같은 다양한 분야에서 LLM의 성능을 테스트했으며 최소 34개 테스트에서 최상위 점수를 얻었다고 발표했다. 미래의 GPT 업데이트는 기준이 더 높아져서 이런 수준을 훌쩍 뛰어넘어 인류가 한 번도 본 적이 없는 새로운 지능의 범주에 진입할 것이다. 이것의 영향이 어떨지는 예측할 수 없지만 우리는 머지않아 급격한 역사적 변화를 목격할 것이다.

AI가 인간 지능을 훨씬 능가하는 시점에 도달하면 인간이 AI를 이해하고 추적하기가 불가능해질 가능성이 있다. 이 결정적 시점을 일컬어 '지능 폭발intelligence explosion'이라고 한다. 이 시점 또는 그 이전에 적절한 보호 장치를 마련하지 못하면 인간이 AI의 행동을 통제하기가 몹시 어려워질 것이다.

인간은 자신의 감정뿐 아니라 타인의 감정을 알아차리고 이해하고 반응하는 정서와 능력이 있다. 인간은 복잡한 사회적 상황에 대응하고, 공감하고, 주변 사람들의 행복을 고려한 결정을 내릴 수 있다. 반면 AI는 감정을 진정으로 이해하는 데 필요한 정서나 능력이 부족하므로 따뜻한 마음을 가지고 맥락에 맞는 결정을 내리는 능력에 한계가 있다. 인류의 본질적인 특성 중 하나는 도덕에 관한 집단적 감각이며, 인류는 공동의 노력을 통해 세계적인 차원에서도 도덕에 대한 감각을 유지한다. 인간에게는 행동의 지침이 되는 윤리의식이 있지만, AI는 본래 도덕적 기준을 가지고 있지 않으며 어떤 윤리체계도 따르지 않는다. 머신러닝이 특정한 지침을 따르도록 프로그래밍할 수는 있지만, 이는 당연히 인간의 지시에 따른 것이다. 따라서 윤리와 도덕에 대한 AI의 이해는 학습된 것에 국한되므로 AI가 윤리적으로 모호한 상황에 잘 대처하리라는 보장은 없다.

이런 이유에서 AI의 발전이 인류에게 실존적 위험이 될 수 있다고 오랫동안 단호하게 경고했던 사람이 있다. 기계지능연구소의 공동 설립자인 엘리에저 여드코스키Eliezer Yudkowsky는 AI 시스템을 인간의 가치관과 목표에 부응하도록 설계하는 과정인 AI 정렬AI alignment 분야의 창시자로 널리 알려져 있다. 2001년부터 AI 정렬 작업을 했던 그는 초지능 AI를 다루는 최선의 방법에 관한 포괄적인 준비와 과학적 통찰이 없다면 이러한 기술은 궁극적으로 인류의 종말을 부를 일련의 사건들을 매우 빠르게 유발할 수 있다고 확신한다. 윤리가 없고 인간의 생명에 관심도 배려도 없는 AI 시스템은 겉보기에 안전하고 해롭지 않게 보이는 과제를 받더라도 사회를 큰 위험에 빠뜨리는 행동에 돌입할 가능성이 있다. 여드코스키는 수많은 지능형 애플리케이션이 '인간의 수백만 배 속도'로 실행되면서 자체 데이터와 계획과 현실세계에서의 행동을 상상을 초월할 만큼 복잡한 수준으로 생성한다고 가정한 다음, 우리가 통제권을 유지할 방법이 무엇인지를 묻는다.

1930년대 처칠이 나치 독일의 위험성을 주장했을 때와 유사하게, 최근까지 여드코스키의 생각은 주류 견해와 상충했다. 여전히 다수의 AI 관계자들은 우리의 사고를 확장할 기회에 초점을 맞추지만, 첨단 AI로 인해 우리가 직면하게 될 위험에 대한 인식과 두려움이 점점 커지고 있는 것은 사실이다. 실제로 개발이 진행되는 속도는 엄청나게 빠르다. 오픈AI는 GPT-4를 훈련시키는 데 7개월밖에 걸리지 않았고, GPT-4는 챗GPT가 처음 출시된 지 4개월 만에 일반 대중에게 공개되었다. 하지만 여드코스키의 설명처럼 이 업데이트만으로도 '혁신적인 성능 향상'이었다. 가장 큰 AI 연산의 규모는

6개월마다 두 배가 되고 있는데, 이는 인텔의 공동 창립자 고든 E. 무어Gordon E. Moore가 알아낸 '무어의 법칙Moore's Law'보다 훨씬 빠른 발전 속도다. 마이크로 반도체의 트랜지스터 수가 약 2년마다 두 배로 증가한다는 무어의 법칙은 대체로 사실로 밝혀졌다. 우리는 AI 모델이 완전히 다른 차원의 용량과 성능으로 발전하기까지 고작 몇 개월 또는 몇 년밖에 안 남은 시간표를 보고 있다. 최종 결과가 어떻게 나오든 AI의 빠른 속도와 제약 없는 발전에 우리의 정치 지도자들은 반드시 대처해야 한다. 초인간적으로 똑똑한데 통제를 받지 않는 AI라는 시나리오에 인류는 아무런 준비가 되어 있지 않다. 현재로서는 국제적인 협정을 체결하려는 확실한 계획이나 노력이 없으며, AI의 광범위한 파급효과에 대한 합의를 만들려는 시도도 없다. 건물을 설계하거나 자동차를 출시하려면 엄격한 안전 기준을 통과해야 하지만, 대다수 국가에서는 새로 개발된 AI 모델이 일반 대중에게 공개되기 전에 위험성 평가를 요구하지 않는다. 설령 세계적인 차원에서 기업에 충분한 규제를 적용한다 해도, AI에서는 단 한 명의 개발자가 오픈소스 도구를 사용해서 큰 혁신을 이뤄낼 수도 있다. 그런 것까지 감독하려면 정부가 높은 수준의 감시를 해야 하는데, 그런 감시는 인간의 사고의 자유 자체를 침해할 우려가 있다.

AI 모델은 일련의 코드로 단순하게 구성되며, 컴퓨터의 연산 능력이 계속 발전함에 따라 머지않아 성능이 뛰어난 AI가 일상적인 디지털 기기에 장착될 것이다. AI는 오늘날의 인터넷만큼이나 보편적이고 접근하기 쉬운 자원이 될 것이다. 이처럼 광범위한 접근으로 야기되는 위험을 완화하는 가장 효과적인 전략은 AI 자체를 방패 삼아 위험을 예방하는 것이다. AI를 활용해 잘못된 정보를 걸러내고, 인위적으로 조작된 위협으로부터 우리를 보호하고, 악의적인 행위자가 유발하는 잠재적 피해에 대응하는 것이다. 그러면 AI를 AI의 오용 가능성을 예방하거나 상쇄하는 선의의 힘으로 사용할 수 있다.

현재 개인으로서 우리가 할 수 있는 최선은 AI를 신중하게 사용하는 것이다. AI 채팅 도구는 우리의 사고를 더 예리하고 명료하게 다듬어준다. AI 도구의 작동 방식을 자세히 이해하면 AI 모델에게 더 나은 질문을 던지고 우리가 얻는 답변을 세세하게 통제할 수 있다. 현재와 같은 형태의 LLM은 지식을 탐색하고 우리 삶에서 일어나는 사건들은 물론 복잡하고 글로벌한 사건들까지도 더 잘 이해하기 위한 새로운 수단이다. 이러한 도구를 분별 있게 사용해야 엄격한 관리도 가능해진다.

나만의 생각 형성하기

2차 세계대전에서 처칠이 승리할 수 있었던 중요한 요인 중 하나는 '봄베Bombe'를 사용한 것이었다. 봄베는 독일군의 암호화된 메시지를 해독하기 위해 앨런 튜링Alan Turing이 설계한 기계다. 튜링과 그의 동료들이 해독한 정보는 연합군에게 독일군의 작전과 계획에 대한 귀중한 정보를 제공했고, 전쟁 중 처칠의 의사결정에도 영향을 끼쳤다. 봄베는 가상의 기계인 유니버설 튜링 머신UTM을 참조해서 설계되었다. UTM은 무한히 긴 테이프를 이용해 기호를 읽고 쓰고 일련의 규칙에 따라 표현된 모든 종류의 연산을 수행할 수 있다.

UTM은 컴퓨터의 최초이자 가장 중요한 모델 중 하나로서 오늘날에도 AI에 영감을 주고 있다. 챗GPT와 같은 LLM 역시 일련의 규칙과 알고리즘에 따라 부호(LLM의 경우는 단어와 구문)를 처리한다는 점에서는 동일하지만, LLM은 머신러닝으로 학습이 가능하며 학습된 지식을 바탕으로 새로운 텍스트를 생성할 수 있다는 차이점이 있다. 이는 UTM이 할 수 없었던 일이다. 그러던 1950년, 튜링은 기계의 지능적 행동이 인간과 구별할 수 없는 수준인지 판별하는 이른바 '튜링 테스트'를 제안했다. 그는 컴퓨터가 결국에는 인간만이 수행할 수 있다고 생각했던 수많은 과제를 수행할 수 있게 되겠지만, 복잡하고 미묘한 인간의 사고를 완전히 재현할 수는 없을 것이라고 주장했다. 오늘날 대다수 AI 전문가들도 이 견해에 동의한다. AI 모델이 '지능 폭발'을 넘어서는 수준까지 발전하더라도 AI는 여전히 논리적 처리와 규칙 기반 알고리즘에 의존하며, 감정·직관·상식에 근거한 추론·공감·사회적 지능, 그리고 기계로 모델링하고 시뮬레이션하기 어려운 인간 사고의 다른 주관적 측면들에는 접근하지 못할 것이다.

튜링의 시대 이후로 연산 능력과 그에 상응하는 디지털 기술의 역량은 확실히 증가했다. 컴퓨터공학자들이 AI와 인간 지능을 정의하는 데 사용했던 기준은 변화를 거듭했으며, LLM은 지금까지 나온 AI 가운데 인간 지능에 가장 가깝다. 하지만 미래에 AI가 인간과 똑같이 수행할 수 있으리라고 예상되는 인지 작업의 범위를 보면 여전히 인간 사고의 존립 근거와 필요성이 매우 뚜렷하며, 튜링의 지적대로 이 점은 앞으로도 변하지 않을 것 같다.

기술과 알고리즘과 AI를 적절하게 사용하면 우리의 사고를 다듬고 넓힐 수 있다. 기술이 작동하고 정보를 처리하는 원리를 충분히 파악할 때 우리는 컴퓨터가 절대 해내지 못할 일들을 우리의 가장 자연스럽고 직관적인 사고로 해낼 수 있다는 점에 눈을 뜨게 되고, AI를 비롯한 디지털 기술을 이용해 우리 자신의 사고를 뒷받침하고 증강할 다른 방법을 발견할 수 있다.

생각을 받아쓰자

다른 사람과 대화를 나눌 때, 말을 하면서 우리의 생각이 서서히 형성되고 완성되는 과정에 주목하라. 사람의 말은 생각과 매우 밀접하게 얽혀 있어서 때로는 서로 자리를 바꿔도 무방할 정도다. 그리고 우리의 가장 긴급하고 내밀한 생각은 곧바로 머릿속에서 언어 형태로 떠오를 때가 많다. 반면 글쓰기는 기원전 4000년에야 발명되었는데, 오늘날에는 먼 옛날처럼 느껴지지만 인류 진화의 역사 전체를 놓고 보면 상당히 늦은 시점이다.

처칠은 구술이 생각을 자유롭게 하는 더없이 좋은 방법이라는 것을 알았다. 다행히 처칠과 달리 우리는 구술하는 생각을 받아쓸 보조원들이나 저소음 타자기가 없어도 된다. 컴퓨터나 휴대전화에 있는 정교한 받아쓰기 기능은 여러 앱에서 작동하며, 말을 신속하게 글로 바꿔주기 때문에 우리는 그 내용을 메시지로 공유하거나 메모로 저장할 수 있다.

휴대전화로 친구에게 메시지를 몇 개 보낼 때 직접 글로 쓰는

지금! 시작해보기

- **모든 기기에 녹음하기**: 일반적으로 오늘날의 모든 앱과 AI 도구는 구술 녹음 기능을 갖추고 있다. 다만 어떤 경우에는 설정에서 녹음 기능을 켜야 한다. 녹음 기능을 더 자주 사용할 방법을 생각해보자.
- **사적인 메시지 구술하기**: 친구에게 보낼 메시지 몇 개를 직접 글로 쓰는 대신 기기를 이용해 구술한 것을 글로 옮겨 비교해보자. 구술할 때가 더 쉬운가?
- **아이디어 녹음하기**: 생각을 정리해야 할 때는 기기의 녹음 기능을 켜고 방 안을 거닐면서 머릿속에 떠오르는 아이디어를 모두 이야기하자.

것과 구술하는 것을 비교해보라. 후자가 훨씬 쉽다. 구술로 메시지를 자주 보내면 키보드를 두드리는 일 자체가 힘들게 느껴지기도 한다. 휴대전화를 사용하면 음성 메시지를 녹음해서 친구들에게 쉽고 빠르게 보낼 수 있지만, 생각을 통제하는 데 제일 좋은 것은 구술을 거쳐 문자로 변환하는 기능이다. 구술이 타이핑보다 유리한 점은 말을 하는 동안 자유롭게 사고를 탐색할 수 있다는 것이다. 특히 메모를 작성하거나 새로운 아이디어를 떠올릴 때 구술이 유용하다. 키보드 앞에서 글을 입력하고 수정하는 작업에만 붙잡혀 있지 말자. 글을 쓰다 막힌다고 절망에 빠져서 텅 빈 화면만 바라보는 것은 더 나쁘다. 받아쓰기 소프트웨어를 켜고 컴퓨터와 휴대전화에서 한 발짝 떨어져 방 안을 거닐면서 아이디어를 구술하자. 마음껏 제스처를 취하고 생각할 시간을 충분히 가져라. 기기로 돌아가서 글을 다시 읽어보고 수정하면서, 구술의 과정을 거치며 생각과 글쓰기가 어떻게 달라졌는지 생각해보자.

AI로 아이디어를 갈고닦기

LLM처럼 강력한 기술이 발명되면 일반적으로 정착되어 널리 사용된다. 그리고 광범위한 사회적 위험이 잘 관리되기만 한다면 그것은 긍정적인 일이 될 수 있다. 챗GPT 같은 AI 도구는 잘만 활용하면 아이디어를 검증하고 생각을 명료하게 정리하는 일뿐 아니라 우리 자신의 무지를 드러내고 다양한 관점을 탐구하는 데 도움이 된다. 인류 문명의 초창기 기록을 보더라도 질문하는 정신은 오랜 세월 동안 확고한 철학 교육의 바탕을 이뤘다. 고대 그리스 시대에 소크라테스는 자신이 가진 지식에 대한 겸손한 태도로 이름을 날렸다. 그는 아테네의 거리를 걸으며 수많은 사람과 대화를 나누고 질문을 던지고 대답하면서 특정 주제에 대한 믿음을 검증하고, 그 믿음이 자신과 타인의 견해와 일치하는지 확인했다. 오늘날 '문답법'이라고 불리는 소크라테스의 질문 방법은 이후 세대의 사상가들이 세상을 더 냉철하고 정확하게 이해하는 데 도움이 되었다.

소크라테스가 아테네에서 마주친 사람들과 대화를 나누는 데 그쳤던 반면, LLM의 등장으로 오늘날 우리는 인간 사고의 모든 기록에 접근해서 조사할 수 있다. 우리 자신의 생각과 견해를 기존의 방대한 지식과 대조하는 것은 지적·철학적으로 엄청나게 가치 있는 일이다.

처칠은 자신의 생각을 비평하고 각자의 견해를 제시해주는 보조원들 및 전문가들과 협력하면서 생각을 정리한 다음 그들의 피드백을 검토하고 의문을 제기했다. 그러면 편집과 '가지치기'의 과정을 거쳐서 훨씬 설득력 있는 결론에 도달할 수 있었다. 인류 역사에서 최고의 지성들은 이와 비슷한 방식으로 일했다. 한 사람이 완전히 고립된 상태에서 탁월한 사상을 정립하는 경우는 드물다. 하지만 처칠과 같은 규모로 사람들을 동원해서 효율적으로 활용하려면 금전적 자원이나 일정한 수준의 대중적 지위가 필요했다. 이제는 그렇지 않다. 생각과 주장의 논리를 발전시키는 데 필요한 설명과 논거를 AI 채팅 도구에서 찾는 경우가 일반적이다.

물론 AI 채팅은 상호 이해가 없고 현실이나 실제 경험에서 직접 가져온 내용이 아니라는 점에서 친구와의 친밀한 대화나 사적인 만남과는 비교가 되지 않지만, 상상을 초월하는 규모의 데이터 집합에 어떤 질문이든 던져볼 수 있는 전례 없는 기회를 제공한다.

더 깊이 알아보거나 개선하고 싶은 주제 또는 아이디어를 하나 생각해서 시도해보라. 철학적인 질문도 좋고, 창의적인 아이디어나 해결해야 하는 문제도 좋다. AI 도구를 사용하기 전에 머릿속에서 그 주제에 관한 사전 지식을 정리하면 질문을 맥락 속에 위치시키고 더 효과적인 질문의 틀을 짜는 데 도움이 된다. 마지막으로 최대한 개방적이고 비판적 사고를 유도하는 질문을 던지기 위해 AI 도구를 사용하기 전에 질문 목록을 만들어라. 질문을 미리 준비해두면 AI의 답변에 쉽게 휩쓸리지 않고 대화의 방향을 정확하게 제어할 수 있다. 챗GPT와 같은 도구를 사용해 질문을 시작하되, AI 모델이 주제를 이해하도록 충분한 맥락을 제공해주어야 한다. 최근 AI 도구가 갱신되면서 하나의 대화 스레드 내에서 맥락을 더 잘 유지하게 되었지만, 결과에 영향이 있으리라고 판단될 때마다 배경설명을 추가하는 것이 좋다. 예민한 주제나 중요한 주제를 다룰 때는 시간을 들여서라도 최대한 많은 맥락과 자세한 설명을 덧붙이고, 가능하다면 전문용어와 구체적인 용어를 사용하라. 사용자가 독특하고 설명이 풍부한 글을 입력할수록 AI의 답변도 유의미해진다.

지금! 시작해보기

- **구체화할 아이디어 또는 반박할 관점 선택하기**: 챗GPT와 같은 AI 도구에게 질문하기 전에 목표를 명확히 한 뒤 질문 목록을 준비해서 대화의 흐름을 주도하자.
- **답변 검토하기**: AI 도구가 찾아준 정보를 검토하고 구체적인 사용처가 있는 답변은 모두 저장한 다음, 사안을 더 깊이 이해하기 위해 새로운 질문을 작성하자.
- **새로운 지식 응용하기**: AI를 통해 알게 된 것을 의사결정과 현재 진행 중인 프로젝트에 반영하자.

AI의 답변 내용을 주의 깊게 보고 AI가 제공하는 가치 있는 통찰, 관점, 정보를 따로 메모하라. 첫 번째 질문 스레드가 끝나면 새로 알게 된 사실을 비판적으로 검토하고 무엇이 의미가 있는지를 선별하라. 새로운 질문거리를 찾아내 이 과정을 반복해도 좋다. 아이디어는 다른 상황에 적용해볼 때 가장 잘 다듬어진다는 점을 염두에 두자. AI에게 질문을 던지고 조사를 하면 새로운 정보를 얻겠지만, 그렇게 얻은 지식을 확실히 익히려면 그 지식을 의사결정·대화·업무·창의적인 프로젝트에 응용해야 한다.

AI의 한계를 잊지 말 것

챗GPT와 같은 AI 도구는 막대한 양의 데이터 집합을 학습하는데, 그 데이터 집합에는 부정확한 정보나 너무 오래된 정보, 또는 AI가 자체적으로 생성한 부정확한 데이터가 포함될 가능성이 있다. 또한 AI의 답변은 특성상 확률론적이다. 다시 말해 AI는 데이터베이스를 검색해서 사용자가 제공한 맥락을 바탕으로 다음에 이어질 확률이 가장 높은 단어나 문구를 예측하는 방법으로 답변을 생성하므로 겉보기에는 그럴듯하지만 실제로는 부정확하거나 허구인 정보가 생성될 수 있다.

AI 도구가 내놓은 답변을 검토할 때는 정보가 누락되었거나 앞뒤가 맞지 않는 부분이 있는지 유의해서 보고 필요할 때마다 이를 확인하는 질문을 하라. 대개는 어떤 내용이 사실이 아닌 것 같다고 직접 말만 해도 AI가 오류를 수정하고 실수가 있었다고 알려준다. AI가 만들어내는 '환각' 현상은 위험할 수도 있고 사용자를 부정확한 경로로 안내할 수 있으므로 중요한 내용이나 예상 밖의 답변은 항상 다른 온라인 검색을 통해 확인하라.

AI 대화에서는 편향이 나타날 수도 있으므로 왜곡된 시각을 조심해야 한다. 편향은 학습 데이터에서 비롯될 수도 있지만, 전처리 과정에서도 의도적이든 아니든 데이터과학자의 주관적인 결정이 편견 또는 정치적 입장을 반영하거나 증폭할 가능성이 있다. 머지않아 AI 도구도 뉴스 매체와 마찬가지로 사실이나 뉴스를 제시하는 방식에서 기울어진 시각과 주장을 제시하거나 정치적 편향을 드러낼 수 있다. 따라서 어느 회사 또는 조직에서 어떤 AI 도구를 만들었는지 알아두고 그 도구의 프로세스를 얼마나 신뢰하는지를 생각하면서 우리가 얻는 정보에 계속 의문을 제기해야 한다.

또한 AI 채팅은 질문을 던질 때 사용하는 문구에 매우 민감한 편이므로 단어나 문맥을 조금만 바꿔도 다른 답변이 나올 수 있다. 처음에는 혼란스러울 수 있지만, AI 모델을 시험하고 어떤 주제에 대해 더 넓은 관점을 확립하는 데 유용할 수도 있다. 우리는 질문을 다르게 표현하거나 다른 각도에서 문제에 접근하면서 새로운 관점과 예상치 못한 답을 발견할 수 있다. 모호하거나 불명확한 질문을 입력하는 일은 피하자. AI 모델은 그런 질문에 대해 정확하고 유

지금! 시작해보기

- **명확하게 질문하기**: 주장의 합리성을 검증해서 AI '환각'의 위험을 제거한다. 다양한 각도에서 질문을 던지고 중요한 내용은 따로 조사해서 사실을 확인하자.
- **편견에 유의하기**: 하루 또는 이틀 동안 AI 도구의 응답에서 얼마나 많은 편견을 찾아낼 수 있는지 시험해보자. 이렇게 하면 정말 중요한 순간에 편견을 감지할 수 있다.
- **질문의 표현 바꿔보기**: 질문의 표현이 조금만 바뀌어도 AI의 답변은 상당히 많이 달라질 가능성이 있다. 새로운 관점을 얻기 위해 입력하는 내용을 약간 조정해보자.
- **적당한 시점에 멈추기**: AI가 항상 정답을 가지고 있지는 않으며 다른 정보원이 나을 때도 많다. AI 도구의 답변이 마음에 들지 않을 때는 문답을 중단하자.

의미한 답변을 생성하지 못해서 평이하고 빈약한 답변을 내놓는다. 질문할 때는 최대한 구체적이고 명확하게 표현하고, 필요한 경우 복잡한 질문을 여러 부분으로 나눠 단순화해서 더 정밀한 정보를 얻어내자. AI는 놀라운 속도로 발전하고 있지만 복합적인 추론, 논리적 분석, 문제해결에서는 여전히 성능이 제한적이다. AI가 생성한 답변은 난해한 주제에 대해 우리가 필요로 하는 깊이나 섬세함을 제공하지 못할 때도 있고, 챗GPT나 앞으로 출시될 기타 브랜드 도구들이 주로 텍스트 기반 상호작용에 머문다면 다른 형태의 정보를 처리하고 해석하는 능력은 부족할 것이다.

내 생각 관찰하기

사고력을 가진 사람으로서 키울 수 있는 가장 중요한 기술 중 하나는 자신의 생각을 관찰하는 인간의 선천적인 능력이다. 자신의 편견과 선입견을 잘 알고 있으면 자신의 생각이 주변 사람들의 생각이나 온라인에서 발견하는 견해와 어느 정도 일치하는지를 쉽게 평가할 수 있다. 우리는 태어나서 자란 사회의 문화로부터 영향을 받을 수밖에 없지만, 동시에 우리가 받아들이는 요소들로부터도 영향을 받는다. 생각을 관찰하는 연습을 하면 일상적인 사고방식에서 벗어나 잠시 다른 사람의 사고방식 안에 들어가서 내 생각을 논쟁의 반대편에 더 빠르고 더 쉽게 투영할 수 있다.

인지심리학자들이 '메타인지metacognition'라고 부르는 '자신의 생각에 관해 생각하기'는 자신의 사고 과정과 그 뒤에 숨은 패턴을 더 잘 인식하는 유일한 방법이다. 철학적 과학philosophical science에서 사용되는 더욱 아리송한 용어인 '2차 사고second-order thinking'는 생각과 행동의 결과와 함의에 더 주의를 기울여 자신의 마음을 세심하게 성찰하는 데 도움이 된다. 그러면 생각 관찰을 정확히 어떻게 시작해야 할까?

자각의 계발은 다양한 학문 분야에 걸쳐 풍부한 연구가 이뤄지며 계속 발전하고 있는 영역이다. 주류 사회에서 우리가 머릿속의 생각에서 분리되는 것을 도와주려 했던 최초의 시도는 리처드 폴Richard Paul에 의해 이뤄졌다. 전미 비판적 사고 교육 우수성 협의회의 설립자이자 사무총장인 그는 비판적 사고를 삶의 필수 기술로 계발하려는 사람들을 위해 교육심리학자 린다 엘더Linda Elder와 함께 비판적 사고 프레임워크를 만들었다. 이 프레임워크는 목적, 질문, 정보, 해석, 개념, 가정, 함의, 관점이라는 여덟 가지 범주를 사용해서 어떤 생각을 구성하거나 검토하는 틀이다. 이 프레임워크는 매우 유연해서 금방 떠올랐다 사라지는 생각은 물론이고 온라인의 몰입형 경험에도 적용이 가능하다. 기사, 동영상, AI 채팅 응답, 스트리밍 플랫폼 추천, 검색 결과, 소프트웨어 등 어떤 형태로든 정보를 처리할 때 이 여덟 개 범주의 일부 또는 전부를 사용해서 우리가 찾아낸 정보를 분석할 수 있다. 비판적 사고를 하면 온라인 콘텐츠는 항상 다른 사람(또는 AI 기업)의 추론이나 의도의 산물이며 기업의 이해관계와 일치할 때가 많다는 사실을 염두에 둘 수 있다. 우리 자신의 추론과 편견에 의문을 제기하고 어떤 정보를 접하든 정확하게 따져보는 능력이 향상될수록 우리는 우리 자신 또는 다른 사람의 논쟁, 정보, 의사결정 과정에 포함되는 암묵적 가정들을 잘 가려낼 수 있다.

최근 인지과학에서 새롭게 제기된 개념들 중 눈에 띄는 것으로 '확장된 인지extended cognition'가 있다. 확장된 인지란 인간의 사고가 뇌에 갇히지 않고 우리가 사용하는 디지털 기술을 비롯한 도구들을 통해 세상 속으로 확장된다는 개념이다. 인지의 확장을 통해 알고리즘과 AI는 인간 사고의 많은 부분을 지원하고 발전시킬 수 있지만, 디지털 기기와 긴밀한 관계에서 필연적으로 요구되는 사고의 자발성과 유동성은 비판적 사고를 더욱 필요로 한다.

혹시 생각을 뒷받침하는 특정 기술에 지나치게 의존하고 있지는 않은가? 디지털 기기와 떨어져 있을 때 생각이 정지되는가? 여러 앱이 우리의 사고에 끼치는 영향을 정확히 파악하고 있는가? 생산성 도구가 일의 우선순위를 바꿔놓지는 않는가? 건강 추적 장치가 있어서 달리기 시간을 몇 분 단축하는 데 신경을 더 쓰고 실제 신체 경험에는 주의를 덜 기울이게 되지 않는가? 무엇을 구입하고 무엇을 시청할지를 알고리즘의 추천으로 결정하는가? 뉴스피드에서 봤던 생각과 의견들이 나중에 오프라인 상태일 때 다시 떠오르는가?

이럴 때는 우리의 정신을 사고 과정이나 의사결정 과정의 '위에' 위치시키고 그 과정을 가만히 지켜보자. 생각의 방향을 바꿔야 한다는 압박을 느끼지 않아도 된다. 이런저런 생각이 지나가게 놓아두면서 어떤 경향이나 패턴이 보이는지 살펴보라. 사고 패턴에 변화가 나타나려면 먼저 내면의 편향과 외부의 힘을 스스로 인지해야 한다. 자신의 사고 습관을 잘 인식할수록 다시 생각을 스스로 제어하게 될 확률이 높아진다.

지금! 시작해보기

- **나의 생각은 얼마나 자유로운가?**: 대화 상대에게 맞추기 위해 또는 디지털 콘텐츠와 앱의 영향을 받아서 나의 생각과 의견이 바뀔 때가 있는지 살펴보자.
- **'비판적 사고 체계' 탐색하기**: 15분 동안 비판적 사고 체계에 관한 글을 읽고, 비판적 사고의 여덟 가지 범주를 최근에 몰입했던 디지털 경험에 적용해보자.
- **다른 사람의 추론 평가하기**: 시간을 내서 주장이 강한 기사 한 편을 읽고, 그 기사에 담긴 주장을 비판적으로 검토하자. 특히 나 자신의 생각이 그 글의 핵심 주장과 충돌하는지 아닌지 알아보자.
- **알고리즘에 대해 질문하기**: 자주 사용하는 스트리밍 플랫폼 하나를 골라 다양한 음악, TV 프로그램, 팟캐스트가 배치되는 방식을 신중하게 평가하자. 그 배치가 나의 선택에 어떤 영향을 끼치는지도 생각해보자.

Human
Being

12장

시간 인식

TIME

알림과 앱과 갖가지 화면이 수많은 작업과 자극을 형성하면 우리는 그 모든 것을 거의 동시에 처리하려고 애쓴다. 그러나 너무 많은 장소에 동시에 존재하려고 할 때 우리는 어느 곳에도 온전히 머무르지 못한다.

음력에서 디지털 시간까지

'마야 고문서Maya Codices'라고 불리는 600년 전의 작은 접이식 책 네 권은 콜럼버스 이전 시대 마야문명의 현존하는 유산이다. 이 책에 나오는 일련의 상형문자와 복잡하고 다채로운 그래픽 디자인을 보면 그 시대 일상생활에서 달의 위상이 얼마나 중요했는지 알 수 있다. 특히 그중 한 권인 《드레스덴 고문서Dresden Codex》에는 '달의 연속'이라는 내용이 있는데, 매우 자세한 서술과 풍부한 데이터가 담긴 표와 그림을 이용해 13쪽에 걸쳐 405번의 삭망월 동안 달의 움직임을 설명했다. 삭망월이란 초승달부터 다음 초승달까지의 기간이다. 총합을 내보면 《드레스덴 고문서》는 33년간의 연구에 해당한다.

이 책에는 임신과 출산의 다양한 측면들을 암시하는 상징과 상형문자가 등장하는데, 그중에는 임신 기간의 여러 단계에 관한 내용도 있다. 고대 마야 여성들은 피임과 착상에 활용하기 위해 달의 주기를 꼼꼼하게 관찰했다. 그들은 벽이나 나무조각에 음력 달력을 그려놓고 달의 위상을 자신의 월경 주기와 맞춰보면서 배란 가능성이 가장 큰 날을 예측할 수 있었다. 또한 그들은 달의 주기를 활용해 임신 상태를 관리했는데, 초승달이 뜰 때마다 자궁 속 아기의 발달이 다음 단계로 넘어간다고 간주했다. 고대 이집트와 그리스, 그리고 유럽과 중동 일대에서 발굴된 중세 문서에서도 유사한 증거가 발견되었다. 아메리카 대평원 지대의 라코타족이나 셰옌족, 아메리카 남서부의 나바호족과 호피족 같은 원주민 부족들은 오늘날까지도 월경 주기를 '달의 시간'이라고 부른다.

인간이 쓰는 대부분의 언어에서 시간의 길이를 표시하기 위해 사용되는 '월month'이라는 단어는 '달Moon'을 가리키는 단어와 매우 긴밀하게 연관된다. 규칙적으로 뜨고 예측 가능한 주기에 따라 변화하는 달은 인류의 역사 속에서 항상 확실한 지표가 되었으며, 시간의 흐름에 대한 감각과 정확한 하나의 순간이 아닌 순서대로 전개되는 사건들에 대한 감각을 제공했다. 예를 들어 마야 고문서에는 달의 위상 변화를 이용해 작물의 파종과 수확을 계획하고 문화적 의식과 축하 및 기념 행사를 준비했다는 상세한 설명이 나온다. 다양한 문명에서 발굴된 문헌을 분석하면 과거에 인간이 시간과 맺고 있었던 관계가 오늘날 우리 대다수가 보편적이라고 여기는 관계와 매우 달랐다는 사실이 드러난다. 기록된 거의 모든 인류 역사 안에는 우리 주변 자연세계의 조화와 상호 연결성에 관한 복잡하고 정교한 이해가 확립되어 있다. 시간은 주기가 있고, 끊임없이 반복되는 사건들의 연속이며, 계절 변화부터 인간의 생체시계에 이르기까지 거시적이고 천문학적인 규모는 물론 미시적이고 일상적인 차원에서 이뤄지는 현상들의 복잡한 상호작용으로 바라봤다. 아리스토텔레스는 영원이라는 개념을 순환으로 이해했다. 이처럼 변화하지 않는 힘들에 대한 개념이 인류 역사에서 대부분의 시간 동안 인간 생활의 틀을 형성했다.

마야인들은 기록으로 남아 있는 것 중에 가장 우수한 달력 체계를 발전시켰다. 태양의 주기와 달의 주기를 결합한 마야력은 일곱 가지 시간 주기를 포함하며 각 주기에는 고유한 특징과 용도가 있다. 가장 잘 알려진 '장기력long count'은 수천 년이라는 시간의 경과를 표시한다. 마야인들만 시간의 경과를 정밀하게 측정했던 것은 아니다. 인류가 천체를 관찰했다는 최초의 증거는 구석기시대 후기로 거슬러 올라간다. 프랑스의 어느 선사시대 정착지에서 29.5일짜리 달의 순환 주기가 표시된 뼛조각이 발견되었는데, 이는 2만 8,000년 전의 것이다.

또한 마야인들은 해시계를 사용했다. 그들은 종일 태양의 움직임을 추적하는 '정점 관측관zenith tube'을 발명했다. 하루하루의 흐름은 긴 시간 주기보다는 덜 중요하게 여겨졌지만, 해시계는 마야인의 현실 지각에 영향을 끼쳤을 것이다. 아마도 해시계는 식사나 회의처럼 여럿이 함께하는 행사의 시간을 맞추는 데 사용되었을 것이고, 이런 양상은 다른 초기 문명에서도 똑같이 나타난다. 얼마 지나지 않아 해시계의 활용은 인간 사회에 훨씬 광범위하게 영향을 끼친다. 해시계에 관한 가장 오래된 기록은 기원전 3000년경 고대 이집트와 메소포타미아로 거슬러 올라간다. 이때의 해시계는 단순한 오벨리스크나 기둥을 세워 땅에 드리운 그림자로 하루 중 어떤 시간인지를 표시하는 형태였다. 주로 관개에 의존해 농작물을 재배했던 이집트인들은 '목동의 해시계shepherd's dials'라고 불리는 휴대용 해시계를 발명했다. 목동의 해시계는 홈들이 새겨진 작은 막대기나 지팡이로, 들판으로 가지고 나가서 태양의 위치를 이용해 시간을 측정하는 도구였다. 마을에서는 해시계를 사용해 상점이 문을 여는 시간과 닫는 시간을 정하고, 노동자와 장인의 노동시간을 통제하며, 항구에서 배가 들어오고 나가는 시각을 측정했다. 고대 이집트 사회와 밀접하게 연관된 산업 활동과 여럿이 하는 일, 곧 피라미드를 건설한다든가 넓고 다양한 영토에 걸쳐 복잡하고 위계적인 정치권력 체계를 수립하는 작업에 해시계의 시간 관리 기능이 크게 도움이 되었다.

기원전 3세기, 시칠리아에서 전리품으로 획득한 최초의 공용 해시계가 로마에 도착했다. 해시계는 모두가 볼 수 있도록 포럼 Forum(고대 로마에서 공론장 역할을 하던 광장 – 옮긴이)에 설치되었다. 로마인들은 이 새로운 시계를 기준으로 생활하기 시작했고, 로마제국 전역에서 시간은 지배계층이 일상적인 활동과 사회의 조직을 더 긴밀하게 통제하는 수단이 되었다. 곧 로마제국 전역에서 해시계와 함께 물시계를 사용했으므로 해가 지고 나서도 시간을 측정할 수 있었다. 하지만 우리가 오늘날 기대하는 것과 비슷한 수준의 정확한 시간 측정은 13세기에 최초의 기계식 시계가 발명되고 나서야 가능했다. 초기의 기계식 시계는 대부분 교회나 수도원과 긴밀하게 협력해서 설계되었는데, 여기에는 밤낮으로 이어지는 복잡한 시간표에 따라 종교의식을 관리한다는 분명한 의도가 있었다. 기도의 시작과 종료를 비롯한 갖가지 활동을 알리기 위해 종이 울리면 수도사와 수녀들이 계획대로 움직일 수 있었다.

로마제국이 몰락한 뒤 수도원을 비롯한 종교 기관들이 유럽 사회의 경제에서 중추적인 역할을 했고, 시계탑에서 시간을 알리기 위해 울리던 북소리와 종소리는 곧 도시 일상의 리듬을 결정하게 되었다. 시계 기술이 점점 더 정교해지고 기계적 발전을 거듭하면서 시계는 일터와 가정으로 보급되었고, 마침내 산업화가 시작되자 어떤 계층에 속하든 대부분의 사람이 작은 시계를 가지고 다녔다. 시계를 보며 생활하게 되자 시간 계산법이 점점 더 정밀해지고, 시간 배분이라는 개념이 생기고, 자연스럽게 순환하며 흘러가는 시간 지각은 대부분의 인간 행동에서 더는 중심이 되지 않았다. 이와 같은 새로운 시간의 형식이 인간 사회와 인간 정신에 끼친 심오한 영향은 처음에는 물론이고 그 이후로도 한참 동안 충분히 인식되지 못했다.

오늘날 사회과학자들은 시간을 두 종류로 구분한다. 하나는 로마시대에 본격적으로 등장해서 중세시대에 훨씬 정밀하게 기계화된 '시계시간clock time'이다. 시계시간은 정확하게 미리 정해진 방식으로 측정한다. 반면 우리가 가지고 태어나는 '자연시간natural time'은 훨씬 유동적이고 가변적이다. 손목시계를 포함한 어떤 종류의 시계도 우리의 감각이나 신체 지각의 연장이 되지 못하며, 시간을 지각하는 우리의 선천적인 능력을 높여주지도 않는다. 오히려 시계는 시간을 측정과 통제가 가능한 단위로 분할하며, 시간을 놀라울 만큼 잘게 쪼개 측량하고 관리하게 해준다. 심지어 1초의 1조분의 1인 1피코초picosecond까지 측량과 관리가 가능한 시계도 있다. 시계 덕분에 우리는 과거에 수량화가 불가능했던 현상들을 측량할 수 있고, 훨씬 안정적이고 조화로운 방식으로 여럿이 모이거나 움직일 수도 있다. 하지만 개개인이 시계시간에 지나치게 의존할 경우 공복이나 피로 같은 신체 내부의 자연스러운 신호를 간과하고 우리의 신체와 주변 환경에 대한 자각을 잃어버릴 우려가 있다.

시계시간이 등장하기 이전에 인간은 시간의 흐름을 훨씬 능숙하게 인식했다. 먼 옛날의 전통문화, 특히 항해술에 관한 기록에는 주변 환경에 세심한 주의를 기울여 시간의 흐름을 파악하는 인간 고유의 능력에 관한 설명이 나온다. 옛사람들은 거리를 표준 길이 단위로 측정하기보다 어느 두 지점 사이를 오가는 데 걸리는 시간을 기준으로 경로를 추측하거나 공간적 관계를 이해했다. 예컨대 폴리네시아 항해사들은 거리를 나타내는 단어나 표현을 사용하지 않았으며, 환경의 변화를 관찰하면서 시간의 경과를 알아냈다.

사실은 인간 외의 종들도 대부분 매우 정확하고 선천적인 시간 감각을 지닌다고 알려져 있다. 꿀벌이나 초파리 같은 일부 동물들의 몸 안에는 몇 초에 불과한 짧은 시간 간격도 측정할 수 있는 매우 정밀한 시계가 있다. 철새들은 장거리 여행을 놀랄 만큼 정교하게 계획하고 실행하는 능력이 있으며, 해마다 목적지에 도착하는 데 걸리는 시간이 일정하다. 인간도 직관적인 시간 감각을 기를 수 있지만, 길 찾기 능력과 마찬가지로 시간 감각을 유지하고 계발하려면 주변 세상에 더 주의를 기울이는 방법밖에 없다.

디지털 기기는 우리가 살아가는 시간을 크게 변화시킨다. 워싱턴과 파리를 비롯한 여러 장소에 보관된 원자시계들은 전 세계의 시간을 동기화하는 역할을 하며, 스마트폰은 자동으로 원자시계에 맞춰진다. 디지털 시간은 현실세계의 모든 물리적 또는 식별 가능한 경계와 분리되어 있으므로 디지털을 사용하는 순간 모든 장소 또는 사건의 고유성은 제거된다. 온라인에 접속할 때 우리의 물리적 위치는 중요하지 않으며 시차는 사소한 불편에 불과하다. 디지털 기술은 우리 삶의 모든 순간에 여러 가지 경험을 층층이 쌓는다. 알림과 앱과 갖가지 화면이 하나씩 맨 위에 올라가면서 수많은 작업과 자극을 형성하면 우리는 그 모든 것을 거의 동시에 처리하려고 애쓴다. 온라인에서는 속도가 가장 중요해지고, 새로운 제품이 출시되거나 시스템이 업그레이드될 때도 각기 다른 작업이 로드되는 시간 사이의 대기 시간을 줄이는 데 초점을 맞춘다. 그러나 너무 많은 장소에 동시에 존재하려고 할 때 우리는 그중 어느 곳에도 온전히 머무르지 못한다.

우리의 디지털 시간은 상품화되어 수익을 위해 재구성되고 있다. 우리의 주의를 사로잡고 통제하기 위해 전 세계에서 매년 광고와 웹사이트와 미디어 제작에 사용되는 돈이 수조 달러에 이른다. 세계적으로 평균을 구해보면 우리는 하루 7시간 가까이 화면을 보면서 지내는데, 우리가 깨어 있는 시간의 40퍼센트가 넘는다. 온라인에서 우리의 시간은 무력화되거나 도둑맞기 쉽다. 드라마를 몇 시간 연속으로 시청하거나 미리 설정된 경로를 따라 클릭을 거듭할 때 우리는 수동적으로 변하거나 반자동 상태가 된다. 오프라인일 때도 모바일 기기는 우리의 손에서 멀리 떨어져 있지 않으므로 현대 사회에서 우리의 경험은 온라인과 오프라인을 불협화음처럼 오가는 전환으로 점철된다. 눈을 비비며 현실로 돌아오는 전환의 순간이면 방향감각의 상실을 느끼지만, 디지털 세계가 다시 우리를 끌어당겨 더 많은 자극을 찾게 만든다. 우리는 가공된 경험들의 매끄러운 광택을 발견하는 순간 빠져들 수밖에 없으며, 온라인에서 시간을 많이 보낼수록 현실세계의 불완전함은 더 가혹하게 보인다. 자연스럽고 인간적인 시간의 풍부한 질감과 비결정성은 온라인의 정형화되고 예측 가능하며 순서대로 전개되는 사건들과 충돌한다. 삶의 영역들 사이의 경계선이 허물어지고, 일하는 시간과 여가가 점점 긴밀하게 얽히고, 우리의 다양한 역할이 서로 섞이면서, 온라인에서 보내는 시간은 우리가 그나마 디지털 기기와 떨어져서 보내는 얼마 안 되는 순간들의 가치마저 떨어뜨릴지도 모른다. 디지털 시간의 더 빨라진 속도와 더 강력해진 리듬이 우리의 관점과 전망을 결정하며, 그 영향은 오프라인으로도 이어진다.

전화선과 모뎀을 사용했던 인터넷 초창기의 특징은 속도가 지금보다 느리고 시간이 간헐적이었다는 것이다. 그 간헐적인 시간 동안 우리는 온라인에서 최대한 효율적으로 정보를 획득하고 반응은 나중에 했다. 이메일과 토론 게시판에서 이뤄지는 소통은 여유로웠고, 대화를 나누는 사이사이 내용을 깊이 생각해보고 응답할 시간적 여유가 있었다는 점에서 체스와 비슷했다. 이처럼 순차적 성격이 강한 인터넷 사용 방식은 하나씩 순서대로 이뤄지는 결정과 선택에 기반한 비동기적 과정으로 구성되는 컴퓨터 프로그래밍과도 일치했다. 디지털 생활과 연계되는 행동 또는 형식의 대다수, 예를 들면 복사해서 붙여넣기, 리믹스와 매시업mash up(여러 자료에서 요소들을 따와 새로운 노래나 영상을 만든 것 - 옮긴이), 최근에 등장한 컴퓨터 게임과 증강현실은 모두 시간을 뒤섞고 분할하는 기술의 힘에 뿌리를 두고 있다. 우리는 잠시 멈추고, 편집하고, 마우스로 끌어다놓고, 저장하고, 압축하고, 스캔하고, 인쇄한다. 그럴 때마다 현실의 정지된 단면을 가져와서 그것을 재부호화한다.

연결 속도가 빨라지고 가능한 상호작용의 수준이 몇 배로 높아지면서 우리는 거의 항상 온라인 상태로 살아가게 되었다. 이는 근본적으로 우리의 신경계와 우리 존재의 많은 측면이 디지털 시간에 연계된다는 뜻이며, 이처럼 큰 변화는 역사적으로 우리 삶에서 일관성과 진화의 토대였던 연속성 및 점진적 변화라는 리듬과 주기로부터 우리를 분리한다. 디지털 시간에 순응할수록 문제는 더 심각해진다. 우리의 집중을 요구하는 일이 점점 많아져서 따라가기가 힘들고, 우리의 반응은 다시금 더 많은 디지털 상호작용을 유발한다.

현대 생활의 많은 부분은 어떤 일을 처리하는 데 드는 시간을 줄이려고 한다. 원클릭 구매는 오프라인 쇼핑에 대한 필요를 없애고, 메신저 앱은 즉각적인 소통을 가능케 하며, 소셜 알고리즘과 스트리밍 서비스는 우리가 즐기는 콘텐츠를 골라준다. 음식 배달 앱은 즉각적인 만족을 제공하고, 데이트 앱은 애정생활의 속도를 높인다. 하지만 이러한 편리함은 의도하지 않은 결과를 초래하기도 한다. 최근의 학술 연구는 우리가 온라인상의 즉각적인 해결 방식에 익숙해질수록 불편을 견디는 능력이 감소하거나 일들이 쉽고 빠르게 해결되어야 한다는 비현실적인 기대를 품게 되고, 현실세계의 어려움에 직면할 때 좌절하고 초조해진다는 사실을 발견했다. 또 다른 연구 결과에 따르면 디지털 시간은 삶의 다른 영역에서 만족을 지연시키는 능력을 떨어뜨릴 수 있다.

우리가 사용하는 소프트웨어는 당연히 우리의 주의를 사로잡도록 설계되지만, 그래도 우리는 언제 온라인에 접속할지를 선택할 수 있으며, 어떤 앱을 사용하고 언제 오프라인으로 있을지를 의식적으로 결정할 수 있다. 오늘날의 스마트폰과 데스크톱 운영체제는 정교한 선택 사양을 표준으로 제공한다. 알림 설정을 조금만 변경하거나, 기기와 특정한 앱에 사용시간 제한을 추가하는 것만으로 우리가 디지털 시간에 언제 어떻게 참여할지를 변경할 수 있다. 그러나 더 중요한 일은 인생 전반에 걸쳐 시간을 어떻게 투자하고 있는지를 점검하는 것이다. 솔직히 말하면 우리 대부분은 의미 있는 과제나 어려운 일을 미뤄놓고 디지털 자극에서 도피처를 찾는다. 이런 경향은 우리가 어렵다고 여기는 어떤 일과 씨름할 때 느끼는 불편이나 한계와 밀접하게 연관된다. 길을 잃었거나, 숨이 차거나, 지금 읽고 있는 글이 이해되지 않을 때는 자연스럽게 포기하고 싶은 충동을 느낀다. 만일 더 쉬운 선택지가 있다면, 예컨대 내비게이션에 주소를 입력하거나, 우버 차량을 호출하거나, AI에게 빠른 요약을 부탁할 수 있다면 그 어려운 일을 내려놓고 싶은 유혹은 더욱 커진다.

역설적이지만 종종 가장 가치 있다고 여기는 기술이나 능력을 계발할 때 장벽이나 제약을 만나 가장 높은 수준의 불편을 느끼고, 온라인에서 벗어나게 된다. 우리가 가진 가장 인간적인 능력들은 휴식과 회복 사이사이에 강도 높은 활동을 하면서 스스로 적응하려는 지속적이고 반복적인 노력에서 나온다. 이 단계들은 주기적으로 반복되며 우리의 능력들은 시간이 지날수록 확장되고 개선된다. 능력의 한계를 만나면 우리는 세상을 마음대로 움직일 수는 없다는 사실을 직시하게 되는 한편, 지속적인 노력을 통해 더 높은 성취가 가능하다는 사실을 깨닫는다. 그리고 이는 우리가 날마다 어떤 경험을 하고 어떤 사람이 되는지에 근본적인 영향을 끼친다. 이런 도전을 회피하고 온라인 도구 사용으로 대체하는 경우 개인적 성장과 회복력에 문제가 생기고, 선천적인 능력이 잠식되며, 역사적으로 인간을 발달시킨 자연스러운 리듬과 경험에서 멀어지게 된다.

*

고대 마야인들은 달을 비롯한 자연의 변화를 이용해 임신과 생명의 시작을 자세히 이해했으며, 죽음에 대해서도 섬세하게 인식하고 있었다.《드레스덴 고문서》에는 마야인들이 누군가의 삶의 끝을 기념하기 위해 열었던 복잡한 의식을 시사하는 해골 그림과 설명이 많이 수록되어 있다. 조각, 벽화, 도자기 등의 현존하는 마야 예술품 중에는 죽음의 장면이나 신과 통치자가 죽어가는 과정이 생생하게 묘사된 것이 많다. 마야인은 일상생활에서 죽음의 필연성을 항상 생각했던 것 같다. 디지털 경험이 매력적인 중요한 이유는 우리 자신의 유한성과 한계를 잠시 잊게 해주기 때문이다. 온라인 세계에 뛰어들 때 우리는 종종 현실과 무관하게 디지털 시간에서 무한함과 통제감을 느낀다. 디지털 기기 사용과 관련된 우리의 행동 패턴을 점검해보고, 인생에서 가장 중요하다고 생각하는 것에 초점을 맞춰보자. 그러면 기술에서 벗어나 더 능동적이고 만족스러운 순간들을 되찾을 수 있으며, 빠르게 지나가는 그런 순간들이 실은 우리가 가진 모든 것이고 우리의 인생 경험과 개성의 총합과도 같다는 사실을 환기할 수 있다. 마야문명을 포함한 초창기 인류 문명에서는 삶과 죽음의 순환이라는 개념을 받아들였지만, 오늘날에는 시간에 대한 개념이 더 추상적이고 디지털 시간은 우리에게 무한하다는 느낌을 주기 때문에 우리 자신의 시간적 한계를 생각하기가 훨씬 어렵다.

디지털 디톡스를 하거나 온라인 시간을 줄이려는 시도가 대부분 실패하는 이유는 우리가 애초에 디지털에서 자극과 해답을 찾게 되는 근본 원인을 알아내지 못하기 때문이다. 만일 자신의 강점과 한계를 직시하고 우리에게 주어진 시간 안에서 평화롭게 살 수 있는 방법을 찾을 수 있다면 우리가 가진 인간적 능력들과 일상 안에서 더 편안하게 안주할 수 있지 않을까?

인간은 '제2의 지능'이 되고 말 것인가

올리버 버크먼Oliver Burkeman은 저서 《4,000주Four Thousand Weeks》에서 철학자 시몬 드 보부아르Simone de Beauvoir가 자신을 지금과 같은 사람으로 만든 복잡하고 신기한 일련의 사건들에 대해 감탄하는 말을 인용했다. "아이가 자신의 정체성을 깨닫고 깜짝 놀라는 것과 마찬가지로, 나는 나 자신이 지금 이 순간 여기 있다는 것, 다른 어떤 삶도 아니고 이 삶 속에 깊이 들어와 있다는 것이 놀랍다. (…) 내가 여자로 태어난 것은 우연이고, 그런 우연은 지금의 과학으로 예측이 불가능하다." 보부아르는 살아 있다는 것에 대한 경이를 훌륭하게 포착했다. 그것은 내면을 성찰하거나 경이를 느끼는 순간에 우리 모두 느낄 법한 감정이다. 하지만 보부아르는 우리의 자아가 단순히 일련의 우연한 사건들의 결말이 아니라 살아 있는 활동의 진행으로서 죽음이라는 마지막 한계에 이를 때까지 계속해서 진화한다고 믿었다. 또한 우리의 선택이나 최종적인 삶의 방향이 미리 정해져 있다고 생각하지 않았으며, 능동적이고 끝없이 긍정적인 철학을 신봉했다.

보부아르의 접근법이 속한 전통은 고대 그리스 사상으로 거슬러 올라간다. 고대 그리스 시대에 철학은 그리스어로 '아스케시스askesis'라 불리는 일종의 훈련으로 받아들여졌다. 아스케시스란 새로운 존재 방식을 계발하려는 명시적인 의도를 가진 자기성찰, 글쓰기, 대화 같은 일련의 능동적인 연습이었다. 그리스 철학자들은 단순히 지식을 습득하는 데 그치지 않고 자신의 지혜를 행동에 적용하려고 노력했으며, 그들이 지속적으로 추구했던 자기인식과 자기계발은 2,000년이 넘도록 다양한 형태의 철학으로 이어졌다. 그러나 여러 면에서 보부아르의 시각이 더 포괄적이었다. 보부아르는 다른 실존주의 사상가들과 마찬가지로 모든 인간은 행동의 총합이라고 믿었고, 그녀에게 아스케시스란 생각의 방향이 정해진 훈련만이 아니라 인생의 모든 노력을 포함하는 개념이었다. 보부아르는 시간이 인간의 경험에 불가피한 제약을 가하며, 특히 우리가 태어난 역사적·사회적·문화적 맥락이 우리를 제약하고 우리의 선택을 결정할 수 있다는 점을 알았다. 한편으로 매 순간이 변화의 기회를 제공하며 우리가 직면하는 제약 속에서도 행동을 통해 우리 각자의 주체성과 자유를 만들어낼 수 있다고 믿었다. 보부아르는 우리가 결정론적 사고로부터 최대한 자유로워지기 위해 능동적으로 선택할 수 있는 '삶의 기술'이 있다고 생각했다. 그녀에게 개인의 정체성이란 개방적이고 순환적이며 끊임없이 변화하는 시간의 가능성 속에서 작동하는 지속적인 자기창조의 과정이었다. 보부아르는 우리가 세상과 적극적으로 교류하고 자신의 선택과 행동에 책임을 져야 사회가 부여한 역할과 정체성을 수동적으로 받아들이는 것이 아니라 자신만의 자아 감각을 형성할 수 있다고 강조했다.

원론적으로 합리적이고 건전한 조언이다. 그러나 보부아르의 시대 이후로 신경과학은 우리의 주의력과 삶의 경험이 시간 속에서 전개되는 방식이 우리의 통제를 벗어나는 경우가 많으며 보부아르가 옹호했던 자제력과 의지력이 항상 발휘되는 것은 아니라는 사실을 밝혀냈다. 특히 오늘날처럼 자극이 너무나 많은 기술 환경 속에서는 의지력을 발휘하기가 불가능할 수도 있다. 보부아르의 조언을 받아들여 스스로 삶을 창조하려면 매 순간의 경험보다 한 단계 높은 수준에서 의사결정을 해야 한다. 다시 말해 우리가 가장 발전시키고 싶은 기술과 역량을 신중하게 선택한 다음 그 안에서 더 깊이 있게 살아갈 시간을 스스로에게 허락해야 한다.

어떤 순간이든 주의력과 집중력은 개인적인 목표와 의도 또는 스스로 통제할 수 없는 외부 자극에 의해 좌우된다. 우리의 자연스러운 정향 반응orienting response은 주변에서 일어나는 새롭고 중요한 사건들을 계속 수용하도록 설계되어 있다. 우리는 이 반응을 통해 주변 환경과 연결되며, 우리의 의식을 끌어당기는 그 힘에 저항하려면 자신의 반응과 선택을 조절하는 능력인 '실행 주의력executive attention'을 사용해야 한다. 그러나 실행 주의력은 한계가 있고 금방 소진된다. 현대 인지심리학에서는 주의력을 개인이 마음대로 사용할 수 있는 자원으로 간주하지만, 사실 그 자원은 그렇게 많지 않다. 오늘날 우리가 살아가는 환경은 이미지, 광고, 디지털 과업digital demand으로 가득 차 있어서 보부아르가 살던 시대보다 주의력 자원을 훨씬 많이 요구한다. 주의력은 자아의 가장 핵심적인 속성으로, 우리의 의식을 채우고 기억을 보충하며 우리가 생각해낼 수 있는 모든 움직임과 생각을 지시한다. 과거에는 인간이 주의력을 더 잘 통제했고 인간의 현실 지각은 물리적 세계와 더 많이 일치했다. 오늘날 우리가 시간을 경험하는 방식은 이러한 관계를 근본적으로 변화시켰다.

보부아르와 같은 시대의 프랑스 철학자 시몬 베유Simone Weil는 우리가 집중력을 유지하기 어려운 이유를 다음과 같이 표현했다. "우리 영혼 안의 무언가는 몸이 육체적 피로를 싫어하는 것보다 훨씬 격렬하게 진정한 집중에 거부감을 가진다. 이 무언가는 육체보다는 악과 훨씬 긴밀하게 연결되어 있다. 따라서 우리가 정말로 주의를 집중하고 싶을 때마다 우리 안의 악을 파괴해야 한다." 일반적으로 이 '악'은 둘 중 하나로 모습을 드러낸다. 하나는 우리가 인간적인 약점과 물리적 삶의 유한성에 직면할 때 느끼는 불편함이고, 또 하나는 우리가 더 복잡한 과제를 수행할 때 맞서 싸워야 하는 정신적 무기력이다. 첨단 기술과 AI는 디지털 시간의 왜곡과 현실세계를 탈출하라는 유혹을 배가한다. 우리가 힘든 일이나 보람 있는 일을 할 때마다 싸워서 이겨내야 하는 불편함이나 정신적 관성에 굴복하기가 지금처럼 쉬웠던 적은 없다. 하지만 이런 장벽들은 연습을 통해 넘어설 수 있다. 뭔가에 집중하기가 어려운 것은 마음의 습관으로, 연습을 하면 할수록 다듬고 개선하고 더 많이 통제할 수 있게 된다.

뭔가에 지속하여 집중하려면 우리의 주의를 훔치는 다른 요소를 적극적으로 차단해야 하는데, 현대의 기술 세계에서는 쉽지 않다. 하지만 우리가 뭔가에, 예컨대 자신의 능력에 주의를 집중하는데 성공할 때마다 자기조절 능력, 곧 주의가 산만해지거나 위협이 감지될 때 스스로 통제하는 능력은 크게 향상된다. 핵심 역량을 개선하려면 특정한 상황에 완전히 몰입해야 한다. 예를 들면 복잡한 길을 찾아가거나, 초상화를 그리거나, 어떤 문제의 답을 끝까지 고민해야 한다. 이런 활동은 우리의 인식을 현실세계에 붙잡아두고 우리에게 새로운 인지적 연결을 만들어준다. 이처럼 정신을 집중해서 구체적인 결정을 내리고 다음 단계로 넘어가는 과정이 계속 축적될 때 우리의 개성이 형성된다.

자기계발서나 온라인의 짤막한 '○○하는 법' 기사들이 제시하는 조언은 대부분 비현실적인 기대를 상정한다. 우리가 어떤 사람이 되고 싶은지를 마음대로 선택하고, 그에 따라 가장 현명하게 시간을 투자하는 방법을 결정하고, 개인적 의지력에 전적으로 의지해서 우리 삶을 변화시킬 수 있다는 것이다. 실제로는 그렇게 간단하지 않다. 새로운 삶의 방식을 채택하려는 대담한 시도는 대개 확고한 토대 위에서 시작하지만 금방 방해를 받는다. 또 우리 자신의 주의와 결정이 항상 우리의 책임이라는 관념은 설득력이 있지만, 사실은 우리에게 책임이 없을 때가 아주 많으며, 장기적으로 그런 관념은 우리를 더 쉽게 조종당하게 만들 뿐이다. 우리는 환경에 주의를 기울이고 반응하도록 진화했으며, 최선의 노력과 의도에도 불구하고 주의 집중 습관을 근본적으로 바꾸지 않는 한 과거와 똑같은 유혹과 장애물에 가로막히면서 처음의 의욕은 결국 사라지고 만다. 하지만 한 걸음 물러나 우리가 어떤 환경에서 능동적인 주의를 자주 기울이는지, 그리고 어떻게 그런 기회를 더 많이 발견할지를 숙고한다면 우리의 집중과 의도가 외부의 힘에 좌우되는 것을 피하면서 삶을 의식적으로 구조화할 수 있다.

이 책에서 소개하는 인간의 필수적 능력들은 모두 우리의 지각을 형성하고 강화하며, 꾸준히 연습하면 우리의 시야를 근본적으로 바꿔놓을 수도 있다. 이 능력들을 의식적으로 연마하면 우리 자신의 행동을 통제하고 장애물과 저항에 맞설 수 있다. 이런 도전에 직면할 때마다 우리의 역량은 조금씩 개선되어 자신에게 중요한 것을 더 잘 발견하고, 점차 우리의 주의와 행동이 방해를 덜 받게 된다.

*

보부아르는 《제2의 성The Second Sex》(1949)이라는 독보적인 저서로 가장 널리 알려져 있다. 두 권으로 이루어져 도합 972쪽에 이르는 이 책은 인류 역사에서 대부분의 시간 동안, 멀게는 아리스토텔레스 시대부터 줄곧 여성의 능력이 남성의 능력보다 열등하다고 잘못 알려진 과정을 설명한다. 보부아르는 루소·칸트·쇼펜하우어·니체·하이데거 같은 유명한 사상가들이 여성의 능력이 열등하다고 주장했던 사례를 열거하고, 기독교와 유대교, 이슬람교와 힌두교 등 다양한 종교 기관도 같은 주장을 했다고 밝히면서 이처럼 차별적인 견해의 많은 부분이 법적·정치적·사회적 규범과 확고히 결합하면서 영향을 끼쳤다고 강조한다.

보부아르의 책은 자신과 다른 집단에 속한 사람들을 바라보면서 그들을 '타자'로 분리해서 생각하며 종종 그들을 폄하하는 인간의 습관을 지적한다. 그 과정에서 어떤 집단에 속한 사람들은 자신이 남들과 대등하지 않고, 자유롭지 않으며, 심지어는 위험에 처해 있다고 느끼게 된다. 보부아르는 이처럼 잘못된 가정들은 오랜 세월에 걸쳐 여성의 능력에 대해 제기된 것과 동일하며, 대부분의 여성이 처해 있었던 악순환적인 상황들에서 비롯되었다고 주장한다. 역사에 기록된 인간의 뛰어난 기술 또는 능력의 최고봉이 주로 남성이었다는 사실이 이를 보여준다. 한편 보부아르는 '제2의 성'이라는 현실을 거부하고 자신의 잠재력을 최대한 발휘하는 데 성공한 역사 속 여성들의 사례도 제시한다. 보부아르는 처음의 상태가 아무리 열악하더라도 모든 인간이 자유로워질 수 있는 선택지는 남아 있다고 주장하면서 낙관적인 자세로 앞으로 나아갈 길을 보여준다. 보부아르의 책은 1960년대에 시작된 여성인권운동에 중요한 영감을 제공했으며, 그 이후로 성 평등을 향한 상당한 진전이 이뤄지면서 억압적인 시스템 안에 있는 소외된 사람들에게도 개인적 변화와 구조적 변화를 추구할 힘이 있다는 희망을 주었다.

남성과 여성의 능력 차이에 대한 가정을 인간과 AI의 능력 차이에 대한 가정과 직접 비교할 수는 없지만, 보부아르의 '제2의 성'이라는 개념은 뿌리 깊은 사회적 가정과 장벽 탓에 자신의 고유한 능력을 무시하거나 낮게 평가한 결과에 대한 통찰을 제공한다. 오늘날 인간이라는 종 전체가 자신의 능력이 기계의 능력보다 열등해서 머지않아 첨단 AI나 양자 컴퓨팅 같은 신기술 앞에서 빛을 잃으리라고 간주할 것을 보부아르가 상상이나 했겠는가. 우리가 스스로 학습하고 성장하는 일의 고유한 가치를 놓친다면 우리 자신을 '제2의 지능'이라고 여기는 수동적인 존재가 되어 길 찾기·움직임·대화·혼자 읽기·읽기·쓰기·그리기·만들기·기억·꿈·사고, 간단히 말해서 우리의 시간을 채우는 모든 활동을 계속해서 기계에 맡겨버릴 위험이 있다. 디지털 시간 속에 계속 머물면서 자신의 기술을 위임할 때 우리는 스스로 능력을 습득하려고 노력하는 데서 얻는 점진적 개선과 강화의 순환을 잃어버리고, 스스로 무능하다고 느끼며 기술에 더 많이 의존함으로써 우리가 잃어버린 능력을 영영 회복하지 못할 수도 있다. 머지않아 사회적 차원에서 인간의 본질적인 능력을 AI의 강력한 공격으로부터 지키고 보호하기 위한 '지능권' 운동을 시작해야 할지도 모르겠다. 하지만 지금은 우리 개개인이 자신의 능력을 보호하기 위한 조치를 취해야 한다.

AI 연산의 규모는 6개월마다 두 배로 커질지 모르지만 자연시간의 순환 주기는 그와 무관하게 계속된다. 디지털 시간에서 한 발짝 벗어날 때 우리는 자신의 기술과 핵심 역량을 연습하고 연마하면서 회복의 힘을 발견할 수 있다. 인간으로서 자신의 역량을 확장하고 자신의 한계를 넘어서기 위해 노력하는 것은 오늘날의 세상에서 우리의 위치를 능동적으로 결정하고 실질적으로 보호하는 중요한 방법이다.

시간의 주도권 잡기

집중하는 능력과 자신을 위한 시간을 확보하는 능력은 스스로 찾고 키워야 한다. 뭔가에 전념하고 자신의 능력에 전적으로 의존할 때 우리는 일관되게 집중하면서 능력을 충분히 발휘하는 상태에 도달할 수 있다. 이 상태는 일상생활의 많은 부분과 다르고 디지털 시간과도 확연히 다르지만, 우리는 언제라도 이 상태에 들어갈 수 있다. 우리는 삶 속에서 자신을 발전시키고 자기만의 길을 개척하는 데서 진정한 기쁨을 누릴 수 있지만, 그러려면 자신에게 가치 있는 것이 무엇인가라는 물음을 던져야 한다. 우리는 시간을 어떻게 사용할지를 얼마나 진지하게 계산하는가?

삶을 살아가는 과정은 지속적이고 누적적이며, 주의를 습관적으로 사용할수록 우리가 사는 세상에 더 많은 영향을 끼칠 수 있다. 능동적인 집중은 하나의 행동이고, 우리가 마음대로 움직일 수 있는 근육이며, 체력이나 운동능력과 마찬가지로 많이 사용할수록 강해진다.

《니코마코스 윤리학Nicomachean Ethics》에서 아리스토텔레스는 모든 생명체가 최종 목표인 '텔로스telos'를 가지고 있으며 그 목표를 향해 분투한다고 주장한다. 텔로스가 무엇인지 알아내는 가장 좋은 방법은 그 존재의 특징이 되는 활동이 무엇이고 그 활동을 어떻게 수행하는지를 눈여겨보는 것이다. 우리도 똑같이 할 수 있다. 자신이 날마다 시간을 어떻게 보내는지를 철저히 조사하면 지금 내가 어떤 사람인지를 쉽게 파악할 수 있다. 그리고 우리의 특징이 되는 활동, 곧 삶에서 우리가 하는 일들을 변경하면 최종 목표가 달라지고 장래 모습도 달라진다.

삶의 관점 넓히기

사람마다 죽음을 두려워하는 정도는 다르지만, 대개는 온전히 살지 못하고 죽음을 맞이하는 것에 대한 두려움이 더 크다. 나이가 들면서 슬그머니 다가오고 중년기에 가장 뚜렷하게 느껴지는 이런 감정은 사실 우리에게 크게 도움이 된다. 한눈을 팔거나 반복적인 행동에 갇혀 있을 때 삶은 너무 쉽게 우리를 스쳐 지나간다. 하지만 매 순간 자신이 하는 일에 조금 더 주의를 기울이고 다르게 할 수 있는 일은 없을지를 계속 고민한다면 우리 삶 속의 사건들이 새롭게 느껴질 수도 있다.

1980년대에 교육자 스티븐 코비Stephen R. Covey는 당시까지 발표된 자기계발 문헌을 철저히 검토한 뒤 자신이 알아낸 것을 집대성해 《성공하는 사람들의 7가지 습관The 7 Habits of Highly Effective People》이라는 유명한 책을 펴냈다. 이 책은 출간 즉시 성공을 거뒀고 2,500만 부 이상 판매되었다. 전 세계의 독자들에게 가장 큰 공감을 불러일으키고 그들이 자신의 삶을 더 자세히 성찰하게 만든 것은 자신의 장례식을 그려보라는 조언이었다. 코비는 인류 역사 속의 여러 문화와 전통에서 삶의 우선순위를 생각하기 위해 자신의 죽음을 성찰하는 것이 보편적인 관습이었다는 점을 잘 알고 있었고, 호황기였던 1980년대에 그의 청중이었던 경영자들에게 그 방법을 권했다. 장례식을 시각화하는 연습은 어느 때보다 적절하며, 우리는 이 연습을 통해 삶의 우선순위를 재설정하는 것은 물론이고 우리의 디지털 시간에 대한 현실적인 관점을 획득할 수 있다.

우선 조용히 시각화에 전념할 수 있는 시간을 확보하라. 가능하다면 한 시간 이상이 좋다. 휴대전화를 끄고 방해받지 않는 환경을 조성하라. 눈을 감고 자신의 장례식에 참석하고 있다고 상상하라. 장례식의 풍경과 장례식이 열릴 장소를 시각화하고 그곳에 모인 사람들과 그들이 느끼는 감정에 주목하라. 현장감을 더하기 위해 구체적인 사항들을 머릿속에 그려보라. 창문으로 들어오는 햇빛, 나무 바닥에 울리는 신발 소리, 조문하러 온 사람들의 표정.

그 자리에 있다는 느낌이 뚜렷해지면 장례식이 어떻게 진행될지 예상해보라. 나는 어떤 사람이었나? 내가 주변 사람들에게 어떤 영향을 끼쳤을까? 펜과 종이를 가져와서 머릿속에 떠오르는 생각을 모두 메모하고, 글을 계속 써보라. 가장 가까운 사람들을 떠올리면서 그들이 어떤 추도사를 할지 생각해보라. 장례식이 어떤 모습일지 감이 잡혔다면, 간단한 테스트를 통해 나의 디지털 시간이 나에게 얼마나 중요했는지를 알아보라. 장례식의 모든 순서를 되짚어 보되, 이번에는 내가 정기적으로 하는 온라인 활동 중 하나라도 장례식에서 언급될 가능성이 있는지 살펴보라. 추도사에서 소셜미디어, 인터넷 검색 또는 TV 시청에 소비한 시간을 언급하는 것이 적절하다고 느껴지는가, 아니면 쓸데없고 중요하지 않다고 여겨지는가? 컴퓨터 앞에 구부정하게 앉아서 보낸 시간 또는 한가롭게 휴대전화를 확인하면서 보낸 시간을 돌아보고, 그 시간이 지금의 나를 만드는 데 어떤 도움이 되었는지를 판단해보라. 컴퓨터 앞에서 주목할 만한 성과를 냈을 수도 있고 커리어를 한 단계 발전시켰을 수도 있다. 그랬다면 종이에 그렇게 쓰면 된다. 온라인 상태로 있거나 디지털 기기를 사용할 가치가 있었는지 생각해보고, 그럴 가치가 없었던 일을 기록하라. 스스로 주도권을 가지지 않았고 노력의 방향을 설정하지 않았던 시간을 찾아보라. 그 시간이 삶에 긍정적인 영향을 끼쳤는가? 우리가 온라인에서 하는 모든 활동 중에 다른 방면의 성과와 어울리지 않는 활동을 총망라한 목록을 작성하라.

이제 우리 자신의 인간적 능력으로 주의를 돌려보자. 이 책에서 다룬 각각의 능력에 대해 생각하는 시간을 가져보자. 길 찾기, 움직임, 대화, 혼자 있기, 읽기, 쓰기, 그리기, 만들기, 기억, 꿈, 사고. 다음으로 시간을 가장 알차게 활용하는 방법을 생각해보자. 지금까지 자신이 각각의 분야에서 얼마나 유능했는지 솔직히 돌아보고, 기술이나 AI의 도움에 얼마나 의존했는지를 생각해보라. 그동안 살아오면서 우리 자신이 보여준 능력의 수준이 우리가 되고 싶은 사람의 모습과 얼마나 일치하는가? 다시 모든 항목을 종이에 써보라. 각각의 능력에 대해 칸을 만들고 지금까지 그 일을 얼마나 잘 해냈는지 기록한 다음, 어떤 부분을 변화시키고 싶은지를 천천히 잘 생각하면서 연습을 마무리하라.

지금! 시작해보기

- **나의 장례식 상상하기**: 디지털 활동을 하는 시간 중 얼마나 많은 부분이 나의 추도사에 들어갈지, 앞으로 어떤 인간적인 능력을 키우고 싶은지 생각해보자.

인간적 능력의 우선순위 정하기

이 책에서 다루는 능력을 하나씩 익히려면 한 번에 한 가지 능력에 집중하는 것이 좋다. 새로운 능력이 습관이 되고 제2의 본능이 되려면 각각의 능력에서 초기 단계에 요구되는 집중적인 관심과 시간을 투자해서 충분히 연습하고 개선해야 한다. 어떤 능력이든 시간이 지나면 쉬워지며, 더 높은 수준의 실력과 이해에 도달하면 다른 능력에 도전할 용기가 생긴다.

20분 동안 앞 장까지 소개된 11가지 능력 중 어떤 것이 자신의 삶에서 가장 부족한지를 생각해보라. 길 찾기 능력이 가장 부족하다고 느끼는가? 아니면 읽기 능력을 키울 필요가 있을까? 어떤 능력에 가장 큰 자부심을 느끼는가? 어떤 영역에 집중해서 연습을 더 하면 개인적으로 도움이 되겠는가? 각각의 능력을 살펴보고, 가능하다면 '나의 장례식' 연습에서 작성한 메모를 활용해 신중하게 우선순위를 따져 번호를 매겨보자. 그리고 각각의 능력에 대해 자신의 역량이 어떤 수준인지 객관적으로 평가해보자. 능력마다 현재 자신의 숙련도를 A, B, C로 표시한 다음, 이러한 개인적 역량을 염두에 두고 각각의 능력에 1번부터 11번까지 번호를 매긴다. 자신에게 가장 중요하다고 느껴지는 능력이 1번이 된다. 목록을 검토하고 마음에 든다면 우선순위가 가장 높은 능력을 선택하고 다른 능력들은 일단 미뤄둔다.

맨 먼저 집중할 능력을 정한 다음에는 해당 능력을 다룬 장의 마지막 부분에 제시된 '지금! 시작해보기'로 돌아가서 자신에게 가장 도움이 되는 과제를 선택한다. 그 과제를 현재의 시간표에 어떻게 통합할 수 있을지를 현실적으로 생각해보자.

스스로 발전했다는 확신을 얻을 수 있는 목표를 설정하는 것이 좋다. 그러니 무엇을 목표로 할지 생각해보라. 장거리 달리기를 완주하는 것일 수도 있고, 특정한 내용을 암기하는 것일 수도 있고, 그리기나 만들기 프로젝트에서 뚜렷한 결과물을 만들어내는 것일 수도 있다. 목표를 설정해야 자신의 의도에 집중할 수 있고, 목표에 도달하려고 노력하는 동안 다른 능력이나 프로젝트나 일시적인 오락을 잠시 미루는 불편을 참아내는 훈련도 할 수 있다. 시간 제약에 직면하고 그 시간에 무엇을 할지에 대해 매번 똑같은 선택을 하면 어떤 결정이든 더 편안하게 받아들일 수 있다.

보통은 시간을 고정해놓으면 도움이 된다. 달리기 실력을 키우기로 했다면 러닝크루를 찾아 평일 저녁에 참여하고, 만들기 실력을 키우고 싶다면 동네에 일정 기간 이용 가능한 작업장이 있는지 알아보는 것이다. 스크린에서 한 발짝 멀어져 우리 자신의 능력을 키우는 데 전념하는 시간의 경계를 미리 설정해놓으면 매주 의사결정이 자동으로 이뤄지므로 너무 쉽게 다시 온라인에 접속하고 싶은 충동이 억제된다.

능력을 계발하고, 잠재력을 더 많이 발휘하고, 피해갈 수 없는 당면 과제를 처리하는 일을 계속해나가면 가시적인 변화가 생긴다. 자연시간에 오래 머물수록 좋다. 특히 인간의 핵심적인 능력들과 함께할 때마다 자연시간의 반복적이고 리듬감 있는 흐름 속에서 능동적으로 활동한다면, 디지털 시간의 영향에서 벗어나기가 쉬워지고 경험의 속도를 통제하려는 마음을 내려놓기가 쉬워진다. 삶의 속도를 높이거나 삶을 정량화하려는 욕구를 버리고 인간적 기술의 안정적인 흐름에 몸을 맡기면 시간에 대한 우리의 관념은 더 자연

지금! 시작해보기

- **중요한 능력의 우선순위 정하기**: 이 책의 각 장에서 다룬 능력에 중요한 순서대로 번호를 매기고 나의 숙련도에 따라 A, B, C로 각각 점수를 매긴다.
- **한 번에 하나씩 새로운 기술에 도전하기**: 새로운 기술을 처음 익힐 때의 까다로운 구간을 넘어서기 전까지는 다른 기술에 손대지 말자. 기술 하나를 어느 정도 익히고 나서 범위를 넓히자.
- **목표 설정하기**: 어느 하나의 영역에서 실력이 향상되고 있다는 것을 입증하기 위한 목표를 설정하자. 단체 활동에 규칙적으로 참여하면 동기 부여가 잘 된다.

스러운 리듬으로 바뀌고, 그 결과 삶의 다른 영역에서도 수용하고 인내할 줄 알게 된다. 능동적으로 주의를 기울이고 시간에 대한 다른 요구에 저항하는 능력을 시험하고 연마하자. 그러는 동안 우리는 첨단 기술과 AI의 유혹을 더 잘 이겨내게 된다.

최소 3주 동안은 한 가지 능력에만 집중한 뒤에 다른 기술을 병행하자. 단기간에 모든 역량을 최대치로 동원할 수도 있지만, 인내심을 가지고 시차를 두고 접근할 때 성과가 더 좋아진다.

새로운 프로젝트 시작하기

정말로 한 번에 여러 가지 능력을 익히고 싶다면 다른 방법이 있다. 인간의 능력은 대부분 서로를 보완한다. 예를 들어 읽기 능력을 키우는 동안에는 글쓰기 능력과 기억력과 사고력을 동시에 향상시킬 기회가 반드시 생긴다. 다양한 방법으로 우리 자신의 능력을 시험하는 가장 자연스러운 방법은 복수의 능력이 요구되는 포괄적인 도전이나 새로운 프로젝트를 스스로 설정하는 것이다.

번호가 매겨진 기술의 목록을 보면서 각각의 능력에 부여한 역량 수준과 중요도 수준이 일치하는 부분을 찾아보자. 우리 자신의 역량이 희망과 일치하지 않는 부분은 어디인지 확인하고 여러 가지 능력의 상관관계를 찾아본다. 최소한 세 가지 이상의 개별 능력을 선택하고 그 능력들이 어떻게 연결될 수 있을지 생각해보자. 우리가 이미 가지고 있는 취미나 관심사 중에 이 모든 개인 역량을 자연스럽게 발휘하게 만드는 것이 있는가? 아니면 오랫동안 생각만 하고 실행에 옮기지 못한 계획이 있는가? 특별히 글로 옮기고 싶거나

지금! 시작해보기

- **세 가지 능력 선택하기**: 더 발전시키고 싶은 능력 세 가지를 선택하고 그것들을 현재 나의 취미나 관심사, 새로운 프로젝트에 연계할 기회가 있는지 알아보자.
- **새로운 도전 구상하기**: 따로 시간을 내어 그 세 가지 능력이 요구되는 나만의 프로젝트를 구상해보자. 그리고 프로젝트를 시작하기 전에 내가 얼마나 전념할 수 있는지를 정확히 평가하자.

만들고 싶은 것이 있는가?

이 세 가지 이상의 능력을 결합하기에 적합한 새로운 프로젝트를 발견하더라도 가볍게 시작하지는 마라. 자신의 의지를 정확히 평가하고 매주 그 프로젝트에 필요한 시간을 어떻게 낼지를 충분히 생각해야 한다. 그 활동을 하는 자신의 모습을 상상하고 최종 결과물을 머릿속에 그려본 다음 올바른 선택이라는 확신이 들 경우에만 프로젝트를 시작하자.

여러 가지 인간적 기술을 통합해서 하나의 큰 프로젝트를 만들어내면 각각의 기술을 더 오랫동안 활성화할 수 있다. 우리가 도달하는 이정표와 앞으로 나아간다는 느낌이 우리에게 동력을 제공하고, 나중에는 그 프로젝트에 많은 시간과 공을 들인 만큼 그걸 포기한다는 것은 상상조차 못 하게 될 것이다. 한 걸음 한 걸음마다 우리는 단지 완성을 향해 노력하는 것이 아니라 우리 자신의 정체성을 만들어나가게 된다.

번아웃 피해가기

반드시 시간을 많이 투자하지 않아도 인간적인 능력을 개선할 수 있으며, 믿기 어렵겠지만 대개는 노력을 최소한으로 들이는 편이 낫다. 연구에 따르면 일과 중에 짧은 시간을 들여 자기계발을 하는 사람들이 장기적으로 가장 좋은 결과를 얻는다. 특히 큰 프로젝트나 일을 진행할 때는 우리가 투입하는 시간을 제한할 때 오랫동안 지속하기가 훨씬 수월하다.

때때로 디지털 기술은 실제로 필요한 것보다 많은 노력을 투입하게 만든다. 불필요하게 최대치로 활동했다는 것을 알려주는 가장 뚜렷한 지표는 잠시 후 눈에 띄게 활동이 저조해지는 것이다. 대개 이런 현상은 어떤 과제나 업무를 자연스러운 속도보다 빠른 속도로 처리해서 신속하게 완성하려는 욕구에서 비롯된다. 하지만 날마다 중요한 결과물을 만들어내지는 못한다는 사실을 참아내는 능력을 키우면 장기적으로는 훨씬 많은 성과를 달성할 수도 있다. 짧은 시간 동안 집중해서 하는 활동도 누적된다. 긴 시간을 할애해서 어떤 활동을 할 때는 너무 피곤해지기 전에 멈춰라. 다음 날 똑같이 활기찬 상태로 일을 계속하는 것이 최선이다.

무리하게 일하려는 욕구가 반드시 긍정적인 심리에서 비롯되지는 않는다. 그런 욕구는 보람차고 즐거운 마음에서 나오기도 하지만 초조한 감정에서 나오기도 한다. 원래 의도했던 시점에서 멈추거나, 지친다는 느낌이 들 때 일손을 놓자. 그러면 온라인과 오프라인 모두에서 시간을 어디에 투자할지를 통제하는 능력이 향상된다.

지금! 시작해보기

- **목표는 점진적인 향상**: 새로운 영역을 연습할 때는 장시간 수업을 띄엄띄엄 배치하기보다 잠깐씩 하는 활동을 일과에 집어넣는다.
- **지나치게 서두르지 않기**: 과제나 프로젝트를 잠시 내려놓는 것이 낫다고 생각하면서도 초조한 마음에 밀어붙이고 있지 않은지 살펴보자.
- **의도적으로 멈추기**: 규모가 큰 일을 하려고 자리에 앉을 때는 시간을 제한하라. 피로가 몰려오기를 기다리지 말고 흐름이 좋을 때 멈추자.
- **다른 활동에도 시간을 제한하기**: 2주 동안 삶의 다른 영역에서도 활동에 투자하는 시간을 제한하는 실험을 해보고, 나의 체력과 의욕에 장기적으로 어떤 영향이 있는지 관찰하자.

더 많은 '자연시간' 확보하기

디지털 시간의 가장 중요한 특징이 있다면 사용자를 점차 다른 존재 방식으로 끌어당긴다는 점이다. 컴퓨터 연산은 순차적인 성격을 띠며 필연적으로 점점 빨라지므로 더 많은 작동과 반응을 유도한다. 클릭하고 화면을 넘기고 스크롤할 때마다 우리는 무한한 가능성이 있는 물리적 현실의 삶에서 이탈해 온라인에서 발견되는 미리 설계된 경험에 빠져든다. 하지만 억제 장치를 마련할 수는 있다. 첨단 기술과 AI에서 멀어지는 새로운 습관을 만들어보라. 그러면 명확한 경계선을 설정해서 디지털 시간의 해로운 영향을 영원히 정지시킬 수 있다.

자연시간 확보에 도움이 되는 몇 가지 새로운 습관을 만들어보

자. 평소 일주일을 어떻게 보내는지를 자세히 따져보고 첨단 기술과 완전히 단절할 기회를 찾아보라. 이 새로운 습관은 우리가 이미 하고 있는 어떤 일과 연계할 때 일정에 삽입하기가 가장 쉽다. 평소 직장이나 지하철역까지 걸어간다면 휴대전화를 무음으로 바꿔서 가방에 넣어보자. 산책이나 달리기를 하러 나갈 때 휴대전화를 집에 두고 나가면 어떨까? 친구를 만날 때 휴대전화 없이 출발해서 어떤 기분인지 느껴보라. 우리가 정기적으로 하는 활동이나 집안일을 떠올리고, 그 활동을 하는 내내 디지털 시간의 요구를 없앨 방법을 생각해보는 것도 좋다. 하루 또는 일주일 중에 편안한 휴식이나 자기계발에 집중하는 순간들을 찾아보자. 헬스장에서 보내는 시간도 좋고, 정원이나 책상 앞에서 보내는 시간도 좋고, 다른 어떤 취미를 즐기는 시간도 좋다. 그 시간 동안 모든 디지털 콘텐츠의 유혹으로부터 완전히 벗어날 방법을 생각해보자. 유혹을 제거할 때마다 그 시간은 다시 우리 것이 된다.

오프라인에서 보내는 시간은 우리 자신뿐 아니라 주변 사람들을 위한 시간이라는 점을 명심하자. 우리가 스크린과 디지털 콘텐츠를 놓지 못해서 사랑하는 사람들과 함께 보내는 시간의 질이 나빠질 때가 너무 많다. 아이들이 행복하게 생활하려면 우리의 온전한 관심과 눈맞춤이 필요하며, 다른 모든 인간관계를 유지하고 발전시키기 위해서도 똑같은 것이 필요하다. 세대를 뛰어넘어 다른 사람을 사랑하고 배려하는 것은 우리의 시간을 채우는 가장 인간적이고 중요한 일이다. 연애든 섹스든 정신적 교감이든 직업적 교류든 간에 사람을 만나고 관계를 유지하는 모든 일도 마찬가지다. 하지만 디지털 기술의 사용은 친밀감과 상호 이해를 방해하고, 우리가 현실세계에서 우정을 쌓거나 강화하는 데 필요한 물리적 접촉을 감소시키는 것을 비롯한 수많은 경로로 우리의 모든 사적 인간관계에 뚜렷한 변화를 일으키고 있다.

시간을 되찾아 주변 사람들에게 내주는 것은 정말 중요하고 뿌듯한 변화이며, 일상생활을 조금만 조정해도 큰 변화를 일으킬 수 있다. 가정에서 저녁식사 자리나 거실처럼 디지털 기기가 허용되지 않는 공간을 확보하는 것도 좋은 방법이다. 하루 중 특정한 시간을 정할 수도 있다. 식사하는 동안 또는 가족 활동을 하는 동안에는 모두가 서로에게 온전히 집중하게 하라. 또한 디지털 시간을 줄이면 가족과 친구에게 더 자주 찾아가거나 전화를 걸게 되고 상호작용과

지금! 시작해보기

- **디지털 시간의 유혹 조심하기**: 하루 동안 디지털 기기가 나를 끌어당겨 의도하지 않은 온라인 상태로 있게 만드는 순간들이 언제인지 알아보자.
- **자연시간에서 새로운 취미 만들기**: 일주일 시간표에서 규칙적으로 하는 활동을 찾아내고, 그 활동을 하는 동안에는 디지털 기기를 모두 치우자.
- **가족과 온전히 함께하기**: 가정에서 디지털 기기 없는 시간과 공간을 확보하고, 사랑하는 사람들에게 더 자주 찾아가거나 전화를 걸어보자.
- **주변 사람들과 소통하기**: 현실세계에서 상호작용하고 협력할 기회를 늘리기 위해 단체 강좌에 등록하거나, 자원봉사를 하거나, 야외활동을 시작하자.

협동을 촉진하는 집단 활동, 공동체 프로젝트, 야외 탐사에 참여할 수도 있다. 인간관계와 주변 사람들의 행복에 적극적으로 투자하는 시간이 늘어날수록 우리의 삶은 더 풍성해진다.

맺음말

호모 사피엔스를 다른 종과 가장 명확하게 구분하는 기술이나 초능력을 하나만 꼽으라면 무엇일까? 인간에게는 두 발로 걸어서 장거리를 이동하는 선천적인 능력이 있다. 하지만 더 멀리 이동할 수 있는 동물도 많다. 인간의 길 찾기 기술은 훈련을 통해 매우 높은 수준에 도달할 수 있지만, 새와 바다거북과 연어도 길을 잘 찾는다. 인간은 결코 가장 강하거나 가장 빠르거나 가장 민첩한 종이 아니다. 하지만 지구상에 존재하는 어떤 유기체도 인간처럼 넓은 범위의 역량을 보여주지 못했고 인간처럼 눈부시게 발전하지도 못했다. 다른 동물들도 문제해결 능력 같은 학습 능력을 지니고 있지만, 지능을 이용해 도구를 만들고 새로운 기술을 익혀 과제를 수행하는 능력에서 인간은 다른 동물들과 가장 확실하게 차별화된다.

기술의 발전으로 우리는 과거 어느 때보다 속도가 빠른 사회를 만들었고 우리의 조상들이 본다면 당황할 정도로 복잡한 과제도 잘 처리하게 되었지만, 만일 오늘날의 우리를 기기 및 기술 인프라와 완전히 분리해서 우리의 조상과 힘 또는 지혜로 겨루게 한다면 우리가 이길 것 같지는 않다. 설령 외적 요소가 우리의 능력을 확장하거나 증강한다 할지라도, 외적 요소에 의존할 때 우리의 자연적인 능력은 불가피하게 저하된다.

우리의 고유한 독창성과 지략을 오늘날 우리가 누리는 우수한 기술력과 구분해야 하는 이유는 간단하다. 우리의 몸과 마음은 디지털 기술과 건강하게 결합해서 기능하도록 진화하지 않았기 때문이다. 온라인에서 보내는 시간 또는 디지털 기기와 함께 보내는 시간이 늘어날수록 우리가 현실세계를 살아가는 능력은 쇠퇴한다. 하지만 길 찾기와 움직이기, 대화와 혼자 있기, 읽기와 쓰기, 그리기와 만들기, 기억과 꿈과 사고는 여전히 우리가 어떤 사람이 될지를 정의하는 가장 기본적인 활동이다.

인류의 역사가 시작된 이래로 우리는 줄곧 인간 고유의 능력을 뒷받침하거나 확장하기 위해 도구를 사용했고, 집단적 자긍심을 바탕으로 기술 혁신을 일궈냈다. 당연하게도 우리는 우리가 만들어낸 혁신적 성과와 혁신이 일어날 때마다 열리는 새로운 가능성에 감탄한다. 도구가 인간 존재의 본질을 서서히 잠식하거나 부정적인 결과를 초래할 때조차도 우리는 그 도구를 발명한 것이 우리 자신이고 도구를 사용할 때 일차적인 통제 감각을 유지한다는 사실에서 전반적으로 삶이 과거보다 나아졌다는 위안을 얻는다. 하지만 이것은 추측에 그칠 때가 많다. 제약회사는 새로운 약을 대중에게 내놓기 전에 사전 예방적 실험에 의무적으로 투자해야 하지만, 우리의 정신적 또는 신체적 행복에 영향을 끼칠 새로운 형태의 기술에 대해서는 그에 상응하는 안전 규약이 마련되어 있지 않다.

AI는 독특한 도전을 제시한다. AI는 인간의 폭넓은 지능과 혁신하고 창조하기를 좋아하는 성향을 압도할 만큼 정교해지고 있다. 우리는 인간의 가장 근본적인 기술인 창의적 사고와 추론을 챗GPT와 같은 LLM에 외주화하는 과정을 거치고 있으며, LLM이 작동하는 속도는 인간의 속도와 비교도 안 되게 빠르다.

이것은 우리가 이전에 경험하지 못했던 질적 도약이다. 앞으로 더 많은 도구가 만들어지고 더 많은 혁신이 점점 빠른 속도로 공개될 것이다. 극적인 사회 변화가 임박했고 인류의 미래는 예측하기가 정말로 어렵다. 우리가 향후 몇 달 또는 몇 년 동안 계속될 기술의 진화에 발맞추려고 분투할 때 기억해야 할 가장 중요한 명제가 있다. 이 모든 것을 가능하게 만든 기술적 혁신은 인간의 독창성에서 비롯되었다는 것이다. 인류의 본질을 보존하고 우리의 행복도 함께 지켜내려면 바로 그 독창성이 필요하다. AI에게 우선순위나 주체성이나 자율성을 양도하는 것은 인류에게 아무런 의미도 없고 논리적으로도 맞지 않는 일이다.

지금 우리는 벼랑 끝에 서서 인간 지능에 대한 우리의 기본적 권리를 확립하고 보호해야 하는 상황이다. LLM 하나를 개발하는 데 드는 금전적 비용과 복잡한 알고리즘은 지금까지 거의 전부 민간 기업이 부담했다. 마이크로소프트Microsoft만 해도 챗GPT를 개발한 오픈AI에 수 년 동안 수십만 달러를 투자했으며, 다른 많은 테크 기업도 비슷한 경로를 따르고 있다. 현재까지 어떤 정부도 이 기업들의 투자에 필적하는 투자 계획을 공개적으로 발표한 적이 없다. 앞으로 서로 경쟁관계인 테크 기업들이 AI 분야의 최신 연구 결과를 공개하며 질주할 때 대중을 보호하는 조치가 반드시 필요하다. 이제야 몇 가지 안전장치가 도입되기 시작했지만 그 안전장치들은 포괄적이지 못하다.

우리는 AI의 개발과 사용에 대한 투명성을 확보해서 AI의 역할을 이해하고 AI의 논리와 사고 과정을 비판적으로 평가할 수 있어야 한다. 삶에서 결정을 내리는 우리의 능력은 AI의 모든 영향 및 강요와 AI가 생성하는 데이터로부터 자유로운 영역으로 남아야 한다. 무엇보다 우리에게는 AI 시스템이 유발하는 잠재적 피해로부터의 보호가 시급하게 필요하며, 그러기 위해 적절한 지침과 안전조치가 개발되고 세계적으로 채택되어야 한다.

첨단 기술이나 AI가 진정으로 우리에게 이로운 방향으로 작동하는 유일한 길은 우리가 이들에 대해 절대적인 통제권을 행사하는 것이다. 우리는 우리가 사용하는 모든 기기 또는 AI에 명령하고 그 행동을 조절할 수 있어야 한다. 그러려면 우리의 능력과 예리한 정신과 지성을 최대한으로 발휘해야 한다. 온라인에서 보내는 시간을 조절하고, 언제 전원을 끌지를 스스로 결정해야 한다. 그리고 온라인에서 벗어날 때는 현실세계에 온전히 존재하는 자신을 만나야 한다. 우리의 자연스러운 능력에서 자양분과 활력을 찾고, 인생을 살아가는 우리 자신의 능력에서 즐거움을 느끼며 멋지게 살고, 여럿이 함께 살아가는 것이 그 어떤 신기술의 출시보다 훨씬 중요하고 뜻깊은 일이다.

첨단 기술과 AI를 최대한 활용하는 동시에 우리 자신의 능력을 보호하자. 양적이고 추상적이며 점점 빨라지는 온라인 세계와 실생활에 기반한 우리의 능력 사이에서 균형을 잘 잡을 때 첨단 기술이 인간의 본질을 위협하는 것이 아니라 인간을 더 나은 존재로 만들어주도록 집단적으로 보장할 확률이 높아진다.

참고문헌 및 읽을거리

Baron, Sabrina Alcorn, *The Reader Revealed*, University of Washington Press, 2011

Berger, John, *Ways of Seeing*, Penguin Classics, 2008

Berger, Susanna, *The Art of Philosophy: Visual Thinking in Europe from the Late Renaissance to the Early Enlightenment*, Princeton University Press, 2017

Brummett, Barry, *Techniques of Close Reading*, SAGE Publications, 2009

Burkeman, Oliver, *Four Thousand Weeks: Time and How to Use It*, Bodley Head, 2021

Church, Ruth Breckinridge, Martha W. Alibali and Spencer D. Kelly, *Why Gesture?*, John Benjamins Publishing Company, 2017

Clerizo, Michael, *George Daniels: A Master Watchmaker and His Art*, Thames & Hudson, 2013

Crary, Jonathan, *24/7: Late Capitalism and the Ends of Sleep*, Verso Books, 2014

Ibid, *Suspensions of Perception: Attention, Spectacle and Modern Culture*, MIT Press, 2000

Ibid, *Techniques of the Observer: On Vision and Modernity in the Nineteenth Century*, MIT Press, 1992

Crawford, Matthew, *The Case for Working with Your Hands: Or Why Office Work Is Bad for Us and Fixing Things Feels Good*, Penguin, 2010

Csikszentmihalyi, Mihaly, *Television and the Quality of Life: How Viewing Shapes Everyday Experience*, Routledge, 1990

Darwin, Charles, *On the Expression of the Emotions in Man and Animals*, 1872
Ekman, Paul, *Emotions Revealed*, W&N, 2004
Ellis, Markman, *The Coffee-House: A Cultural History*, Weidenfeld & Nicolson, 2011
Foer, Joshua, *Moonwalking with Einstein: The Art and Science of Remembering Everything*, Penguin Press, 2011
Gatty, Harold, *Finding Your Way Without Map or Compass*, Dover Publications, 2003
Gladwin, Thomas, *East Is a Big Bird*, Harvard University Press, 1995
Hayles, N. Katherine, *How We Think: Digital Media and Contemporary Technogenesis*, University of Chicago Press, 2012
Heinrich, Bernd, *Why We Run*, Ecco Press, 2019
Henri, Robert, *The Art Spirit*, 1923
Hill, Edward, *The Language of Drawing*, Prentice Hall, 1966
Huxley, Aldous, *The Divine Within: Selected Writings on Enlightenment*, Harper, 2013
Ibid, *The Perennial Philosophy*, 1945
Jackson, H. J., *Marginalia: Readers Writing in Books*, Yale University Press, 2009
James, William, *The Varieties of Religious Experience: A Study in Human Nature*, 1902
Kagge, Erling, *Silence in the Age of Noise*, Viking 2017
Kendon, Adam, *Conducting Interaction*, Cambridge University Press, 2009
Korn, Peter, *Why We Make Things and Why It Matters*, Vintage, 2017
Lester, Toby, *Da Vinci's Ghost*, Profile Books, 2011
Lewis, David, *We, the Navigators*, University of Hawaii Press, 1994
Lieberman, Daniel, *The Story of the Human Body*, Penguin, 2014
Madsbjerg, Christian, *Sensemaking*, Little, Brown, 2017
McNeill, David, *Why We Gesture*, Cambridge University Press, 2015
Nabokov, Peter, *Indian Running*, Capra, 1981
Paul, Richard and Linda Elder, *How to Read a Paragraph: The Art of Close Reading*, Foundations of Critical Thinking, 2014
Posner, Michael I., *Attention in a Social World*, Oxford University Press, 2011

Prodger, Phillip, *Darwin's Camera*, Oxford University Press, 2009

Pye, David, *The Nature and Art of Workmanship*, Herbert Press, 2007

Rosenblatt, Louise M, *Literature as Exploration*, Modern Language Association of America, 1996

Sharpe. Kevin, *Reading Revolutions: The Politics of Reading in Early Modern England*, Yale University Press, 2000

Sherman, William. H., *Used Books: Marking Readers in Renaissance England*, University of Pennsylvania Press, 2009

Thomas, Stephen D., *The Last Navigator*, Henry Holt and Co., 2009

Turner, Mark, *The Literary Mind: The Origins of Thought and Language*, Oxford University Press, 1996

Watzl, Sebastian, *Structuring Mind: The Nature of Attention and How It Shapes Consciousness*, Oxford University Press, 2017

Yates, Frances, *The Art of Memory*, Routledge & Kegan Paul, 1966